新レインボー ことば選び辞典

フレーズで覚える ことばの結びつき辞典

コロケーション・慣用句

【監修】金田一秀穂

Gakken

はじめに

ことばの一《ひと》つ一《ひと》つには、意味《いみ》があります。ことばとことばが特別《とくべつ》なつながりをすると、もとのことばとは違《ちが》う意味《いみ》が生《う》まれることがあります。それはちょうど、一足《いちた》す一《いち》が二《に》ではなく、一足《いちた》す一《いち》が三《さん》になるようなことです。算数《さんすう》と違《ちが》って、ことばにはそういう不思議《ふしぎ》な働《はたら》きがあります。「頭《あたま》があがらない」というのは、からだの頭《あたま》の部分《ぶぶん》が上《うえ》に動《うご》かなくなる、ということだけではなく、恩《おん》をうけた人《ひと》に対《たい》して、偉《えら》そうにできない、その人《ひと》にだけは丁寧《ていねい》にしなければならない、という意味《いみ》になります。

また、ことばがある一定《いってい》のことばと必《かなら》ず結《むす》びつく、ということもあります。そうして、より細《こま》かく、言《い》い分《わ》けることができるようになります。

たとえば、時間《じかん》についていうと、ふつうに、「使《つか》う」と言《い》ってもいいのですが、「時間《じかん》を食《く》う」と言《い》えば、使《つか》った時間《じかん》が長《なが》くてあまり有効《ゆうこう》に使《つか》えなかったこと、「時間《じかん》を割《さ》く」というのは、あることのためにいそがしい中《なか》でも時間《じかん》を使《つか》うこと、「時間《じかん》を費《つい》やす」は、そのことを一所《いっしょ》けんめいやって長《なが》い時間《じかん》を使《つか》うこと、「時間《じかん》をつぶす」のは、ひまな時間《じかん》を何《なに》かをして使《つか》ってしまうこと、などなど、同《おな》じ時間《じかん》を使《つか》うのでも、いろいろなやりかたが言《い》い分《わ》けられます。

この本《ほん》は、ことばとことばがつながって、いろいろな意味《いみ》になること、一足《いちた》す一《いち》が三《さん》になったりする、ことばの不思議《ふしぎ》を知るための本《ほん》です。みなさんには、いろいろな言《い》い方《かた》を覚《おぼ》えて、いろいろなことをことばで言《い》えるようになってほしいと思《おも》います。

金田一　秀穂

この辞典《じてん》の組《く》み立《た》てときまり

❶この辞典《じてん》の特色《とくしょく》

(1) この辞典《じてん》は、わたしたちの日常生活《にちじょうせいかつ》でよく使《つか》われる、「二《ふた》つ以上《いじょう》のことばが結《むす》びついてできた決《き》まった表現《ひょうげん》」を集《あつ》めています。慣用句《かんようく》（「油《あぶら》を売《う》る」など、ことばが結《むす》びついて、もとの意味《いみ》からはなれた新《あたら》しい意味《いみ》を表《あらわ》すことば）のような強《つよ》い結《むす》びつきのことばだけでなく、慣用句《かんようく》よりは結《むす》びつきが弱《よわ》くても、「決《き》まった表現《ひょうげん》」として用《もち》いられていることば（「味《あじ》を見《み》る」など）も取《と》り上《あ》げています。（後見返《あとみかえ》しも参照《さんしょう》。）

ただし、ことわざ（「負《ま》けるが勝《か》ち」などの、教《おし》えやいましめを説《と》いたことば）などは取《と》り上《あ》げませんでした。

(2) 国語辞典《こくごじてん》ではさがしにくい、あるいはあまりに基本的《きほんてき》であるために、ふつうの国語辞典《こくごじてん》ではあえて取《と》り上《あ》げないような結《むす》びつくことばも解説《かいせつ》しています。

(3) キーワードによって分類《ぶんるい》されているので、そのキーワードに結《むす》びつくことばを、まとめて見《み》ることができます。

(4) 赤《あか》フィルターを使《つか》って、ことばの使《つか》い方《かた》などをチェックができます。

❷この辞典《じてん》の組《く》み立《た》て

この辞典《じてん》は、本文《ほんぶん》・むすぶ君《くん》のコーナー・クイズ・さくいんからできています。

[1] 本文《ほんぶん》

本文《ほんぶん》では、日常《にちじょう》よく使《つか》うことばを「キーワード」として五十音順《ごじゅうおんじゅん》に並《なら》べました。そのキーワードと結《むす》びついたことばを見出《みだ》し語《ご》として、五十音順《ごじゅうおんじゅん》に並《なら》べました。

例

①キーワード　②見出《みだ》し語《ご》　③意味《いみ》と使《つか》い方《かた》

いき【息】

息《いき》が合《あ》う

おたがいの気持《きも》ちや動《うご》きがぴったり合《あ》う。例 兄弟《きょうだい》の息《いき》が合《あ》ったプレー。類 呼吸《こきゅう》が合《あ》う

① キーワード

よく使《つか》うことばを、約《やく》一、一〇〇語示《ごしめ》しました。とくに注意《ちゅうい》を要《よう》することばや、まちがえやすいことばに

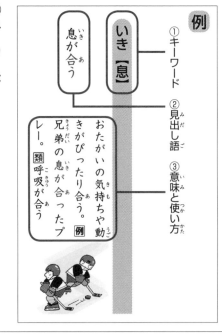

は、意味《いみ》を示《しめ》しました。また、必要《ひつよう》に応《おう》じて参考知識《さんこうちしき》を示《しめ》しました。

■書《か》き表《あらわ》し方《かた》

常用漢字表《じょうようかんじひょう》にしたがって漢字《かんじ》を用《もち》いました。また、ひらがなにするとわかりにくくなることばについては、表《ひょう》になくても漢字《かんじ》にしてあります。

■ことばの並《なら》べ方《かた》

キーワードは五十音順《ごじゅうおんじゅん》に並《なら》べてあります。だく音《おん》は清音《せいおん》の後《あと》に、半《はん》だく音《おん》はだく音《おん》の後《あと》に並《なら》べてあります。

「けい（刑）」➡「げい（芸）」
「こし（腰）」➡「ごし（五指）」

読《よ》み方《かた》が同《おな》じことばは、ひらがな・漢字《かんじ》の順《じゅん》に並《なら》べてあります。

「あく」➡「悪（あく）」
「せき」➡「席（せき）」

漢字《かんじ》の読《よ》み方《かた》が同《おな》じ場合《ばあい》は、学習漢字《がくしゅうかんじ》（小学校《しょうがっこう》で習《なら》う漢字《かんじ》）を先《さき》とし、どちらも学習漢字《がくしゅうかんじ》の場合《ばあい》は、学年順《がくねんじゅん》にしてあります。また、同《おな》じ学年《がくねん》で習《なら》う場合《ばあい》は画数《かくすう》の少《すく》ない順《じゅん》に並《なら》べ、一字目《いちじめ》が同《おな》じ漢字《かんじ》の場合《ばあい》は、二字目《にじめ》の順《じゅん》にしています。

「意《い》」（三年）➡「異《い》」（六年）
「音《ね》」（一年）➡「根《ね》」（三年）➡「値《ね》」（三年）
「一糸《いっし》」（一年）➡「一矢《いっし》」（二年）

② 見出《みだ》し語《ご》

小学生《しょうがくせい》にも覚《おぼ》えてほしい、キーワードと結《むす》びついたことばを、約《やく》二、八〇〇語《ご》示《しめ》しました。

■書《か》き表《あらわ》し方《かた》

小学校《しょうがっこう》で習《なら》う漢字《かんじ》は漢字《かんじ》で示《しめ》しました。また、キーワードで示《しめ》した漢字《かんじ》は、そのキーワード内《ない》では漢字《かんじ》で示《しめ》しました。

キーワードとそれに続《つづ》く付属語《ふぞくご》は黒《くろ》い文字《もじ》で、次《つぎ》の自立語《じりつご》は赤《あか》い文字《もじ》で示《しめ》しました。

■ことばの並《なら》べ方《かた》

キーワードと同《おな》じルールで並《なら》べています。

③ 意味《いみ》と使《つか》い方《かた》

見出《みだ》し語《ご》の意味《いみ》と使《つか》い方《かた》を示《しめ》しました。

二《ふた》つ以上《いじょう》の意味《いみ》がある場合《ばあい》は、①②…に分《わ》けてそれぞれの意味《いみ》を示《しめ》しました。また、必要《ひつよう》に応《おう》じて、次《つぎ》のような記号《きごう》とともにその内容《ないよう》を示《しめ》しました。

↓：見出《みだ》し語《ご》と同《おな》じ意味《いみ》のことばを参照《さんしょう》させています。

例：見出《みだ》し語《ご》を使《つか》った文章《ぶんしょう》の例《れい》を示《しめ》しました。見出《みだ》し語《ご》に当《あ》たる部分《ぶぶん》は赤《あか》い文字《もじ》で示《しめ》しました。

⚠：見出《みだ》し語《ご》の誤《あやま》った使《つか》い方《かた》や読《よ》み方《かた》などへの注意《ちゅうい》を示《しめ》しました。

📖：見出《みだ》し語《ご》に関係《かんけい》する参考知識《さんこうちしき》を示《しめ》しました。ことばの由来《ゆらい》については、代表的《だいひょうてき》なものを示《しめ》しました。

類：見出《みだ》し語《ご》と意味《いみ》のよく似《に》た表現《ひょうげん》のうち、代表的《だいひょうてき》なものを示《しめ》しました。

対：見出《みだ》し語《ご》と反対《はんたい》の意味《いみ》の表現《ひょうげん》のうち、代表的《だいひょうてき》なものを示《しめ》しました。

> **橋《はし》をわたす**
>
> ①川《かわ》などに橋《はし》を取《と》りつける。②間《あいだ》に入《はい》って仲立《なかだ》ちをする。例 通訳《つうやく》として、両国《りょうこく》に交流《こうりゅう》の橋《はし》をわたす。類 ①②橋《はし》をかける①②・②渡《わた》りをつける

「橋《はし》をわたす」の①②の意味《いみ》は、「橋《はし》をかける」の①②の意味《いみ》に対応《たいおう》し、「橋《はし》をわたす」の②の意味《いみ》は、「渡《わた》りをつける」の意味《いみ》に対応《たいおう》していることを示《しめ》しています。

2 むすぶ君《くん》のコーナー

「むすぶ君《くん》」という少年《しょうねん》が活《かつ》やくするコーナーを配《はい》しました。むすぶ君《くん》の一日《いちにち》を結《むす》びつくことばで追《お》った「むすぶ君《くん》の一日《いちにち》」のほか、クイズなどがあります。

3 クイズ

奇数《きすう》ページ下《した》のらん外《がい》に、結《むす》びつくことばに関係《かんけい》するクイズを示《しめ》しました。答《こた》えは次《つぎ》のページ下《した》のらん外《がい》にあります。

4 逆引《ぎゃくび》きさくいん

本文《ほんぶん》とは逆《ぎゃく》に、見出《みだ》し語《ご》の下《した》のことばから、結《むす》びついたことばを見《み》つけられるようにしてあります。

あいじょう【愛情】

愛情《あいじょう》が冷《さ》める
愛《あい》する気持《きも》ちがなくなる。例 ふう婦《ふ》の愛情《あいじょう》が冷《さ》める。類 愛情《あいじょう》が冷《ひ》える

愛情《あいじょう》が芽生《めば》える
愛《あい》する気持《きも》ちが生《う》まれる。例 生《う》まれた子《こ》どもに愛情《あいじょう》が芽生《めば》える。

愛情《あいじょう》をいだく
愛《あい》する気持《きも》ちを持《も》つ。例 どんな生《い》き物《もの》にも愛《あい》情《じょう》をいだいて接《せっ》する。

愛情《あいじょう》を注《そそ》ぐ
愛《あい》する気持《きも》ちを一《いっ》か所《しょ》に集中《しゅうちゅう》させる。例 愛情《あいじょう》を注《そそ》いで二人《ふたり》のむすめを育《そだ》て上《あ》げた。⚠「愛情《あいじょう》をつぐ」は誤読《ごどく》。

あいそ【愛想】

「あいそう」とも読《よ》む。

愛想《あいそ》がいい
人《ひと》によい感《かん》じをあたえる。明《あか》るく親《した》しみのある態度《たいど》である。例 あの店《みせ》の店員《てんいん》は愛想《あいそ》がいい。
対 愛想《あいそ》が悪《わる》い

愛想《あいそ》がつきる
あきれて、好意《こうい》や親《した》しみが持《も》てなくなる。例 何度《なんど》も約束《やくそく》を破《やぶ》られて、かれにはもう愛想《あいそ》がつきた。類 愛想《あいそ》をつかす

あいちゃく【愛着】

愛着《あいちゃく》がわく
慣《な》れ親《した》しんで強《つよ》く心《こころ》が引《ひ》かれ、手放《てばな》したくなくなる。例 この辞典《じてん》に愛着《あいちゃく》がわいた。類 愛着《あいちゃく》が生《う》まれる・愛着《あいちゃく》を覚《おぼ》える

あいづち【相づち】

相手《あいて》に調子《ちょうし》を合《あ》わせてうなずくこと。

相《あい》づちを打《う》つ
相手《あいて》の話《はなし》に合《あ》わせて、うなずく。例 友《とも》だちの思《おも》い出話《でばなし》に相《あい》づちを打《う》つ。📖 相《あい》手《て》と交《こう》ごに「つち」を打《う》ち合《あ》うことから。⚠「相《あい》づちを入《い》れる」は誤《あやま》り。

あいて【相手】

相手《あいて》にする
同《おな》じ立場《たちば》の人《ひと》としてあつかう。例 うそつきを相手《あいて》にする気《き》はない。

相手《あいて》になる
争《あらそ》う敵《てき》としてあつかう。例 かれは強《つよ》すぎて、わたしでは相手《あいて》にならない。

相手《あいて》を立《た》てる
名《めい》よが傷《きず》つかないように気《き》をつかってあつかう。例 相手《あいて》を立《た》てて、勝《か》ちをゆずる。類 顔《かお》を立《た》てる

問題《もんだい》：「かぎを」「実権《じっけん》を」「弱《よわ》みを」。この三《みっ》つのことばに結《むす》びつくことばは何《なん》でしょう。

アイデア

「アイディア」ともいう。

アイデアが うかぶ

よい考《かんが》えやくふうを思《おも》いつく。例 ふろに入《はい》っていたら、急《きゅう》にすばらしいアイデアがうかんだ。類 アイデアがわく

アイデアが わく

いろいろな考《かんが》えが出《で》てくる。例 アイデアがわくと、すぐにメモを取《と》る。類 アイデアがうかぶ

あいのて【合いの手】

会話中《かいわちゅう》にはさむことば。

合《あ》いの手《て》を 入《い》れる

話《はなし》のとちゅうに、ほかの人《ひと》がことばを差《さ》しはさむ。例 聞《き》き手《て》がうまく合《あ》いの手《て》を入《い》れてくれると話《はな》しやすい。⚠「合《あ》いの手《て》を打《う》つ」は誤《あやま》り。

あおすじ【青筋】

皮《ひ》ふの下《した》に青《あお》くすけて見《み》えるじょう脈《みゃく》。

青筋《あおすじ》を立《た》てる

こめかみにじょう脈《みゃく》がうき出《で》るほど激《はげ》しくおこる。例 おじさんが青《あお》筋《すじ》を立《た》ててどなる。類 かんしゃくを起《お》こす

あおり

あおりを受《う》ける

⬇あおりを食《く》う

あおりを食《く》う

あるできごとのえいきょうを受《う》ける。例 事故《じこ》のあおりを食《く》って電車《でんしゃ》がおくれる。類 あおりを受《う》ける

あかじ【赤字】

赤字《あかじ》が ふくらむ

入《はい》ってくるお金《かね》よりも、使《つか》うお金《かね》のほうがとても多《おお》くなる。例 物価《ぶっか》が上《あ》がり、赤字《あかじ》がふくらんで困《こま》る。

赤字《あかじ》をうめる

足《た》りないお金《かね》を、何《なん》らかの方法《ほうほう》で補《おぎな》う。例 赤字《あかじ》をうめるために貯金《ちょきん》を下《お》ろす。

赤字《あかじ》を出《だ》す

入《はい》ってくるお金《かね》よりも、使《つか》うお金《かね》のほうが多《おお》くなる。例 思《おも》ったより客《きゃく》が来《こ》なくて、今月《こんげつ》は赤字《あかじ》を出《だ》した。

あかみ【赤み】

赤《あか》みが差《さ》す

ほんのりと赤《あか》っぽくなる。例 からかわれて、ほおに赤《あか》みが差《さ》す。類 赤《あか》みを帯《お》びる

赤《あか》みを帯《お》びる

⬇赤《あか》みが差《さ》す

答《こた》え：にぎる

あきらめ

あきらめがつく

しかたがないと思《おも》い切《き》る。**例** 父《ちち》のひと言《こと》でやっとあきらめがついた。

あきらめが早《はや》い

すぐに思《おも》い切《き》ることができる。また、そういう性格《せいかく》である。**例** まだ一点差《いってんさ》なのにあきらめが早《はや》い。**対** あきらめが悪《わる》い

あく

あくが強《つよ》い

人《ひと》の性格《せいかく》や考《かんが》え方《かた》にくせがあって、独《どく》特《とく》のしつこさが感《かん》じられる。**例** かれはあくが強《つよ》く見《み》えるが、実《じつ》は内気《うちき》な人《ひと》だ。

あくがぬける

人《ひと》の性格《せいかく》や容姿《ようし》が洗練《せんれん》されて、いやみがなくなる。さっぱりする。**例** あくがぬけてすっかり落《お》ち着《つ》く。

あく【悪】

悪《あく》に染《そ》まる

悪《わる》い人《ひと》やかん境《きょう》のせいで自分《じぶん》も悪《わる》くなる。**例** あのまじめな人《ひと》が悪《あく》に染《そ》まるなんて信《しん》じられない。

悪《あく》を成《な》す

悪《わる》いことをする。**例** 悪《あく》を成《な》した人《ひと》がつぐないをするのは当然《とうぜん》だ。

あくうん【悪運】

悪運《あくうん》がつきる

悪《わる》いことをしても運《うん》よく見《み》のがされてきたが、いよいよそのばつを受《う》けることになる。**例** そのどろぼうは、悪運《あくうん》がつきてついにつかまった。

悪運《あくうん》が強《つよ》い

悪《わる》いことをしても、運《うん》よく見《み》のがされることが多《おお》い。**例** 今回《こんかい》も悪事《あくじ》が見《み》つからなかったとは、かれは全《まった》く悪運《あくうん》が強《つよ》い。

あくじ【悪事】

悪事《あくじ》を重《かさ》ねる

よくないことを何回《なんかい》もする。**例** 悪事《あくじ》を重《かさ》ねてきた人《ひと》でも、心《こころ》を入《い》れかえてりっぱな人物《じんぶつ》になることがある。

悪事《あくじ》を働《はたら》く

よくないことをする。**例** 一度《いちど》だけ悪事《あくじ》を働《はたら》いたことを、ずっと後《こう》かいしている。**類** 悪事《あくじ》を成《な》す

問題《もんだい》：将棋《しょうぎ》をすることは「指《さ》す」ですが、囲碁《いご》をすることは何《なん》というでしょう？

あ

あくしゅ【握手】

握手《あくしゅ》をかわす

①あいさつや親《した》しみをこめて手《て》をにぎり合《あ》う。例相手《あいて》の選手《せんしゅ》と握手《あくしゅ》をかわした。②協力《きょうりょく》する。また、仲直《なかなお》りする。例対立《たいりつ》していた両国《りょうこく》が、ようやく握手《あくしゅ》をかわした。

握手《あくしゅ》を求《もと》める

握手《あくしゅ》をしようと、手《て》を差《さ》し出《だ》す。例あこがれの大《だい》スターに握手《あくしゅ》を求《もと》める。

あくたい【悪態】

悪態《あくたい》をつく

ひどい悪口《わるくち》を言《い》ってののしる。例しん判《ぱん》に悪態《あくたい》をついて退場《たいじょう》になる。類憎《にく》まれ口《ぐち》をきく・憎《にく》まれ口《ぐち》をたたく

あくび

あくびが出《で》る

①ねむかったりして、口《くち》が自然《しぜん》に大《おお》きく開《あ》いて深《ふか》く息《いき》をする。②退《たい》くつな内容《ないよう》であることのたとえ。例あくびが出《で》るようなつまらない話《はなし》。類あくびをさそう

あくびをかみ殺《ころ》す

ねむ気《け》や退《たい》くつな気持《きも》ちをおさえるようすのたとえ。例校長先生《こうちょうせんせい》の話《はなし》が長《なが》くて、生徒《せいと》たちはあくびをかみ殺《ころ》していた。類あくびをかむ

あぐら

あぐらをかく

①両足《りょうあし》を前《まえ》に組《く》んで楽《らく》な姿勢《しせい》ですわる。②今《いま》の状態《じょうたい》に満足《まんぞく》して、何《なに》もせずにのんきな態度《たいど》を取《と》る。例人気《にんき》にあぐらをかいて練習《れんしゅう》をおろそかにする。

あげあし【あげ足】 すもうなどで、うき上《あ》がった足《あし》。

あげ足《あし》を取《と》る

人《ひと》のちょっとした言《い》いまちがいをとらえて、からかったり責《せ》めたりする。例人《ひと》のあげ足《あし》を取《と》って喜《よろこ》ぶのはみっともない。類言葉《ことば》じりをとらえる

あげく【挙げ句】 ❶連歌《れんが》などの最後《さいご》の句《く》。❷終《お》わり。結局《けっきょく》。

挙《あ》げ句《く》の果《は》て

いろいろなことがあったその結果《けっか》。例さんざんけちをつけた挙《あ》げ句《く》の果《は》てにまけろという。📖よくない結果《けっか》についていう。

あご

あごが落《お》ちる
とても味《あじ》がよいことのたとえ。例 母《はは》のカレーはあごが落《お》ちるほどおいしい。類 ほおが落《お》ちる・ほっぺたが落《お》ちる

あごが外《はず》れる
①あごの関節《かんせつ》がはなれてはまらなくなる。②大笑《おおわら》いすることのたとえ。例 テレビを見《み》てあごが外《はず》れるほど笑《わら》う。

あごで使《つか》う
いばった態度《たいど》で人《ひと》をこき使《つか》う。例 親方《おやかた》が若《わか》い衆《しゅう》をあごで使《つか》う。📖あごをしゃくって指図《さしず》することから。

あごを出《だ》す
ひどくつかれる。例 登山《とざん》のとちゅうであごを出《だ》してしまった。

あごをなでる
物事《ものごと》が思《おも》い通《どお》りに進《すす》んで得意《とくい》になるようす。例 自分《じぶん》の絵《え》のできばえに、思《おも》わずあごをなでる。

あこがれ

あこがれの的《まと》
多《おお》くの人《ひと》が心《こころ》を引《ひ》かれ、好《す》きだと思《おも》う人《ひと》やもの。例 あのアイドルは、みんなのあこがれの的《まと》だ。

あこがれをいだく
ある人《ひと》やものに心《こころ》を引《ひ》かれる。例 優勝《ゆうしょう》した水泳選手《すいえいせんしゅ》にあこがれをいだく。類 あこがれを持《も》つ

あし【足】

足《あし》がある
①走《はし》るのが速《はや》い。例 あのランナーは足《あし》があるので、とうるいに注意《ちゅうい》しよう。②交通手段《こうつうしゅだん》がよく発達《はったつ》している。例 都《と》会《かい》は夜《よる》おそくまで足《あし》がある。対 ①②足《あし》がない

足《あし》がすくむ
おそろしさやおどろきでからだが自由《じゆう》に動《うご》かなくなる。例 橋《はし》の上《うえ》から下《した》を見《み》たら、こわくて足《あし》がすくんだ。

足《あし》が地《ち》につかない
①興奮《こうふん》やきん張《ちょう》で気持《きも》ちがそわそわする。例 自分《じぶん》の順番《じゅんばん》が近《ちか》づいて足《あし》が地《ち》につかない。②考《かんが》えや行動《こうどう》がしっかりしていない。例 足《あし》が地《ち》につかない計画《けいかく》。類 地《ち》に足《あし》がつかない

足《あし》がつく
悪《わる》いことをしてにげかくれしている人《ひと》の足取《あしど》りがわかる。例 庭《にわ》に残《のこ》されたくつのあとから犯人《はんにん》の足《あし》がついた。

問題《もんだい》：「あきらめが」「足《あし》が」「板《いた》に」。この三《みっ》つのことばに結《むす》びつくことばは何《なん》でしょう？

足《あし》が出《で》る

使《つか》ったお金《かね》が、予定《よてい》していたお金《かね》をこえる。例 旅行《りょこう》でみやげを買《か》いすぎ、足《あし》が出《で》た。

足《あし》が遠《とお》のく

ある場所《ばしょ》に行《い》くことが少《すく》なくなる。例 本《ほん》にあきて、図書室《としょしつ》への足《あし》が遠《とお》のく。

足《あし》がにぶる

行《い》きたくなくて歩《あゆ》みがおそくなる。例 しかられると思《おも》うと、家《いえ》への足《あし》がにぶる。

足《あし》が早《はや》い

①歩《ある》いたり走《はし》ったりするのがはやい。②食《た》べ物《もの》がくさりやすい。例 いわしは足《あし》が早《はや》い魚《さかな》だ。③商品《しょうひん》がよく売《う》れる。例 人気作家《にんきさっか》の本《ほん》は足《あし》が早《はや》い。📖 ①は、ふつう「足《あし》が速《はや》い」と書《か》く。対 ①③足《あし》がおそい

足《あし》が棒《ぼう》になる

長時間《ちょうじかんある》歩き続《つづ》けたり立《た》ち続《つづ》けたりして、足《あし》がこわばるほどつかれる。例 足《あし》が棒《ぼう》になるほどさがし回《まわ》った。

足《あし》が向《む》く

知《し》らず知《し》らずにその方向《ほうこう》へ行《い》く。例 いつの間《ま》にか親友《しんゆう》の家《いえ》に足《あし》が向《む》く。

足《あし》でかせぐ

①足《あし》の速《はや》さでよい結果《けっか》を得《え》る。例 足《あし》でかせいだ得点《とくてん》を守《まも》りきる。②自分《じぶん》で動《うご》き回《まわ》って、よい結果《けっか》を得《え》る。例 足《あし》でかせいだ貴重《きちょう》な情報《じょうほう》。

足《あし》に任《まか》せる

①あてもなく気《き》の向《む》くままに歩《ある》く。例 足《あし》に任《まか》せて歩《ある》いていたら、知《し》らない場所《ばしょ》に出《で》た。②足《あし》の力《ちから》が続《つづ》く限《かぎ》り歩《ある》く。例 足《あし》に任《まか》せて、やっとふもとの町《まち》にたどりついた。

足《あし》のふみ場《ば》もない

足《あし》をふみ入《い》れる場所《ばしょ》がないほど散《ち》らかっているようす。例 弟《おとうと》の部屋《へや》はおもちゃが散《ち》らばっていて、足《あし》のふみ場《ば》もない。

足《あし》を洗《あら》う

悪《わる》い仲間《なかま》とのつき合《あ》いをやめる。また、よくないことや生活《せいかつ》からぬけ出《だ》す。例 悪《わる》い商売《しょうばい》から足《あし》を洗《あら》ってまじめに働《はたら》く。類 足《あし》をぬく

足《あし》を入《い》れる

今《いま》まで経験《けいけん》したことのない物事《ものごと》に新《あら》たにかかわるようになる。例 音楽《おんがく》の世界《せかい》に足《あし》を入《い》れて、もう十年《じゅうねん》になる。

答《こた》え：つく

足《あし》をうばわれる
電車《でんしゃ》などの乗《の》り物《もの》が止《と》まり、移動《いどう》ができなくなる。例 台風《たいふう》によって多《おお》くの乗《じょう》客《きゃく》が足《あし》をうばわれた。

足《あし》をくずす
正座《せいざ》している足《あし》をのばしたりすわり直《なお》したりして、楽《らく》な姿勢《しせい》にする。例 どうぞ足《あし》をくずして楽《らく》にしてください。

足《あし》をすくう
すきをついて失敗《しっぱい》させる。例 油断《ゆだん》していたら足《あし》をすくわれた。📖 相手《あいて》の足《あし》を急《きゅう》に持《も》ち上《あ》げてたおすことから。

足《あし》を取《と》られる
歩《ある》きにくい道《みち》だったり、酒《さけ》によったりして、思《おも》うように歩《ある》けなくなる。例 ぬかるみに足《あし》を取《と》られて、思《おも》ったよりも時間《じかん》がかかった。

足《あし》をぬく
⬇足《あし》を洗《あら》う

足《あし》をのばす
予定《よてい》の場所《ばしょ》よりも先《さき》まで行《い》く。例 ひと駅先《えきさき》まで足《あし》をのばして買《か》い物《もの》をする。

足《あし》を運《はこ》ぶ
ある場所《ばしょ》にわざわざ行《い》く。例 会《あ》えるまで何度《なんど》も足《あし》を運《はこ》ぶ。

足《あし》を引《ひ》っ張《ぱ》る
人《ひと》の行動《こうどう》や物事《ものごと》の進行《しんこう》のじゃまをする。例 エラーでチームの足《あし》を引《ひ》っ張《ぱ》る。

足《あし》を向《む》ける
①その方向《ほうこう》へ行《い》く。例 博物館《はくぶつかん》に足《あし》を向《む》ける。②（「足《あし》を向《む》けてねられない」の形《かたち》で）尊敬《そんけい》や感謝《かんしゃ》の気持《きも》ちを忘《わす》れずにいるようすを表《あらわ》す。例 母《はは》はいつも、お世話《せわ》になった恩師《おんし》には足《あし》を向《む》けてねられない、と言《い》う。

足《あし》を休《やす》める
立《た》ち止《ど》まったりすわったりしてひと休《やす》みする。例 公園《こうえん》には、お年寄《としよ》りが足《あし》を休《やす》めるためのベンチが必要《ひつよう》だ。

あじ【味】

味《あじ》が落《お》ちる
おいしくなくなる。例 新《しん》せんな野菜《やさい》も一週間《いっしゅうかん》たてば味《あじ》が落《お》ちる。

味《あじ》も素《そ》っ気《け》もない
おもしろみがない。例 心《こころ》がこもっていない手紙《てがみ》は味《あじ》も素《そ》っ気《け》もない。📖「素《そ》っ気《け》」は、おもしろみという意味《いみ》。

味《あじ》をしめる
うまくいった経験《けいけん》が忘《わす》れられずに、また同《おな》じ思《おも》いをしたいと期待《きたい》する。例 大安売《おおやすう》りに味《あじ》をしめてスーパーに通《かよ》う。

問題《もんだい》：「眠気《ねむけ》が」「嫌気《いやけ》が」「魔《ま》が」。この三《みっ》つのことばに結《むす》びつくことばは何《なん》でしょう？

味《あじ》を見《み》る
少《すこ》し食《た》べてみて、おいしいかどうかを確《たし》かめる。例シチューの味《あじ》を見《み》る。

あしおと【足音】

足音《あしおと》をしのばせる
足音《あしおと》が聞《き》こえないようにそっと歩《ある》く。例かの女《じょ》をびっくりさせようと、足音《あしおと》をしのばせる。

あしげ【足げ】

足《あし》げにする
①本当《ほんとう》ならけってはいけないものを足《あし》でけ飛《と》ばす。例教科書《きょうかしょ》を足《あし》げにするとはもってのほかだ。②人《ひと》に対《たい》して（足《あし》でけ飛《と》ばすような）ひどいことをする。例人《ひと》を足《あし》げにするとは許《ゆる》せない。⚠「足《あし》げりにする」は誤《あやま》り。

あしどめ【足止め】

足止《あしど》めを食《く》う
あることが起《お》きて移動《いどう》や外出《がいしゅつ》ができなくなる。例大雨《おおあめ》で電車《でんしゃ》が止《と》まり、足止《あしど》めを食《く》った。

あしどり【足取り】

足取《あしど》りがおぼつかない
歩《ある》き方《かた》が危《あぶ》なっかしい。例弟《おとうと》は、熱《ねつ》があってふらふらし、足取《あしど》りがおぼつかない。

足取《あしど》りが軽《かる》い
気分《きぶん》がよくて歩《あゆ》みがかろやかである。例テストの結果《けっか》がよかったので、家《いえ》への足取《あしど》りが軽《かる》くなる。

足取《あしど》りを追《お》う
その人《ひと》が移動《いどう》した道《みち》筋《すじ》をたどる。例犯人《はんにん》の足取《あしど》りを追《お》って東《とう》京《きょう》に向《む》かう。

足取《あしど》りをつかむ
その人《ひと》が移動《いどう》した経路《けいろ》がわかる。例警《けい》察《さつ》が容疑者《ようぎしゃ》の足取《あしど》りをつかむ。

あしなみ【足並み】

足並《あしな》みが乱《みだ》れる
①いっしょに歩《ある》いたりする時《とき》の足《あし》の進《すす》め方《かた》が、ばらばらになる。例きん張《ちょう》のあまり行進《こうしん》の足並《あしな》みが乱《みだ》れる。②いっしょに物事《ものごと》に取《と》り組《く》む人《ひと》の考《かんが》え方《かた》や行《こう》動《どう》が、ばらばらになる。例試合《しあい》にのぞんで、クラスの足並《あしな》みが乱《みだ》れる。対①②足並《あしな》みがそろう

答《こた》え：差《さ》す

足並《あしな》みをそろえる
①いっしょに歩《ある》いたりする時《とき》の足《あし》の進《すす》め方《かた》を同《おな》じくする。例 行進《こうしん》の足並《あしな》みをそろえる。②多《おお》くの人《ひと》の考《かんが》え方《かた》や行動《こうどう》を一《ひと》つにまとめる。例 市内《しない》の小学校《しょうがっこう》が足並《あしな》みをそろえて、街《まち》の美化《びか》にあたる。
対 ①②足並《あしな》みを乱《みだ》す

あしもと【足元】

足元《あしもと》につけこむ
➡足元《あしもと》を見《み》る

足元《あしもと》に火《ひ》がつく
危険《きけん》が自分《じぶん》のすぐそばにせまる。例 かくしていたいたずらが見《み》つかって、みんなの足元《あしもと》に火《ひ》がついた。

足元《あしもと》にもおよばない
相手《あいて》のほうがすぐれていて比《くら》べものにならない。例 料理《りょうり》のうでは、母《はは》の足元《あしもと》にもおよばない。類 足元《あしもと》へも寄《よ》りつけない

足元《あしもと》の明《あか》るいうち
①日《ひ》が暮《く》れない、まだ明《あか》るいうち。例 足元《あしもと》の明《あか》るいうちに、家《いえ》に帰《かえ》ったほうがいい。②立場《たちば》が悪《わる》くならないうち。例 足元《あしもと》の明《あか》るいうちに手《て》を引《ひ》こう。

足元《あしもと》を固《かた》める
自分《じぶん》の立場《たちば》や状況《じょうきょう》を確《たし》かなものにする。例 人《ひと》のことを言《い》う前《まえ》に、まずは自《じ》分《ぶん》の足元《あしもと》を固《かた》めることが必要《ひつよう》だ。

足元《あしもと》を見《み》る
弱点《じゃくてん》を見《み》ぬいて、そこにつけ入《い》る。例 相手《あいて》の足元《あしもと》を見《み》て、安《やす》い品物《しなもの》を高値《たかね》で売《う》りつける。類 足元《あしもと》につけこむ・弱《よわ》みにつけこむ

あせ【汗】

汗《あせ》をかく
①汗《あせ》が出《で》る。②物《もの》の表面《ひょうめん》に小《ちい》さな水《みず》のつぶがつく。例 コップが汗《あせ》をかく。③きん張《ちょう》したりはらはらしたりする。例 うまい言《い》い訳《わけ》が見《み》つからず、汗《あせ》をかいた。④食《た》べ物《もの》が古《ふる》くなり、表面《ひょうめん》がべとついてくる。例 かまぼこが汗《あせ》をかいている。

汗《あせ》を流《なが》す
①ふろなどで汗《あせ》を洗《あら》い落《お》とす。例 力《ちから》仕事《しごと》の後《あと》は、ひとふろ浴《あ》びて汗《あせ》を流《なが》すのが楽《たの》しみだ。②精《せい》を出《だ》して一生《いっしょう》けんめいに物事《ものごと》に取《と》り組《く》む。例 文化祭《ぶんかさい》を成《せい》功《こう》させるために汗《あせ》を流《なが》す。

問題《もんだい》：「重《おも》い」「肥《こ》える」「さびしい」。この三《みっ》つのことばに結《むす》びつくことばは何《なん》でしょう？

あたま【頭】

頭《あたま》が上《あ》がらない
相手《あいて》の能力《のうりょく》が高《たか》すぎたり、恩《おん》を受《う》けていたりしていて対等《たいとう》になれない。例 ピンチを救《すく》ってくれた人《ひと》には頭《あたま》が上《あ》がらない。

頭《あたま》が痛《いた》い
①頭痛《ずつう》がする。例 かぜで朝《あさ》から頭《あたま》が痛《いた》い。②気《き》になってなやむ。例 宿題《しゅくだい》が終《お》わらなくて頭《あたま》が痛《いた》い。

頭《あたま》が固《かた》い
自分《じぶん》の考《かんが》えにとらわれていて物《もの》わかりが悪《わる》い。例 頭《あたま》が固《かた》い父《ちち》は、言《い》い出《だ》したら聞《き》かない。類 融通《ゆうずう》が利《き》かない 対 頭《あたま》がやわらかい

頭《あたま》が切《き》れる
頭《あたま》の働《はたら》きがするどく、すぐれている。例 かれは、おっとりしているように見《み》えるが、実《じつ》は頭《あたま》が切《き》れる男《おとこ》だ。

頭《あたま》がさえる
頭《あたま》の働《はたら》きがするどくなる。例 そんなアイデアがうかぶなんて、今日《きょう》の君《きみ》は頭《あたま》がさえているね。

頭《あたま》が下《さ》がる
人《ひと》の行動《こうどう》や態度《たいど》などに感心《かんしん》させられ、自然《しぜん》に尊敬《そんけい》する気持《きも》ちになる。例 かれのひたむきな努力《どりょく》には頭《あたま》が下《さ》がる。

頭《あたま》が低《ひく》い
人《ひと》に対《たい》して、へりくだったていねいな態度《たいど》を取《と》る。けんきょである。例 あの人《ひと》はだれに対《たい》しても頭《あたま》が低《ひく》い。類 腰《こし》が低《ひく》い

頭《あたま》が古《ふる》い
考《かんが》え方《かた》が昔《むかし》のままで、今《いま》の時代《じだい》に合《あ》わない。例 頭《あたま》が古《ふる》い人《ひと》には最近《さいきん》の小説《しょうせつ》のストーリーがよくわからないだろう。

頭《あたま》からはなれない
そのことばかりをずっと考《かんが》えている。例 遊《あそ》んでいるときも、受験《じゅけん》のことが頭《あたま》からはなれない。

頭《あたま》から湯気《ゆげ》を立《た》てる
かんかんになって激《はげ》しくおこるようす。例 うそをつかれていたと知《し》った友《ゆう》人《じん》は、頭《あたま》から湯気《ゆげ》を立《た》てておこった。

頭《あたま》に置《お》く
いつも覚《おぼ》えていて、気《き》にかけている。例 下級生《かきゅうせい》のお手本《てほん》になることを、いつも頭《あたま》に置《お》いて行動《こうどう》しよう。類 念頭《ねんとう》に置《お》く

答《こた》え：口《くち》が

頭《あたま》を上《あ》げる

ある人《ひと》や団体《だんたい》がほかのものをぬいて勢《いきお》いを増《ま》し、実力《じつりょく》を現《あらわ》す。例最近《さいきん》は若手《わかて》の女優《じょゆう》が頭《あたま》を上《あ》げてきた。

頭《あたま》をおさえる

相手《あいて》の言《い》うことや行動《こうどう》を制限《せいげん》して、自由《じゆう》にさせない。例頭《あたま》をおさえてばかりでは、いい選手《せんしゅ》は育《そだ》たない。

頭《あたま》をかかえる

なやみ事《ごと》や心配事《しんぱいごと》があって、ひどく考《かんが》えこむ。困《こま》り果《は》てる。例宿題《しゅくだい》がなかなか終《お》わらなくて、弟《おとうと》は頭《あたま》をかかえている。

頭《あたま》をかく

照《て》れくさかったりはずかしかったりして、頭《あたま》に手《て》をやって軽《かる》くこする。例テストのれい点《てん》がみんなにばれて頭《あたま》をかく。📖失敗《しっぱい》をしたときなどのしぐさ。

頭《あたま》を切《き》りかえる

今《いま》までの考《かんが》え方《かた》を変《か》えて、新《あたら》しい考《かんが》え方《かた》をする。例この問題《もんだい》をすばやく解《と》くためには、うまく頭《あたま》を切《き》りかえる必要《ひつよう》がある。

頭《あたま》を下《さ》げる

①おじぎをする。例軽《かる》く頭《あたま》を下《さ》げてすれちがう。②あやまる。例相手《あいて》が許《ゆる》してくれるまで頭《あたま》を下《さ》げる。③降参《こうさん》する。例勝《か》てそうもないので、あっさり頭《あたま》を下《さ》げた。④人《ひと》の行動《こうどう》や態度《たいど》に感心《かんしん》して尊敬《そんけい》する。例ボランティア活動《かつどう》に打《う》ちこむ友人《ゆうじん》に、心《こころ》から頭《あたま》を下《さ》げる。📖④は「頭《あたま》が下《さ》がる」の形《かたち》も使《つか》う。

頭《あたま》をしぼる

いろいろと考《かんが》えてくふうをこらす。例頭《あたま》をしぼって、何《なん》とか事態《じたい》を丸《まる》く収《おさ》めた。類頭《あたま》をひねる・知恵《ちえ》をしぼる

頭《あたま》を使《つか》う

知《ち》えをしぼってよく考《かんが》える。例頭《あたま》を使《つか》ってピンチを切《き》りぬける。類頭《あたま》を働《はたら》かせる

頭《あたま》をつっこむ

ある物事《ものごと》に興味《きょうみ》を持《も》って、自分《じぶん》からそれに関係《かんけい》する。例よけいなことに頭《あたま》をつっこむな。類首《くび》をつっこむ

頭《あたま》をなやます

どうしたものかと苦《くる》しんで、考《かんが》えをめぐらす。例だれを代表《だいひょう》にするかで頭《あたま》をなやます。

問題《もんだい》：これを「重《かさ》ねる」と、飲《の》み物《もの》をたくさん飲《の》んだ意味《いみ》になります。

あ

頭《あたま》を働《はたら》かせる
↓頭《あたま》を使《つか》う

頭《あたま》をひねる
↓頭《あたま》をしぼる

頭《あたま》を冷《ひ》やす
高《たか》ぶった気持《きも》ちを落《お》ち着《つ》かせて冷静《れいせい》になる。例外《そと》の空気《くうき》を吸《す》って頭《あたま》を冷《ひ》やす。

頭《あたま》を丸《まる》める
①おわびとしてぼうず頭《あたま》にする。例反省《はんせい》の気《き》持《も》ちをこめて、チーム全員《ぜんいん》が頭《あたま》を丸《まる》めた。②ぼうさんになる。

頭《あたま》をもたげる
①気《き》づかなかった気持《きも》ちや物事《ものごと》が、表《おもて》に出《で》てくる。例不安《ふあん》が頭《あたま》をもたげてきた。②ある人《ひと》や団体《だんたい》が勢《いきお》いを増《ま》し、力《ちから》をつけてくる。例強《つよ》い選手《せんしゅ》が入《はい》って、無名《むめい》のチームが頭《あたま》をもたげてきた。

あたり【当たり】

当《あ》たりをつける
だいたいの見当《けんとう》をつける。例題名《だいめい》だけで、よさそうな本《ほん》の当《あ》たりをつける。

あたり【辺り】

辺《あた》りをはばかる
周《まわ》りを気《き》づかって遠《えん》りょする。例辺《あた》りをはばかって小声《こごえ》で話《はな》す。

あっ

あっと言《い》わせる
予想《よそう》もつかないことをして人々《ひとびと》をおどろかせたり、感心《かんしん》させたりする。例かの女《じょ》の演技《えんぎ》は、観客《かんきゃく》をあっと言《い》わせた。

あっという間《ま》に
ほんの短《みじか》い間《あいだ》に。例あっという間《ま》にトップにおどり出《で》る。

あっけ

あっけに取《と》られる
びっくりして、どうしていいかわからなくなる。例おかしのふくろをハトにとられてあっけに取《と》られた。

あて【当て】

当《あ》てがある
期待《きたい》してもいいという見《み》こみがある。例みんなでサッカーの練習《れんしゅう》ができる場《ば》所《しょ》なら、当《あ》てがある。対当《あ》てがない

当《あ》てが外《はず》れる
見《み》こみが外《はず》れて、たよりにできなくなる。例今夜《こんや》はすき焼《や》きかと思《おも》ったら、当《あ》てが外《はず》れた。

答《こた》え：グラスなど

当《あ》てにする 期待《きたい》したり、たよりに思《おも》ったりする。例 人《ひと》の助《たす》けを当《あ》てにする。

あと【後】

後《あと》へは引《ひ》けない 引《ひ》き下《さ》がるわけにいかない。例 こうなったら、何《なに》があっても後《あと》へは引《ひ》けない。類 後《あと》に引《ひ》けない

後《あと》を引《ひ》く ①えいきょうがいつまでも残《のこ》る。例 最初《さいしょ》のミスが後《あと》を引《ひ》いて負《ま》ける。②飲食《いんしょく》した後《あと》も、ほしい気持《きも》ちが残《のこ》る。例 スナックがしは後《あと》を引《ひ》く。類 ①尾《お》を引《ひ》く

あと【跡】

跡《あと》を追《お》う ①後《あと》から追《お》いかける。例 犯人《はんにん》の跡《あと》を追《お》う。②ある人《ひと》の死後《しご》、その人《ひと》をしたって続《つづ》いて死《し》ぬ。例 祖母《そぼ》は、祖父《そふ》の跡《あと》を追《お》うようになくなった。

跡《あと》を絶《た》つ ①あることがすっかり絶《た》える。例 苦情《くじょう》が跡《あと》を絶《た》たない。②ゆくえ不明《ふめい》になる。例 登山隊《とざんたい》が跡《あと》を絶《た》って三日《みっか》になる。①は多《おお》く打《う》ち消《け》しの形《かたち》で使《つか》う。

跡《あと》をつぐ 家《いえ》や仕事《しごと》を引《ひ》きつぐ。例 父《ちち》の跡《あと》をついで板前《いたまえ》になる。

跡《あと》をつける ①印《しるし》をつける。例 柱《はしら》に背《せ》たけの跡《あと》をつける。②後《あと》からこっそり追《お》いかける。例 弟《おとうと》が心配《しんぱい》で、そっと跡《あと》をつける。

あとあじ【後味】

後味《あとあじ》が悪《わる》い ①飲食《いんしょく》した後《あと》に口《くち》の中《なか》に残《のこ》った味《あじ》がよくない。②物事《ものごと》が終《お》わった後《あと》、いやな感《かん》じが残《のこ》る。例 試合《しあい》に勝《か》ったが、判定《はんてい》がおかしかったので後味《あとあじ》が悪《わる》い。

あとがま【後がま】

後《あと》がまにすえる 前《まえ》の人《ひと》がいなくなってあいた地位《ちい》に、ほかの人《ひと》をつける。例 チームのOB《オービー》をコーチの後《あと》がまにすえる。

あな【穴】

穴《あな》をあける ①失敗《しっぱい》してお金《かね》を失《うしな》う。例 新製品《しんせいひん》が売《う》れず、店《みせ》の会計《かいけい》に穴《あな》をあける。②必要《ひつよう》な人《ひと》が欠《か》けたりして、物事《ものごと》をうまくいかなくさせる。例 かぜを引《ひ》いてぶたいに穴《あな》をあける。対 ①②穴《あな》をうめる①②

問題《もんだい》：「教《きょう》べんをとる」と同《おな》じ意味《いみ》のことばは、「教壇《きょうだん》に○○」。

穴《あな》をうめる

①お金《かね》の不足《ふそく》や損害《そんがい》を補《おぎな》う。例 借金《しゃっきん》の穴《あな》をうめる。②あいている地位《ちい》や人《じん》員《いん》が欠《か》けているところを補《おぎな》う。例 五年《ごねん》生《せい》が、引退《いんたい》した六年生《ろくねんせい》の穴《あな》をうめた。
対 ①② 穴《あな》をあける①②

あぶら【油】

油《あぶら》が切《き》れる

元気《げんき》や活力《かつりょく》がなくなる。例 厳《きび》しい練《れん》習《しゅう》が続《つづ》き、油《あぶら》が切《き》れて力《ちから》が出《で》ない。

油《あぶら》を売《う》る

むだ話《ばなし》をしたり、仕事《しごと》をなまけたりする。例 油《あぶら》を売《う》っていないで、さっさと帰《かえ》ってきなさい。📖 江戸時代《えどじだい》、油《あぶら》を売《う》る人《ひと》が客《きゃく》とおしゃべりをしながら商売《しょうばい》をしたことから。

油《あぶら》をしぼる

あやまちや失敗《しっぱい》をひどくしかる。例 テストの点《てん》が悪《わる》かったので、父《ちち》にたっぷりと油《あぶら》をしぼられた。

油《あぶら》を注《そそ》ぐ

人《ひと》の感情《かんじょう》や勢《いきお》いなどをさらに強《つよ》くさせる。例 そのひと言《こと》がかれのいかりに油《あぶら》を注《そそ》ぐ結果《けっか》となった。類 火《ひ》に油《あぶら》を注《そそ》ぐ

あぶら【脂】

脂《あぶら》が乗《の》る

①魚《さかな》などにほどよくしぼうがついて、味《あじ》がよくなる。②うまくなるなどして物事《ものごと》がおもしろくなり、調子《ちょうし》が出《で》てくる。例 この作家《さっか》は最近《さいきん》、脂《あぶら》が乗《の》ってきた。⚠「油《あぶら》が乗《の》る」と書《か》くのは誤《あやま》り。

あみ【網】

網《あみ》にかかる

つかまえようとして張《は》りめぐらしておいたものに引《ひ》っかかる。例 にげていた犯人《はんにん》が、そう査《さ》の網《あみ》にかかる。

網《あみ》を張《は》る

つかまえるための準備《じゅんび》をして待《ま》ち構《かま》える。例 警察《けいさつ》が、犯人《はんにん》の立《た》ち回《まわ》り先《さき》に網《あみ》を張《は》る。

網《あみ》の目《め》をくぐる

法律《ほうりつ》やそう査《さ》などの手《て》からにげる。例 網《あみ》の目《め》をくぐって、犯人《はんにん》は国外《こくがい》にとう亡《ぼう》した。類 網《あみ》の目《め》をかいくぐる

あめ【雨】

雨《あめ》が上《あ》がる

雨《あめ》が降《ふ》りやむ。例 雨《あめ》が上《あ》がって、日《ひ》が差《さ》してきた。類 雨《あめ》がやむ 対 雨《あめ》が降《ふ》る

あやまち【過ち】

答《こた》え：立《た》つ

過《あやま》ちをおかす
①失敗《しっぱい》をする。例取《と》り返《かえ》しがつかない過《あやま》ちをおかす。②悪《わる》いことをする。例過《あやま》ちをおかす前《まえ》に思《おも》いとどまる。

ありがね【有り金】

有《あ》り金《がね》をはたく
今《いま》持《も》っているお金《かね》を全《ぜん》部《ぶ》使《つか》う。例有《あ》り金《がね》をはたいてゲームを買《か》う。

アリバイ

英語《えいご》alibiから。「現場不在証明《げんばふざいしょうめい》」と訳《やく》される。

アリバイがある
犯罪《はんざい》などが起《お》きたとき、そこにいなかったという証《しょう》こがある。例午後三時《ごごさんじ》なら、友人《ゆうじん》といたのでわたしにはアリバイがある。対アリバイがない

アリバイをくずす
事件《じけん》が起《お》きたとき、現場《げんば》にいなかったという証明《しょうめい》を打《う》ち破《やぶ》る。例探《たん》ていは犯《はん》人《にん》のアリバイをくずした。

あわ【泡】

泡《あわ》を食《く》う
ひどくおどろき、あわてる。例逆転《ぎゃくてん》されそうになって泡《あわ》を食《く》った。📖あわてると泡《あわ》をかけたことば。「食《く》う」は「出《で》くわす」から。

あわせる【合わせる】

合《あ》わせる顔《かお》がない
失礼《しつれい》や失敗《しっぱい》のため、相手《あいて》に会《あ》いづらい。例予選《よせん》も通過《つうか》できず、コーチに合《あ》わせる顔《かお》がない。類顔《かお》が合《あ》わせられない・顔向《かおむ》けができない・立《た》つ瀬《せ》がない

あん【案】

案《あん》にたがわず
思《おも》っていた通《とお》り。予想《よそう》していた通《とお》り。例案《あん》にたがわず、かれが学級委員《がっきゅういいん》に選《えら》ばれた。

案《あん》を練《ね》る
計画《けいかく》などをじっくり考《かんが》える。例クラスのみんなで、学芸会《がくげいかい》の出《だ》し物《もの》の案《あん》を練《ね》る。

あんうん【暗雲】

暗雲《あんうん》がただよう
➡暗雲《あんうん》が立《た》ちこめる

暗雲《あんうん》が立《た》ちこめる
よくないことが、今《いま》にも起《お》こりそうなふんいきがある。例おたがいを信《しん》じられなくなったチームの中《なか》に、暗雲《あんうん》が立《た》ちこめる。類暗雲《あんうん》がただよう・暗雲《あんうん》がたれこめる

問題《もんだい》：野球《やきゅう》で空《から》ぶりをしたときは、バットが「空《くう》を○○」。

あんじ【暗示】

暗示《あんじ》をかける

相手《あいて》にそれとなく、ある考《かんが》えを植《う》えつける。例 君《きみ》ならできる、と暗示《あんじ》をかける。📖「暗示《あんじ》にかかる」の形《かたち》でも使《つか》う。

あんしょう【暗礁】

暗礁《あんしょう》に乗《の》り上《あ》げる

思《おも》いがけない困難《こんなん》に出《で》あって、物事《ものごと》が進《すす》まなくなる。例 反対意見《はんたいいけん》が出《で》て、計《けい》画《かく》が暗礁《あんしょう》に乗《の》り上《あ》げる。

アンテナ

アンテナを張《は》る

多《おお》くの情報《じょうほう》を集《あつ》められるよう、たえず注意《ちゅうい》する。例 新製品《しんせいひん》の情報《じょうほう》にアンテナを張《は》る。類 アンテナを張《は》りめぐらす

い【意】

意《い》に介《かい》さない

気《き》にかけない。例 かれは、他人《たにん》の気持《きも》ちなど全《まった》く意《い》に介《かい》さない。

意《い》にかなう

希望《きぼう》や要求《ようきゅう》にちょうど合《あ》い、気《き》に入《い》る。例 コーチの意《い》にかなって、先発《せんぱつ》が認《みと》められた。類 心《こころ》にそう

意《い》に染《そ》まない

気《き》に入《い》らない。例 えりのデザインが意《い》に染《そ》まない。類 気《き》に染《そ》まない

意《い》に満《み》たない

不本意《ふほんい》で満足《まんぞく》できない。例 意《い》に満《み》たないできなので書《か》き直《なお》した。

意《い》のままに

自分《じぶん》の思《おも》い通《どお》りに。例 相手《あいて》を意《い》のままにあやつる。

意《い》を受《う》ける

人《ひと》の意見《いけん》や考《かんが》えにそって行動《こうどう》する。例 親《おや》の意《い》を受《う》けて医師《いし》になる。

意《い》をくむ

人《ひと》の意見《いけん》や考《かんが》えを大事《だいじ》にする。例 祖父《そふ》の意《い》をくんで旅行先《りょこうさき》を決《き》めよう。

意《い》を決《けっ》する

こうしようとはっきり決心《けっしん》する。例 意《い》を決《けっ》して受験《じゅけん》することにした。

意《い》をつくす

自分《じぶん》の思《おも》っていることを十分《じゅうぶん》に言《い》い表《あらわ》す。例 かん者《じゃ》に、意《い》をつくして病状《びょうじょう》を説明《せつめい》する。

答《こた》え：切《き》る

意《い》を強《つよ》くする
人《ひと》に支持《しじ》されて自信《じしん》を持《も》つ。例 多《おお》くの人《ひと》の賛同《さんどう》を得《え》て、意《い》を強《つよ》くする。

意《い》を用《もち》いる
あれこれと気《き》を配《くば》る。例 駅前《えきまえ》の再開発《さいかいはつ》計画《けいかく》は、かん境《きょう》保《ほ》護《ご》に意《い》を用《もち》いたものだった。

い【異】

異《い》を立《た》てる
ちがった意見《いけん》を出《だ》す。例 一度《いちど》こっちと決《き》めたのに、何《なん》で今《いま》さら異《い》を立《た》てるのか。

異《い》を唱《とな》える
反対《はんたい》の意見《いけん》を述《の》べる。例 かの女《じょ》をメンバーに加《くわ》えることに異《い》を唱《とな》える人《ひと》は一人《ひとり》もいなかった。

いいがかり【言いがかり】

言《い》いがかりをつける
理由《りゆう》もないのに文句《もんく》をつけて、相手《あいて》を困《こま》らせる。例 軽《かる》くぶつかっただけなのに、わざとやったと言《い》いがかりをつけられた。類 いちゃもんをつける・因縁《いんねん》をつける・難癖《なんくせ》をつける

いいき【いい気】

いい気《き》なもの
ひとりよがりで、のん気《き》なようす。例 家族《かぞく》みんながんばっているのに、遊《あそ》んでばかりでいい気《き》なものだ。

いい気《き》になる
得意《とくい》になり調子《ちょうし》づく。例 そのくらいのことでいい気《き》になるな。

いいめ【いい目】

いい目《め》が出《で》る
物事《ものごと》がうまくいくようになる。例 今年《ことし》になって、やっといい目《め》が出《で》てきた。

いい目《め》にあう
幸運《こううん》に出《で》あう。例 自分《じぶん》ばかりいい目《め》にあって、君《きみ》はずるいよ。

いい目《め》を見《み》る
いい思《おも》いをする。例 父《ちち》のお供《とも》をしたら、ごちそうが食《た》べられていい目《め》を見《み》た。

いう【言う】

言《い》うにおよばず
言《い》うまでもなく。例 ハンバーグは言《い》うにおよばず、洋食《ようしょく》なら何《なん》でも好《す》きだ。

言《い》うに事《こと》欠《か》いて
ほかにもっとよい言《い》い方《かた》があるだろうに。例 さんざん食《た》べた後《あと》に、言《い》うに事《こと》欠《か》いてまずいとはひどいよ。 非難《ひなん》をこめた言《い》い方《かた》。

問題《もんだい》：お世話《せわ》になった人《ひと》の「顔《かお》に○○をぬっ」てはいけない。

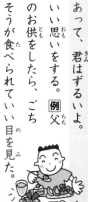

言《い》うまでもない
わかりきったことなので、わざわざ言《い》う必要《ひつよう》もない。当《あ》たり前《まえ》だ。例 家族《かぞく》の健康《けんこう》が大切《たいせつ》なのは言《い》うまでもない。

いえ【家】

家《いえ》を空《あ》ける
留守《るす》にする。例 京都旅《きょうとりょ》行《こう》で、五日《いつか》ほど家《いえ》を空《あ》ける。

家《いえ》をかたむける
一家《いっか》の財産《ざいさん》を失《うしな》って、家《いえ》の力《ちから》をおとろえさせる。例 新《あたら》しい事業《じぎょう》に失敗《しっぱい》して、家《いえ》をかたむける。類 家《いえ》を食《く》いつぶす

家《いえ》を外《そと》にする
自分《じぶん》の家《いえ》にいることが少《すく》なく、外出《がいしゅつ》やほかのところにとまることが多《おお》い。例 学園祭《がくえんさい》の準備《じゅんび》に追《お》われ、兄《あに》は家《いえ》を外《そと》にしてばかりだ。類 内《うち》を外《そと》にする

家《いえ》をたたむ
引《ひ》っ越《こ》しや移転《いてん》などのために、その家《いえ》での生活《せいかつ》をやめる。例 家《いえ》をたたんで、母《はは》のふるさとに帰《かえ》る。類 家《いえ》を引《ひ》きはらう

家《いえ》をつぐ
家《いえ》のあとをつぐ。例 外国《がいこく》で生活《せいかつ》している長男《ちょうなん》に代《か》わって、次男《じなん》が家《いえ》をつぐ。

家《いえ》を引《ひ》きはらう
➡家《いえ》をたたむ

家《いえ》を持《も》つ
家庭《かてい》を持《も》つ。例 兄《あに》は来年結《らいねんけっ》こんして家《いえ》を持《も》つ。類 家《いえ》を構《かま》える・一家《いっか》を構《かま》える

いかり【怒り】

怒《いか》りがこみ上《あ》げる
腹立《はらだ》たしい気持《きも》ちがおさえられなくなる。例 動物《どうぶつ》をいじめる人《ひと》に怒《いか》りがこみ上《あ》げる。

怒《いか》りがしずまる
腹立《はらだ》たしい気持《きも》ちがおさまる。例 事情《じじょう》を聞《き》いて、ようやく怒《いか》りがしずまった。

怒《いか》りがつき上《あ》げる
腹立《はらだ》たしい気持《きも》ちが、急《きゅう》に激《はげ》しく外《そと》に出《で》る。例 かれの言《い》い訳《わけ》を聞《き》いているうちに、怒《いか》りがつき上《あ》げてきた。

怒《いか》りをおさえる
腹立《はらだ》たしい気持《きも》ちを、表《おもて》に出《だ》さないように食《く》い止《と》める。例 妹《いもうと》の態度《たいど》に怒《いか》りをおさえてきたが、もう限界《げんかい》だ。

怒《いか》りを覚《おぼ》える
腹立《はらだ》たしく感《かん》じる。例 人《ひと》のめいわくを気《き》にしない人《ひと》には、怒《いか》りを覚《おぼ》える。

答《こた》え：どろ

怒《いか》りを買《か》う

相手《あいて》に腹立《はらだ》たしい気持《きも》ちを起《お》こさせる。例 大臣《だいじん》の無責任《むせきにん》な言動《げんどう》が、国民《こくみん》の怒《いか》りを買《か》った。類 怒《いか》りを招《まね》く

怒《いか》りを禁《きん》じ得《え》ない

腹立《はらだ》たしい気持《きも》ちをおさえられない。例 ルールを破《やぶ》る人《ひと》には怒《いか》りを禁《きん》じ得《え》ない。

怒《いか》りをぶつける

腹立《はらだ》たしい気持《きも》ちを強《つよ》く表《あらわ》す。例 今《いま》までの失礼《しつれい》な態度《たいど》について、手紙《てがみ》で怒《いか》りをぶつけた。

怒《いか》りを招《まね》く

➡怒《いか》りを買《か》う

いき【息】

息《いき》が合《あ》う

おたがいの気持《きも》ちや動《うご》きがぴったり合《あ》う。例 兄弟《きょうだい》の息《いき》が合《あ》ったプレー。類 呼吸《こきゅう》が合《あ》う

息《いき》が上《あ》がる

呼吸《こきゅう》が苦《くる》しくなり、息《いき》が乱《みだ》れる。例 犬《いぬ》と走《はし》ったら、さすがに息《いき》が上《あ》がった。

息《いき》がある

まだ生《い》きている。例 まだ息《いき》がある。急《いそ》いで手術《しゅじゅつ》の用意《ようい》を。対 息《いき》がない

息《いき》がかかる

有力《ゆうりょく》な人《ひと》とかかわりがあったり守《まも》られたりしている。例 政治家《せいじか》の息《いき》がかかった業者《ぎょうしゃ》。

息《いき》が通《かよ》う

①生《い》きている。②気持《きも》ちがこもっている。例 母《はは》の手作《てづく》りの服《ふく》には、一針一針《ひとはりひとはり》息《いき》が通《かよ》っている。

息《いき》が切《き》れる

①呼吸《こきゅう》が苦《くる》しくなって息切《いきぎ》れがする。例 ちょっと階段《かいだん》を上《のぼ》っただけで、息《いき》が切《き》れた。②気力《きりょく》がなくなり、物事《ものごと》を長《なが》く続《つづ》けられなくなる。例 息《いき》が切《き》れないように、うまく休《やす》みを入《い》れよう。

息《いき》が絶《た》える

呼吸《こきゅう》がつきてなくなる。死《し》ぬ。例 息《いき》が絶《た》えるまでわが子《こ》の名《な》を呼《よ》ぶ。類 息《いき》が止《と》まる①・息《いき》を引《ひ》き取《と》る

息《いき》が続《つづ》く

①吸《す》った息《いき》が長《なが》くもつ。例 息《いき》が続《つづ》く限《かぎ》り、もぐって魚《さかな》をとる。②ある状態《じょうたい》が、勢《いきお》いを持《も》って長《なが》い間続《あいだつづ》く。例 あの歌手《かしゅ》の人気《にんき》も、息《いき》が続《つづ》かなくなった。③とちゅうでやめずにやり続《つづ》ける。例 書道《しょどう》歴十年《れきじゅうねん》だなんて、よく息《いき》が続《つづ》くね。

問題《もんだい》：スポーツで補欠《ほけつ》の選手《せんしゅ》が、「ベンチを○○○○○」。

息《いき》がつまる

①呼吸《こきゅう》ができなくなる。②きん張《ちょう》して息《いき》ができないような感《かん》じになる。例面接《めんせつ》では、上《あ》がって息《いき》がつまりそうだった。③自由《じゆう》に行動《こうどう》できず、うっとうしくて息苦《いきぐる》しくなる。例雨《あめ》の日《ひ》に家《いえ》にいるのは息《いき》がつまる。

息《いき》が止《と》まる

①呼吸《こきゅう》しなくなる。死《し》ぬ。②おどろきやきん張《ちょう》で息《いき》ができないような感《かん》じになる。例息《いき》が止《と》まるほどおどろいた。類①息《いき》が絶《た》える・息《いき》を引《ひ》き取《と》る

息《いき》がない

もう呼吸《こきゅう》をしていない。死《し》んでいる。例発見《はっけん》されたときには、もう息《いき》がなかった。対息《いき》がある

息《いき》が長《なが》い

一《ひと》つのことが長《なが》い間続《あいだつづ》く。例あの女優《じょゆう》の人気《にんき》は、息《いき》が長《なが》い。

息《いき》がはずむ

運動《うんどう》したり気持《きも》ちが高《たか》ぶったりして、呼吸《こきゅう》が乱《みだ》れてあらくなる。例思《おも》い切《き》り走《はし》ったので、息《いき》がはずむ。

息《いき》もつかせぬ

ゆっくりと呼吸《こきゅう》をするひまもないようす。例決勝戦《けっしょうせん》は息《いき》もつかせぬ熱戦《ねっせん》となった。

息《いき》を入《い》れる

ひと休《やす》みする。ちょっと休《やす》む。例一段落《いちだんらく》したところで、少《すこ》し息《いき》を入《い》れる。

息《いき》をこらす

呼吸《こきゅう》をおさえてじっと注意《ちゅうい》を集中《しゅうちゅう》させる。例息《いき》をこらして発表《はっぴょう》を待《ま》つ。類息《いき》を殺《ころ》す・息《いき》をつめる・息《いき》をひそめる

息《いき》を殺《ころ》す

呼吸《こきゅう》の音《おと》をおさえて物音《ものおと》を立《た》てないでいる。例息《いき》を殺《ころ》してかくれる。類息《いき》をこらす・息《いき》をつめる・息《いき》をひそめる

息《いき》をつく

①息《いき》を大《おお》きくはき出《だ》す。②ほっとひと安心《あんしん》して楽《らく》になる。例手伝《てつだ》いが五人《ごにん》も来《き》て、やっと息《いき》をつくことができた。

息《いき》をつめる

きん張《ちょう》したり集中《しゅうちゅう》したりして、呼吸《こきゅう》を止《と》めてじっとする。例実験《じっけん》のゆくえを、息《いき》をつめて見守《みまも》る。類息《いき》をこらす・息《いき》を殺《ころ》す・息《いき》をひそめる

答《こた》え：あたためる

息《いき》をぬく
気分転《きぶんてん》かんなどのためにひと休《やす》みする。例 がんばり過《す》ぎないで、たまには息《いき》をぬくことも大切《たいせつ》だ。

息《いき》をのむ
おどろいたり感動《かんどう》したりして思《おも》わず呼《こ》吸《きゅう》を止《と》める。例 初日《はつひ》の出《で》の美《うつく》しさに息《いき》をのむ。類 声《こえ》をのむ

息《いき》を引《ひ》き取《と》る
死《し》ぬ。例 主人公《しゅじんこう》が息《いき》を引《ひ》き取《と》る場面《ばめん》ではみんなが泣《な》いていた。類 息《いき》が絶《た》える・息《いき》が止《と》まる①

息《いき》をひそめる
呼吸《こきゅう》の音《おと》をおさえて、じっとしている。例 人《ひと》の気配《けはい》がしたので息《いき》をひそめた。類 息《いき》をこらす・息《いき》を殺《ころ》す・息《いき》をつめる

息《いき》をふき返《かえ》す
①生《い》き返《かえ》る。例 男《おとこ》の子《こ》は人工呼吸《じんこうこきゅう》で息《いき》をふき返《かえ》した。②おとろえていた状態《じょうたい》から、勢《いきお》いを取《と》りもどす。例 さびれた商店街《しょうてんがい》が息《いき》をふき返《かえ》した。

いくじ【意気地】

意気地《いくじ》がない
物事《ものごと》をやり通《とお》そうとする強《つよ》い気力《きりょく》がない。例 この程度《ていど》の練習《れんしゅう》で音《ね》を上《あ》げるなんて、意気地《いくじ》がないなあ。

いけん【意見】

意見《いけん》が割《わ》れる
あることについての考《かんが》えが分《わ》かれる。例 歌《うた》う曲《きょく》について、クラスで意見《いけん》が割《わ》れた。類 意見《いけん》が分《わ》かれる

意見《いけん》を固《かた》める
考《かんが》えをしっかり決《き》める。例 市長《しちょう》として最終的《さいしゅうてき》な意見《いけん》を固《かた》めた。📖「意見《いけん》が固《かた》まる」の形《かたち》でも使《つか》う。

意見《いけん》をかわす
おたがいの考《かんが》えを言《い》い合《あ》う。例 テレビ番組《ばんぐみ》で専門家《せんもんか》が意見《いけん》をかわす。

意見《いけん》を差《さ》しはさむ
話《はな》し合《あ》いのとちゅうで、自分《じぶん》の意見《いけん》を割《わ》りこませる。例 静《しず》かだったかの女《じょ》が、とつ然《ぜん》意見《いけん》を差《さ》しはさんだ。

意見《いけん》を戦《たたか》わせる
ちがう考《かんが》えを持《も》つ者《もの》どうしが、それぞれの考《かんが》えを言《い》い合《あ》う。例 賛成派《さんせいは》と反対《はんたい》派《は》が、激《はげ》しく意見《いけん》を戦《たたか》わせる。

いさい【異彩】

異彩《いさい》を放《はな》つ
才能《さいのう》などが、目立《めだ》ってすぐれている。例 参加《さんか》した人《ひと》の中《なか》では、かの女《じょ》の歌《うた》のうまさは異彩《いさい》を放《はな》っていた。

問題《もんだい》：預《あず》けると相手《あいて》に任《まか》せることになり、はかせると実際《じっさい》よりよく見《み》せることになるのは？

いじ【意地】

意地《いじ》がきたない
がつがつと欲《よく》ばる心《こころ》が強《つよ》い。例 人《ひと》の分《ぶん》まで食《た》べるなんて意地《いじ》がきたないよ。

意地《いじ》が悪《わる》い
①人《ひと》がいやがるようなことを、わざとするようす。例 わかっていて助《たす》けないなんて、君《きみ》は意地《いじ》が悪《わる》い。②予定《よてい》していたことをじゃまするようす。例 運動《うんどう》会《かい》の当日《とうじつ》に雨《あめ》なんて意地《いじ》が悪《わる》いなあ。

意地《いじ》になる
どうしても自分《じぶん》の思《おも》い通《どお》りにしようとする。例 車《くるま》なんてきらいだと言《い》った手前《てまえ》、意地《いじ》になって駅《えき》まで歩《ある》く。

意地《いじ》を通《とお》す
自分《じぶん》の考《かんが》えをどこまでもつらぬこうとする。例 最後《さいご》までみごとに意地《いじ》を通《とお》す。

意地《いじ》を張《は》る
人《ひと》がどう言《い》おうと、自分《じぶん》の考《かんが》えをおし通《とお》そうとする。例 おたがいに意地《いじ》を張《は》っていないで、そろそろ仲直《なかなお》りしよう。類 片意地《かたいじ》を張《は》る・強情《ごうじょう》を張《は》る

いしき【意識】

意識《いしき》がうすい
ある物事《ものごと》についての、理解《りかい》の度合《どあ》いが少《すく》ない。例 かれらは自分《じぶん》が社会《しゃかい》の一員《いちいん》だという意識《いしき》がうすい。対 意識《いしき》が高《たか》い

意識《いしき》が高《たか》い
ある物事《ものごと》についての理解《りかい》のレベルが高《たか》く、すぐれている。例 現代《げんだい》の小学生《しょうがくせい》は、エコロジーに対《たい》する意識《いしき》が高《たか》い。対 意《い》識《しき》がうすい

意識《いしき》に欠《か》ける
ある物事《ものごと》について全《まった》くわかっていない。例 チームのために戦《たたか》うという意識《いしき》に欠《か》けていては強《つよ》くなれない。

意識《いしき》にのぼる
今《いま》まで気《き》づいていなかったことにはっきり気《き》づく。例 いなくなって初《はじ》めて、かれのい大《だい》さが意識《いしき》にのぼる。

意識《いしき》を失《うしな》う
気《き》が遠《とお》くなって何《なに》もわからなくなる。例 意識《いしき》を失《うしな》って、気《き》づいたら病院《びょういん》のベッドの上《うえ》だった。類 気《き》を失《うしな》う

いす

いすをねらう
高《たか》い地位《ちい》や重要《じゅうよう》な役割《やくわり》を手《て》に入《い》れようとする。例 社長《しゃちょう》のいすをねらう。

いせい【威勢】

答《こた》え：げた

威勢《いせい》がいい
活気《かっき》があって元気《げんき》がいい。例 威勢《いせい》がいいかけ声《ごえ》でわたしたちも元気《げんき》が出《で》た。

いた【板】
ぶたい。

板《いた》につく
①役者《やくしゃ》の演技《えんぎ》がぶたいによく合《あ》う。②動作《どうさ》・態度《たいど》・服装《ふくそう》が、その地位《ちい》や職業《しょくぎょう》にふさわしくなる。例 姉《あね》の高校生《こうこうせい》ぶりも、板《いた》についてきた。📖 演技《えんぎ》がぶたいに合《あ》うように、態度《たいど》などが地位《ちい》や職業《しょくぎょう》にぴったり合《あ》うということ。

いたいめ【痛い目】

痛《いた》い目《め》にあう
つらい思《おも》いをさせられる。例 にせ物《もの》をつかまされて、痛《いた》い目《め》にあった。類 痛《いた》い目《め》を見《み》る

痛《いた》い目《め》を見《み》る
➡痛《いた》い目《め》にあう

いち【一】

一《いち》か八《ばち》か
結果《けっか》はわからないが、思《おも》い切《き》ってやってみること。例 一《いち》か八《ばち》かの作戦《さくせん》が成功《せいこう》した。類 のるかそるか

一《いち》から十《じゅう》まで
何《なに》から何《なに》まで。すべて。例 相手《あいて》は初心者《しょしんしゃ》だから、一《いち》から十《じゅう》まで教《おし》えてあげる。

一《いち》も二《に》もなく
すぐに。例 海《うみ》に行《い》こうと言《い》ったら、みんなは一《いち》も二《に》もなく賛成《さんせい》した。

いちごん【一言】

一言《いちごん》もない
ひと言《こと》も言《い》い訳《わけ》することができない。例 君《きみ》が休《やす》んだから負《ま》けたと言《い》われては、一言《いちごん》もない。類 ぐうの音《ね》も出《で》ない

いちどう【一堂】

一堂《いちどう》に会《かい》する
大勢《おおぜい》が一《ひと》つの場所《ばしょ》に集《あつ》まる。例 授賞《じゅしょう》式《しき》には多《おお》くの名優《めいゆう》たちが一堂《いちどう》に会《かい》した。⚠「一同《いちどう》に会《かい》する」と書《か》くのは誤《あやま》り。

いちに【一二】

一二《いちに》を争《あらそ》う
一位《いちい》か二位《にい》かを争《あらそ》う。また、それほどにすぐれていることのたとえ。例 全国《ぜんこく》で一二《いちに》を争《あらそ》う桜《さくら》の名所《めいしょ》。

いちめい【一命】

一命《いちめい》をとす
自分《じぶん》の命《いのち》がなくなることさえ気《き》にしないで力《ちから》をつくす。例 一命《いちめい》をとしてもこの研究《けんきゅう》は成功《せいこう》させたい。類 命《いのち》をかける

問題《もんだい》：これを引《ひ》いたり、これに当《あ》たったりすると、色々《いろいろ》なことがわかります。

一命《いちめい》を取《と》り止《と》める

生死《せいし》の境《さかい》からぬけ出《だ》して、何《なん》とか死《し》なないで済《す》む。例 医師《いし》のとっさの判断《はんだん》のおかげで一命《いちめい》を取《と》り止《と》めた。📖「一命《いちめい》を取《と》り留《と》める」とも書《か》く。

いちもく【一目】

一目《いちもく》置《お》く

相手《あいて》の能力《のうりょく》や実力《じつりょく》がすぐれていると認《みと》めて、敬意《けいい》をはらう。例 かれの英語《えいご》力《りょく》には、先生《せんせい》も一目《いちもく》置《お》いている。📖 碁《ご》を打《う》つとき、弱《よわ》いほうが先《さき》に石《いし》を一《ひと》つ置《お》いて始《はじ》めることから。

いちゃもん

いちゃもんをつける

けんかを売《う》るつもりで文句《もんく》を言《い》う。例 料理《りょうり》がまずいといちゃもんをつける。類 言《い》いがかりをつける・因縁《いんねん》をつける・難癖《なんくせ》をつける

いちよく【一翼】 全体《ぜんたい》のうちの一《ひと》つの役割《やくわり》。

一翼《いちよく》をになう

全体《ぜんたい》の活動《かつどう》の中《なか》で一《ひと》つの役割《やくわり》を果《は》たす。例 わたしたちも、町《まち》の緑化《りょっか》計画《けいかく》の一翼《いちよく》をになう。

いっか【一家】

一家《いっか》を構《かま》える

家庭《かてい》を持《も》つ。例 やがては一家《いっか》を構《かま》えて自立《じりつ》する時《とき》が来《く》る。類 家《いえ》を構《かま》える・家《いえ》を持《も》つ

一家《いっか》を支《ささ》える

お金《かね》をかせいで家族《かぞく》が暮《く》らしていけるようにする。例 父《ちち》が病気《びょうき》の間《あいだ》、母《はは》がパートで一家《いっか》を支《ささ》えた。

いっかん【一巻】

一巻《いっかん》の終《お》わり

①すべてが終《お》わること。だいなしになること。例 残《のこ》り五分《ごふん》で逆転《ぎゃくてん》されては一《いっ》巻《かん》の終《お》わりだ。②死《し》ぬこと。例 ここから落《お》ちたら一巻《いっかん》の終《お》わりだ。📖 一巻《いっかん》の物語《ものがたり》が終《お》わるという意味《いみ》。

いっけい【一計】

一計《いっけい》を案《あん》じる

あるアイデアを考《かんが》え出《だ》す。例 父《ちち》を説得《せっとく》するために一計《いっけい》を案《あん》じた。類 一策《いっさく》を案《あん》じる

いっこく【一刻】

一刻《いっこく》を争《あらそ》う

とても急《いそ》ぐ。少《すこ》しの時間《じかん》もむだにできない。例 手術《しゅじゅつ》は一刻《いっこく》を争《あらそ》う。

答《こた》え：辞書《じしょ》

いっし【一糸】

❶一本《いっぽん》の糸《いと》。❷ごくわずかなことのたとえ。

一糸《いっし》まとわず

衣服《いふく》を全《まった》く身《み》につけていないようす。すっぱだかで。例 海《うみ》にはだれもいなかったので、一糸《いっし》まとわず泳《およ》いだ。

一糸《いっし》乱《みだ》れず

少《すこ》しの乱《みだ》れもなくきちんと。例 一糸《いっし》乱《みだ》れず行進《こうしん》する。

いっし【一矢】

一矢《いっし》をむくいる

やられっぱなしではなく、少《すこ》しでも仕《し》返《かえ》しをする。例 スマッシュを決《き》めて、敵《てき》に何《なん》とか一矢《いっし》をむくいた。⚠「一矢《いっし》を返《かえ》す」は誤《あやま》り。

いっしょう【一笑】

一笑《いっしょう》に付《ふ》す

ばかにしてまともに取《と》り上《あ》げない。例 いい考《かんが》えだと思《おも》ったのに一笑《いっしょう》に付《ふ》されてしまった。

いっしん【一身】

一身《いっしん》をささげる

自分《じぶん》のすべてをかけて一生《いっしょう》けんめいにやる。例 かれは医学《いがく》の発展《はってん》に一身《いっしん》をささげた。

いっせき【一石】

一石《いっせき》を投《とう》じる

何《なに》もなかったところに新《あたら》しい問題《もんだい》を投《な》げかける。例 かの女《じょ》の意見《いけん》が、学級会《がっきゅうかい》に一石《いっせき》を投《とう》じた。📖 静《しず》かな水面《すいめん》に石《いし》を投《な》げ入《い》れると、波《は》もんが広《ひろ》がっていくことから。

むすぶ君《くん》の 結《むす》びつけクイズ①

次《つぎ》の意味《いみ》と、ことばⅠⅡを結《むす》びつけてみよう。

・意味《いみ》	・ことばⅠ	・ことばⅡ
①手本《てほん》にする	あ天狗《てんぐ》に	ア つまれる
②うぬぼれる	い足元《あしもと》に	イ する
③危険《きけん》がせまる	う下敷《したじ》きに	ウ なる
④思《おも》わぬことにぼんやりする	えきつねに	エ 火《ひ》がつく

答《こた》え ①-う-イ ②-あ-ウ ③-い-エ ④-え-ア

問題《もんだい》：細《こま》かい心《こころ》づかいをする時《とき》にはこれをつかい、不《ふ》ゆ快《かい》な時《とき》はこれにさわる。

いっせん【一戦】

一戦《いっせん》を交《まじ》える

一回《いっかい》戦《たたか》う。ひと勝負《しょうぶ》する。例 武田軍《たけだぐん》と上杉軍《うえすぎぐん》はこの辺《あた》りで一戦《いっせん》を交《まじ》えた。類 一戦《いっせん》におよぶ

いっせん【一線】

一線《いっせん》を画《かく》する ➡ 一線《いっせん》を引《ひ》く

一線《いっせん》をこえる

物事《ものごと》のなりゆきや関係《かんけい》などが、はっきりしたものとなるような行動《こうどう》を起《お》こす。例 仲《なか》が悪《わる》い二人《ふたり》の関係《かんけい》は、一線《いっせん》をこえて大《おお》げんかに発展《はってん》してしまった。

一線《いっせん》を退《しりぞ》く

仕事《しごと》やスポーツなどで、中心《ちゅうしん》となる立場《たちば》から身《み》を引《ひ》く。例 後《こう》はいたちが育《そだ》ったので一線《いっせん》を退《しりぞ》く決心《けっしん》をした。類 第一線《だいいっせん》を退《しりぞ》く

一線《いっせん》を引《ひ》く

物事《ものごと》の区切《くぎ》りや人《ひと》の立場《たちば》のちがいなどをはっきりさせる。例 考《かんが》え方《かた》がちがうので、あのグループとは一線《いっせん》を引《ひ》くことにします。類 一線《いっせん》を画《かく》する

いって【一手】

一手《いって》に引《ひ》き受《う》ける

自分一人《じぶんひとり》、また一《ひと》つの団体《だんたい》ですべてを受《う》け持《も》つ。例 お楽《たの》しみ会《かい》の準備《じゅんび》を一手《いって》に引《ひ》き受《う》ける。

いっぱい【一杯】

一杯食《いっぱいく》わせる

相手《あいて》をうまくだます。例 まんまと一杯《いっぱい》食《く》わせてやった。📖 その人《ひと》をだますために、ちょっと食《た》べさせることから。「一杯食《いっぱいく》わす」の形《かたち》でも使《つか》う。

いっぽ【一歩】

一歩《いっぽ》ゆずる

①力《ちから》や質《しつ》などが少《すこ》し劣《おと》る。ひけをとる。例 国語《こくご》の実力《じつりょく》では、かれに一歩《いっぽ》ゆずる。②自分《じぶん》の考《かんが》えを一部《いちぶ》引《ひ》っこめて相手《あいて》の考《かんが》えを受《う》け入《い》れる。例 映画《えいが》に行《い》きたいが、弟《おとうと》に一歩《いっぽ》ゆずってスケートに行《い》く。📖「一歩《いっぽ》をゆずる」の形《かたち》でも使《つか》う。

一歩《いっぽ》をふみ出《だ》す

一段階進《いちだんかいすす》んで、新《あたら》しい状態《じょうたい》になる。例 兄《あに》はこの春就職《はるしゅうしょく》して、人生《じんせい》の新《あら》たな一歩《いっぽ》をふみ出《だ》した。

いっぽん【一本】

じゅう道《どう》やけん道《どう》で、わざが決《き》まること。

答《こた》え：気《き》

一本《いっぽん》取《と》られる

①言《い》い負《ま》かされる。**例** 弟《おとうと》と言《い》い争《あらそ》い、みごとに一本《いっぽん》取《と》られた。②相手《あいて》のてぎわがあざやかで、ぐうの音《ね》も出《で》ない。**例** 去《さ》りぎわがみごとで、一本《いっぽん》取《と》られた。

いと【糸】

糸《いと》を垂《た》れる

つり糸《いと》をだらりと下《さ》げる。つりをする。**例** 朝《あさ》から湖《みずうみ》に糸《いと》を垂《た》れる。

糸《いと》を引《ひ》く

①あることのえいきょうがいつまでも続《つづ》く。**例** 三年前《さんねんまえ》の事故《じこ》が今《いま》も糸《いと》を引《ひ》いている。②見《み》えないところで人《ひと》をあやつる。**例** 事件《じけん》のかげで糸《いと》を引《ひ》く人物《じんぶつ》。③ねばねばとのびて、糸《いと》を引《ひ》っ張《ぱ》ったようになる。**例** 納豆《なっとう》が糸《いと》を引《ひ》く。📖②は、あやつり人形《にんぎょう》を動《うご》かすことから。

いとま

いとまをこう

①仕事《しごと》などを休《やす》みたいと願《ねが》い出《で》る。**例** 父《ちち》が病気《びょうき》になったので職場《しょくば》にいとまをこう。②人《ひと》に別《わか》れを告《つ》げる。**例** おそくなったのでいとまをこうことにした。

いとまを出《だ》す

妻《つま》や使用人《しようにん》との関係《かんけい》を断《た》つ。やめさせる。**例** 仕事《しごと》がおそいというだけでいとまを出《だ》すのはかわいそうだ。

いとまを告《つ》げる

あいさつして別《わか》れる。**例** 見送《みおく》ってくれた人々《ひとびと》にいとまを告《つ》げて旅《たび》に出《で》る。

いとめ【糸目】

つり合《あ》いを取《と》るために、たこにつける糸《いと》。

糸目《いとめ》をつけない

お金《かね》をおしげもなく使《つか》う。**例** かれはおいしいものを食《た》べるためには金《かね》に糸目《いとめ》をつけない。

いのち【命】

命《いのち》が縮《ちぢ》む

非常《ひじょう》にこわい思《おも》いをして、命《いのち》が短《みじか》くなったように感《かん》じる。**例** 船《ふね》があまりにもゆれるので、命《いのち》が縮《ちぢ》む思《おも》いがした。

命《いのち》がつきる

命《いのち》が絶《た》えてなくなる。死《し》ぬ。**例** この命《いのち》がつきるまで、研究《けんきゅう》を続《つづ》ける決意《けつい》です。

命《いのち》に代《か》える

自分《じぶん》の命《いのち》と引《ひ》きかえにしても構《かま》わない。**例** 命《いのち》に代《か》えても家族《かぞく》を守《まも》りぬく。📖何《なに》かを成《な》しとげたり守《まも》ったりするための強《つよ》い決意《けつい》を表《あらわ》す時《とき》に使《つか》う。

問題《もんだい》：これに毛《け》が生《は》えると、ずうずうしい人《ひと》という意味《いみ》になります。

命《いのち》を預《あず》ける
自分《じぶん》が生《い》きるか死《し》ぬかを、ほかの人《ひと》や物《もの》に任《まか》せる。例信用《しんよう》できる医師《いし》に命《いのち》を預《あず》ける。／このロープに命《いのち》を預《あず》ける。

命《いのち》を落《お》とす
命《いのち》をなくす。死《し》ぬ。例事故《じこ》で命《いのち》を落《お》とした人《ひと》のために、いれいひを建《た》てる。

命《いのち》をかける
死《し》んでも構《かま》わないという気持《きも》ちで物事《ものごと》にけんめいに取《と》り組《く》む。例父《ちち》はこのトンネル工事《こうじ》に命《いのち》をかけている。類一命《いちめい》をとす

命《いのち》をけずる
命《いのち》が短《みじか》くなってしまうほどの苦労《くろう》や心配《しんぱい》をするたとえ。例その作家《さっか》は命《いのち》をけずって大作《たいさく》を書《か》き上《あ》げた。

命《いのち》をささげる
ある人《ひと》や物事《ものごと》のために、死《し》ぬ覚《かく》ごでつくす。例あの博士《はかせ》は自然保護《しぜんほご》に命《いのち》をささげた。

命《いのち》をつなぐ
やっとの思《おも》いで細々《ほそぼそ》と生活《せいかつ》する。例畑《はたけ》でとれるわずかな野菜《やさい》をかてに命《いのち》をつないできた。

命《いのち》を拾《ひろ》う
一度《いちど》はあきらめた命《いのち》が運《うん》よく助《たす》かる。命拾《いのちびろ》いをする。例そう難十日目《なんとおかめ》に村人《むらびと》に発見《はっけん》され命《いのち》を拾《ひろ》った。

いひょう【意表】

意表《いひょう》をつく
思《おも》いもよらないことをする。例目《め》の前《まえ》にとつ然現《ぜんあらわ》れて、相手《あいて》の意表《いひょう》をつく。類意表《いひょう》に出《で》る・裏《うら》をかく

いま【今】

今《いま》か今《いま》かと
早《はや》くそうなってほしいと待《ま》ち望《のぞ》むようす。例修学旅行《しゅうがくりょこう》の日《ひ》を今《いま》か今《いま》かと待《ま》っている。類今《いま》やおそしと

今《いま》に始《はじ》まったことではない
前《まえ》からあったことで、とくに新《あたら》しいことではない。例かれが約束《やくそく》の時間《じかん》に来《こ》ないのは今《いま》に始《はじ》まったことではない。

今《いま》の今《いま》まで
たった今《いま》まで。その時《とき》まで。例後《うし》ろにいたなんて、今《いま》の今《いま》まで知《し》らなかった。

今《いま》はこれまで
もうこれで終《お》わりだ。死《し》や負《ま》けを覚《かく》ごしたことを表《あらわ》すことば。もはやこれまで。例今《いま》はこれまでと、空《そら》を見上《みあ》げた。

答《こた》え：心臓《しんぞう》

今《いま》やおそしと

その時《とき》が来《く》るのを待《ま》ちかねているようす。**例** 対戦相手《たいせんあいて》が来《く》るのを、今《いま》やおそしと待《ま》つ。**類** 今《いま》か今《いま》かと

今《いま》を時《とき》めく

現在《げんざい》、世間《せけん》にもてはやされて栄《さか》えている。**例** 今《いま》を時《とき》めく映画《えいが》スター。

イメージ

イメージがくずれる

今《いま》まで心《こころ》にえがいていたよい印象《いんしょう》が悪《わる》くなる。**例** あのアイドルは今回《こんかい》の役《やく》で好青年《こうせいねん》のイメージがくずれた。

イメージがわく

あるものの姿《すがた》や形《かたち》などが、心《こころ》の中《なか》に思《おも》いうかぶ。**例** 美《うつく》しい桜《さくら》の花《はな》を見《み》ていたら、作品《さくひん》のイメージがわいた。

いも【芋】

芋《いも》を洗《あら》うよう

せまいところに多《おお》くの人《ひと》が集《あつ》まり、こみ合《あ》っているようす。**例** 芋《いも》を洗《あら》うような混雑《こんざつ》ぶり。📖おけにサトイモをたくさん入《い》れて洗《あら》いながら皮《かわ》を取《と》り除《のぞ》くようすから。「芋《いも》の子《こ》を洗《あら》うよう」とも。

いや ❶ますます。いよいよ。❷最《もっと》も。非常《ひじょう》に。

いやが上《うえ》にも

ますます。いっそう。**例** バンド演奏《えんそう》が加《くわ》わり、会場《かいじょう》のムードはいやが上《うえ》にも盛《も》り上《あ》がった。

いや【否】

否《いや》が応《おう》でも

不承知《ふしょうち》であろうとなかろうと。**例** 否《いや》が応《おう》でも次《つぎ》の試合《しあい》には出《で》てもらうよ。⚠「嫌《いや》が応《おう》でも」は誤《あやま》り。**類** 否応《いやおう》なしに・否《いや》でも応《おう》でも・否《いや》も応《おう》もなく

否《いや》でも応《おう》でも

➡否《いや》が応《おう》でも

いや【嫌】

嫌《いや》と言《い》うほど

①もういらないと思《おも》うくらい。**例** ケーキを嫌《いや》と言《い》うほど食《た》べた。②とてもよく。**例** 一人《ひとり》で生活《せいかつ》して、親《おや》のありがたみが嫌《いや》と言《い》うほどわかった。③ひどく。**例** ひざを嫌《いや》と言《い》うほどぶつけた。

いやけ【嫌気】

嫌気《いやけ》が差《さ》す

嫌《いや》になる。うんざりする。**例** 母《はは》の小言《こごと》には嫌気《いやけ》が差《さ》した。**類** 嫌気《いやけ》を起《お》こす

問題《もんだい》：これが細《ほそ》いということは、あまり食《た》べないということ。

いよく【意欲】

意欲《いよく》がわく
進《すす》んでそうしたいという気持《きも》ちが起《お》きる。例 みんなからたよりにされて、仕事《しごと》に対《たい》する意欲《いよく》がわいた。

意欲《いよく》に欠《か》ける
やる気《き》が足《た》りない。例 意欲《いよく》に欠《か》ける部《ぶ》員《いん》を試合《しあい》に出《だ》すわけにはいかない。

意欲《いよく》を買《か》う
やる気《き》を高《たか》く評価《ひょうか》する。例 かの女《じょ》の意《い》欲《よく》を買《か》ってキャプテンに指名《しめい》した。

意欲《いよく》をそぐ
何《なに》かをやろうとする気持《きも》ちをなくさせる。例 遊《あそ》びにさそわれて、練習《れんしゅう》する意《い》欲《よく》をそがれる。

意欲《いよく》を燃《も》やす
何《なに》かをしようという気持《きも》ちを高《たか》ぶらせる。例 英語《えいご》の学習《がくしゅう》に意欲《いよく》を燃《も》やす。

いる【居る】

居《い》ても立《た》ってもいられない
心配《しんぱい》なことやうれしいことがあって、じっとしていられない。例 妹《いもうと》が生《う》まれたと聞《き》いて、居《い》ても立《た》ってもいられなかった。📖すわっていることも立《た》っていることもできないという意味《いみ》。

いるす【居留守】

居留守《いるす》を使《つか》う
本当《ほんとう》は家《いえ》にいるのに、わざといないふりをする。例 会《あ》いたくない人《ひと》が来《き》たので、居留守《いるす》を使《つか》った。類 留守《るす》を使《つか》う

いれかわり【入れ代わり】

入《い》れ代《か》わり立《た》ち代《か》わり
次々《つぎつぎ》に人《ひと》がやって来《く》るようす。例 入《い》れ代《か》わり立《た》ち代《か》わり客《きゃく》が来《き》て、落《お》ち着《つ》いて勉強《べんきょう》していられない。

いろ【色】

色《いろ》に出《で》る
思《おも》っていることが、表情《ひょうじょう》や態度《たいど》に表《あらわ》れる。例 あこがれの気持《きも》ちが色《いろ》に出《で》る。

色《いろ》を失《うしな》う
おどろきやショックで、顔色《かおいろ》が青《あお》くなる。例 さいふをなくして色《いろ》を失《うしな》う。

色《いろ》を正《ただ》す
真《しん》けんな表情《ひょうじょう》をする。まじめな顔《かお》つきになる。例 本題《ほんだい》に入《はい》り父《ちち》は色《いろ》を正《ただ》した。

色《いろ》をつける
おまけをする。例 長《なが》い時間手伝《じかんてつだ》い、おだちんに少《すこ》し色《いろ》をつけてもらった。

色《いろ》をなす
おこって顔色《かおいろ》を変《か》える。例 大切《たいせつ》なつぼを割《わ》り、祖父《そふ》が色《いろ》をなした。

答《こた》え：食《しょく》

いん【韻】

韻《いん》をおす

➡韻《いん》をふむ

韻《いん》をふむ

詩《し》や歌《うた》などで、句《く》や行《ぎょう》の初《はじ》めまたは終《お》わりに同《おな》じひびきの音《おん》を置《お》く。例この詩《し》は「あ」で韻《いん》をふんでいるので明《あか》るい感《かん》じがする。📖初《はじ》めをそろえることを「頭韻《とういん》」、終《お》わりをそろえることを「脚韻《きゃくいん》」という。類韻《いん》をおす

いんどう【引導】

引導《いんどう》をわたす

これで終《お》わりだと最終的《さいしゅうてき》に言《い》いわたす。例これ以上《いじょう》は助《たす》けてやれないと、引導《いんどう》をわたす。📖仏教《ぶっきょう》のことばで、死《し》んだ人《ひと》がちゃんと仏《ほとけ》になれるようにお経《きょう》を唱《とな》えるという意味《いみ》から。

いんねん【因縁】

因縁《いんねん》をつける

言《い》いがかりをつける。理由《りゆう》もないのに文句《もんく》を言《い》い、相手《あいて》を困《こま》らせる。例足《あし》をふんだと因縁《いんねん》をつける。類言《い》いがかりをつける・いちゃもんをつける

うえ【上】

上《うえ》には上《うえ》がある

一番《いちばん》よいと思《おも》っても、さらにすぐれたものがある。例かの女《じょ》のピアノが最高《さいこう》だと思《おも》っていたが、上《うえ》には上《うえ》があるものだ。

上《うえ》を下《した》への

多《おお》くの人《ひと》が入《い》り乱《みだ》れて、大混乱《だいこんらん》するようす。例教室《きょうしつ》は上《うえ》を下《した》への大《おお》さわぎになった。⚠「上《うえ》や下《した》への」というのは誤《あやま》り。

うえ【飢え】

飢《う》えをしのぐ

ひどい空腹《くうふく》をがまんして、切《き》りぬける。例川《かわ》の水《みず》を飲《の》んで、飢《う》えをしのいだ。

うごき【動き】

動《うご》きが取《と》れない

動《うご》こうとしても動《うご》くことができない。また、物事《ものごと》が自分《じぶん》の思《おも》うようにできない。例この連休《れんきゅう》は父《ちち》の動《うご》きが取《と》れず、どこへも出《で》かけられない。

問題《もんだい》：ぐっすりねむっているたとえは、何《なん》のようにねむる？

うさ【憂さ】

憂《う》さを晴《は》らす

いやな気分《きぶん》をはらいのけるために、何《なに》か好《す》きなことをしてすっきりさせる。気晴《きば》らしをする。例 おいしいものでも食《た》べて、日《ひ》ごろの憂《う》さを晴《は》らそう。

うしろ【後ろ】

後《うし》ろを見《み》せる

相手《あいて》に背中《せなか》を向《む》けてにげる。例 敵《てき》に後《うし》ろを見《み》せる。類 背《せ》を見《み》せる

うしろがみ【後ろ髪】

後《うし》ろ髪《がみ》を引《ひ》かれる

思《おも》い切《き》れず心残《こころのこ》りがする。例 後《うし》ろ髪《がみ》を引《ひ》かれる思《おも》いで旅立《たびだ》った。📖 髪《かみ》を後《うし》ろに引《ひ》っ張《ぱ》られるようだということから。

うしろゆび【後ろ指】

後《うし》ろ指《ゆび》を指《さ》される

かげで人《ひと》から非難《ひなん》される。例 人《ひと》から後《うし》ろ指《ゆび》を指《さ》されるようなことをした覚《おぼ》えはない。📖 他人《たにん》に後《うし》ろから指《ゆび》を指《さ》される意味《いみ》。

うすがみ【薄紙】

薄紙《うすがみ》をはぐように

悪《わる》い状態《じょうたい》や病気《びょうき》が、少《すこ》しずつではあるがよくなるようすのたとえ。例 父《ちち》の病気《びょうき》が薄紙《うすがみ》をはぐように回復《かいふく》する。

うそ

うそで固《かた》める

すべてをうそでつくり上《あ》げる。例 うそで固《かた》めた言《い》い訳《わけ》など聞《き》きたくない。

うだつ

日本建築《にほんけんちく》で、むな木《ぎ》を支《ささ》える短《みじか》い柱《はしら》。

うだつが上《あ》がらない

地位《ちい》や生活《せいかつ》などがよくならない。例 まんが家《か》を目指《めざ》す兄《あに》は、相変《あいか》わらずうだつが上《あ》がらない。📖 うだつが、いつも大《おお》きなむな木《ぎ》におさえつけられているように見《み》えることからという。

うつ【打つ】

打《う》てばひびく

何《なに》か働《はたら》きかけがあるとすぐに的確《てきかく》に反応《はんのう》する。例 かの女《じょ》は打《う》てばひびくような返答《へんとう》をする。

うつつ

うつつをぬかす

ある物事《ものごと》に夢中《むちゅう》になって、やるべきことをおろそかにする。例 インターネットにうつつをぬかす。

答《こた》え：どろ

うっぷん

うっぷんをつのらせる

心《こころ》の中《なか》に、がまんできないほどのいかりをためこむ。例 役人《やくにん》の不正《ふせい》が報道《ほうどう》されるたびに、国民《こくみん》はうっぷんをつのらせた。

うっぷんをばく発《はつ》させる

心《こころ》の中《なか》にたまったいかりが、とうとうたえられなくなって一度《いちど》にふき出《で》る。例 そうじ当番《とうばん》をさぼってばかりいるかれに、うっぷんをばく発《はつ》させる。

うっぷんを晴《は》らす

がまんしていたために心《こころ》の中《なか》にたまったいかりをはき出《だ》す。例 海《うみ》に向《む》かってさけんで、日《ひ》ごろのうっぷんを晴《は》らした。

うで【腕】

腕《うで》が上《あ》がる

上手《じょうず》になる。例 毎日《まいにち》の練習《れんしゅう》で、テニスの腕《うで》が上《あ》がった。類 手《て》が上《あ》がる 対 腕《うで》が落《お》ちる

腕《うで》が落《お》ちる

下手《へた》になる。例 久《ひさ》しぶりにハーモニカをふいたら、自分《じぶん》でもおどろくほど腕《うで》が落《お》ちていた。対 腕《うで》が上《あ》がる

腕《うで》がさえる

すぐれたわざを見《み》せる。例 作品《さくひん》の完成《かんせい》に向《む》けて、職人《しょくにん》の腕《うで》がさえる。

腕《うで》が立《た》つ

ある技術《ぎじゅつ》についてすぐれた腕前《うでまえ》を持《も》っている。例 かれは校内《こうない》で一番《いちばん》けん道《どう》の腕《うで》が立《た》つ。

腕《うで》が鳴《な》る

自分《じぶん》の腕前《うでまえ》を示《しめ》したくてむずむずする。例 大切《たいせつ》な試合《しあい》を明日《あす》にひかえて、腕《うで》が鳴《な》る。

腕《うで》に覚《おぼ》えがある

自分《じぶん》の能力《のうりょく》に自信《じしん》がある。例 ピアノなら、多少《たしょう》は腕《うで》に覚《おぼ》えがある。

腕《うで》によりをかける

大《おお》いに能力《のうりょく》を示《しめ》そうとしてはりきる。例 腕《うで》によりをかけて料理《りょうり》を作《つく》る。

腕《うで》をこまぬく

自分《じぶん》では何《なに》もせずに、そばでようすを見《み》ている。例 困《こま》っているかれを前《まえ》にして、友人《ゆうじん》として腕《うで》をこまぬいているわけにはいかない。📖もとは腕組《うでぐ》みをする意味《いみ》。「腕《うで》をこまねく」ともいう。類 手《て》をこまぬく・手《て》をつかねる

腕《うで》をふるう

能力《のうりょく》や腕前《うでまえ》を十分《じゅうぶん》に発揮《はっき》する。例 母《はは》は自《じ》まんの料理《りょうり》に腕《うで》をふるった。

腕《うで》をみがく

努力《どりょく》して実力《じつりょく》を高《たか》める。例 もくもくと練習《れんしゅう》して、腕《うで》をみがいてきた。

うぶごえ【産声】

産声《うぶごえ》を上《あ》げる

①人《ひと》が生《う》まれる。②新《あたら》しく始《はじ》まる。例 J《ジェー》リーグに新《あたら》しいチームが産声《うぶごえ》を上《あ》げた。

うま【馬】

馬《うま》が合《あ》う

おたがいの気持《きも》ちが合《あ》う。例 一《ひと》つ年下《としした》のかの女《じょ》とは、なぜか馬《うま》が合《あ》う。📖 馬《うま》と乗《の》り手《て》との息《いき》が合《あ》うことから。類 気《き》が合《あ》う・肌《はだ》が合《あ》う

うむ【有無】

有無《うむ》を言《い》わせず

相手《あいて》の都合《つごう》や気持《きも》ちを考《かんが》えず、無理《むり》やりに。例 有無《うむ》を言《い》わせず弟《おとうと》を部屋《へや》に呼《よ》びつけた。

うら【裏】

裏《うら》には裏《うら》がある

物事《ものごと》の裏《うら》には、表面《ひょうめん》からではわからない複雑《ふくざつ》な訳《わけ》がある。例 今回《こんかい》の事件《じけん》はこみ入《い》っていて、裏《うら》には裏《うら》があることがよくわかった。

裏《うら》をかく

相手《あいて》の予想《よそう》と逆《ぎゃく》のことをして、出《だ》しぬく。例 敵《てき》の裏《うら》をかいてシュートをした。類 意表《いひょう》をつく

裏《うら》を取《と》る

ほかから聞《き》き知《し》ったことが正《ただ》しいかどうか確認《かくにん》する。裏《うら》づけを取《と》る。例 記事《きじ》を書《か》くならきちんと裏《うら》を取《と》るべきだ。

うらみ【恨み】

恨《うら》みをいだく

恨《うら》む気持《きも》ちを持《も》つ。例 恨《うら》みをいだいて死《し》んだ人《ひと》が化《ば》けて出《で》る。

恨《うら》みを買《か》う

あることをして人《ひと》に恨《うら》まれる。例 親切《しんせつ》のつもりが、逆《ぎゃく》に恨《うら》みを買《か》ってしまった。

恨《うら》みを晴《は》らす

仕返《しかえ》しをして、すっきりする。例 ホームランを打《う》って快勝《かいしょう》し、前回《ぜんかい》の敗戦《はいせん》の恨《うら》みを晴《は》らした。

答《こた》え：舌《した》・ろれつなど

う

うらめ【裏目】

さいころをふって出《で》た目《め》と反対側《はんたいがわ》の目《め》。

裏目《うらめ》に出《で》る

よくなると期待《きたい》してやったことが、予《よ》想《そう》と反対《はんたい》の悪《わる》い結果《けっか》になる。例 選手交《せんしゅこう》代《たい》が裏目《うらめ》に出《で》て負《ま》けた。

うわさ

うわさが立《た》つ

確《たし》かでない話《はなし》が、目立《めだ》って聞《き》こえてくるようになる。例 知《し》り合《あ》いが転校《てんこう》するといううわさが立《た》った。類 うわさが流《なが》れる

うわさが流《なが》れる

確《たし》かでない話《はなし》が、人々《ひとびと》の間《あいだ》に広《ひろ》く伝《つた》わる。例 人気歌手《にんきかしゅ》グループの解散《かいさん》のうわさが流《なが》れる。類 うわさが立《た》つ

うわさにのぼる

確《たし》かでない話《はなし》が、人々《ひとびと》の話題《わだい》として取《と》り上《あ》げられるようになる。例 消費税《しょうひぜい》の引《ひ》き上《あ》げがうわさにのぼる。

うわべ【上辺】

上辺《うわべ》をかざる

外見《がいけん》や見《み》かけだけをとくにりっぱに見《み》せる。例 人《ひと》は上辺《うわべ》をかざるより、内面《ないめん》をみがくことが大切《たいせつ》だ。

うわまえ【上前】

人《ひと》にわたすべきお金《かね》の一部《いちぶ》。

上前《うわまえ》をはねる

他人《たにん》に支《し》はらうべきお金《かね》の一部《いちぶ》を、勝《かっ》手《て》に自分《じぶん》のものにする。例 あの店《みせ》はアルバイト料《りょう》の上前《うわまえ》をはねていたらしい。類 頭《あたま》をはねる・上前《うわまえ》を取《と》る

うん【運】

運《うん》がつきる

よいめぐり合《あ》わせが絶《た》えてなくなる。例 ここまで順調《じゅんちょう》にきたかれも、どうやら運《うん》がつきたようだ。

運《うん》が開《ひら》ける

めぐり合《あ》わせがよい方《ほう》に向《む》かう。例 ここ数年《すうねん》、じっとがまんしてきたが、今《こ》年《とし》になってようやく運《うん》が開《ひら》けてきた。類 運《うん》が回《まわ》る・運《うん》が向《む》く

運《うん》が回《まわ》る

よいめぐり合《あ》わせが自分《じぶん》のもとにやってくる。例 全校代表《ぜんこうだいひょう》に選《えら》ばれるなんて、とうとうわたしにも運《うん》が回《まわ》ってきた。類 運《うん》が開《ひら》ける・運《うん》が向《む》く

運《うん》が向《む》く

めぐり合《あ》わせがよくなる。例 宝《たから》くじに当《あ》たるとは、ぼくにもやっと運《うん》が向《む》いてきた。類 運《うん》が開《ひら》ける・運《うん》が回《まわ》る

問題《もんだい》：いびきは「かく」。寝返《ねがえ》りは？

運《うん》を天《てん》に任《まか》せる

自分《じぶん》であれこれしようとせず、物事《ものごと》のなりゆきを天《てん》の意志《いし》のなすがままにする。運命《うんめい》に従《したが》う。例 運《うん》を天《てん》に任《まか》せて、最後《さいご》は直球《ちょっきゅう》で勝負《しょうぶ》した。

うんちく

うんちくをかたむける

日《ひ》ごろから持《も》っている知識《ちしき》や学問《がくもん》のありったけをその場《ば》に出《だ》す。例 星《ほし》に関《かん》するうんちくをかたむける。

え【絵】

絵《え》にかいたよう

①きわだってあざやかであるようす。例 絵《え》にかいたような美《うつく》しい夕日《ゆうひ》だ。②そのものの特《とく》ちょうをよく表《あらわ》しているようす。例 上品《じょうひん》さを絵《え》にかいたような人《ひと》。

絵《え》になる

その場《ば》のふんいきにしっくりとなじんでいる。例 和服姿《わふくすがた》のかの女《じょ》は絵《え》になる。

えいき【英気】

英気《えいき》を養《やしな》う

いざという時《とき》にすぐれた能力《のうりょく》を出《だ》せるように、休《やす》みを取《と》る。例 マラソン大会《たいかい》に備《そな》えて、英気《えいき》を養《やしな》う。

えがお【笑顔】

笑顔《えがお》をのぞかせる

笑《わら》った顔《かお》をちらりと見《み》せる。例 三点《さんてん》のリードをうばって、選手《せんしゅ》たちはやっと笑顔《えがお》をのぞかせた。

笑顔《えがお》をふりまく

周《まわ》りの人《ひと》に、さかんに笑《わら》った顔《かお》を見《み》せる。例 会場《かいじょう》に来《き》てくれた人々《ひとびと》に、かれは笑顔《えがお》をふりまいていた。

えたい【得体】

得体《えたい》が知《し》れない

本当《ほんとう》の姿《すがた》や性格《せいかく》がよくわからない。正体《しょうたい》がつかめない。例 あの人《ひと》はあまりにも無口《むくち》なので、どうも得体《えたい》が知《し》れない。

えつ【悦】

悦《えつ》に入《い》る

満足《まんぞく》して、心《こころ》の中《なか》で喜《よろこ》ぶ。例 父《ちち》は自分《じぶん》でとった写真《しゃしん》を見《み》て、悦《えつ》に入《い》っている。

⚠「悦《えつ》にはいる」は誤読《ごどく》。

えみ【笑み】

答《こた》え：打《う》つ

え

笑《え》みがこぼれる

うれしくて、思《おも》わず笑《え》顔《がお》になる。例 合格《ごうかく》を知《し》ったかの女《じょ》の顔《かお》から、笑《え》みがこぼれた。

笑《え》みをうかべる

にっこりと笑《わら》う。笑顔《えがお》になる。例 母《はは》は、いつもやさしい笑《え》みをうかべている。類 笑《え》みをたたえる

笑《え》みをかわす

おたがいに、にっこりと笑《わら》い合《あ》う。例 首相《しゅしょう》は外国《がいこく》の大臣《だいじん》をむかえ、笑《え》みをかわしてあく手《しゅ》をした。

えり【襟】

襟《えり》を正《ただ》す

①服装《ふくそう》の乱《みだ》れを整《ととの》えて、きちんとする。②気持《きも》ちを引《ひ》きしめる。まじめな態度《たいど》を取《と》る。例 襟《えり》を正《ただ》して、先生《せんせい》のお話《はなし》をうかがう。類 ②姿勢《しせい》を正《ただ》す②

えん【縁】

縁《えん》を切《き》る

物事《ものごと》や人《ひと》との関係《かんけい》をなくす。例 悪《わる》い友《とも》だちとは縁《えん》を切《き》る。📖「縁《えん》が切《き》れる」の形《かたち》でも使《つか》う。類 手《て》を切《き》る

縁《えん》を結《むす》ぶ

男女《だんじょ》が結《けっ》こんする。また、結《けっ》こんするように間《あいだ》を取《と》り持《も》つ。例 幼《おさな》なじみの二人《ふたり》がふう婦《ふ》の縁《えん》を結《むす》ぶ。

えんぎ【縁起】

縁起《えんぎ》でもない

何《なに》か悪《わる》い事《こと》が起《お》こりそうで、不吉《ふきつ》でいやな感《かん》じである。例「もう会《あ》えない」なんて縁起《えんぎ》でもないことを言《い》うなよ。

縁起《えんぎ》をかつぐ

ちょっとしたことでも縁起《えんぎ》のよしあしを気《き》にする。例 かれは縁起《えんぎ》をかついで、常《つね》に右《みぎ》からくつをはく。類 験《げん》をかつぐ

エンジン

エンジンがかかる

調子《ちょうし》が出《で》て、勉強《べんきょう》や仕事《しごと》などがはかどるようになる。例 午後《ごご》になって、ようやくエンジンがかかってきた。

エンジンを切《き》る

少《すこ》し休《やす》みを入《い》れる。例 朝《あさ》からがんばってきたので、エンジンを切《き》ってジュースでも飲《の》もう。

えんじん【円陣】

円陣《えんじん》を組《く》む

多《おお》くの人《ひと》が集《あつ》まって、丸《まる》く輪《わ》の形《かたち》に並《なら》ぶ。例 試合《しあい》のとちゅうで円陣《えんじん》を組《く》む。

問題《もんだい》：これを曲《ま》げると機《き》げんが悪《わる》くなります。

お【尾】

尾《お》を引《ひ》く

物事《ものごと》が終《お》わった後《あと》までそのえいきょうが残《のこ》る。例 あの事故《じこ》が尾《お》を引《ひ》いて、まだ車《くるま》に乗《の》るのがこわい。📖 長《なが》いしっぽを引《ひ》きずりながら歩《ある》くと、後《うし》ろにあとが残《のこ》ることから。類 後《あと》を引《ひ》く①

尾《お》をふる

自分《じぶん》が得《とく》をするように、目上《めうえ》の人《ひと》にぺこぺこして機《き》げんを取《と》る。例 相手《あいて》が上《じょう》級生《きゅうせい》だからといって尾《お》をふるようなことはしない。📖 犬《いぬ》が尾《お》をふって飼《か》い主《ぬし》にこびることから。類 しっぽをふる

おあずけ【お預け】

お預《あず》けを食《く》う

期待《きたい》していたことが、ある理由《りゆう》で延期《えんき》される。例 台風《たいふう》のため、ピクニックはお預《あず》けを食《く》った。

おいうち【追い打ち】

追《お》い打《う》ちをかける

打《だ》げきを加《くわ》えた上《うえ》に、さらに打《だ》げきを加《くわ》える。弱《よわ》っている相手《あいて》をさらに困《こま》らせる。例 地《じ》しんに追《お》い打《う》ちをかけて火《か》災《さい》が発生《はっせい》した。

おうじょうぎわ【往生際】

追《お》いつめられた時《とき》。

往生際《おうじょうぎわ》が悪《わる》い

あきらめが悪《わる》い。例 いたずらしたことをまだ認《みと》めないとは、往生際《おうじょうぎわ》が悪《わる》い。

おうて【王手】

王手《おうて》をかける

①将棋《しょうぎ》で、相手《あいて》の王将《おうしょう》を直接《ちょくせつ》せめて取《と》ろうとする。②もう少《すこ》しで勝《か》てるという最後《さいご》の段階《だんかい》になる。例 若手力士《わかてりきし》が大関《おおぜき》をたおして、優勝《ゆうしょう》に王手《おうて》をかけた。

おおきい【大きい】

大《おお》きい顔《かお》をする

①えらそうな顔《かお》つきで、いばった態度《たいど》を取《と》る。例 新入《しんい》りが大《おお》きい顔《かお》をするな。②悪《わる》いことをしておきながら平気《へいき》でいる。例 人《ひと》のめいわくも考《かん》えず大《おお》きい顔《かお》をする。📖「大《おお》きな顔《かお》をする」ともいう。

答《こた》え：つむじ・へそ

大《おお》きな口《くち》をきく ➡大口《おおぐち》をたたく

おおぐち【大口】

大口《おおぐち》をたたく

えらそうなことを言《い》う。例かれは、シュートなど何本《なんぼん》でも決《き》めてやるといつも大口《おおぐち》をたたく。類大《おお》きな口《くち》をきく

おおだい【大台】

大台《おおだい》に乗《の》る

金額《きんがく》や数量《すうりょう》が、目安《めやす》となる大《おお》きな境目《さかいめ》の数《かず》に達《たっ》する。例父《ちち》は次《つぎ》の誕生日《たんじょうび》で四十《よんじゅう》の大台《おおだい》に乗《の》る。対大台《おおだい》を割《わ》る

大台《おおだい》を割《わ》る

金額《きんがく》や数量《すうりょう》が、目安《めやす》となる大《おお》きな境目《さかいめ》より下《した》になる。例入場者《にゅうじょうしゃ》の数《かず》がついに千人《せんにん》の大台《おおだい》を割《わ》った。対大台《おおだい》に乗《の》る

おおで【大手】

大手《おおで》をふる

だれにも遠《えん》りょせず堂々《どうどう》と行《おこな》う。例この点数《てんすう》なら大手《おおで》をふって家《いえ》に帰《かえ》れる。

おおなた【大なた】

大《おお》なたをふるう

いらない部分《ぶぶん》をけずり、思《おも》い切《き》って整理《せいり》する。例新《あたら》しい店長《てんちょう》が店《みせ》の経営《けいえい》に大《おお》なたをふるう。類なたをふるう

おおぶね【大船】

大船《おおぶね》に乗《の》ったよう

まるで大《おお》きな船《ふね》に乗《の》っているように、大《おお》きな力《ちから》に任《まか》せてすっかり安心《あんしん》しているようす。例あなたが手伝《てつだ》ってくれるなら、大船《おおぶね》に乗《の》ったような気持《きも》ちでいられます。

おおぶろしき【大風呂敷】

大風呂敷《おおぶろしき》を広《ひろ》げる

できそうもないことや大《おお》げさなことを言《い》う。例宝《たから》くじが当《あ》たったらハワイに連《つ》れて行《い》くと、大風呂敷《おおぶろしき》を広《ひろ》げる。

おおみえ【大見得】

大見得《おおみえ》を切《き》る

①かぶきなどで、役者《やくしゃ》がわざと目立《めだ》った表情《ひょうじょう》や動《うご》きをする。②自分《じぶん》に自信《じしん》があることを、大《おお》げさな動作《どうさ》やことばで示《しめ》す。例大見得《おおみえ》を切《き》った以上《いじょう》、最後《さいご》まで責任《せきにん》を持《も》つよ。類①②見得《みえ》を切《き》る

おおめ【大目】

大目《おおめ》に見《み》る

人《ひと》の欠点《けってん》や失敗《しっぱい》などを厳《きび》しく責《せ》めずに、見《み》のがす。例たった一度《いちど》のミスなのだから、今回《こんかい》だけは大目《おおめ》に見《み》よう。

問題《もんだい》:「ほっぺたが○○○」ほどおいしい。

おおめだま【大目玉】

大目玉《おおめだま》を食《く》う

こっぴどくしかられる。ひどくおこられる。例 母《はは》が大切《たいせつ》にしている洋服《ようふく》をよごして大目玉《おおめだま》を食《く》った。類 お目玉《めだま》を食《く》う・お目玉《めだま》を頂《ちょう》だいする

おかぶ【お株】

お株《かぶ》をうばう

人《ひと》が得意《とくい》としていることを、ほかの人《ひと》がうまくやる。例 ピッチャーが強打者《きょうだしゃ》のお株《かぶ》をうばうようなホームランを打《う》った。

おくのて【奥の手】

奥《おく》の手《て》を出《だ》す

ふだんは使《つか》わない、取《と》っておきの手段《しゅだん》を用《もち》いる。例 どうしても負《ま》けられなくて奥《おく》の手《て》を出《だ》す。類 カードを切《き》る②

おくび

げっぷ。

おくびにも出《だ》さない

すっかり心《こころ》の中《なか》にしまいこんで少《すこ》しも言《い》わず、それらしい素《そ》ぶりも見《み》せない。例 かれはお母《かあ》さんが病気《びょうき》でつらいのに、そんなようすはおくびにも出《だ》さなかった。

おくびょうかぜ【おく病風】

おく病風《びょうかぜ》にふかれる

すっかりこわくなって、あることをするのをやめたくなる。おじけづく。例 おく病風《びょうかぜ》にふかれたのではなく、本当《ほんとう》に危険《きけん》なので中止《ちゅうし》した。

おくれ

おくれが出《で》る

予定《よてい》していた時刻《じこく》や日《ひ》取りよりもおそくなる。例 強風《きょうふう》のため、電車《でんしゃ》におくれが出《で》る。

おくれを取《と》る

人《ひと》よりおそくなって負《ま》ける。先《さき》をこされる。例 病気《びょうき》で学校《がっこう》を休《やす》んでいたので、勉強《べんきょう》でおくれを取《と》る。

おこぼれ

おこぼれにあずかる

ほかの人《ひと》が手《て》に入《い》れた物《もの》の余《あま》りを、少《すこ》しもらう。例 おとなりにミカンがたくさん届《とど》いたので、わが家《や》もそのおこぼれにあずかった。類 おこぼれをいただく

おさきぼう【お先棒】

人《ひと》の手先《てさき》となって働《はたら》くこと。

答《こた》え：落《お》ちる

お先棒《さきぼう》をかつぐ

あまり深《ふか》く考《かんが》えずに人《ひと》の手先《てさき》となって働《はたら》く。例あんな人《ひと》のお先棒《さきぼう》をかつぐなんて、どういうつもりだい。📖「先《さき》棒《ぼう》」は、二人《ふたり》でかごをかつぐ時《とき》の前《まえ》の人《ひと》のこと。

おし【押し】

押《お》しが強《つよ》い

自分《じぶん》の意見《いけん》に、ほかの人《ひと》を無理《むり》やり従《したが》わせようとする。例かれは押《お》しが強《つよ》いので、よく相手《あいて》ともめる。

おせっかい【お節介】

お節介《せっかい》を焼《や》く

よけいな世話《せわ》をする。例他人《たにん》のお節《せっ》介《かい》を焼《や》くひまがあるなら、早《はや》く宿題《しゅくだい》をやってしまいなさい。

おだいもく【お題目】

口先《くちさき》だけの主張《しゅちょう》。

お題目《だいもく》を唱《とな》える

口先《くちさき》だけで中身《なかみ》がないことを、いかにもありがたみがあるように言《い》う。例あの人《ひと》はいつもりっぱなお題目《だいもく》を唱《とな》えているが、自分《じぶん》から実行《じっこう》したことがない。

類お題目《だいもく》を並《なら》べる

おたかい【お高い】

お高《たか》く留《と》まる

人《ひと》を見下《みくだ》したような態《たい》度《ど》を取《と》る。例あの人《ひと》はお高《たか》く留《と》まっているように見《み》えるが、実《じつ》はやさしい人《ひと》だ。

腕《うで》も腹《はら》も「立《た》つ」ことがある!

次《つぎ》の文《ぶん》を見《み》てみましょう。

ⓐ腕《うで》が立《た》つ料理人《りょうりにん》がいるというⓑうわさが立《た》ったレストランに行《い》ったが、おいしくなくてⓒ腹《はら》が立《た》った。

同《おな》じ「立《た》つ」ということばでも意味《いみ》がちがってきます。

ⓐ「よくできる」という意味《いみ》……腕《うで》が立《た》つ(37) 筆《ふで》が立《た》つ(209) など

ⓑ「広《ひろ》まる」という意味《いみ》……うわさが立《た》つ(39) 評判《ひょうばん》が立《た》つ(206) など

ⓒ「気持《きも》ちがはげしくなる」という意味《いみ》……気《き》が立《た》つ(67) 腹《はら》が立《た》つ(191) など

*カッコ内《ない》は、そのことばがあるページ

問題《もんだい》:「気《き》が」「口《くち》が」「腰《こし》が」。この三《みっ》つのことばに結《むす》びつくことばは何《なん》でしょう?

おちゃ【お茶】

お茶《ちゃ》にする

勉強《べんきょう》や仕事《しごと》の合《あ》い間《ま》に少《すこ》し休《やす》む。休《きゅう》けいする。例もう二時間《にじかん》も勉強《べんきょう》しているのだから、そろそろお茶《ちゃ》にしよう。

お茶《ちゃ》を入《い》れる

お茶《ちゃ》を飲《の》む準備《じゅんび》をする。例お茶《ちゃ》を入《い》れましたので、めし上《あ》がってください。📖「お茶《ちゃ》が入《はい》る」の形《かたち》でも使《つか》う。

お茶《ちゃ》を立《た》てる

まっ茶《ちゃ》に湯《ゆ》を注《そそ》ぎ、茶《ちゃ》せんでかきまぜて飲《の》めるようにする。例茶道《さどう》の先生《せんせい》がお茶《ちゃ》を立《た》ててくださった。

お茶《ちゃ》をにごす

いい加減《かげん》なことを言《い》って、その場《ば》をごまかす。例今《いま》さら英語《えいご》がしゃべれないとも言《い》えず、適当《てきとう》にお茶《ちゃ》をにごした。📖茶道《さどう》の作法《さほう》を知《し》らない人《ひと》が、いい加減《かげん》にあわ立《だ》ててごまかすことから。

おと【音】

❶耳《みみ》に聞《き》こえるもの。❷うわさ、評判《ひょうばん》。

音《おと》に聞《き》く

いつもうわさに聞《き》いている。有名《ゆうめい》である。例これが音《おと》に聞《き》く桜島《さくらじま》か。📖「音《おと》に聞《き》こえる」の形《かたち》でも使《つか》う。

おとこ【男】

男《おとこ》がすたる

男《おとこ》としての面《めん》ぼくをなくす。男《おとこ》としてはずかしい。例一度《いちど》した約束《やくそく》を守《まも》らなければ男《おとこ》がすたる。対男《おとこ》が立《た》つ

男《おとこ》を上《あ》げる

りっぱなことをして、男《おとこ》としての評判《ひょうばん》を高《たか》くする。例今回《こんかい》の人助《ひとだす》けで、かれはずいぶん男《おとこ》を上《あ》げた。対男《おとこ》を下《さ》げる

おはち【お鉢】

ご飯《はん》を入《い》れたおひつ。飯《めし》びつ。

お鉢《はち》が回《まわ》る

その人《ひと》のところに順番《じゅんばん》が回《まわ》ってくる。例今年《ことし》はわたしのところに委員《いいん》のお鉢《はち》が回《まわ》ってきた。📖飯《めし》びつが自分《じぶん》のところに回《まわ》ってきて、自分《じぶん》がご飯《はん》を盛《も》る番《ばん》になるという意味《いみ》から。

おひゃくど【お百度】

お百度《ひゃくど》をふむ

①神社《じんじゃ》やお寺《てら》のけいだいなどで、決《き》まった場所《ばしょ》を百回往復《ひゃっかいおうふく》して神仏《しんぶつ》にお願《ねが》いをする。②たのみを聞《き》き入《い》れてもらうために、同《おな》じ人《ひと》を何度《なんど》も訪《たず》ねる。例役所《やくしょ》にお百度《ひゃくど》をふんで、公園建設《こうえんけんせつ》の許《きょ》可《か》が出《で》た。

おひれ【尾ひれ】

❶魚《さかな》の尾《お》とひれ。❷つけ加《くわ》わった部分《ぶぶん》。

答《こた》え：重《おも》い

尾《お》ひれがつく
事実《じじつ》とは異《こと》なるいろいろなことが加《くわ》わって、話《はなし》が大《おお》げさになる。例 海《うみ》に泳《およ》ぎに行《い》くと言《い》ったら、尾《お》ひれがついてハワイに行《い》くことになっていた。

おむかえ【お迎え】

お迎《むか》えが来《く》る
死《し》ぬ。あの世《よ》へ行《い》く。例 祖父《そふ》は「そろそろお迎《むか》えが来《く》る」というのが口《くち》ぐせだが、まだまだとても元気《げんき》だ。📖あの世《よ》から、これから死《し》ぬ人《ひと》のたましいを迎《むか》えに来《く》る意味《いみ》。

おめ【お目】

お目《め》が高《たか》い
➡目《め》が高《たか》い

お目《め》にかかる
お会《あ》いする。人《ひと》に会《あ》うことのへりくだった言《い》い方《かた》。例 来週《らいしゅう》お目《め》にかかりたいのですが、いかがですか。

お目《め》にかける
お見《み》せする。人《ひと》に見《み》せることのへりくだった言《い》い方《かた》。例 宝物《たからもの》を、王《おう》様《さま》にお目《め》にかける。

お目《め》に留《と》まる
目上《めうえ》の人《ひと》や専門家《せんもんか》に、認《みと》められたり気《き》に入《い》られたりする。例 学芸会《がくげいかい》の演技《えんぎ》が、劇団《げきだん》の人《ひと》のお目《め》に留《と》まる。

おめい【汚名】

汚名《おめい》をすすぐ
はずかしく感《かん》じるようなよくない評判《ひょうばん》を除《のぞ》き去《さ》る。例 万年最下位《まんねんさいかい》の汚名《おめい》をすすぐ。📖「汚名《おめい》をそそぐ」ともいう。⚠「汚名《おめい》を晴《は》らす」は誤《あやま》り。

汚名《おめい》を返上《へんじょう》する
成功《せいこう》して、今《いま》までのよくない評判《ひょうばん》をぬぐい去《さ》る。例 日記《にっき》を書《か》き続《つづ》けて、「三日《みっか》ぼうず」の汚名《おめい》を返上《へんじょう》する。⚠「汚《お》名《めい》をばん回《かい》する」は誤《あやま》り。

おめがね【お眼鏡】

お眼鏡《めがね》にかなう
目上《めうえ》の人《ひと》などに認《みと》められ、気《き》に入《い》られる。例 誠実《せいじつ》な態度《たいど》が社長《しゃちょう》のお眼鏡《めがね》にかなって入社《にゅうしゃ》が認《みと》められた。

おめだま【お目玉】

お目玉《めだま》を食《く》う
目上《めうえ》の人《ひと》からひどくしかられる。例 なまけていたら、父《ちち》からお目玉《めだま》を食《く》った。類 大目玉《おおめだま》を食《く》う・お目玉《めだま》を頂《ちょう》だいする

問題《もんだい》：売《う》ると時間《じかん》をむだにして、注《そそ》ぐと勢《いきお》いが増《ま》すものは？

おもい【思い】

思《おも》いがかなう

願《ねが》いや望《のぞ》みが実現《じつげん》する。例 長《なが》い間《あいだ》の思《おも》いがかない、かの女《じょ》と結《けっ》こんできた。

思《おも》いがつのる

好《す》きであるという気持《きも》ちがいっそう強《つよ》くなる。例 はなれて住《す》むようになって、日《ひ》に日《ひ》に母《はは》への思《おも》いがつのる。

思《おも》いにしずむ

なやみなどで気持《きも》ちが晴《は》れ晴《ば》れとせず、元気《げんき》がなくなる。例 ペットの愛犬《あいけん》が死《し》んでしまい、つらくて思《おも》いにしずんでいる。

思《おも》いにふける

一《ひと》つのことをひたすら思《おも》う。例 思《おも》いにふけっていて、電話《でんわ》が鳴《な》っているのに気《き》づかなかった。

思《おも》いもかけない

考《かんが》えたこともない。思《おも》ってもみない。例 思《おも》いもかけない大当《おおあ》たりでとてもうれしい。類 思《おも》いも寄《よ》らない

思《おも》いも寄《よ》らない

↓思《おも》いもかけない

思《おも》いをいだく

ある気持《きも》ちや考《かんが》えを心《こころ》の中《なか》に持《も》つ。そう思《おも》う。例 友人《ゆうじん》と別《わか》れがたい思《おも》いをいだく。

思《おも》いをかける

好《す》きであるという気持《きも》ちをある人《ひと》に向《む》ける。例 思《おも》いをかけていた歌手《かしゅ》に会《あ》えて、どきどきした。

思《おも》いをこめる

気持《きも》ちをあることに集中《しゅうちゅう》させる。例 早《はや》く治《なお》ってほしいという思《おも》いをこめて、千羽《せんば》づるを折《お》った。

思《おも》いをこらす

あることを一生《いっしょう》けんめい考《かんが》える。例 思《おも》いをこらして詩《し》を作《つく》る。

思《おも》いをたくす

自分《じぶん》の気持《きも》ちをほかの人《ひと》に預《あず》けて、実《じっ》行《こう》してほしいと願《ねが》う。例 若者《わかもの》に平和《へいわ》への思《おも》いをたくした名作《めいさく》。

思《おも》いをとげる

希望《きぼう》していたことを実現《じつげん》して、願《ねが》いをかなえる。例 万里《ばんり》の長城《ちょうじょう》を見《み》たいという思《おも》いをとげる。📖「とげる」は目的《もくてき》を達《たっ》するという意味《いみ》。

答《こた》え：油《あぶら》

思《おも》いをはせる

遠《とお》くにあるものを思《おも》う。例 一度《いちど》は行《い》きたい南《みなみ》の島《しま》に思《おも》いをはせる。

思《おも》いを秘《ひ》める

自分《じぶん》の気持《きも》ちを人《ひと》に打《う》ち明《あ》けず、自分《じぶん》だけで考《かんが》える。例 女優《じょゆう》になりたいという思《おも》いを秘《ひ》めている。

思《おも》いをめぐらす

あることに関《かん》してあれこれと考《かんが》える。例 自分《じぶん》の将来《しょうらい》への思《おも》いをめぐらす。

思《おも》いを寄《よ》せる

ある人《ひと》や物《もの》を好《す》きになる。例 美《うつく》しい絵《え》に思《おも》いを寄《よ》せて、美術館《びじゅつかん》に通《かよ》う。

おもき【重き】

重《おも》きを置《お》く

大切《たいせつ》だと思《おも》って、ある物事《ものごと》や人《ひと》を重視《じゅうし》する。例 わたしの学校《がっこう》は体力《たいりょく》づくりに重《おも》きを置《お》いています。

重《おも》きを成《な》す

重要《じゅうよう》なものとしてあつかう。例 この作《さっ》家《か》は、文学史《ぶんがくし》に重《おも》きを成《な》した人《ひと》だ。

おもて【面】

面《おもて》もふらず

わき見《み》もせず一心《いっしん》に。例 面《おもて》もふらずに、ピアノの練習《れんしゅう》に打《う》ちこむ。類 脇目《わきめ》もふらず

面《おもて》を上《あ》げる

下《した》を向《む》いていた顔《かお》を上《うえ》にあげる。例 呼《よ》びかけると、かの女《じょ》はゆっくりと面《おもて》を上《あ》げた。

おもに【重荷】

重荷《おもに》を負《お》う

①重《おも》い荷物《にもつ》をかつぐ。②つらいことや、重《おも》い負担《ふたん》を引《ひ》き受《う》ける。例 重荷《おもに》を負《お》わず、できないことは断《ことわ》る。

重荷《おもに》を下《お》ろす

心配《しんぱい》ごとがなくなってほっとする。それまで負《お》っていた責任《せきにん》を果《は》たし、気《き》が楽《らく》になる。例 学級委員《がっきゅういいん》の任期《にんき》を終《お》えて、重荷《おもに》を下《お》ろした気分《きぶん》だ。

および

およびもつかない

とてもかなわない。とうてい相手《あいて》にならない。例 わたしなどおよびもつかないほど、あなたの絵《え》は上手《じょうず》だ。

おり【折】

折《おり》にふれて

気《き》がついたその時々《ときどき》に。何《なに》か機会《きかい》があるたびにいつも。例 折《おり》にふれてドイツにいる友《とも》だちにメールを送《おく》る。

問題《もんだい》:「一《いち》か○か」「一《いち》から○まで」「一《いち》も○もなく」、○に入《はい》る数字《すうじ》を全部足《ぜんぶた》すといくつになる？

折《おり》を見《み》て　ちょうどいい機会《きかい》を見《み》つけて。例 折《おり》を見《み》て、先生《せんせい》に進学《しんがく》の相談《そうだん》をしよう。

おりあい【折り合い】

折《お》り合《あ》いがいい　人《ひと》と人《ひと》との関係《かんけい》がいい。仲《なか》がいい。例 となり近所《きんじょ》とは折《お》り合《あ》いがいい。対 折《お》り合《あ》いが悪《わる》い

折《お》り合《あ》いがつく　意見《いけん》のちがいを、おたがいにゆずり合《あ》って解決《かいけつ》する。例 お金《かね》の点《てん》で折《お》り合《あ》いがついたので、買《か》うことにした。

おりめ【折り目】

決《き》まり。けじめ。

折《お》り目《め》正《ただ》しい　物事《ものごと》へのけじめ、また礼儀《れいぎ》がきちんとしている。例 折《お》り目《め》正《ただ》しくあいさつした。／折《お》り目《め》正《ただ》しい人物《じんぶつ》。

おわり【終わり】

終《お》わりを告《つ》げる　おしまいになる。終了《しゅうりょう》する。例 長《なが》かった夏休《なつやす》みも明日《あす》で終《お》わりを告《つ》げる。

おん【恩】

恩《おん》に着《き》せる　あたえた恩《おん》を相手《あいて》にありがたく思《おも》わせようとする。例 お金《かね》を貸《か》したことを恩《おん》に着《き》せる。

恩《おん》に着《き》る　相手《あいて》から親切《しんせつ》にされたことをありがたいと思《おも》う。例 手伝《てつだ》ってくれてありがとう、恩《おん》に着《き》るよ。類 恩《おん》に受《う》ける

恩《おん》をあだで返《かえ》す　受《う》けた親切《しんせつ》に対《たい》し、お礼《れい》どころか、かえってひどいことをする。例 宿題《しゅくだい》を手伝《てつだ》ってもらったのに大切《たいせつ》な本《ほん》をなくして恩《おん》をあだで返《かえ》してしまった。

恩《おん》を売《う》る　お礼《れい》を期待《きたい》して親切《しんせつ》にする。例 今日《きょう》のところはわたしが悪《わる》いということにして、弟《おとうと》に恩《おん》を売《う》っておこう。

恩《おん》を返《かえ》す　親切《しんせつ》にしてくれた相手《あいて》に、次《つぎ》はこちらからお返《かえ》しをする。例 はげましてくれた両親《りょうしん》に恩《おん》を返《かえ》したい。

おんけい【恩恵】

恩恵《おんけい》にあずかる　⬇恩恵《おんけい》に浴《よく》する

恩恵《おんけい》に浴《よく》する　利益《りえき》や幸福《こうふく》となるめぐみを身《み》に受《う》ける。例 豊《ゆた》かな自然《しぜん》の恩恵《おんけい》に浴《よく》して生活《せいかつ》する。類 恩恵《おんけい》にあずかる

答《こた》え：二十《にじゅう》

恩恵《おんけい》をほどこす
めぐみやいつくしみをあたえる。例国《こく》民《みん》に恩恵《おんけい》をほどこすりっぱな王様《おうさま》が、名君《めいくん》と呼《よ》ばれる。類情《なさ》けをかける

おんど【音頭】

音頭《おんど》を取《と》る
①大勢《おおぜい》で歌《うた》ったりおどったりする時《とき》、人《ひと》の先《さき》に立《た》って全体《ぜんたい》が合《あ》うように調子《ちょうし》を取《と》る。②物事《ものごと》を行《おこな》う時《とき》、人《ひと》の先《さき》に立《た》ってほかの人《ひと》たちを引《ひ》っ張《ぱ》る。例わたしがクラス会《かい》の音頭《おんど》を取《と》る。

が【我】

我《が》が強《つよ》い
自分《じぶん》の考《かんが》えや意見《いけん》などをおし通《とお》す性格《せいかく》である。例我《が》が強《つよ》いかの女《じょ》は、母親《ははおや》の言《い》いなりにはならない。

我《が》を折《お》る
自分《じぶん》の意見《いけん》や考《かんが》えを変《か》えて、人《ひと》に従《したが》う。例みんなにめいわくがかかると説得《せっとく》されて、我《が》を折《お》る。類角《つの》を折《お》る

我《が》を通《とお》す
自分《じぶん》の意見《いけん》をおし通《とお》そうとする。例この件《けん》だけは、我《が》を通《とお》させてほしい。

我《が》を張《は》る
意地《いじ》になって自分《じぶん》の考《かんが》えをどこまでも言《い》い張《は》る。例そんなに我《が》を張《は》っていないで、人《ひと》の意見《いけん》も聞《き》いたらどうだ。

カード

カードを切《き》る
①トランプなどで、札《ふだ》をかきまぜる。②取《と》っておきの手段《しゅだん》を使《つか》う。例おさえのエースというカードを切《き》る。📖②絶《ぜっ》対《たい》負《ま》けない取《と》っておきのカードを出《だ》すことから。類②奥《おく》の手《て》を出《だ》す

ガード　スポーツなどで、守《まも》り。

ガードがあまい
スポーツなどで、守《まも》る能力《のうりょく》が弱《よわ》い。また、ふだんの行《おこな》いにすきがある。例あのボクサーはガードがあまい。類脇《わき》があまい②　対ガードが固《かた》い

ガードを固《かた》める
スポーツなどで、守《まも》りの姿勢《しせい》を厳《きび》しくする。例相手《あいて》チームのせめが激《はげ》しいので、ガードを固《かた》める。

問題《もんだい》：日本《にほん》の中《なか》のことでも、ふるさとに帰《かえ》ることを「○に帰《かえ》る」という。

か

カーブ

カーブする
曲線《きょくせん》をえがいて曲《ま》がる。してい て、見通《みとお》しが悪《わる》い。例道《みち》がカーブ

かい【回】

回《かい》を重《かさ》ねる
同《おな》じことを何度《なんど》も行《おこな》う。反復《はんぷく》する。例コーラスの練習《れんしゅう》は、回《かい》を重《かさ》ねるごとにレベルが上《あ》がった。

かいじん【灰じん】 物《もの》が燃《も》えた後《あと》の灰《はい》と燃《も》えかす。

灰《かい》じんに帰《き》する
火事《かじ》などで燃《も》えて、すっかりなくなる。例大地《おおじ》しんによる火災《かさい》で、町《まち》が灰《かい》じんに帰《き》する。📖「帰《き》する」は、最終的《さいしゅうてき》にそうなるという意味《いみ》。

かお【顔】

顔《かお》が合《あ》わせられない
気《き》が引《ひ》けたりはずかしかったりして、その人《ひと》に会《あ》いにくい。例もうかれには顔《かお》が合《あ》わせられない。類合《あ》わせる顔《かお》がない

顔《かお》が売《う》れる
世間《せけん》によく知《し》られている。有名《ゆうめい》になる。例この歌手《かしゅ》は最近顔《さいきんかお》が売《う》れてきた。

顔《かお》がきく
相手《あいて》によく知《し》られていて、いろいろと都合《つごう》がいいことをしてもらえる。例父《ちち》はこのお店《みせ》には顔《かお》がきく。

顔《かお》がくもる
不安《ふあん》なことなどがあるため、明《あか》るい表情《ひょうじょう》になれない。例その知《し》らせを聞《き》いて、笑《わら》っていた人々《ひとびと》の顔《かお》がくもった。

顔《かお》がそろう
集《あつ》まるべき人《ひと》が全員集《ぜんいんあつ》まる。例メンバーの顔《かお》がそろう。類顔《かお》ぶれがそろう

顔《かお》がつぶれる
世間《せけん》に対《たい》して顔向《かおむ》けができなくなる。例社員《しゃいん》がこんなことをしては、会社《かいしゃ》としての顔《かお》がつぶれる。

顔《かお》が広《ひろ》い
知人《ちじん》が多《おお》い。例父《ちち》は顔《かお》が広《ひろ》いので、ワールドカップのチケットが手《て》に入《はい》った。

顔《かお》から火《ひ》が出《で》る
とてもはずかしくて顔《かお》が真《ま》っ赤《か》になる。例くつ下《した》に穴《あな》があいていて、顔《かお》から火《ひ》が出《で》る。類火《ひ》の出《で》るよう①

顔《かお》に書《か》いてある
考《かんが》えていることが、表情《ひょうじょう》から周《まわ》りにわかってしまう。例とぼけても、かの女《じょ》が好《す》きだと顔《かお》に書《か》いてある。

答《こた》え：国《くに》

顔《かお》に出《で》る

体調《たいちょう》や感情《かんじょう》などが表情《ひょうじょう》に表《あらわ》れる。例 やりたくないという気持《きも》ちがすぐ顔《かお》に出《で》る。

顔《かお》にどろをぬる

人《ひと》にはじをかかせたり名《めい》よを傷《きず》つけたりする。例 ミスを重《かさ》ねて、コーチの顔《かお》にどろをぬってしまった。類 顔《かお》をつぶす

顔《かお》を合《あ》わせる

①おたがいの顔《かお》と顔《かお》を向《む》き合《あ》わせる。②会《あ》う。例 毎日《まいにち》のように顔《かお》を合《あ》わせる。③対戦《たいせん》する。例 一回戦《いっかいせん》で優勝候補《ゆうしょうこうほ》の選手《せんしゅ》と顔《かお》を合《あ》わせる。

顔《かお》を貸《か》す

たのまれて、人《ひと》に会《あ》う。例 ちょっとそこの店《みせ》まで顔《かお》を貸《か》してほしい。

顔《かお》を出《だ》す

①表面《ひょうめん》に出《で》てくる。例 春《はる》になると、つくしが顔《かお》を出《だ》す。②会合《かいごう》などに出席《しゅっせき》する。例 親《しん》せきの集《あつ》まりに顔《かお》を出《だ》す。類 顔《かお》を見《み》せる

顔《かお》を立《た》てる

相手《あいて》の立場《たちば》が悪《わる》くならないようにする。例 ぼくが悪《わる》かったと言《い》って、友人《ゆうじん》の顔《かお》を立《た》てる。類 相手《あいて》を立《た》てる

顔《かお》をつなぐ

訪《たず》ねたり連《れん》らくしたりして、相手《あいて》との関係《かんけい》を保《たも》っておく。例 ときどきあいさつに行《い》って顔《かお》をつなぐ。

顔《かお》を見《み》せる

➡顔《かお》を出《だ》す

かおいろ【顔色】

顔色《かおいろ》をうかがう

相手《あいて》の機《き》げんをそっとさぐってみる。例 父《ちち》の顔色《かおいろ》をうかがいながら、れい点《てん》だったテストの話《はなし》を切《き》り出《だ》す。

顔色《かおいろ》を変《か》える

激《はげ》しいいかりや不安《ふあん》などから、表情《ひょうじょう》を変《か》える。例 うそをついた弟《おとうと》に、父《ちち》は顔《かお》色《いろ》を変《か》えておこった。

かぎ

かぎをにぎる

物事《ものごと》を解決《かいけつ》するための重要《じゅうよう》な手《て》がかりを持《も》っている。例 この小説《しょうせつ》では、教師《きょうし》が事件《じけん》のかぎをにぎっている。

かぎになる

物事《ものごと》を解決《かいけつ》したりするための最《もっと》も重要《じゅうよう》な手《て》がかりとなる。例 このパズルを解《と》くには、ここのマスがかぎになる。

問題《もんだい》：ひもをしめたりゆるめたり、底《そこ》をはたいたりするものは？

かげ【影】

影《かげ》がうすい

①見《み》た感《かん》じが、どことなく元気《げんき》がない。例病気《びょうき》がちで影《かげ》がうすい。②印象《いんしょう》が弱《よわ》い。目立《めだ》たない。例クラスでは影《かげ》がうすいが、走《はし》ると一番速《いちばんはや》い。

影《かげ》が差《さ》す

①そこに現《あらわ》れる。例うわさをすれば影《かげ》が差《さ》す。②よくないことが起《お》こる気配《けはい》がある。例サッカーブームにも影《かげ》が差《さ》してきた。類②雲行《くもゆ》きがあやしい②

影《かげ》も形《かたち》もない

全《まった》くない。何《なに》も残《のこ》っていない。例さっきまであったケーキが影《かげ》も形《かたち》もなく消《き》えた。類跡形《あとかた》もない

影《かげ》を落《お》とす

不安《ふあん》であると思《おも》わせる。先行《さきゆ》きによくないえいきょうをおよぼす。例景気《けいき》の悪《わる》さが人々《ひとびと》の生活《せいかつ》に影《かげ》を落《お》とす。

影《かげ》をひそめる

表立《おもてだ》った所《ところ》から消《き》える。例町内会《ちょうないかい》の協力《きょうりょく》で、ごみをあさるカラスが影《かげ》をひそめる。

かげり【陰り】

陰《かげ》りが見《み》える

勢《いきお》いや力《ちから》などが弱《よわ》まってきたのがわかる。例チャンピオンにも、このごろは陰《かげ》りが見《み》える。

かさ

かさにかかる

有利《ゆうり》な立場《たちば》を利用《りよう》して、相手《あいて》をせめたりする。例ミスの続《つづ》く相手《あいて》チームを、かさにかかってせめ立《た》てる。

かざかみ【風上】

風上《かざかみ》にも置《お》けない

とても同《おな》じ仲間《なかま》としてあつかえない。例弱《よわ》いものいじめをするなんて、男《おとこ》の風上《かざかみ》にも置《お》けない。📖風上《かざかみ》にくさいものを置《お》くとたえられないことから。

かざむき【風向き】

風向《かざむ》きが変《か》わる

物事《ものごと》のなりゆきが、それまでとちがってくる。例ピンチヒッターを出《だ》したところで、試合《しあい》の風向《かざむ》きが変《か》わった。

風向《かざむ》きが悪《わる》い

①物事《ものごと》のなりゆきが自分《じぶん》にとってよくない。例わたしたちのチームの風向《かざむ》きが悪《わる》い。②人《ひと》の機《き》げんがよくない。例今日《きょう》は先生《せんせい》の風向《かざむ》きが悪《わる》い。

答《こた》え：さい布《ふ》

か

風向《かざむ》きをうかがう

物事《ものごと》のなりゆきや人《ひと》の機《き》げんのようすを見《み》る。例 父《ちち》の風向《かざむ》きをうかがって、小《こ》づかいをねだろう。類 風向《かざむ》きを見《み》る

風向《かざむ》きを見《み》る

➡風向《かざむ》きをうかがう

かじ

かじを取《と》る

①船《ふね》のかじを調節《ちょうせつ》する。②物事《ものごと》がうまく運《はこ》ぶように、中心《ちゅうしん》となって導《みちび》く。例 新《あたら》しいクラブづくりのかじを取《と》る。

かず【数】

数《かず》をこなす

①たくさんのものを処理《しょり》する。例 仕事《しごと》の質《しつ》より数《かず》をこなす。②何回《なんかい》も経験《けいけん》する。例 シュートの数《かず》をこなして、からだで覚《おぼ》える。

かぜ【風】

風《かぜ》がふく

①空気《くうき》の動《うご》きが起《お》こる。②世《よ》の中《なか》の動《うご》きによって形勢《けいせい》が変《か》わり、物事《ものごと》が有利《ゆうり》に運《はこ》ぶ。例 かれをリーダーにしようという風《かぜ》がふく。

風《かぜ》のふき回《まわ》し

物《もの》のはずみ。なりゆき。例 急《きゅう》に手伝《てつだ》うなんて、どういう風《かぜ》のふき回《まわ》しだろう。📖多《おお》く、「どういう風《かぜ》のふき回《まわ》し」の形《かたち》で使《つか》う。

風《かぜ》を起《お》こす

新《あたら》しいことを始《はじ》めて、周《まわ》りにえいきょうをあたえる。例 無名《むめい》のイラストレーターが、美術界《びじゅつかい》に新《あたら》しい風《かぜ》を起《お》こす。

風《かぜ》を切《き》る

勢《いきお》いよく進《すす》む。とても速《はや》く進《すす》む。例 バイクが風《かぜ》を切《き》って進《すす》む。

風《かぜ》をはらむ

風《かぜ》を受《う》けて一方《いっぽう》にふくらむ。例 ヨットの帆《ほ》が風《かぜ》をはらむ。

風《かぜ》をふかす

（「…風《かぜ》をふかす」の形《かたち》で）えらそうに…らしい態度《たいど》を取《と》る。例 先《せん》ぱい風《かぜ》をふかす。📖「…風《かぜ》をふかせる」の形《かたち》でも使《つか》う。

かぜあたり【風当たり】

風当《かぜあ》たりが強《つよ》い

周《まわ》りからの非難《ひなん》やこうげきが厳《きび》しい。例 景気《けいき》が悪《わる》いので、総理大臣《そうりだいじん》への風当《かぜあ》たりが強《つよ》い。

問題《もんだい》：入《い》れたり立《た》てたりすると飲《の》めるけれど、にごしてごまかすこともある。さて何《なん》でしょう？

かた【型】

型《かた》にはめる

人《ひと》や物《もの》を、一《ひと》つの決《き》まったわくに当《あ》てはめ、個性《こせい》をなくす。**例** 生徒《せいと》を型《かた》にはめる教育《きょういく》。

かた【片】

片《かた》がつく

物事《ものごと》が解決《かいけつ》する。**例** お年寄《としよ》りから話《はなし》を聞《き》けて、どうにか自由研究《じゆうけんきゅう》の片《かた》がつく。

かた【肩】

肩《かた》が軽《かる》くなる

①肩《かた》こりが治《なお》る。②心配《しんぱい》していたことがなくなってほっとする。**例** 君《きみ》が手伝《てつだ》ってくれると聞《き》いて肩《かた》が軽《かる》くなった。

肩《かた》がこる

①肩《かた》の筋肉《きんにく》がつかれて固《かた》くなる。②かた苦《くる》しくて、ゆっくりした気持《きも》ちになれない。**例** 目上《めうえ》の人《ひと》が多《おお》いパーティーは肩《かた》がこる。**類** ①②肩《かた》が張《は》る

肩《かた》で息《いき》をする

肩《かた》を上下《じょうげ》させて、苦《くる》しそうに大《おお》きく呼吸《こきゅう》をする。**例** 走《はし》り終《お》えたランナーが、肩《かた》で息《いき》をする。

肩《かた》で風《かぜ》を切《き》る

得意《とくい》になって、いばって歩《ある》く。**例** 急《きゅう》に売《う》れっ子《こ》になったタレントが、肩《かた》で風《かぜ》を切《き》って歩《ある》くようになる。

肩《かた》にかかる

責任《せきにん》などが、ある人《ひと》にすべて任《まか》されている。**例** 地球《ちきゅう》の未来《みらい》は、君《きみ》たちの肩《かた》にかかっている。

肩《かた》をいからせる

肩《かた》を高《たか》く張《は》っていばった態度《たいど》を取《と》る。**例** ボスザルが肩《かた》をいからせて、ほかのオスにおどしをかける。

肩《かた》を入《い》れる

ひいきにする。本気《ほんき》で応《おう》えんする。**例** 父《ちち》はあの力士《りきし》に肩《かた》を入《い》れている。**類** 肩《かた》を持《も》つ

肩《かた》を落《お》とす

肩《かた》の力《ちから》がなくなり、がっかりする。**例** 選手《せんしゅ》たちが、試合《しあい》に負《ま》けてがっくりと肩《かた》を落《お》とす。

肩《かた》を貸《か》す

①けが人《にん》などを肩《かた》で支《ささ》える。②力《ちから》を貸《か》して助《たす》ける。**例** 大変《たいへん》な時《とき》は肩《かた》を貸《か》すよ。📖もとは、いっしょにかごをかつぐ意味《いみ》。

答《こた》え：(お) 茶《ちゃ》

肩《かた》をすぼめる　からだを小《ちい》さくしてしょんぼりしている。例 友《とも》だちとけんかをした弟《おとうと》は、肩《かた》をすぼめて帰《かえ》ってきた。

肩《かた》を並《なら》べる　①いっしょに歩《ある》いたり走《はし》ったりする。例 友人《ゆうじん》と肩《かた》を並《なら》べて歩《ある》く。②立場《たちば》が同《おな》じくらいになる。例 日本《にほん》はアメリカと肩《かた》を並《なら》べるほど、経済《けいざい》が発達《はったつ》している。

肩《かた》を張《は》る　力《ちから》があるように見《み》せていばる。例 自分《じぶん》なら五分《ごふん》でできると肩《かた》を張《は》る。類 胸《むね》を張《は》る②

肩《かた》を持《も》つ　力《ちから》を貸《か》して助《たす》ける。味方《みかた》になる。例 親《おや》はわが子《こ》の肩《かた》を持《も》つ。類 肩《かた》を入《い》れる

肩《かた》を寄《よ》せ合《あ》う　①肩《かた》がふれ合《あ》うほど寄《よ》りそう。例 あまりの寒《さむ》さに肩《かた》を寄《よ》せ合《あ》う。②仲《なか》よく力《ちから》を合《あ》わせる。例 幼《おさな》い兄弟《きょうだい》は肩《かた》を寄《よ》せ合《あ》って生《い》きてきた。

かたあし【片足】

片足《かたあし》をつっこむ　少《すこ》しだけかかわりを持《も》つ。例 陸上部《りくじょうぶ》に片足《かたあし》をつっこむ。📖完全《かんぜん》に関係《かんけい》を持《も》つことは「両足《りょうあし》をつっこむ」という。

かたき【敵】

敵《かたき》を討《う》つ　うらみに思《おも》う相手《あいて》を負《ま》かす。例 試合《しあい》に勝《か》って先《せん》ぱいの敵《かたき》を討《う》つ。類 敵《かたき》を取《と》る

敵《かたき》を取《と》る　➡敵《かたき》を討《う》つ

かたず【固ず】　きん張《ちょう》した時《とき》に、口《くち》の中《なか》にたまるつば。

固《かた》ずをのむ　どうなることかと見守《みまも》る。例 ロケットの発射《はっしゃ》を固《かた》ずをのんで見守《みまも》る。📖「のむ」は、外《そと》に出《だ》さないようにこらえるという意味《いみ》。

かたすかし【肩透かし】

肩透《かたす》かしを食《く》わせる　意気《いき》ごんで向《む》かってくる相手《あいて》を、正面《しょうめん》から受《う》け止《と》めずにうまくかわす。例 いかる相手《あいて》にあっさり謝《あやま》って肩透《かたす》かしを食《く》わせる。対 肩透《かたす》かしを食《く》う

かたのに【肩の荷】

肩《かた》の荷《に》が下《お》りる　やるべきことをやり終《お》えてほっとする。例 指揮者《しきしゃ》の大役《たいやく》を終《お》えて肩《かた》の荷《に》が下《お》りる。

問題《もんだい》：スポーツで守《まも》りの姿勢《しせい》を厳《きび》しくすることは、「ガードを○○○」。

かたはだ【片肌】

片肌《かたはだ》をぬぐ

①着物《きもの》の片側《かたがわ》をぬいで肩《かた》を出《だ》す。②手《て》助《だす》けをする。**例** メンバーが足《た》りないならわたしが片肌《かたはだ》をぬぐ。📖②手《て》助《だす》けをする時《とき》、①のようにすることから。

かたぼう【片棒】 かごをかつぐ時《とき》の、前側《まえがわ》か後《うし》ろ側《がわ》の棒《ぼう》。

片棒《かたぼう》をかつぐ

仲間《なかま》に加《くわ》わって、計画《けいかく》の一部《いちぶ》を引《ひ》き受《う》ける。**例** いたずらの片棒《かたぼう》をかつぐ。📖かごかきが、棒《ぼう》の片方《かたほう》をかつぐことから。多《おお》くは悪《わる》いことをする時《とき》に使《つか》う。

かたみ【肩身】

肩身《かたみ》がせまい

世間《せけん》に対《たい》して引《ひ》け目《め》を感《かん》じる。**例** 自分《じぶん》だけが失敗《しっぱい》して肩身《かたみ》がせまい。**類** 世間《せけん》がせまい② **対** 肩身《かたみ》が広《ひろ》い

かたる【語る】

語《かた》るに落《お》ちる

何気《なにげ》なく話《はな》していて、うっかり本当《ほんとう》のことを話《はな》してしまう。📖「問《と》うに落《お》ちず語《かた》るに落《お》ちる（＝人《ひと》に聞《き》かれた時《とき》は言《い》わないのに、自分《じぶん》からつい話《はな》してしまう）」を略《りゃく》したことば。

語《かた》るに足《た》る

話《はな》す価値《かち》がある。**例** あの人《ひと》は、ともに語《かた》るに足《た》る人物《じんぶつ》だ。

かち【勝ち】

勝《か》ちに乗《じょう》じる

勝《か》った勢《いきお》いに乗《の》る。**例** 勝《か》ちに乗《じょう》じて一《いっ》気《き》にせめこむ。**類** 勝《か》ちに乗《の》る

勝《か》ちを拾《ひろ》う

勝《か》てそうもなかったのに、幸《さいわ》い勝《か》つことができる。**例** 相手《あいて》のエラーで、運《うん》よく勝《か》ちを拾《ひろ》う。**類** 勝《か》ち星《ぼし》を拾《ひろ》う・白星《しろぼし》を拾《ひろ》う

かつ【活】

活《かつ》を入《い》れる

①急所《きゅうしょ》をつくなどして、気《き》を失《うしな》った人《ひと》の意識《いしき》をよみがえらせる。②元気《げんき》がない人《ひと》などにし激《げき》をあたえて、元気《げんき》づける。**例** 気《き》がゆるんでいる下級生《かきゅうせい》に活《かつ》を入《い》れる。⚠①②「喝《かつ》を入《い》れる」と書《か》くのは誤《あやま》り。

かっこう【格好】

格好《かっこう》がいい

見《み》た目《め》がいい。**例** V《ブイ》サインで観客《かんきゃく》にこたえる姿《すがた》は格好《かっこう》がいい。

答《こた》え：固《かた》める

か

格好《かっこう》がつく

見《み》られてはずかしくないようになる。見《み》た目《め》がよくなる。例ブレザーを着《き》たら、何《なん》とか格好《かっこう》がついた。類様《さま》になる

格好《かっこう》をする

①ふん装《そう》する。例学芸会《がくげいかい》で王子様《おうじさま》の格《かっ》好《こう》をする。②服《ふく》を着《き》る。例そんな格好《かっこう》をすると小学生《しょうがくせい》には見《み》えない。③ある姿勢《しせい》をとる。例つかれてだらしない格《かっ》好《こう》をする。

格好《かっこう》をつける

自分《じぶん》の姿《すがた》を、周《まわ》りの人《ひと》によく見《み》せようとする。例女子《じょし》の前《まえ》で格好《かっこう》をつける。

かっさい

ほめそやすこと。

かっさいを浴《あ》びる

多《おお》くの人《ひと》がはく手《しゅ》をしたり、声をかけたりしてほめる。例五年生《ごねんせい》の合唱《がっしょう》がかっさいを浴《あ》びる。📖「浴《あ》びる」は、ことばなどを多《おお》くの人《ひと》から受《う》けるという意味《いみ》。

かって【勝手】

勝手《かって》がちがう

自分《じぶん》が経験《けいけん》したこととようすや具合《ぐあい》がちがう。例食事《しょくじ》マナーの勝手《かって》がちがう。

かつろ【活路】

活路《かつろ》を開《ひら》く

困難《こんなん》な状態《じょうたい》からぬけ出《だ》す方法《ほうほう》を見《み》つける。例考《かんが》え方《かた》を変《か》えて、研究《けんきゅう》に活路《かつろ》を開《ひら》く。類活路《かつろ》を見いだす

活路《かつろ》を見《み》いだす

➡活路《かつろ》を開《ひら》く

がてん【合点】

承知《しょうち》すること。「がってん」が縮《ちぢ》まった形《かたち》。

合点《がてん》が行《い》く

人《ひと》の考《かんが》えや話《はなし》がよくわかり、納得《なっとく》する。例ていねいに説明《せつめい》され、ようやく合点《がてん》が行《い》く。

かど【角】

角《かど》が立《た》つ

他人《たにん》との関係《かんけい》がうまくいかなくなる。例あまりはっきり言《い》うと角《かど》が立《た》つ。

角《かど》が取《と》れる

経験《けいけん》を積《つ》んで、おだやかな性格《せいかく》になる。例兄《あに》も子《こ》どもができて角《かど》が取《と》れた。

かね【金】

金《かね》がうなる

使《つか》い切《き》れないほどのお金《かね》を持《も》っている。財産《ざいさん》がいっぱいある。例かれの家《いえ》には、金《かね》がうなるほどあるらしい。

問題《もんだい》：お医者《いしゃ》さんが取《と》っても取《と》ってもなくならないものは？

金《かね》が物《もの》を言《い》う

物事《ものごと》を進《すす》めようとする時《とき》に、お金《かね》の力《ちから》が大《おお》きい。例 金《かね》が物《もの》を言《い》うとはいえ人《にん》間《げん》らしさは失《うしな》いたくない。

金《かね》に糸目《いとめ》をつけない

お金《かね》をいくらでも出《だ》す。例 気《き》に入《い》った物《もの》なら金《かね》に糸目《いとめ》をつけない。

金《かね》になる

そのことによってお金《かね》をもうけることができる。例 金《かね》になる話《はなし》に飛《と》びつく。

金《かね》に目《め》がくらむ

お金《かね》がほしいという気持《きも》ちが強《つよ》く、心《こころ》を迷《まよ》わされる。例 ついつい金《かね》に目《め》がくらんで、はいと言《い》ってしまった。

金《かね》を食《く》う

費用《ひよう》がたくさんかかる。例 ごうかなイベントは金《かね》を食《く》うだけだ。

金《かね》を作《つく》る

お金《かね》を用意《ようい》する。例 ここ数日《すうじつ》、父《ちち》は歩《ある》き回《まわ》って金《かね》を作《つく》っている。

かねづかい【金づかい】

金《かね》づかいがあらい

お金《かね》を大切《たいせつ》に使《つか》わない。例 兄《あに》は、金《かね》づかいがあらいと親《おや》に注意《ちゅうい》された。類 金《かね》づかいが派手《はで》だ

かぶ【株】

株《かぶ》が上《あ》がる

①株《かぶ》の値段《ねだん》が高《たか》くなる。②人気《にんき》や評判《ひょうばん》がよくなる。例 人助《ひとだす》けをしたら、ぼくの株《かぶ》が上《あ》がった。類 ②値《ね》が上《あ》がる 対 ①②株《かぶ》が下《さ》がる・②値《ね》が下《さ》がる

かぶり 「頭《あたま》」のこと。

かぶりをふる

頭《あたま》を左右《さゆう》にふって、いやだという気持《きも》ちを示《しめ》す。例 何度《なんど》もたのんだのにかれはかぶりをふるばかりだ。

かべ【壁】

壁《かべ》にぶつかる

物事《ものごと》が行《い》きづまる。例 開発計画《かいはつけいかく》が壁《かべ》にぶつかる。類 壁《かべ》につき当《あ》たる

かま

かまをかける

それとなく話《はなし》を向《む》けて、知《し》りたいことを聞《き》き出《だ》そうとする。例 だれが選手《せんしゅ》になるのか、コーチにかまをかける。

かみ【髪】

髪《かみ》を下《お》ろす

髪《かみ》の毛《け》をそって、ぼうさんやあまさんになる。例 夫《おっと》が死《し》んで、その女性《じょせい》は髪《かみ》を下《お》ろした。類 頭《あたま》を丸《まる》める

答《こた》え：脈《みゃく》

かみなり【雷】

雷《かみなり》が落《お》ちる

目上《めうえ》の人《ひと》からひどくしかられる。例 弟《おとうと》のわがままに、ついに父《ちち》の雷《かみなり》が落《お》ちた。

かみのけ【髪の毛】

髪《かみ》の毛《け》を逆立《さかだ》てる

髪《かみ》の毛《け》が立《た》ってしまうくらい激《はげ》しくおこる。例 弱《よわ》いものいじめをした子《こ》には髪《かみ》の毛《け》を逆立《さかだ》てておこった。

かむ

かんで含《ふく》める

くわしく話《はな》して聞《き》かせる。例 スポーツのルールを、妹《いもうと》にかんで含《ふく》めるように説明《せつめい》する。

カメラ

カメラを回《まわ》す

テレビカメラなどを使《つか》って映像《えいぞう》をとる。例 事件現場《じけんげんば》でカメラを回《まわ》す。

かゆい

かゆい所《ところ》に手《て》が届《とど》く

細《こま》かな所《ところ》まで十分《じゅうぶん》に心配《こころくば》りが行《い》き届《とど》いている。例 このガイドブックの解説《かいせつ》は、かゆい所《ところ》に手《て》が届《とど》くくらい親切《しんせつ》だ。

から【殻】

殻《から》に閉《と》じこもる

自分《じぶん》の世界《せかい》にこもり、外部《がいぶ》とのつながりを持《も》たない。例 殻《から》に閉《と》じこもらずに外《そと》で遊《あそ》ぼう。

殻《から》を破《やぶ》る

古《ふる》い考《かんが》えや習慣《しゅうかん》を打《う》ち破《やぶ》る。例 自分《じぶん》の殻《から》を破《やぶ》って、新《あたら》しい作品《さくひん》を作《つく》る。

からだ【体】

体《からだ》が空《あ》く

用事《ようじ》などが終《お》わってひまになる。例 宿《しゅく》題《だい》が終《お》わり、日曜《にちよう》は一日《いちにち》体《からだ》が空《あ》く。

体《からだ》が続《つづ》かない

運動《うんどう》や仕事《しごと》が厳《きび》しくて、体《からだ》の力《ちから》がそれにたえられない。例 これ以上《いじょう》は体《からだ》が続《つづ》かない。類 体《からだ》がもたない

体《からだ》で覚《おぼ》える

実際《じっさい》の経験《けいけん》を通《とお》して身《み》につける。例 空手《からて》のわざを体《からだ》で覚《おぼ》える。

体《からだ》にさわる

健康《けんこう》に悪《わる》いえいきょうをあたえる。例 夜《よ》ふかしばかりしていると、体《からだ》にさわるよ。

問題《もんだい》：きねとうすがなくてもつけるもちは？

体《からだ》にむち打《う》つ
弱《よわ》った体《からだ》にむちを当《あ》てるように気持《きも》ちを奮《ふる》い立《た》たせて、物事《ものごと》に取《と》り組《く》む。例 つかれた体《からだ》にむち打《う》ってがんばる。

体《からだ》をおしむ
働《はたら》くことをいやがり、なまける。例 体《からだ》をおしむことなく働《はたら》く。

体《からだ》を張《は》る
命《いのち》がけで物事《ものごと》に取《と》り組《く》む。例 体《からだ》を張《は》って悪者《わるもの》たちから家族《かぞく》を守《まも》る。

かり【借り】

借《か》りがある
①その人《ひと》に親切《しんせつ》にしてもらったことや借《か》りたお金《かね》がある。例 かの女《じょ》には困《こま》った時《とき》に助《たす》けてもらった借《か》りがある。②うらみに思《おも》っていることがある。例 あいつには人前《ひとまえ》ではじをかかされた借《か》りがある。

借《か》りができる
相手《あいて》に対《たい》して、お返《かえ》しをしなくてはならないような恩《おん》や負《お》い目《め》ができる。例 かれに宿題《しゅくだい》を手伝《てつだ》ってもらったので、借《か》りができた。類 借《か》りを作《つく》る

借《か》りを返《かえ》す
①借《か》りていたお金《かね》や物《もの》を返《かえ》したり、恩《おん》返《がえ》しをしたりする。②うらみを持《も》っている相手《あいて》に対《たい》して、仕返《しかえ》しをする。例 次《つぎ》の試合《しあい》では必《かなら》ずこの借《か》りを返《かえ》すぞ。

借《か》りを作《つく》る
⬇借《か》りができる

かるくち【軽口】

軽口《かるくち》をたたく
じょう談《だん》を言《い》う。例 あまり軽口《かるくち》をたたくと、きらわれるよ。

かわりみ【変わり身】

変《か》わり身《み》が早《はや》い
物事《ものごと》の変化《へんか》に合《あ》わせて、自分《じぶん》の考《かんが》えや態度《たいど》をすばやく変《か》える。例 あまり変《か》わり身《み》が早《はや》いと、人《ひと》に信《しん》じてもらえない。

かん

かんにさわる
気持《きも》ちがいら立《だ》って腹《はら》を立《た》てる。例 意《い》地悪《じわる》なかの女《じょ》のことばが、いちいちかんにさわる。類 気《き》にさわる・しゃくにさわる

かん【感】

答《こた》え：しりもち

感《かん》きわまる
非常《ひじょう》に感動《かんどう》する。例 映《えい》画《が》のラストシーンに感《かん》きわまって泣《な》いてしまう。

感《かん》にたえない
とても深《ふか》く感動《かんどう》する。例 その選手《せんしゅ》は感《かん》にたえない表情《ひょうじょう》で会見《かいけん》にのぞんだ。

かん【勘】

勘《かん》がするどい
見《み》聞きしただけで、すばやく物事《ものごと》の本《ほん》質《しつ》をつかめる。例 勘《かん》がするどい母《はは》は、うそをすぐに見《み》ぬいた。類 勘《かん》がいい

勘《かん》にたよる
筋道《すじみち》を立《た》てて考《かん》えるのでなく、直感《ちょっかん》で物事《ものごと》を決《き》める。例 試験問題《しけんもんだい》の答《こた》えがわからず、勘《かん》にたよる。

勘《かん》を働《はたら》かせる
直感《ちょっかん》の力《ちから》を使《つか》う。例 ちょっと勘《かん》を働《はたら》かせればわかる問題《もんだい》だ。⚠「感《かん》を働《はたら》かせる」と書《か》くのは誤《あやま》り。

がん【願】

願《がん》をかける
うまくいくように神仏《しんぶつ》にいのる。例 兄《あに》の大学合格《だいがくごうかく》の願《がん》をかける。類 願《がん》を立《た》てる

がん【眼】

眼《がん》をつける
相手《あいて》の顔《かお》をにらみつける。例「眼《がん》をつけた」と言《い》いがかりをつけられた。📖 くだけた言《い》い方《かた》。類 眼《がん》を飛《と》ばす

眼《がん》を飛《と》ばす
⬇眼《がん》をつける

かんがえ【考え】

考《かん》えにふける
ほかのことを忘《わす》れるくらい考《かん》え事《ごと》に夢中《むちゅう》になる。例 一人残《ひとりのこ》った教室《きょうしつ》で考《かん》えにふける。

考《かん》えもおよばない
考《かん》えることもできない。例 自分《じぶん》が日本《にほん》の代表《だいひょう》に選《えら》ばれるなんて考《かん》えもおよばない。

がんくび【がん首】

❶キセルの頭部《とうぶ》。❷人《ひと》の首《くび》。頭《あたま》。

がん首《くび》をそろえる
何人《なんにん》かの人《ひと》が一《いっ》か所《しょ》に集《あつ》まる。例 がん首《くび》をそろえて何《なん》の相談《そうだん》だい。📖 くだけた言《い》い方《かた》。類 がん首《くび》を並《なら》べる

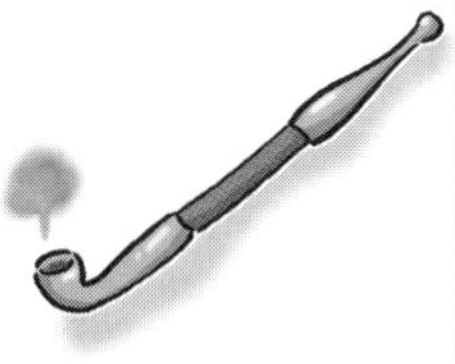

問題《もんだい》：羽《はね》がはえていなくても飛《と》ぶものは？

かんじょう【感情】

感情《かんじょう》に走《はし》る
よく考《かんが》えず、その場《ば》の気持《きも》ちだけで行動《こう》《どう》する。例 感情《かんじょう》に走《はし》って暴力《ぼうりょく》をふるう。

感情《かんじょう》をおさえる
気持《きも》ちを表《おもて》に出《だ》さない。例 ここでおこってはいけないと感情《かんじょう》をおさえる。

感情《かんじょう》を害《がい》する
いやな気分《きぶん》になる。例 じょう談《だん》を言《い》ったら、かの女《じょ》は感情《かんじょう》を害《がい》してしまった。

感情《かんじょう》をこめる
自分《じぶん》の気持《きも》ちをこめて一生《いっしょう》けんめいにやる。例 感情《かんじょう》をこめて朗読《ろうどく》する。

かんじょう【勘定】

勘定《かんじょう》が合《あ》う
計算《けいさん》が合《あ》う。例 欠席者《けっせきしゃ》の人数《にんずう》を差《さ》し引《ひ》けば勘定《かんじょう》が合《あ》う。

勘定《かんじょう》に入《い》れる
前《まえ》もって考《かんが》えに入《い》れておく。例 二《に》、三《さん》人部員《にんぶいん》が増《ふ》えることを勘定《かんじょう》に入《い》れる。

かんしん【関心】

関心《かんしん》が高《たか》い
たいへん興味《きょうみ》を持《も》っている。例 水素《すいそ》は、ガソリンに代《か》わるエネルギーとして関《かん》心《しん》が高《たか》い。対 関心《かんしん》が低《ひく》い

関心《かんしん》を集《あつ》める
人々《ひとびと》の興味《きょうみ》が、その物事《ものごと》に集《あつ》まる。例 オリンピックが世間《せけん》の関心《かんしん》を集《あつ》める。

関心《かんしん》を示《しめ》す
興味《きょうみ》があるというふるまいをする。例 子《こ》どもはどんな物《もの》にも関心《かんしん》を示《しめ》す。

関心《かんしん》を引《ひ》く
人々《ひとびと》の心《こころ》や興味《きょうみ》を引《ひ》きつける。例 派《は》手《て》なデザインが子《こ》どもたちの関心《かんしん》を引《ひ》く。

関心《かんしん》を持《も》つ
その物事《ものごと》に対《たい》してとくに心《こころ》を引《ひ》かれる。例 動物学《どうぶつがく》に関心《かんしん》を持《も》つ。

かんしん【歓心】 うれしいと思《おも》う気持《きも》ち。

歓心《かんしん》を買《か》う
人《ひと》に気《き》に入《い》られようと、機《き》げんを取《と》る。例 プレゼントで人《ひと》の歓心《かんしん》を買《か》う。

がんちゅう【眼中】

眼中《がんちゅう》にない
気《き》に留《と》めず、全《まった》く問題《もんだい》にしない。例 ゲームに熱中《ねっちゅう》して、相手《あいて》の事《こと》などまるで眼《がん》中《ちゅう》にない。類 しがにもかけない・目《め》もくれない

かんにんぶくろ【かんにん袋】

答《こた》え：首《くび》・話《はなし》など

かんにん袋《ぶくろ》の緒《お》が切《き》れる
これ以上《いじょう》いかりをがまんできなくなる。例いくら注意《ちゅうい》しても聞《き》かない弟《おとうと》にかんにん袋《ぶくろ》の緒《お》が切《き》れた。

かんばん【看板】

看板《かんばん》が泣《な》く
表向《おもてむ》きと実際《じっさい》とでは、ようすや質《しつ》がちがう。例この本《ほん》も置《お》いてないなんて、市《し》の図書館《としょかん》という看板《かんばん》が泣《な》く。

看板《かんばん》にいつわりなし
表向《おもてむ》きに言《い》っていることなどにうそがない。看板《かんばん》に書《か》いてある通《とお》りである。例あの歯医者《はいしゃ》さんは看板《かんばん》にいつわりなしで、痛《いた》くなかったよ。

看板《かんばん》にかかわる
店《みせ》や人《ひと》などによくないえいきょうをおよぼす。例こんな商品《しょうひん》を売《う》っては、うちの店《みせ》の看板《かんばん》にかかわる。

看板《かんばん》にする
①店《みせ》がその日《ひ》の商売《しょうばい》を終《お》える。例九時《くじ》には店《みせ》を看板《かんばん》にする。②注意《ちゅうい》を引《ひ》くために、人々《ひとびと》にあるものを示《しめ》す。例安《やす》い値段《ねだん》を看板《かんばん》にする。

看板《かんばん》を下《お》ろす
①店《みせ》がその日《ひ》の商売《しょうばい》を終《お》える。②今《いま》までやっていた店《みせ》をやめる。③人々《ひとびと》に示《しめ》していたことがらを、取《と》りやめる。例こん虫博士《ちゅうはかせ》の看板《かんばん》を下《お》ろした。類①②のれんを下《お》ろす①②

看板《かんばん》を傷《きず》つける
店《みせ》などの評判《ひょうばん》が悪《わる》くなり、信用《しんよう》が落《お》ちる。例一回戦《いっかいせん》で負《ま》けてしまい、名門《めいもん》チームの看板《かんばん》を傷《きず》つけた。

き【気】

気《き》が合《あ》う
考《かんが》え方《かた》や感《かん》じ方《かた》が似《に》ていて、仲《なか》がよい。例かの女《じょ》とは気《き》が合《あ》うので、話《はな》していても楽《たの》しい。類馬《うま》が合《あ》う・肌《はだ》が合《あ》う

気《き》がある
①何《なに》かをしようというつもりである。例塾《じゅく》に行《い》く気《き》があるなら紹介《しょうかい》しよう。②(ある異性《いせい》に)心《こころ》をひかれる。例あの人《ひと》はわたしに気《き》があるようだ。対①②気《き》がない

問題《もんだい》：とてもいそがしい時《とき》は、「○○の手《て》も借《か》りたい」。

気《き》がいい

気立《きだ》てがよく、気持《きも》ちがすなおである。例みんなに好《す》かれる気《き》がいい男《おとこ》。📖「気《き》のいい」の形《かたち》も使《つか》う。

気《き》が多《おお》い

いろいろなことに興味《きょうみ》や関心《かんしん》を持《も》っていて、気持《きも》ちが変《か》わりやすい。例かれは気《き》が多《おお》いので、一《ひと》つのことを続《つづ》けられない。

気《き》が置《お》けない

気《き》がねなく、くつろいだ気持《きも》ちでいられる。例今回《こんかい》の旅行《りょこう》の参加者《さんかしゃ》は、気《き》が置《お》けない友人《ゆうじん》ばかりだ。⚠「気《き》をつかう」「気《き》を許《ゆる》せない」の意味《いみ》で使《つか》うのは誤《あやま》り。対気《き》が置《お》ける

気《き》が重《おも》い

負担《ふたん》に感《かん》じて気持《きも》ちが晴《は》れ晴《ば》れとしない。例明日《あす》のテストのことを考《かんが》えると、気《き》が重《おも》い。対気《き》が軽《かる》い

気《き》が勝《か》つ

気性《きしょう》が強《つよ》く、負《ま》けずぎらいである。勝《か》ち気《き》である。例姉《あね》はやさしそうに見《み》えるが、あれでなかなか気《き》が勝《か》っている。

気《き》がきく

①気持《きも》ちが行《い》き届《とど》いていて、その場《ば》その場《ば》で適切《てきせつ》に行動《こうどう》できる。例冷《つめ》たい飲《の》み物《もの》を用意《ようい》してくれるなんて気《き》がきいているね。②しゃれている。例君《きみ》がこんなに気《き》がきいた店《みせ》を知《し》っているなんて意外《いがい》だ。

気《き》が気《き》でない

あることが心配《しんぱい》で落《お》ち着《つ》いていられない。例小《ちい》さい子《こ》を一人《ひとり》でお使《つか》いに行《い》かせたので、気《き》が気《き》でない。類気《き》がもめる

気《き》が知《し》れない

何《なに》を考《かんが》えているのかさっぱりわからない。例台風《たいふう》の日《ひ》に映画《えいが》を見《み》に行《い》くなんて、君《きみ》の気《き》が知《し》れない。

気《き》が進《すす》まない

進《すす》んでやりたい気持《きも》ちにならない。例病院《びょういん》に行《い》くのは、どうも気《き》が進《すす》まない。類気《き》が乗《の》らない

気《き》が済《す》む

やりたいだけやったと満足《まんぞく》し、気持《きも》ちが落《お》ち着《つ》く。例好《す》きなまんがを一日中《いちにちじゅう》読《よ》んで気《き》が済《す》んだ。

答《こた》え：ねこ

気《き》がせく

早《はや》くやろうとして気持《きも》ちがあせる。例 仕事《しごと》が間《ま》に合《あ》いそうもないので、どうにも気《き》がせく。

気《き》が立《た》つ

気持《きも》ちが高《たか》ぶっていらいらする。心《こころ》がいら立《だ》つ。例 本番《ほんばん》を前《まえ》にしてクラス全《ぜん》員《いん》の気《き》が立《た》っていた。

気《き》が小《ちい》さい

度胸《どきょう》がない。細《こま》かいことを気《き》にする。例 気《き》が小《ちい》さいので、こわい映《えい》画《が》を見《み》たいと思《おも》わない。対 気《き》が大《おお》きい

気《き》が散《ち》る

気持《きも》ちが一《ひと》つのことに集中《しゅうちゅう》できなくなる。例 勉強《べんきょう》しようと思《おも》っても、外《そと》がうるさくて気《き》が散《ち》る。

気《き》がつく

①注意《ちゅうい》が行《い》き届《とど》く。例 知《し》らせてくれるなんて、あなたはよく気《き》がつく。②そうであるとわかる。例 テストの答案《とうあん》を提出《ていしゅつ》した後《あと》でまちがいに気《き》がつく。③意識《いしき》がもどる。例 気《き》がつくと保健室《ほけんしつ》にいた。類 ①気《き》が回《まわ》る

むすぶ君《くん》の一日《いちにち》① 朝《あさ》

午前《ごぜん》7時《じ》

「おはよう!」。ボクは目《め》が覚《さ》めると、まずは洗面所《せんめんじょ》に行《い》くよ。冷《つめ》たい水《みず》でばしゃばしゃ顔《かお》を洗《あら》うとエンジンがかかってくるんだ。

午前《ごぜん》8時《じ》

今日《きょう》も、朝《あさ》からとっても調子《ちょうし》がいいなあ。家《いえ》を出《で》る前《まえ》にしっかり食事《しょくじ》をとるんだ。もりもり食《た》べると力《ちから》がわくよ。

午前《ごぜん》8時《じ》30分《ぷん》

学校《がっこう》までは友《とも》だちに声《こえ》をかけていっしょに行《い》くんだ。話《はなし》がはずんで、あっという間《ま》に到着《とうちゃく》~。

問題《もんだい》:すがったり、しぼったり、通《とお》したりするものは?

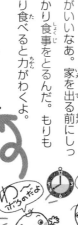

気《き》がつまる
かた苦《くる》しくてきゅうくつな気分《きぶん》になる。気《き》づまりである。例 知《し》らない人《ひと》ばかりで話《はなし》がはずまず、気《き》がつまった。

気《き》が強《つよ》い
自分《じぶん》の考《かんが》えや意見《いけん》などをおし通《とお》す性格《せいかく》である。勝《か》ち気《き》である。例 弟《おとうと》はわたしよりずっと気《き》が強《つよ》い。

気《き》が遠《とお》くなる
①意識《いしき》を失《うしな》う。②想像《そうぞう》するだけでもぼうっとしてしまいそうだ。例 完成《かんせい》までには気《き》が遠《とお》くなるほどの年月《ねんげつ》がかかる。

気《き》がとがめる
申《もう》し訳《わけ》ない気分《きぶん》になる。例 かれを追《お》い返《かえ》してしまったので気《き》がとがめる。類 気《き》が引《ひ》ける

気《き》が長《なが》い
性格《せいかく》がのんびりしていて、長《なが》い間《あいだ》待《ま》つことができる。例 来年《らいねん》まで待《ま》ってくれとは気《き》が長《なが》い話《はなし》だ。対 気《き》が短《みじか》い

気《き》がぬける
①それまでのきん張《ちょう》がゆるんでぼうっとする。例 自分《じぶん》の番《ばん》が終《お》わったら、気《き》がぬけた。②炭酸飲料《たんさんいんりょう》などの風味《ふうみ》がなくなる。

気《き》が乗《の》らない
進《すす》んでそれをする気分《きぶん》になれない。例 つりにさそわれたが、気《き》が乗《の》らないので断《ことわ》った。類 気《き》が進《すす》まない

気《き》が早《はや》い
せっかちである。例 十月《じゅうがつ》から年賀状《ねんがじょう》の話《はなし》なんて気《き》が早《はや》い。

気《き》が張《は》る
気持《きも》ちを引《ひ》きしめている。きん張《ちょう》する。例 全校生徒《ぜんこうせいと》の前《まえ》で司会《しかい》をするのは気《き》が張《は》る。対 気《き》がゆるむ

気《き》が晴《は》れる
今《いま》までもやもやしていた気分《きぶん》がすっきりする。例 友《とも》だちになやみを打《う》ち明《あ》けて、やっと気《き》が晴《は》れた。

気《き》が引《ひ》ける
ほかの人《ひと》に対《たい》して悪《わる》いと思《おも》う。例 先《せん》ぱいを差《さ》し置《お》いて試合《しあい》に出《で》るのは気《き》が引《ひ》ける。類 気《き》がとがめる

気《き》がまぎれる
しずんだ気分《きぶん》が、ほかのことをすることでしばらく忘《わす》れられる。例 好《す》きな音楽《おんがく》をきけば気《き》がまぎれるだろう。

気《き》が回《まわ》る
細《こま》かな所《ところ》まで心《こころ》づかいが行《い》き届《とど》く。例 かの女《じょ》は本当《ほんとう》によく気《き》が回《まわ》る人《ひと》だね。類 気《き》がつく①

答《こた》え：そで

き

気《き》が短《みじか》い
すぐにいらいらして、待《ま》っていられない。例あの人《ひと》は気《き》が短《みじか》いから、早《はや》く返《へん》事《じ》を出《だ》したほうがいい。対気《き》が長《なが》い

気《き》が向《む》く
その気《き》になる。しようという気《き》になる。例気《き》が向《む》いたらこの本《ほん》を読《よ》んでみて。

気《き》がめいる
気分《きぶん》がしずんで、元気《げんき》がなくなる。例しなければならないことが多《おお》すぎて気《き》がめいる。

気《き》がもめる
心配《しんぱい》なことなどがあり、気持《きも》ちが落《お》ち着《つ》かない。例合格発表《ごうかくはっぴょう》を明日《あす》にひかえて気《き》がもめる。類気《き》が気《き》でない

気《き》がゆるむ
きん張《ちょう》が解《と》けて、気持《きも》ちがゆるむ。例立《た》ち話《ばなし》をしていたら、気《き》がゆるんでさい布《ふ》をすられた。対気《き》が張《は》る

気《き》が若《わか》い
年《ねん》れいのわりに、考《かんが》え方《かた》などが若々《わかわか》しい。例祖母《そぼ》は六十代《ろくじゅうだい》とは思《おも》えないほど気《き》が若《わか》い。

気《き》に入《い》る
自分《じぶん》の好《この》みに合《あ》ってしっくりする。例気《き》に入《い》った服《ふく》を着《き》て出《で》かける。

気《き》にかかる
不安《ふあん》で、そのことばかりが気《き》になる。例単身《たんしん》ふ任《にん》の父《ちち》の健康《けんこう》が気《き》にかかる。類心《こころ》にかかる

気《き》に食《く》わない
自分《じぶん》の気持《きも》ちに合《あ》わない。気《き》に入《い》らない。例かれのことがどうにも気《き》に食《く》わない。📖くだけた言《い》い方《かた》。

気《き》にさわる
不《ふ》ゆ快《かい》に思《おも》う。例わたしの態度《たいど》が気《き》にさわったのか、今日《きょう》は妹《いもうと》が冷《つめ》たい。類かんにさわる・しゃくにさわる。

気《き》にする
気《き》がかりに思《おも》う。例その後《ご》うまくいったのか、ずっと気《き》にしていました。📖「気《き》になる」の形《かたち》でも使《つか》う。

気《き》に染《そ》まない
自分《じぶん》の好《この》みに合《あ》わない。例会計係《かいけいがかり》という役目《やくめ》は気《き》に染《そ》まない。類意《い》に染《そ》まない

気《き》に留《と》める
心《こころ》にとどめて、忘《わす》れないでおく。例相《あい》手《て》の気持《きも》ちを気《き》に留《と》めて行動《こうどう》する。📖「気《き》に留《と》まる」の形《かたち》でも使《つか》う。

問題《もんだい》：「かつを入《い》れる」の「かつ」を漢字《かんじ》で書《か》くと？

き

気《き》に病《や》む

つい悪《わる》いことを考《かんが》えて、いろいろと心《しん》配《ぱい》する。くよくよする。例 小《ちい》さなミスをいつまでも気《き》に病《や》む。

気《き》のせい

物事《ものごと》がそう感《かん》じられただけで、実《じつ》はそうなってはいない。例 さっき物音《ものおと》が聞《き》こえたようだけど気《き》のせいかな。

気《き》のない

やる気《き》がない。関心《かんしん》が持《も》てない。例 かれからは気《き》のない返事《へんじ》しか返《かえ》ってこない。📖「気《き》がない」の形《かたち》でも使《つか》う。

気《き》を入《い》れる

熱心《ねっしん》に取《と》り組《く》む。やる気《き》を出《だ》す。例 リレーの練習《れんしゅう》に気《き》を入《い》れる。類 気合《きあい》を入《い》れる

気《き》を失《うしな》う

意識《いしき》がなくなる。失神《しっしん》する。例 頭《あたま》を強《つよ》く打《う》って気《き》を失《うしな》う。類 意識《いしき》を失《うしな》う

気《き》を落《お》とす

がっかりする。失望《しつぼう》する。例 試験《しけん》に失敗《しっぱい》して気《き》を落《お》とす。

気《き》を配《くば》る

いろいろな所《ところ》に注意《ちゅうい》を配《くば》る。細《こま》かな所《ところ》まで気《き》をつかう。例 母《はは》の健康《けんこう》に気《き》を配《くば》る。類 心《こころ》を配《くば》る

気《き》をそらす

注意《ちゅうい》をほかの方向《ほうこう》に向《む》ける。例 ガラガラを使《つか》って赤《あか》ちゃんの気《き》をそらす。

気《き》をつかう

こまやかな心《こころ》づかいをする。例 お年寄《としよ》りが快《こころよ》く過《す》ごせるように気《き》をつかう。

気《き》をつける

注意《ちゅうい》する。例 道路《どうろ》を横断《おうだん》する時《とき》には車《くるま》に気《き》をつける。

気《き》を取《と》られる

気持《きも》ちをほかのものにうばわれる。夢中《むちゅう》になる。例 ボールに気《き》を取《と》られて、車《くるま》に気《き》づかなかった。

気《き》を取《と》り直《なお》す

がっかりした気持《きも》ちを思《おも》い直《なお》して、もう一度《いちど》やろうと奮《ふる》い立《た》たせる。例 失敗《しっぱい》したが、気《き》を取《と》り直《なお》して再挑戦《さいちょうせん》する。

気《き》をぬく

きん張《ちょう》をゆるめる。油断《ゆだん》する。例 ここで気《き》をぬいたら逆転《ぎゃくてん》されるぞ。

気《き》をはく

いい勢《せい》のよさを見《み》せる。元気《げんき》であることを示《しめ》す。例 負《ま》け続《つづ》けているチームの中《なか》で、一人《ひとり》で気《き》をはく。

気《き》を張《は》る

➡気《き》を引《ひ》きしめる

答《こた》え：活《かつ》

気《き》を引《ひ》きしめる
気持《きも》ちのゆるみをなくす。心《こころ》をきん張《ちょう》させる。例ここで負《ま》ける訳《わけ》にはいかないと気《き》を引《ひ》きしめる。類気《き》を張《は》る

気《き》を引《ひ》く
相手《あいて》の気持《きも》ちがこちらに向《む》くようにする。例値段《ねだん》を安《やす》くして客《きゃく》の気《き》を引《ひ》く。

気《き》を回《まわ》す
よけいな気《き》をつかったり、心配《しんぱい》したりする。例気《き》を回《まわ》しすぎてつかれた。

気《き》を持《も》たせる
相手《あいて》に期待《きたい》をさせる。思《おも》わせぶりをする。例はっきり断《ことわ》らずに気《き》を持《も》たせる。

気《き》をもむ
どうなってしまうかと、あれこれ心配《しんぱい》する。やきもきする。例運動会《うんどうかい》の日《ひ》の天気《てんき》がどうなるかと気《き》をもむ。

気《き》を許《ゆる》す
信《しん》じられる相手《あいて》として心《こころ》を許《ゆる》す。例気《き》を許《ゆる》せるただ一人《ひとり》の友《とも》。類心《こころ》を許《ゆる》す

気《き》をよくする
いい気分《きぶん》になる。例歌《うた》がうまいとほめられて気《き》をよくする。

き【機】

機《き》が熟《じゅく》す
ある物事《ものごと》を始《はじ》めるのにちょうどよい時期《じき》になる。例海外《かいがい》に出店《しゅってん》する機《き》が熟《じゅく》す。

機《き》に乗《じょう》じる
ちょうどよい機会《きかい》を利用《りよう》して、うまく行動《こうどう》する。例成績《せいせき》が上《あ》がったこの機《き》に乗《じょう》じてお小《こ》づかいをねだる。類時機《じき》に投《とう》ずる 対機《き》を失《しっ》する

機《き》をうかがう
チャンスが来《く》るのをじっと待《ま》つ。例くせ者《もの》が屋《や》しきにしのびこもうと機《き》をうかがう。

機《き》を失《しっ》する
チャンスをつかまえそこなう。例大逆転《だいぎゃくてん》の機《き》を失《しっ》する。類時機《じき》を失《しっ》する 対機《き》に乗《じょう》じる

機《き》を見《み》るに敏《びん》
チャンスをすばやく見《み》つけ出《だ》すようす。例かれは機《き》を見《み》るに敏《びん》ですぐに手《て》を打《う》った。

き【奇】

奇《き》をてらう
変《か》わったことをして人《ひと》の注意《ちゅうい》を引《ひ》こうとする。例奇《き》をてらったプレゼントより、毎日使《まいにちつか》える物《もの》のほうが喜《よろこ》ばれる。📖「てらう」は、知識《ちしき》などをわざと見《み》せびらかすという意味《いみ》。

問題《もんだい》：言《い》い過《す》ぎてしまうことは、「○が過《す》ぎる」。

き

きあい【気合】

気合《きあい》が入《はい》る
気持《きも》ちが集中《しゅうちゅう》して、やる気《き》が出《で》る。例 試合《しあい》が近《ちか》づくと自然《しぜん》に気合《きあい》が入《はい》る。対 気合《きあい》がぬける

きおく【記憶】

記憶《きおく》がよみがえる
忘《わす》れていたことを思《おも》い出《だ》す。記憶《きおく》がもどってくる。例 あざやかに子《こ》どものころの記憶《きおく》がよみがえる。

記憶《きおく》に残《のこ》る
人々《ひとびと》の心《こころ》に深《ふか》く覚《おぼ》えられている。例 多《おお》くの人《ひと》の記憶《きおく》に残《のこ》るプレー。

記憶《きおく》をたどる
はっきりと覚《おぼ》えていないことを、思《おも》い出《だ》そうとする。例 いくら記憶《きおく》をたどっても、どこでなくしたのかわからない。

きがい【危害】

危害《きがい》を加《くわ》える
傷《きず》つけたり、命《いのち》にかかわる危険《きけん》をあたえたりする。例 人《ひと》に危害《きがい》を加《くわ》えるような乱暴《らんぼう》なまねはやめよう。

きき【危機】

危機《きき》に直面《ちょくめん》する
危険《きけん》な場面《ばめん》と向《む》かい合《あ》う。例 首脳会談《しゅのうかいだん》が決《けつ》れつし、世界《せかい》がかつてない危機《きき》に直面《ちょくめん》した。

危機《きき》にひんする
危険《きけん》な状況《じょうきょう》になる。例 地球《ちきゅう》は温暖化《おんだんか》により危機《きき》にひんしている。📖「ひんする」は、間近《まぢか》にせまるという意味《いみ》。類 危機《きき》に見《み》まわれる

危機《きき》に見《み》まわれる
⬇危機《きき》にひんする

危機《きき》をしのぐ
危《あぶ》ないところを切《き》りぬける。例 とう産《さん》の危機《きき》をしのぐ。類 危機《きき》を乗《の》りこえる

危機《きき》をだっする
危険《きけん》な状態《じょうたい》からぬけ出《だ》す。例 間一《かんいっ》ぱつで危機《きき》をだっする。類 危機《きき》をまぬかれる

ききみみ【聞き耳】

聞《き》き耳《みみ》を立《た》てる
声《こえ》や音《おと》などをよく聞《き》こうとして、そこに意識《いしき》を集中《しゅうちゅう》する。例 話《はな》し声《ごえ》に聞《き》き耳《みみ》を立《た》てる。

答《こた》え：口《くち》

きくみみ【聞く耳】

聞《き》く耳《みみ》を持《も》たない

ほかの人《ひと》の話《はなし》を聞《き》こうとしない。例 そんな無茶《むちゃ》なことをするなと言《い》っても、かれは聞《き》く耳《みみ》を持《も》たない。

きぐらい【気位】

気位《きぐらい》が高《たか》い

自分《じぶん》は人《ひと》よりすぐれていると思《おも》う気持《きも》ちが強《つよ》い。例 かの女《じょ》は父親《ちちおや》がえらいからといって気位《きぐらい》が高《たか》い。

きけん【危険】

危険《きけん》をおかす

わざわざ危《あぶ》ないことをする。例 危険《きけん》をおかして険《けわ》しい山《やま》に登《のぼ》る。

きげん【機嫌】

機嫌《きげん》をそこなう

相手《あいて》の気持《きも》ちを不《ふ》ゆ快《かい》にさせる。例 長《なが》く待《ま》たせて、客《きゃく》の機嫌《きげん》をそこなう。📖「機嫌《きげん》をそこねる」とも。「ご機嫌《きげん》をそこなう」の形《かたち》でも使《つか》う。

機嫌《きげん》を取《と》る

相手《あいて》の気《き》に入《い》るようにする。例 進《すす》んでお手伝《てつだ》いをして母《はは》の機嫌《きげん》を取《と》る。📖「ご機嫌《きげん》を取《と》る」の形《かたち》でも使《つか》う。

機嫌《きげん》を直《なお》す

不《ふ》ゆ快《かい》な気分《きぶん》をよい気分《きぶん》にもどす。例 親切《しんせつ》にされて機嫌《きげん》を直《なお》す。

きしょう【気性】

気性《きしょう》があらい

生《う》まれつきの性質《せいしつ》が乱《らん》暴《ぼう》である。例 イノシシは気性《きしょう》があらい動物《どうぶつ》だ。

気性《きしょう》が激《はげ》しい

生《う》まれつきの性質《せいしつ》が乱暴《らんぼう》できつい。例 かれはいいやつだが、気性《きしょう》が激《はげ》しい。

きず【傷】

傷《きず》がつく

①けがの傷《きず》あとや、品物《しなもの》などにいたみが残《のこ》る。例 ガラスに傷《きず》がつく。②不名《ふめい》よなことになる。例 経歴《けいれき》に傷《きず》がつく。

傷《きず》を負《お》う

①けがをする。②心《こころ》に苦《くる》しみを受《う》ける。例 戦争《せんそう》で心《こころ》に深《ふか》い傷《きず》を負《お》う。

きせい【気勢】

気勢《きせい》を上《あ》げる

勢《いきお》いのよいところを見《み》せる。例 祭《まつ》りで若《わか》い衆《しゅう》が大《おお》いに気勢《きせい》を上《あ》げる。📖「気勢《きせい》が上《あ》がる」の形《かたち》でも使《つか》う。

問題《もんだい》：看板《かんばん》かこれを下《お》ろすと、商売《しょうばい》をやめることになります。

気勢《きせい》をそぐ

張《は》り切《き》る気持《きも》ちをくじく。例 中止《ちゅうし》の命令《めい》《れい》が出《で》て、気勢《きせい》をそがれた。

ぎせい【犠牲】

犠牲《ぎせい》をしいる

一《ひと》つの目的《もくてき》を果《は》たすために、仕方《しかた》なくほかの人々《ひとびと》に損《そん》をさせる。例 自然《しぜん》を守《まも》るためには、き業《ぎょう》に犠牲《ぎせい》をしいるのもやむを得《え》ない。

犠牲《ぎせい》をはらう

ある目的《もくてき》を達成《たっせい》するため、それと引《ひ》きかえに損《そん》をする。例 大《おお》きな犠牲《ぎせい》をはらって平和《へいわ》を手《て》に入《い》れた。

きせん【機先】

機先《きせん》を制《せい》する

人《ひと》より先《さき》に行動《こうどう》して、自分《じぶん》を有利《ゆうり》な立場《たち》《ば》に置《お》く。例 機先《きせん》を制《せい》して相手《あいて》チームに差《さ》をつける。⚠「気先《きせん》を制《せい》する」と書《か》くのは誤《あやま》り。類 先手《せんて》を打《う》つ

きたい【期待】

期待《きたい》にこたえる

人《ひと》が待《ま》ち望《のぞ》んでいる通《とお》りのよい結果《けっか》を出《だ》す。例 コンクールに入賞《にゅうしょう》して両親《りょうしん》の期待《きたい》にこたえる。類 期待《きたい》にそう 対 期《き》待《たい》を裏切《うらぎ》る

期待《きたい》にそう

➡期待《きたい》にこたえる

期待《きたい》をかける

よい結果《けっか》を出《だ》してくれるように待《ま》ち望《のぞ》む。例 わが子《こ》の勝利《しょうり》に期待《きたい》をかける。📖「期待《きたい》がかかる」の形《かたち》でも使《つか》う。類 期待《きたい》を寄《よ》せる

期待《きたい》をになう

よい結果《けっか》を当《あ》てにして待《ま》ち望《のぞ》まれている。例 地元《じもと》の高校《こうこう》が、県民《けんみん》の期待《きたい》をになって甲子園《こうしえん》に出場《しゅつじょう》する。

期待《きたい》を寄《よ》せる

よい結果《けっか》を願《ねが》って、心《こころ》から当《あ》てにして待《ま》ち望《のぞ》む。例 全国優勝《ぜんこくゆうしょう》への期待《きたい》を寄《よ》せる。類 期待《きたい》をかける

きち【機知】

機知《きち》に富《と》む

その場《ば》にぴったり合《あ》った、気《き》のきいた知恵《ち》を働《はたら》かせる。ウイットにあふれている。例 かの女《じょ》の答《こた》えは機知《きち》に富《と》んでいた。

きつね

答《こた》え：のれん

きつねにつままれる

思《おも》ってもいなかったことが起《お》きて、訳《わけ》もわからずぼんやりするたとえ。例 みんなきつねにつままれたような顔《かお》をしていた。📖キツネは人《ひと》をだますと考《かんが》えられていたことから。「つままれる」は、化《ば》かされるという意味《いみ》。

きてん【機転】

機転《きてん》がきく

その場《ば》に合《あ》った気《き》のきいた知《ち》えを働《はたら》かせる。例 機転《きてん》がきいたことばで、父《ちち》の機《き》げんを直《なお》す。📖「機転《きてん》をきかせる」の形《かたち》でも使《つか》う。

きどう【軌道】

軌道《きどう》に乗《の》る

物事《ものごと》が順調《じゅんちょう》に進《すす》む。例 地球温暖化防止《ちきゅうおんだんかぼうし》のためのエコ活動《かつどう》も、いよいよ軌道《きどう》に乗《の》ってきた。

きば

きばをとぐ

相手《あいて》をたおそうと準備《じゅんび》してチャンスを待《ま》つ。例 ライバルと対戦《たいせん》するその日《ひ》まできばをとぐ。類 つめをとぐ

きばを鳴《な》らす

①歯《は》ぎしりしてくやしがる。例 逆転負《ぎゃくてんま》けをきっしてきばを鳴《な》らす。②敵意《てきい》をむき出《だ》しにする。例 きばを鳴《な》らしておそいかかる。

きばをむく

①動物《どうぶつ》などが、おこってきばをむき出《だ》しにする。②相手《あいて》に害《がい》をあたえようとする。例 台風《たいふう》が農村《のうそん》にきばをむく。

きびす　かかと。「くびす」ともいう。

きびすを返《かえ》す

後《あと》もどりをする。例 さい布《ふ》を忘《わす》れてきびすを返《かえ》す。📖かかとの向《む》きを逆《ぎゃく》にすることから。類 きびすをめぐらす

きびすを接《せっ》する

①人《ひと》が次々《つぎつぎ》にやって来《く》る。例 開店《かいてん》したばかりのパン屋《や》にはきびすを接《せっ》するように客《きゃく》が来《き》た。②物事《ものごと》が続《つづ》いて起《お》こる。例 大事件《だいじけん》がきびすを接《せっ》して起《お》きる。

きまえ【気前】

気前《きまえ》がいい

お金《かね》や物《もの》をけちけちしない。例 お年玉《としだま》をたくさんくれる気前《きまえ》がいいおじ。📖「気前《きまえ》のいい」の形《かたち》でも使《つか》う。

問題《もんだい》：これが取《と》れると、おだやかな性格《せいかく》になります。

きまり【決まり】

決《き》まりが悪《わる》い

てい裁《さい》が悪《わる》く、はずかしい。例泳《およ》げないことがみんなに知《し》られて、決《き》まりが悪《わる》い。類ばつが悪《わる》い・間《ま》が悪《わる》い

きみ【気味】

気《き》味《み》が悪《わる》い

何《なん》となく不《ぶ》気《き》味《み》だ。例夜《よる》の墓《はか》場《ば》は、何《なん》だか気《き》味《み》が悪《わる》い。

きめ

❶木目《もくめ》。❷皮《ひ》ふや物《もの》の表面《ひょうめん》の細《こま》かいあや。❸細《こま》かい配《はい》りょ。

きめが細《こま》かい

①なめらかで、すべすべしている。②細《こま》かい所《ところ》まで配《はい》りょなどが行《い》き届《とど》いている。例きめが細《こま》かいサービス。

きめて【決め手】

決《き》め手《て》になる

①勝《しょう》敗《はい》を決《き》める要《よう》因《いん》となる。例残《のこ》り五《ご》分《ふん》での得《とく》点《てん》が決《き》め手《て》になる。②物《もの》事《ごと》の決《けっ》着《ちゃく》をつける、重《じゅう》要《よう》な要《よう》因《いん》になる。例文《ぶん》章《しょう》のうまさが入《にゅう》賞《しょう》の決《き》め手《て》になる。

決《き》め手《て》を欠《か》く

物《もの》事《ごと》を決《けっ》着《ちゃく》させる判《はん》断《だん》材《ざい》料《りょう》が見《み》当《あ》たらない。決《き》め手《て》にならない。例代《だい》表《ひょう》を選《えら》ぶのに、どの選《せん》手《しゅ》も決《き》め手《て》を欠《か》く。

きも【肝】

肝《きも》が大《おお》きい

➡肝《きも》が太《ふと》い

肝《きも》がすわる

落《お》ち着《つ》いていて、めったなことでは動《どう》じない。例かれはなかなか肝《きも》がすわっている。類肝《きも》っ玉《たま》がすわる・度《ど》胸《きょう》がすわる・腹《はら》がすわる

肝《きも》が太《ふと》い

大《だい》たんである。例スカイダイビングがこわくないなんて、肝《きも》が太《ふと》い。類肝《きも》が大《おお》きい・肝《きも》っ玉《たま》が太《ふと》い

肝《きも》にめいじる

決《けっ》して忘《わす》れないよう、しっかりと覚《おぼ》えておく。例先《せん》生《せい》のことばを肝《きも》にめいじる。

肝《きも》をつぶす

考《かんが》えてもみなかったことが起《お》こり、おどろいてうろたえる。例車《くるま》にひかれそうになり、肝《きも》をつぶす。類肝《きも》を消《け》す

肝《きも》を冷《ひ》やす

危《き》険《けん》を感《かん》じてひやりとする。ぞっとする。例高《こう》価《か》な茶《ちゃ》わんを落《お》としそうになって肝《きも》を冷《ひ》やした。類魂《たましい》を冷《ひ》やす

答《こた》え：角《かど》

きもち【気持ち】

気持《きも》ちが固《かた》まる
あることをしようと心《こころ》が決《き》まる。決心《けっしん》する。例 やっとテニス部《ぶ》に入《はい》る気持《きも》ちが固《かた》まった。対 気持《きも》ちがゆれる

気持《きも》ちが高《たか》ぶる
感情《かんじょう》が高《たか》まってじっとしていられなくなる。興奮《こうふん》する。例 マラソンのスタートを前《まえ》に、気持《きも》ちが高《たか》ぶる。

気持《きも》ちがつながる
たがいの心《こころ》が一《ひと》つになる。例 スポーツを通《とお》して、みんなの気持《きも》ちがつながる。

気持《きも》ちがゆれる
気《き》になることがあって心《こころ》が安定《あんてい》しない。例 正直《しょうじき》に言《い》うべきかどうか、気持《きも》ちがゆれる。対 気持《きも》ちが固《かた》まる

気持《きも》ちを新《あら》たにする
新《あら》しい気分《きぶん》になるように、心構《こころがま》えを改《あらた》める。例 六年生《ろくねんせい》になったので、気持《きも》ちを新《あら》たにして勉強《べんきょう》に取《と》り組《く》む。

気持《きも》ちをくむ
人《ひと》の気持《きも》ちを思《おも》いやる。例 かれの気持《きも》ちをくんで、申《もう》し出《で》をありがたく受《う》け入《い》れた。

気持《きも》ちを引《ひ》きしめる
油断《ゆだん》しないよう、心《こころ》のゆるみをなくす。例 試合《しあい》を前《まえ》にして気持《きも》ちを引《ひ》きしめる。

きゃっこう【脚光】

ぶたいで、足もとを照《て》らす照明《しょうめい》。

脚光《きゃっこう》を浴《あ》びる
①ぶたいに立《た》つ。②多《おお》くの人々《ひとびと》に注目《ちゅうもく》される。例 美《うつく》しい歌声《うたごえ》で世間《せけん》の脚光《きゃっこう》を浴《あ》びる。📖 重要《じゅうよう》な役《やく》を演《えん》じる人《ひと》が脚光《きゃっこう》に照《て》らされることから。

きゅう【急】

急《きゅう》を告《つ》げる
危《あぶ》ないことが今《いま》にも起《お》こりそうである。例 両国《りょうこく》の関係《かんけい》が風雲急《ふううんきゅう》を告《つ》げる。

急《きゅう》を要《よう》する
急《いそ》がなければならない。急《いそ》ぐ必要《ひつよう》がある。例 この仕事《しごと》は急《きゅう》を要《よう》する。

きゅうしょ【急所】

急所《きゅうしょ》をおさえる
物事《ものごと》の最《もっと》も大事《だいじ》な部分《ぶぶん》をつかむ。例 小説《しょうせつ》の急所《きゅうしょ》をおさえた読書感想文《どくしょかんそうぶん》を書《か》く。類 急所《きゅうしょ》をにぎる

急所《きゅうしょ》をつく
そこを責《せ》められると苦《くる》しいような、最《もっと》も大事《だいじ》な部分《ぶぶん》を責《せ》める。例 かれの急所《きゅうしょ》をついた質問《しつもん》に、だれも答《こた》えられない。

問題《もんだい》：「顔《かお》を」「肩《かた》を」「耳《みみ》を」。この三《みっ》つのことばに結《むす》びつくことばは何《なん》でしょう？

き

きゅうば【急場】

急場《きゅうば》をしのぐ

解決《かいけつ》が急《いそ》がれる差《さ》しせまった場面《ばめん》を、何《なん》とか切《き》りぬける。例けがをした選手《せんしゅ》に代《か》えて、補欠《ほけつ》の選手《せんしゅ》で急場《きゅうば》をしのぐ。

きょ【虚】

虚《きょ》をつく

相手《あいて》が油断《ゆだん》したところをせめる。例敵《てき》の虚《きょ》をついて背後《はいご》の山《やま》からせめ下《くだ》る。

きょう【今日】

今日《きょう》か明日《あす》かと

その日《ひ》が来《く》ることを、指折《ゆびお》り数《かぞ》えて待《ま》ち望《のぞ》むようす。例父《ちち》からの手紙《てがみ》を今日《きょう》か明日《あす》かと待《ま》ちわびる。

今日《きょう》という今日《きょう》

今日《きょう》こそ。例今日《きょう》という今日《きょう》は、どうあっても貸《か》した本《ほん》を返《かえ》してもらうつもりだ。📖「今日《きょう》」を強《つよ》めた言《い》い方《かた》。

きょう【興】

興《きょう》がさめる

つまらなくなる。しらける。例下手《へた》なしばいに、すっかり興《きょう》がさめる。

興《きょう》が乗《の》る

おもしろさがどんどん増《ま》す。例興《きょう》が乗《の》って、夜《よる》おそくまでゲームをやる。

興《きょう》をそえる

おもしろくする。盛《も》り上《あ》げる。例歌《うた》でお楽《たの》しみ会《かい》に興《きょう》をそえる。

興《きょう》をそそる

おもしろみを感《かん》じさせる。例意外《いがい》なデザインが人々《ひとびと》の興《きょう》をそそる。

ぎょうかん【行間】

行間《ぎょうかん》を読《よ》む

文章《ぶんしょう》には表《あらわ》れていない書《か》き手《て》の気持《きも》ちを読《よ》み取《と》る。例小説《しょうせつ》を深《ふか》く味《あじ》わうために行間《ぎょうかん》を読《よ》む。

きょうきん【胸襟】 ❶胸《むね》とえり。❷胸《むね》のうち。

胸襟《きょうきん》を開《ひら》く

心《こころ》に思《おも》っていることをかくさずに打《う》ち明《あ》ける。例友人《ゆうじん》と胸襟《きょうきん》を開《ひら》いて話《はな》し合《あ》う。類襟《えり》を開《ひら》く

きょうだん【教壇】

教壇《きょうだん》に立《た》つ

先生《せんせい》になる。教師《きょうし》として勤《つと》める。例今《いま》の担任《たんにん》の先生《せんせい》は教壇《きょうだん》に立《た》って一年目《いちねんめ》だそうだ。類教《きょう》べんをとる

きょうだん【凶弾】

答《こた》え：貸《か》す

凶弾《きょうだん》にたおれる　暗殺者《あんさつしゃ》などに、じゅうでうたれて死《し》ぬ。例 政治家《せいじか》が凶弾《きょうだん》にたおれる。類 じゅう弾《だん》にたおれる

きょうべん【教べん】

教師《きょうし》が持《も》つむち。

教《きょう》べんをとる　教師《きょうし》として勤《つと》める。例 おばは母校《ぼこう》で教《きょう》べんをとっている。⚠「教《きょう》べんをふるう」は誤《あやま》り。類 教壇《きょうだん》に立《た》つ

きょうみ【興味】

興味《きょうみ》をそそる　おもしろいと感《かん》じさせ、関心《かんしん》を持《も》たせる。例 ふつうでは考《かんが》えられないデザインが興味《きょうみ》をそそる。類 興味《きょうみ》を引《ひ》く

興味《きょうみ》を引《ひ》く　⬇興味《きょうみ》をそそる

ぎり【義理】

義理《ぎり》を欠《か》く　人《ひと》とのつき合《あ》いで、しなくてはいけないことをしない。例 メールの返事《へんじ》も出《だ》さず、かれには義理《ぎり》を欠《か》いている。

義理《ぎり》を立《た》てる　人《ひと》とのつき合《あ》いで、しなくてはいけないことをきちんとする。例 地域《ちいき》に義理《ぎり》を立《た》てて、町内会《ちょうないかい》のそうじに参加《さんか》する。

きれつ【亀裂】

亀裂《きれつ》が生《しょう》じる　①表面《ひょうめん》にひびが入《はい》る。②今《いま》まで親《した》しかった関係《かんけい》がうまくいかなくなる。例 メンバーの間《あいだ》に亀裂《きれつ》が生《しょう》じる。

亀裂《きれつ》が残《のこ》る　①ひび割《わ》れのあとが残《のこ》る。②相手《あいて》との間《あいだ》に気《き》まずさが残《のこ》る。例 一度《いちど》言《い》い争《あらそ》いをしてから、友人《ゆうじん》との間《あいだ》に亀裂《きれつ》が残《のこ》る。

亀裂《きれつ》が走《はし》る　①ひび割《わ》れができる。②うまくいっていた関係《かんけい》が急《きゅう》に悪《わる》くなる。例 仲《なか》がよかった二人《ふたり》の間《あいだ》に亀裂《きれつ》が走《はし》る。

きろ【岐路】

分《わ》かれ道《みち》。

岐路《きろ》に立《た》つ　①分《わ》かれ道《みち》に差《さ》しかかる。②どこに進《すす》むかを決《き》める、重要《じゅうよう》な場面《ばめん》に向《む》かい合《あ》う。例 人生《じんせい》の岐路《きろ》に立《た》つ。

きろく【記録】

記録《きろく》をつける　ある物事《ものごと》のようすについて書《か》き記《しる》す。例 毎日体重《まいにちたいじゅう》を量《はか》って、ノートに記録《きろく》をつける。

問題《もんだい》：レストランでお店《みせ》の人《ひと》がお客《きゃく》さんから取《と》っていくものは？

記録《きろく》を破《やぶ》る　新記録《しんきろく》を出《だ》す。例 新人《しんじん》の選手《せんしゅ》がこれまでの記録《きろく》を破《やぶ》った。

ぎわく【疑惑】

疑惑《ぎわく》を招《まね》く　疑《うたが》う気持《きも》ちを起《お》こさせる。例 あやし気《げ》な態度《たいど》が疑惑《ぎわく》を招《まね》く。

きんこう【均衡】

均衡《きんこう》がくずれる　つり合《あ》いが取《と》れなくなる。差《さ》が出始《ではじ》める。例 一対一《いちたいいち》で進《すす》んできた試合《しあい》の均衡《きんこう》がくずれる。

均衡《きんこう》を保《たも》つ　つり合《あ》いが取《と》れている。例 支出《ししゅつ》と収入《しゅうにゅう》が均衡《きんこう》を保《たも》っている。

きんせん【琴線】 ❶琴《こと》の糸《いと》。❷心《こころ》のおくの、感動《かんどう》する気持《きも》ち。

琴線《きんせん》にふれる　心《こころ》のおくにある、感《かん》じやすい所《ところ》に働《はたら》きかける。例 美《うつく》しいピアノ曲《きょく》が琴線《きんせん》にふれて、なみだをさそう。

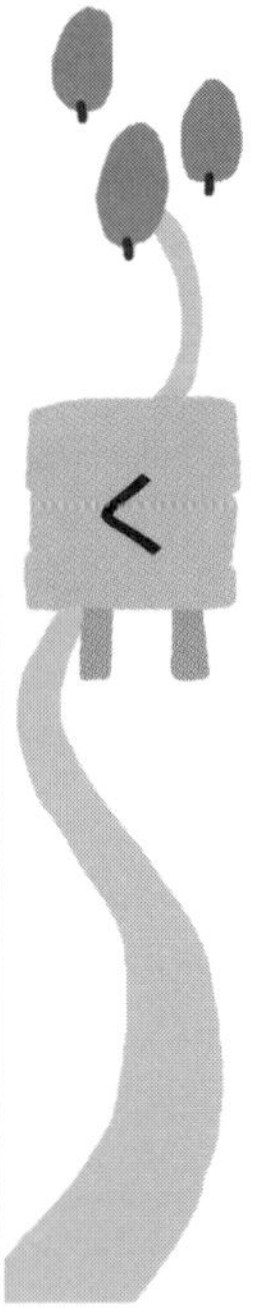

く【苦】

苦《く》にする　ある物事《ものごと》を気《き》にしてなやむ。例 たった一度《いちど》の失敗《しっぱい》を苦《く》にすることはない。

苦《く》になる　負担《ふたん》に思《おも》う。例 好《す》きな科目《かもく》なので、何《なん》時間勉強《じかんべんきょう》しても苦《く》になることはない。

苦《く》もなく　少《すこ》しも苦労《くろう》しないで。例 かれは難《むずか》しい技《わざ》を苦《く》もなく決《き》める。

ぐ【愚】

愚《ぐ》にもつかぬ　ばかばかしくて話《はなし》にならない。くだらない。例 愚《ぐ》にもつかぬ話《はなし》で、聞《き》くだけ時間《じかん》のむだだ。

くう【空】

空《くう》を切《き》る　当《あ》てようとしてふった刀《かたな》やこぶしなどが、目的《もくてき》のものに当《あ》たらない。空《から》ぶりする。例 四番《よばん》バッターのバットが空《くう》を切《き》る。

くう【食う】

食《く》うか食《く》われるか　生死《せいし》をかけた激《はげ》しい戦《たたか》いのたとえ。勝《か》つか負《ま》けるか。例 食《く》うか食《く》われるかの世《よ》の中《なか》を生《い》きぬく。

答《こた》え：注文《ちゅうもん》

食《く》うに困《こま》る 生活《せいかつ》できない。**例** ぜいたくさえしなければ、食《く》うに困《こま》ることはない。

食《く》うや食《く》わず たいへんに貧《まず》しくて、食事《しょくじ》もできないほどである。**例** かいた絵《え》が売《う》れず、食《く》うや食《く》わずの生活《せいかつ》が続《つづ》く。

食《く》っていく ある職業《しょくぎょう》で生活《せいかつ》していく。**例** ピアノで食《く》っていくには相当《そうとう》なうでが必要《ひつよう》だ。📖 少《すこ》しくだけた言《い》い方《かた》。

食《く》ってかかる 食《く》いつくような激《はげ》しいことばつきや態《たい》度《ど》で相手《あいて》に立《た》ち向《む》かう。**例** 判定《はんてい》におこって、選手《せんしゅ》がしん判《ぱん》に食《く》ってかかる。

ぐうのね【ぐうの音】 苦《くる》しい時《とき》に発《はっ》する声《こえ》。

ぐうの音《ね》も出《で》ない 相手《あいて》の言《い》うことが正《ただ》しくて、ことばを返《かえ》せない。**例** これだけ証《しょう》こを出《だ》されては、ぐうの音《ね》も出《で》ない。**類** 一言《いちごん》もない

くぎ

くぎをさす 約束《やくそく》などを守《まも》るように、強《つよ》く念《ねん》をおして言《い》う。**例** 二度《にど》とおくれないようにとくぎをさす。**類** くぎを打《う》つ・念《ねん》をおす

くげん【苦言】

苦言《くげん》をていする 聞《き》く側《がわ》にとってつらいようなことをずばりと忠告《ちゅうこく》する。**例** かれのやり方《かた》に対《たい》して苦言《くげん》をていする。📖「ていする」は、差《さ》し出《だ》すという意味《いみ》。

くさのね【草の根】 ❶草《くさ》の根本《ねもと》。❷ふつうの人々《ひとびと》。

草《くさ》の根《ね》を分《わ》けても あらゆる手段《しゅだん》をつくしても。何《なん》としてもさがし出《だ》そうとするたとえ。**例** 草《くさ》の根《ね》を分《わ》けてもスパイを見《み》つけ出《だ》す。

くし

くしを入《い》れる かみの毛《け》をとかす。**例** 何日《なんにち》もくしを入《い》れていないので、かみがぼさぼさだ。

くじゅう【苦汁】

苦汁《くじゅう》をなめる 苦《にが》い経験《けいけん》をする。**例** 逆転《ぎゃくてん》負《ま》けをして苦《く》汁《じゅう》をなめた。**類** 苦杯《くはい》をなめる

くすり【薬】

薬《くすり》が効《き》く 注意《ちゅうい》したりしかったりしたことの効《き》き目《め》が現《あらわ》れる。**例** 薬《くすり》が効《き》いて、やっとまじめに勉強《べんきょう》する気《き》になったようだ。

問題《もんだい》：一生《いっしょう》けんめい働《はたら》いてもほめられないものは？

薬《くすり》になる
失敗《しっぱい》をしたことなどが、かえってよいえいきょうをあたえる。**例**今回《こんかい》の失敗《しっぱい》が、かれにはいい薬《くすり》になったようだ。

くせ【癖】

癖《くせ》がつく
あることをするのが習慣《しゅうかん》になる。**例**土《ど》曜《よう》日《び》に夜《よ》ふかしをする癖《くせ》がつく。

癖《くせ》になる
あることをするのが習慣《しゅうかん》になり、そうせずにはいられなくなる。**例**あまりあまやかすと癖《くせ》になる。／癖《くせ》になる味《あじ》。

くだ【管】
糸《いと》をつむぐ道具《どうぐ》にさして、糸《いと》を巻《ま》きつけるじく。

管《くだ》を巻《ま》く
お酒《さけ》によって、つまらないことをくどくどと話《はな》す。**例**よっぱらいが駅員《えきいん》に管《くだ》を巻《ま》く。📖管《くだ》に糸《いと》を巻《ま》きつけると、ぶうぶう音《おと》を立《た》てることからといわれる。

くち【口】

口《くち》が上《あ》がる
生活《せいかつ》できなくなる。**例**仕事《しごと》が見《み》つからないと口《くち》が上《あ》がってしまう。**類**口《くち》がひ上《あ》がる

口《くち》がうまい
いかにも人《ひと》の気《き》に入《い》られるようなことを、上手《じょうず》に言《い》う。**例**口《くち》がうまいセールスマンには気《き》をつけよう。📖少《すこ》しくだけた言《い》い方《かた》。

口《くち》がうるさい
①細《こま》かいことをくどくどと言《い》う。**例**父《ちち》はマナーについては口《くち》がうるさい。②面《めん》どうなくらいうわさになる。**例**あまり目《め》立《だ》つと、近所《きんじょ》の口《くち》がうるさい。

口《くち》がおごる
⬇口《くち》が肥《こ》える

口《くち》が重《おも》い
①口数《くちかず》が少《すく》ない。**例**弟《おとうと》は口《くち》が重《おも》いのでなやみを聞《き》き出《だ》せない。②言《い》いにくい。**例**テストについて聞《き》かれて口《くち》が重《おも》くなる。

口《くち》がかかる
①仕事《しごと》などをやらないかとさそわれる。**例**友人《ゆうじん》から、いっしょに合唱《がっしょう》をやろうと口《くち》がかかる。📖芸人《げいにん》などが客《きゃく》から呼《よ》ばれるという意味《いみ》から。**類**声《こえ》がかかる

答《こた》え：悪事《あくじ》・盗《ぬす》みなど

口《くち》がかたい

人《ひと》に知《し》られてはいけないことは、決《けっ》して話《はな》さない。例 かれは口《くち》がかたいから、秘密《ひみつ》を話《はな》したとしても心配《しんぱい》ない。対 口《くち》が軽《かる》い

口《くち》が軽《かる》い

何《なん》でも軽々《かるがる》しくしゃべってしまう。例 あの人《ひと》は口《くち》が軽《かる》いから、うっかり秘密《ひみつ》を打《う》ち明《あ》けられない。対 口《くち》がかたい

口《くち》がくさっても

⬇口《くち》がさけても

口《くち》が肥《こ》える

おいしいものを食《た》べ慣《な》れている。例 子《こ》どものころからすし屋《や》に通《かよ》い、すっかり口《くち》が肥《こ》えた。類 口《くち》がおごる

口《くち》がさけても

何《なに》があっても絶対《ぜったい》に言《い》わないようす。例 口《くち》がさけてもそれだけは話《はな》せない。類 口《くち》がくさっても

口《くち》がさびしい

口《くち》の中《なか》が物足《ものた》りなくて、食《た》べ物《もの》などがほしい。例 口《くち》がさびしくて、あめをなめる。

口《くち》が過《す》ぎる

言《い》わなくてもいいような、失礼《しつれい》なことを言《い》う。例 口《くち》が過《す》ぎて、おだやかな人《ひと》をおこらせる。類 言葉《ことば》が過《す》ぎる

口《くち》がすべる

言《い》ってはいけないことを、うっかり言《い》ってしまう。例 母《はは》の前《まえ》でつい口《くち》がすべった。📖「口《くち》をすべらす」の形《かたち》でも使《つか》う。

口《くち》が減《へ》らない

理《り》くつをつけて、勝手《かって》なことを言《い》う。例 ああ言《い》えばこう言《い》うで、あいつは口《くち》が減《へ》らない。類 減《へ》らず口《ぐち》をたたく

口《くち》が曲《ま》がる

無礼《ぶれい》なことばをしかることば。例 先生《せんせい》にそんな言《い》い方《かた》をすると、口《くち》が曲《ま》がるよ。📖ばちが当《あ》たって口《くち》がゆがむという意味《いみ》から。

口《くち》が回《まわ》る

よくしゃべる。舌《した》がよく動《うご》く。例 よくあんなに口《くち》が回《まわ》るものだ。

口《くち》から先《さき》に生《う》まれる

とてもよくしゃべる。例 かの女《じょ》はまるで口《くち》から先《さき》に生《う》まれたみたいだ。📖よい意味《いみ》では使《つか》わない。

問題《もんだい》：自分《じぶん》のからだより大《おお》きくても、片手《かたて》で拾《ひろ》うことができるものは？

口《くち》が悪《わる》い

人《ひと》の悪口《わるくち》やかげ口《ぐち》を平気《へいき》で言《い》う。例かれは本当《ほんとう》はやさしいのに、口《くち》が悪《わる》いのが玉《たま》にきずだ。

口《くち》に合《あ》う

食《た》べ物《もの》や飲《の》み物《もの》が好《この》みに合《あ》う。例このお料理《りょうり》はお口《くち》に合《あ》うでしょうか。📖多《おお》く、相手《あいて》にすすめる時《とき》にへりくだった言《い》い方《かた》として使《つか》う。

口《くち》にする

①食《た》べたり飲《の》んだりする。例トルコ料《りょう》理《り》を初《はじ》めて口《くち》にする。②ことばに出《だ》して言《い》う。例あの先生《せんせい》はやさしいとだれもが口《くち》にする。類②口《くち》に出《だ》す

口《くち》に出《だ》す

（思《おも》っていることを）声《こえ》に出《だ》して言《い》う。例話《はな》していいことかどうかをよく考《かんが》えてから口《くち》に出《だ》す。類口《くち》にする②

口《くち》に乗《の》る

①人々《ひとびと》の話題《わだい》になる。例スキャンダルが世間《せけん》の口《くち》に乗《の》る。②うまい言《い》い方《かた》にだまされる。例かれの口《くち》に乗《の》ったら責《せき》任者《にんしゃ》にされてしまった。類口車《くちぐるま》に乗《の》る

口《くち》に運《はこ》ぶ

食《た》べ物《もの》を、口《くち》へ持《も》っていく。食《た》べる。例パンをちぎって口《くち》に運《はこ》ぶ。

口《くち》の下《した》から

あることを言《い》ったばかりなのに。例早《はや》起《お》きをすると言《い》った口《くち》の下《した》から、もうねぼうをしている。類言葉《ことば》の下《した》から

口《くち》を合《あ》わせる

前《まえ》もって相談《そうだん》して、同《おな》じことを言《い》う。例言《い》いのがれるために口《くち》を合《あ》わせる。類口裏《くちうら》を合《あ》わせる

口《くち》をきく

①しゃべる。話《はなし》をする。例かれはひと言《こと》も口《くち》をきいてくれない。②仲《なか》を取《と》り持《も》つ。例町内会長《ちょうないかいちょう》に口《くち》をきいてもらう。

口《くち》を切《き》る

①びんなどのふうを開《あ》ける。②最初《さいしょ》に発言《はつげん》する。例かの女《じょ》がまず話《はなし》の口《くち》を切《き》った。類②口火《くちび》を切《き》る

口《くち》をきわめて

ほめる時《とき》やけなす時《とき》に、それ以上《いじょう》の言《い》い方《かた》がないくらいの言《い》い方《かた》で。例口《くち》をきわめて友人《ゆうじん》の作文《さくぶん》をほめちぎる。

口《くち》をすっぱくする

わからせるために何度《なんど》も同《おな》じ注意《ちゅうい》をする。例口《くち》をすっぱくして言《い》っているのに、わかってもらえない。📖「口《くち》がすっぱくなる」の形《かたち》でも使《つか》う。

答《こた》え：車《くるま》・タクシーなど

口《くち》をそえる

うまくいくように、わきからことばを加《くわ》えて助《たす》ける。例 先生《せんせい》が口《くち》をそえてくださったので、信用《しんよう》してもらえた。

口《くち》をそろえる

多《おお》くの人《ひと》が、同時《どうじ》に同《おな》じことを言《い》う。例 全員《ぜんいん》が、口《くち》をそろえてかれが正《ただ》しいと言《い》った。

口《くち》を出《だ》す

他人《たにん》の話《はなし》に割《わ》りこんで自分《じぶん》の意見《いけん》を言《い》う。例 関係《かんけい》ない人《ひと》が口《くち》を出《だ》すな。類 口《くち》をはさむ・くちばしを入《い》れる

口《くち》をたたく

べらべらと勝手《かって》なことを言《い》う。例 何《なに》も知《し》らないのに大《おお》きな口《くち》をたたくな。📖ふつう、「大《おお》きな口《くち》をたたく」「減《へ》らず口《ぐち》をたたく」などの形《かたち》で使《つか》う。

口《くち》をついて出《で》る

考《かんが》えなくてもすらすらとことばが出《で》る。思《おも》わず言《い》ってしまう。例 好《す》きな詩《し》の一節《いっせつ》が口《くち》をついて出《で》る。

口《くち》をつぐむ

何《なに》もしゃべらなくなる。だまる。例 質《しつ》問《もん》に口《くち》をつぐむ関係者《かんけいしゃ》。類 口《くち》を閉《と》ざす

口《くち》をつける

食《た》べ物《もの》に手《て》をつける。例 まだ口《くち》をつけていないので、三人《さんにん》で分《わ》けて食《た》べよう。

口《くち》をつつしむ

よけいなことを言《い》わないようにする。例 少《すこ》しは口《くち》をつつしみなさい。類 言葉《ことば》をつつしむ

口《くち》をとがらす

不満《ふまん》そうな顔《かお》つきをする。例 おやつを後回《あとまわ》しにされて口《くち》をとがらす。類 唇《くちびる》をとがらす

口《くち》をぬらす

⬇口《くち》をのりする

口《くち》をのりする

やっとのことで生活《せいかつ》をする。例 親子五《おやこご》人《にん》の口《くち》をのりするために働《はたら》く。📖のり状《じょう》になったおかゆくらいしか食《た》べることができないという意味《いみ》から。類 口《くち》をぬらす・糊口《ここう》をしのぐ

口《くち》をはさむ

人《ひと》の話《はなし》に割《わ》りこんで物《もの》を言《い》う。口《くち》を入《い》れる。例 大人《おとな》の話《はなし》に口《くち》をはさむものではない。類 くちばしを入《い》れる・口《くち》を出《だ》す・言葉《ことば》をはさむ

問題《もんだい》：はさみがなくても切《き》れるものは？

口《くち》を開《ひら》く
①だまっていた人《ひと》が話《はな》し始《はじ》める。例 まずは社長《しゃちょう》が口《くち》を開《ひら》いた。②ものを言《い》う。例 口《くち》を開《ひら》けば自《じ》まんばかりだ。📖②は多《おお》く、「口《くち》を開《ひら》けば」の形《かたち》で使《つか》う。

口《くち》をふうじる
おどしたりおさえつけたりして、自分《じぶん》に都合《つごう》の悪《わる》いことを言《い》わないようにさせる。例 秘密《ひみつ》をもらしたら仕返《しかえ》しをすると口《くち》をふうじる。類 口《くち》をふさぐ

口《くち》をふさぐ
⬇口《くち》をふうじる

口《くち》を割《わ》る
かくしていたことを白状《はくじょう》する。自白《じはく》する。例 窓《まど》ガラスを割《わ》ったのは自分《じぶん》だと弟《おとうと》が口《くち》を割《わ》った。

ぐち【愚痴】

愚痴《ぐち》をこぼす
言《い》っても仕方《しかた》のないことを、くどくどと言《い》う。泣《な》き言《ごと》を言《い》う。例 母《はは》に、ブラスバンドの練習《れんしゅう》がきついと愚痴《ぐち》をこぼす。

くちうら【口裏】
ことばのようすから、想像《そうぞう》ができる本心《ほんしん》。

口裏《くちうら》を合《あ》わせる
前《まえ》もって打《う》ち合《あ》わせておき、同《おな》じことを言《い》うようにする。例 友《とも》だちと口裏《くちうら》を合《あ》わせて、いたずらをかくす。類 口《くち》を合《あ》わせる

くちかず【口数】

口数《くちかず》が多《おお》い
よくしゃべる。例 今日《きょう》の父《ちち》は、めずらしく口《くち》数《かず》が多《おお》い。対 口数《くちかず》が少《すく》ない

くちぐるま【口車】

口車《くちぐるま》に乗《の》せる
口先《くちさき》で言《い》いくるめて、相手《あいて》をだます。例 相手《あいて》を口車《くちぐるま》に乗《の》せて、秘密《ひみつ》を聞《き》き出《だ》す。📖「口車《くちぐるま》に乗《の》る」の形《かたち》でも使《つか》う。類 口《くち》に乗《の》せる・口三味線《くちじゃみせん》に乗《の》せる

くちばし

くちばしが黄色《きいろ》い
年《とし》が若《わか》くて未熟《みじゅく》である。例 からだは大《おお》きいが、まだまだくちばしが黄色《きいろ》い。📖鳥《とり》のひなは、くちばしの色《いろ》が黄色《きいろ》いことから。類 しりが青《あお》い

答《こた》え：手《て》・頭《あたま》・油《あぶら》・ハンドルなど

く

くちばしを入《い》れる
他人《たにん》のすることに、あれこれと口出《くちだ》しする。例 二人《ふたり》の問題《もんだい》にくちばしを入《い》れるべきではない。類 口《くち》を出《だ》す・口《くち》をはさむ・くちばしをはさむ

くちばしをはさむ
➡くちばしを入《い》れる

くちび【口火】

口火《くちび》を切《き》る
物事《ものごと》を真《ま》っ先《さき》に始《はじ》める。例 だれか意見《いけん》を言《い》って、会議《かいぎ》の口火《くちび》を切《き》ってください。類 口《くち》を切《き》る②

くちびる【唇】

唇《くちびる》をかむ
くやしさやいかりをがまんする。例 一回戦《いっかいせん》で負《ま》けて、選手《せんしゅ》たちは唇《くちびる》をかんだ。

唇《くちびる》をとがらす
不満《ふまん》そうな表情《ひょうじょう》を見《み》せる。また、不満《ふまん》そうにものを言《い》う。例 先生《せんせい》にミスを指《し》てきされて唇《くちびる》をとがらす。類 口《くち》をとがらす

くったく【屈託】

屈託《くったく》がない
何《なに》かを気《き》にしてくよくよするようなことがない。ほがらかである。例 かの女《じょ》の笑顔《えがお》には全《まった》く屈託《くったく》がない。

くに【国】

国《くに》に帰《かえ》る
自分《じぶん》が生《う》まれ育《そだ》ったふるさとにもどる。例 数《すう》年《ねん》ぶりで国《くに》に帰《かえ》る。

国《くに》を挙《あ》げて
国民《こくみん》がみんなで。例 日本人《にほんじん》の選手《せんしゅ》を、国《くに》を挙《あ》げて応《おう》えんする。

くはい【苦杯】

苦杯《くはい》をなめる
つらく、苦《くる》しい経験《けいけん》をする。例 あと一歩《いっぽ》で優勝《ゆうしょう》というところで苦杯《くはい》をなめた。類 苦汁《くじゅう》をなめる・苦杯《くはい》をきっする

くび【首】

首《くび》が危《あぶ》ない
今《いま》ついている勤《つと》めをやめさせられそうである。例 こんな失敗《しっぱい》が社長《しゃちょう》の耳《みみ》に入《はい》ったら首《くび》が危《あぶ》ない。

首《くび》がすわる
赤《あか》ちゃんの首《くび》が安定《あんてい》して、ふらふらしなくなる。例 生《う》まれたばかりの弟《おとうと》も、ようやく首《くび》がすわってきた。

首《くび》がつながる
勤《つと》めをやめさせられそうだったが、何《なん》とかやめずにすむ。例 国民《こくみん》の支持《しじ》を得《え》て、何《なん》とか首《くび》がつながった。

問題《もんだい》：あまい物《もの》が好《す》きな人《ひと》は、おかしに「〇がない」。

首《くび》が飛《と》ぶ
勤《つと》めをやめさせられる。**例** 問題発言《もんだいはつげん》で大臣《だいじん》の首《くび》が飛《と》ぶ。

首《くび》が回《まわ》らない
借金《しゃっきん》などがあって、どうにもやりくりがつかない。**例** あちこちから借金《しゃっきん》をしてしまい、首《くび》が回《まわ》らない。

首《くび》にする
勤《つと》めをやめさせる。**例** 不正《ふせい》を働《はたら》いた社《しゃ》員《いん》を首《くび》にする。**類** 首《くび》を切《き》る②

首《くび》になわをつける
無理《むり》やりに連《つ》れて行《い》く、または連《つ》れて帰《かえ》ることのたとえ。**例** 首《くび》になわをつけてでも、あいつをここに連《つ》れて来《こ》い。

首《くび》をかしげる
疑《うたが》わしいことがあって、首《くび》を曲《ま》げて考《かんが》える。**例** つじつまの合《あ》わないの話《はなし》に首《くび》をかしげる。📖「かしげる」は、かたむけるの意味《いみ》。**類** 首《くび》をひねる

首《くび》を切《き》る
①打《う》ち首《くび》にする。②勤《つと》めをやめさせる。**例** そう簡単《かんたん》に社員《しゃいん》の首《くび》を切《き》るわけにはいかない。**類** ②首《くび》にする

首《くび》を縦《たて》にふる
承知《しょうち》する。してもよいという許《ゆる》しを出《だ》す。**例** 何度《なんど》もお願《ねが》いしたら、やっと首《くび》を縦《たて》にふってくれた。**対** 首《くび》を横《よこ》にふる

首《くび》をつっこむ
ある物事《ものごと》に興味《きょうみ》や関心《かんしん》を持《も》って、自分《じぶん》から関係《かんけい》する。**例** いろいろなクラブに首《くび》をつっこんでみる。**類** 頭《あたま》をつっこむ

首《くび》を長《なが》くする
今《いま》か今《いま》かと待《ま》ちわびる。**例** 父《ちち》の帰《かえ》りを首《くび》を長《なが》くして待《ま》つ。

首《くび》をひねる
疑《うたが》わしかったりよくわからなかったりして考《かんが》えこむ。**例** かれの発言《はつげん》に、みな首《くび》をひねった。**類** 首《くび》をかしげる

くふう【工夫】

工夫《くふう》をこらす
あれこれ考《かんが》えて、よりよい手段《しゅだん》や方法《ほうほう》を用《もち》いる。**例** 子《こ》どもたちは工夫《くふう》をこらしてポスターを作《つく》った。

くも【雲】

雲《くも》をつかむよう
ぼんやりしていて、とらえどころがないようす。**例** あの人《ひと》の話《はなし》は大《おお》げさすぎて、まるで雲《くも》をつかむようだ。

くもゆき【雲行き】
❶雲《くも》のようす。❷物事《ものごと》のなりゆき。

答《こた》え：目《め》

雲行《くもゆ》きがあやしい
①今《いま》にも雨《あめ》が降《ふ》りそうだ。例 午後《ごご》になって急《きゅう》に雲行《くもゆ》きがあやしくなった。②悪《わる》いことが起《お》こりそうである。例 話《はな》し合《あ》いの雲行《くもゆ》きがあやしい。類 ②影《かげ》が差《さ》す②

くらし【暮らし】

暮《く》らしが立《た》つ
収入《しゅうにゅう》が安定《あんてい》して、生活《せいかつ》していける。例 どうにか暮《く》らしが立《た》つようになった。📖「暮《く》らしを立《た》てる」の形《かたち》でも使《つか》う。類 生計《せいけい》が立《た》つ

グラス

グラスを重《かさ》ねる
何《なん》ばいも飲《の》む。例 ワインがおいしいとついグラスを重《かさ》ねてしまう。📖多《おお》く、洋酒《ようしゅ》を飲《の》む時《とき》に使《つか》う。類 杯《はい》を重《かさ》ねる

グラスをかたむける
ウイスキーなどの洋酒《ようしゅ》を飲《の》む。例 父《ちち》は仕事《しごと》を終《お》えてグラスをかたむける時間《じかん》が楽《たの》しみらしい。

くるま【車】

車《くるま》を飛《と》ばす
自動車《じどうしゃ》のスピードを出《だ》す。例 車《くるま》を飛《と》ばして、家《いえ》に帰《かえ》る。

車《くるま》を拾《ひろ》う
タクシーに乗《の》る。例 会場《かいじょう》までの道《みち》がわからないので車《くるま》を拾《ひろ》う。対 車《くるま》を捨《す》てる

ぐん【群】

群《ぐん》をぬく
多《おお》くの人《ひと》の中《なか》で、とくにすぐれている。例 歌《うた》のうまさでは、かの女《じょ》が群《ぐん》をぬいている。

くんとう【薫陶】
人《ひと》にえいきょうをあたえ、導《みちび》いていくこと。

薫陶《くんとう》を受《う》ける
すぐれた人格《じんかく》の人《ひと》にいろいろ教《おし》えてもらい、よいえいきょうを受《う》ける。例 先生《せんせい》の薫陶《くんとう》を受《う》けた教《おし》え子《ご》たちが集《あつ》まる。

ぐんばい【軍配】
すもうの行司《ぎょうじ》が使《つか》う、うちわ形《がた》の道具《どうぐ》。

軍配《ぐんばい》を上《あ》げる
①すもうで、勝《か》った力士《りき し》のほうに行司《ぎょうじ》が軍配《ぐんばい》をかざす。②どちらか一方《いっぽう》を勝《か》ちと決《き》める。例 しん査員《さいん》は、かれの作品《さくひん》に軍配《ぐんばい》を上《あ》げた。

問題《もんだい》：すべてなかったことにするのは、「○○にもどす」。

ぐんもん【軍門】戦《たたか》いの、じん営《えい》の門《もん》。

軍門《ぐんもん》に下《くだ》る
戦《たたか》いや競争《きょうそう》に敗《やぶ》れて、降参《こうさん》する。負《ま》ける。例 上杉家《うえすぎけ》は徳川家《とくがわけ》の軍門《ぐんもん》に下《くだ》った。類 陣門《じんもん》に下《くだ》る

け【毛】

毛《け》の生《は》えたよう
その物《もの》より少《すこ》しはよいが、あまり変《か》わりはないようす。例 わたしのピアノのうで前《まえ》なんて、しろうとに毛《け》の生《は》えたようなものだ。

けい【刑】

刑《けい》に処《しょ》する
ばつをあたえる。例 禁固三年《きんこさんねん》の刑《けい》に処《しょ》する。📖「刑《けい》に処《しょ》す」とも。類 刑《けい》を科《か》する

刑《けい》に服《ふく》する
刑務所《けいむしょ》に入《はい》る。例 刑《けい》に服《ふく》してから、りっぱにこう生《せい》する。📖「刑《けい》に服《ふく》す」とも。

刑《けい》を科《か》する
➡刑《けい》に処《しょ》する

げい【芸】

芸《げい》が細《こま》かい
細部《さいぶ》まで気《き》を配《くば》って、念入《ねんい》りである。例 手編《てあ》みのセーターに花《はな》の刺《し》しゅうとは、さすがにかの女《じょ》は芸《げい》が細《こま》かい。

芸《げい》がない
ありふれていてつまらない。平《へい》ぼんである。例 いつも同《おな》じ歌《うた》ばかり歌《うた》うのでは芸《げい》がない。

けいい【敬意】

敬意《けいい》をはらう
人《ひと》を尊敬《そんけい》する気持《きも》ちを持《も》つ。例 目上《めうえ》の人《ひと》に常《つね》に敬意《けいい》をはらう。

敬意《けいい》を表《ひょう》する
尊敬《そんけい》している気持《きも》ちを表《あらわ》す。例 頭《あたま》を下《さ》げて先生《せんせい》に敬意《けいい》を表《ひょう》する。

けいき【景気】

景気《けいき》がいい
①商売《しょうばい》などがうまくいっている。例 最《さい》近《きん》、うちの店《みせ》は景気《けいき》がいい。②元気《げんき》がある。例 おすし屋《や》さんのかけ声《ごえ》は景気《けいき》がいい。対 ①②景気《けいき》が悪《わる》い

景気《けいき》をつける
元気《げんき》を出《だ》させる。例 ごちそうを食《た》べて景気《けいき》をつける。

答《こた》え：白紙《はくし》

けいけん【経験】

経験《けいけん》が浅《あさ》い
あまりやったことがない。例 君《きみ》はまだ経験《けいけん》が浅《あさ》いので、わたしが代《か》わるよ。

経験《けいけん》にとぼしい
ほとんどやったことがない。例 サッカーは得意《とくい》だが、バレーボールは経験《けいけん》にとぼしい。対 経験《けいけん》に富《と》む

経験《けいけん》に富《と》む
何度《なんど》もやったことがある。例 経験《けいけん》に富《と》むけい事《じ》は、すぐに手《て》がかりを見《み》つけた。対 経験《けいけん》にとぼしい

経験《けいけん》を積《つ》む
何度《なんど》も経験《けいけん》する。例 かれは海外《かいがい》で歌手《かしゅ》としての経験《けいけん》を積《つ》んだ。

けいこ

けいこをつける
芸《げい》を教《おし》える。とくに、武術《ぶじゅつ》・芸能《げいのう》などを指導《しどう》する。例 日本《にほん》ぶようのけいこをつける。

けいさん【計算】

計算《けいさん》が立《た》つ
見積《みつ》もりができる。予定《よてい》の中《なか》に組《く》み入《い》れられる。例 これだけの選手《せんしゅ》がそろっていれば、次《つぎ》の大会《たいかい》の計算《けいさん》が立《た》つ。

計算《けいさん》に入《い》れる
あらかじめ考《かんが》えに入《い》れておく。例 電車《でんしゃ》のおくれを計算《けいさん》に入《い》れて旅行《りょこう》の計画《けいかく》を立《た》てる。

むすぶ君《くん》の 結《むす》びつけクイズ②

次《つぎ》の意味《いみ》と、ことばⅠⅡを結《むす》びつけてみよう。

・意味《いみ》	・ことばⅠ	・ことばⅡ
① まじめに取《と》り組《く》む	あ 朱《しゅ》を	ア 落《お》とす
② むだ話《ばなし》をする	い 腰《こし》を	イ 売《う》る
③ 顔《かお》が真《ま》っ赤《か》になる	う 油《あぶら》を	ウ 入《い》れる
④ がっかりする	え 名《な》を	エ そそぐ
⑤ 仲間《なかま》に加《くわ》わる	お 肩《かた》を	オ 連《つら》ねる

答《こた》え：①-い-ウ ②-う-イ ③-あ-エ ④-お-ア ⑤-え-オ

問題《もんだい》：手《て》ではかけないが、足《あし》をつかうとかけるものは？

け

けいしょう【警鐘】
危険《きけん》であることを知《し》らせる鐘《かね》。

警鐘《けいしょう》を鳴《な》らす
人々《ひとびと》に危《あぶ》ないと知《し》らせる。例 このままではだめだと警鐘《けいしょう》を鳴《な》らす。

けいやく【契約】

契約《けいやく》をかわす
売《う》り買《か》いや貸《か》し借《か》りなどの約束《やくそく》をする。例 部《へ》屋《や》を借《か》りる契約《けいやく》をかわす。類 契約《けいやく》を結《むす》ぶ 対 契約《けいやく》を解《と》く

契約《けいやく》を結《むす》ぶ
➡契約《けいやく》をかわす

げき【檄】

檄《げき》を飛《と》ばす
自分《じぶん》の正《ただ》しさを主張《しゅちょう》して、ほかの人々《ひとびと》に協力《きょうりょく》してくれるように呼《よ》びかける。例 立《た》ち上《あ》がろうと檄《げき》を飛《と》ばす。⚠「はげます」の意味《いみ》で使《つか》うのは誤《あやま》り。

げきりん
竜《りゅう》のあごの下《した》に逆《さか》さに生《は》えているといううろこ。

げきりんにふれる
目上《めうえ》の人《ひと》をひどくおこらせる。例 そのひと言《こと》が先生《せんせい》のげきりんにふれた。📖「げきりん」にふれた者《もの》は竜《りゅう》に殺《ころ》されるという中国《ちゅうごく》の伝説《でんせつ》から。

けじめ

けじめをつける
①物事《ものごと》をきちんと区別《くべつ》する。例 よいことと悪《わる》いことのけじめをつける。②はっきりと責任《せきにん》を取《と》る。例 責任者《せきにんしゃ》として、けじめをつける。

けた

けたがちがう
比《くら》べ物《もの》にならないほど大《おお》きな差《さ》がある。例 かれの文章《ぶんしょう》のうまさは、クラスの中《なか》ではけたがちがう。

けたが外《はず》れる
標準《ひょうじゅん》から非常《ひじょう》にかけはなれている。例 あのコンビは他《た》の出場者《しゅつじょうしゃ》に比《くら》べ、けたが外《はず》れておもしろい。

げた【下駄】

下駄《げた》を預《あず》ける
相手《あいて》に全《すべ》てを任《まか》せる。例 この件《けん》については、あの人《ひと》に下駄《げた》を預《あず》けてある。📖はき物《もの》の下駄《げた》を人《ひと》に預《あず》けると、自由《じゆう》に歩《ある》けなくなることから。

下駄《げた》をはかせる
実際《じっさい》よりもよいように見《み》せかける。例 試験《しけん》の点数《てんすう》に下駄《げた》をはかせてもらってなんかいないよ。

答《こた》え：あぐら

下駄《げた》をはくまで

最後《さいご》まで。決着《けっちゃく》がつくまで。例 試合《しあい》は、下駄《げた》をはくまでわからないものだ。

けち

けちがつく

事《こと》がうまく運《はこ》ばなくなりそうな、えん起《ぎ》の悪《わる》いことが起《お》きる。例 ささいなことから、作品《さくひん》にけちがつく。

けちをつける

①えん起《ぎ》の悪《わる》いことを言《い》ったりしたりする。例 おめでたい席《せき》でけちをつける。②欠点《けってん》を取《と》り上《あ》げて、わざと悪《わる》く言《い》う。例 せっかく作《つく》ってくれた料理《りょうり》にけちをつける。類 難《なん》をつける・難癖《なんくせ》をつける

けっき【血気】

血気《けっき》にはやる

一時《いちじ》の激《はげ》しい気分《きぶん》で無茶《むちゃ》な行動《こうどう》をする。例 血気《けっき》にはやった群衆《ぐんしゅう》が城《しろ》になだれこんだ。

けっそう【血相】

血相《けっそう》を変《か》える

いかりやおどろきなどによって、表情《ひょうじょう》を変《か》える。例 悪口《わるくち》を言《い》われて、かれは血相《けっそう》を変《か》えておこった。

けっそく【結束】

結束《けっそく》を固《かた》める

同《おな》じ目的《もくてき》や考《かんが》えを持《も》つ人々《ひとびと》が強《つよ》く団結《だんけつ》する。例 試合《しあい》に勝《か》つためには、チーム内《ない》の結束《けっそく》を固《かた》めることが大切《たいせつ》だ。

けっちゃく【決着】

決着《けっちゃく》をつける

はっきりと勝《か》ち負《ま》けなどの結果《けっか》を出《だ》す。例 うでずもうで決着《けっちゃく》をつける。

決着《けっちゃく》を見《み》る

結論《けつろん》が出《で》る。結果《けっか》がはっきりとわかる。例 その問題《もんだい》は、かれがやめることで決《けっ》着《ちゃく》を見《み》た。類 決着《けっちゃく》がつく・けりがつく

けびょう【仮病】

病気《びょうき》のふりをすること。

仮病《けびょう》を使《つか》う

病気《びょうき》でないのに病気《びょうき》のふりをする。例 仮病《けびょう》を使《つか》って学校《がっこう》を休《やす》むなんて、よくないね。

けむ

けむり。

けむに巻《ま》く

訳《わけ》のわからないことを言《い》って、相手《あいて》をまごつかせる。うやむやにする。例 難《むずか》しいことばで、相手《あいて》をけむに巻《ま》く。

⚠「けむりに巻《ま》く」は誤《あやま》り。

問題《もんだい》：厳重《げんじゅう》に警《けい》かいすることは、「○を光《ひか》らせる」。

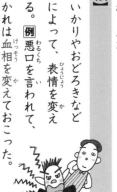

け

けり

けりがつく

物事《ものごと》が終《お》わりになる。例 今日《きょう》で自由研《じゆうけん》究《きゅう》のレポートにはけりがつく。📖和歌《わか》などに「けり」で終《お》わるものが多《おお》いことから。類 決着《けっちゃく》がつく・決着《けっちゃく》を見《み》る

げん【験】

験《げん》がいい

いい事《こと》が起《お》こりそうである。例 ここは先月《せんげつ》の試合《しあい》で勝《か》ったグラウンドなので験《げん》がいい。類 縁起《えんぎ》がいい

験《げん》をかつぐ

えん起《ぎ》がいい悪《わる》いを気《き》にする。例 験《げん》をかついで、勝《か》っている間《あいだ》は同《おな》じバットを使《つか》う。類 縁起《えんぎ》をかつぐ

けんか

けんかを買《か》う

相手《あいて》が仕《し》かけてきたけんかの相手《あいて》をする。例 今回《こんかい》は売《う》られたけんかを買《か》っただけだ。対 けんかを売《う》る

げんけい【原形】

原形《げんけい》を保《たも》つ

➡原形《げんけい》をとどめる

原形《げんけい》をとどめる

初《はじ》めの形《かたち》が残《のこ》っている。例 わずかに石《いし》がきだけが、城《しろ》の原形《げんけい》をとどめている。類 原形《げんけい》を保《たも》つ

げんご【言語】

言語《げんご》に絶《ぜっ》する

あまりに程度《ていど》がひどくて、ことばで表《あらわ》せないほどである。例 その地方《ちほう》の気候《きこう》の厳《きび》しさは、言語《げんご》に絶《ぜっ》するものがある。

げんち【言質】

後《あと》で証《しょう》こになることば。

言質《げんち》をあたえる

後《あと》で証《しょう》こになるようなことを言《い》う。例 わたしのあの発言《はつげん》が、かれに言質《げんち》をあたえることになった。対 言質《げんち》を取《と》る

言質《げんち》を取《と》る

後《あと》で証《しょう》こになるようなことばを相手《あいて》に言《い》わせる。例 父《ちち》から約束《やくそく》は必《かなら》ず守《まも》るという言質《げんち》を取《と》る。対 言質《げんち》をあたえる

げんてん【原点】

原点《げんてん》に返《かえ》る

問題《もんだい》のもととなる所《ところ》にもどる。例 どうしたらいいか迷《まよ》ったら、原点《げんてん》に返《かえ》る。

けんとう【見当】

見当《けんとう》がつく

おそらくこうではないかと判断《はんだん》できる。例 かれがほしい物《もの》なら見当《けんとう》がつく。

答《こた》え：目《め》

見当《けんとう》が外《はず》れる
おそらくこうではないかという考《かんが》えの通《とお》りにならない。例こちらが近道《ちかみち》だと思《おも》ったのに、見当《けんとう》が外《はず》れて時間《じかん》がかかった。

けんぶん【見聞】

見聞《けんぶん》を広《ひろ》める
実際《じっさい》に多《おお》くのものを見《み》たり聞《き》いたりして、経験《けいけん》や知識《ちしき》を身《み》につける。例海外旅行《かいがいりょこう》で見聞《けんぶん》を広《ひろ》める。

ご【碁】

碁《ご》を打《う》つ
囲碁《いご》で勝負《しょうぶ》する。例日曜《にちよう》は、祖父《そふ》と碁《ご》を打《う》つ。📖将棋《しょうぎ》の場合《ばあい》は「指《さ》す」と言《い》う。

こう【幸】

幸《こう》か不幸《ふこう》か
いいのか悪《わる》いのかわからないが。例事故《じこ》にあったが、幸《こう》か不幸《ふこう》か、うでをすりむいただけですんだ。📖多《おお》く、結果《けっか》的《てき》によかったという意味《いみ》で使《つか》う。

こう【功】

功《こう》をあせる
➡功《こう》を急《いそ》ぐ

功《こう》を急《いそ》ぐ
手《て》がらを立《た》てようとあせる。例功《こう》を急《いそ》いで、かえって失敗《しっぱい》した。類功《こう》をあせる

功《こう》を奏《そう》する
いい結果《けっか》となる。例毎日《まいにち》の努力《どりょく》が功《こう》を奏《そう》して、選手《せんしゅ》に選《えら》ばれた。📖「奏《そう》する」は、うまく成《な》しとげるの意味《いみ》。「効《こう》を奏《そう》する」とも書《か》く。

功《こう》を立《た》てる
りっぱな手《て》がらを立《た》てる。例祖父《そふ》は、精密機械《せいみつきかい》の開発《かいはつ》で功《こう》を立《た》てた人《ひと》だ。

功《こう》を積《つ》む
目的《もくてき》を達成《たっせい》するために努力《どりょく》を積《つ》み重《かさ》ねる。例功《こう》を積《つ》んでえらい学者《がくしゃ》になる。

こう【効】

効《こう》を奏《そう》する
あることをした結果《けっか》として、いい効果《こうか》が現《あらわ》れる。例新《あたら》しい薬《くすり》が効《こう》を奏《そう》して、母《はは》はすぐに回復《かいふく》した。📖「奏《そう》する」は、うまく成《な》しとげるの意味《いみ》。「功《こう》を奏《そう》する」とも書《か》く。

問題《もんだい》：改《あらた》めたり、けったり、立《た》ったりするものは？

こ

ごう【業】
❶仏教《ぶっきょう》で、悪《わる》い行《おこな》いへのむくい。❷いかりの心《こころ》。

業《ごう》をにやす
思《おも》い通《どお》りにいかず、いらいらする。例手続《てつづ》きが一向《いっこう》に進《すす》まず業《ごう》をにやす。類業《ごう》がにえる・業《ごう》がわく

こうおつ【甲乙】
❶第一《だいいち》と第二《だいに》。❷優《ゆう》れつ。

甲乙《こうおつ》つけがたい
どちらがいいかを決《き》めることが難《むずか》しい。例あの二人《ふたり》の料理《りょうり》のうまさは甲乙《こうおつ》つけがたい。📖昔《むかし》は「甲乙丙丁《こうおつへいてい》…」と等級《とうきゅう》をつけた。

こうかく【口角】
口《くち》の両《りょう》わきの所《ところ》。

口角《こうかく》泡《あわ》を飛《と》ばす
激《はげ》しい勢《いきお》いで議論《ぎろん》する。例その小説《しょうせつ》の評価《ひょうか》について、口角泡《こうかくあわ》を飛《と》ばして議論《ぎろん》する。

ごうじょう【強情】

強情《ごうじょう》を張《は》る
意地《いじ》になって自分《じぶん》の意見《いけん》や行動《こうどう》をおし通《とお》そうとする。例自分《じぶん》は絶対《ぜったい》に行《い》かないと、いつまでも強情《ごうじょう》を張《は》る。類意地《いじ》を張《は》る

こうどう【行動】

行動《こうどう》を洗《あら》う
人《ひと》が何《なに》をしていたかをあれこれと調《しら》べる。例当日《とうじつ》の容疑者《ようぎしゃ》の行動《こうどう》を洗《あら》う。

こうひょう【好評】

好評《こうひょう》を博《はく》する
人々《ひとびと》からすばらしいと評価《ひょうか》される。例新製品《しんせいひん》が利用者《りようしゃ》の好評《こうひょう》を博《はく》した。

こうべ
首《くび》から上《うえ》の部分《ぶぶん》。あたま。

こうべを垂《た》れる
①頭《あたま》を下《さ》げて神仏《しんぶつ》にいのる。②力《ちから》を落《お》として下《した》を向《む》く。例ホームランを浴《あ》びてピッチャーがこうべを垂《た》れる。③イネの穂《ほ》などが重《おも》みで下向《したむ》きに下《さ》がる。

こうべをめぐらす
①後《うし》ろをふり返《かえ》る。②過《す》ぎ去《さ》った昔《むかし》のことを思《おも》い出《だ》す。例こうべをめぐらしてふるさとの風景《ふうけい》をなつかしむ。

こえ【声】

声《こえ》がかかる
①さそわれる。例生物部《せいぶつぶ》に入《はい》らないかと声《こえ》がかかる。②目上《めうえ》の人《ひと》から推《すい》せんされる。例先生《せんせい》から選手《せんしゅ》にならないかと声《こえ》がかかる。③しばいなどで、客席《きゃくせき》からかけ声《ごえ》がかかる。類①口《くち》がかかる

答《こた》え：席《せき》

声《こえ》がかれる
のどを痛《いた》めたりして、声《こえ》がかすれる。例 応《おう》えんしすぎて声《こえ》がかれた。

声《こえ》が通《とお》る
声《こえ》が遠《とお》くまでよく伝《つた》わる。例 かれはよく声《こえ》が通《とお》るので、劇《げき》の主役《しゅやく》に選《えら》ばれた。

声《こえ》が届《とど》く
言《い》いたいことが相手《あいて》に伝《つた》わる。例 政治《せいじ》家《か》に、難民《なんみん》を助《たす》けたいという声《こえ》が届《とど》く。

声《こえ》になる
①声《こえ》を出《だ》す。②気持《きも》ちが意見《いけん》となって表《あらわ》れる。例 みんなの思《おも》いが声《こえ》になる。

声《こえ》の下《した》から
言《い》い終《お》わるか終《お》わらないうちに、ある動作《どうさ》をするようす。例 もうやらないという声《こえ》の下《した》からいたずらをする。

声《こえ》を上《あ》げる
①大声《おおごえ》を出《だ》す。例 自転車《じてんしゃ》とぶつかりかけて声《こえ》を上《あ》げた。②意見《いけん》を言《い》う。例 みんなでぼ金《きん》をしようと声《こえ》を上《あ》げる。

声《こえ》を落《お》とす
声《こえ》を小《ちい》さくする。例 周《まわ》りにめいわくなので、少《すこ》し声《こえ》を落《お》とす。

声《こえ》をかける
①呼《よ》びかける。話《はな》しかける。例 転校生《てんこうせい》に気軽《きがる》に声《こえ》をかける。②さそう。例 いっしょに遊《あそ》ばないかと声《こえ》をかける。類 ①言葉《ことば》をかける

声《こえ》を殺《ころ》す
ほかの人《ひと》に聞《き》かれないように声《こえ》を小《ちい》さくおさえる。例 声《こえ》を殺《ころ》していたずらの相談《そうだん》をする。

声《こえ》をしのばせる
声《こえ》を小《ちい》さくしてこそこそと話《はな》す。例 孫《まご》へのプレゼントのことを、声《こえ》をしのばせて相談《そうだん》する。類 声《こえ》をひそめる

声《こえ》を大《だい》にする
いちだんと大《おお》きな声《こえ》を出《だ》して、強《つよ》く言《い》う。例 かれは正《ただ》しいと声《こえ》を大《だい》にして言《い》いたい。

声《こえ》を立《た》てる
声《こえ》を出《だ》す。例 テレビがあまりにもおもしろくて声《こえ》を立《た》てて笑《わら》う。

声《こえ》を作《つく》る
自分《じぶん》の声《こえ》ではないような声《こえ》をわざと出《だ》す。例 声《こえ》を作《つく》って電話《でんわ》をかけたのに、母《はは》にはすぐにばれてしまった。

声《こえ》をとがらす
とげとげしい口調《くちょう》で言《い》う。例 くやしかったので声《こえ》をとがらす。📖「声《こえ》をとがらせる」の形《かたち》でも使《つか》う。類 言葉《ことば》をとがらす

問題《もんだい》：演《えん》じるのは「二《に》の舞《まい》」「二《に》の足《あし》」どっち？

声《こえ》をはずませる
うれしかったり興奮《こうふん》したりして、勢《いきお》いのよい声《こえ》で物《もの》を言《い》う。例 声《こえ》をはずませて合格《ごうかく》の喜《よろこ》びを伝《つた》える。

声《こえ》を張《は》り上《あ》げる
出《だ》せる限《かぎ》りの大《おお》きな声《こえ》を出《だ》す。例 係員《かかりいん》が、入《い》り口《ぐち》はこちらですと声《こえ》を張《は》り上《あ》げる。

声《こえ》をひそめる
ほかの人《ひと》に聞《き》こえないように、小《ちい》さな声《こえ》でしゃべる。例 人《ひと》には言《い》うなと、声《こえ》をひそめる。類 声《こえ》をしのばせる

声《こえ》をふりしぼる
けんめいに、出《だ》せる限《かぎ》りの声《こえ》を出《だ》す。例 みんなで声《こえ》をふりしぼって赤組《あかぐみ》を応《おう》えんする。

声《こえ》をふるわせる
激《はげ》しい感情《かんじょう》がこみ上《あ》げてきて、声《こえ》がふるえるようになる。例 ひどいことを言《い》われて、声《こえ》をふるわせて言《い》い返《かえ》す。

ごかい【誤解】

誤解《ごかい》を解《と》く
思《おも》いちがいであることをわかってもらう。例 時間《じかん》をかけて説明《せつめい》して、誤解《ごかい》を解《と》くことができた。

誤解《ごかい》を招《まね》く
相手《あいて》に思《おも》いちがいをさせてしまう。例 誤解《ごかい》を招《まね》くような行動《こうどう》はさけよう。

ごきげん【ご機嫌】

ご機嫌《きげん》になる
とても気分《きぶん》がよくなる。例 お酒《さけ》を飲《の》むと、父《ちち》はご機嫌《きげん》になる。

ご機嫌《きげん》をうかがう
相手《あいて》の気分《きぶん》やからだの具合《ぐあい》、最近《さいきん》のようすをたずねる。例 メールでおじのご機嫌《きげん》をうかがう。

ご機嫌《きげん》をそこなう
⬇機嫌《きげん》をそこなう

ご機嫌《きげん》を取《と》る
⬇機嫌《きげん》を取《と》る

こきゅう【呼吸】

呼吸《こきゅう》が合《あ》う
物事《ものごと》に取《と》り組《く》む時《とき》、相手《あいて》との調子《ちょうし》がぴたりと合《あ》う。例 二人《ふたり》の演奏《えんそう》は呼吸《こきゅう》が合《あ》っている。類 息《いき》が合《あ》う

答《こた》え：二《に》の舞《まい》

呼吸《こきゅう》があらい

息《いき》を激《はげ》しく吸《す》ったりはいたりする。ぜいぜいする。例 走《はし》ったばかりなので、まだ呼吸《こきゅう》があらい。

呼吸《こきゅう》をつかむ

物事《ものごと》を上手《じょうず》にやる方法《ほうほう》がわかる。こつがわかる。例 リハーサルをして、本番《ほんばん》の呼吸《こきゅう》をつかむ。類 こつをつかむ

こくび【小首】

小首《こくび》をかたむける

不思議《ふしぎ》に思《おも》い、首《くび》を曲《ま》げてちょっと考《かんが》えこむ。例 あったはずの物《もの》が見《み》つからなくて、小首《こくび》をかたむける。類 小首《こくび》をかしげる

こくびゃく【黒白】 ❶黒《くろ》と白《しろ》。❷悪《あく》と善《ぜん》。

黒白《こくびゃく》を明《あき》らかにする

どちらが正《ただ》しいのかはっきりさせる。例 こうなったら、先生《せんせい》に打《う》ち明《あ》けて黒白《こくびゃく》を明《あき》らかにしてもらおう。類 黒白《くろしろ》をつける

黒白《こくびゃく》を争《あらそ》う

どちらがいいか、またどちらが正《ただ》しいかについて戦《たたか》う。例 二人《ふたり》は裁判《さいばん》で黒白《こくびゃく》を争《あらそ》うらしい。

こけ

こけが生《は》える

古《ふる》くなる。また、長《なが》い年月《ねんげつ》がたっている。例 物置《ものおき》のおくからこけが生《は》えたような道具《どうぐ》を持《も》ってくる。

こけ【虚仮】 ばかなこと。おろかなこと。

虚仮《こけ》にする

ばかにする。例 あまり人《ひと》を虚仮《こけ》にするものではない。

こけん ❶売《う》りわたしの証文《しょうもん》。売《う》り値《ね》。❷人《ひと》の値打《ねう》ち。ほこり。

こけんにかかわる

面《めん》ぼくを失《うしな》い、人《ひと》としての値打《ねう》ちをそこなうおそれがある。例 ここで放《ほう》り出《だ》しては、リーダーのこけんにかかわる。

こころ【心】

心《こころ》が洗《あら》われる

きれいなものやさわやかなものにふれて感動《かんどう》を受《う》ける。例 沖縄民《おきなわみん》ようをきいて心《こころ》が洗《あら》われる。

心《こころ》が痛《いた》む

申《もう》し訳《わけ》ない気持《きも》ちで、苦《くる》しくなる。例 かの女《じょ》にうそをついてしまい、今《いま》でも心《こころ》が痛《いた》む。📖「心《こころ》を痛《いた》める」の形《かたち》でも使《つか》う。

問題《もんだい》：かぜをひいたら「○○に至《いた》ら」ないように、「○○を取《と》っ」てねていましょう。

心《こころ》が動《うご》く

①そうしたい気持《きも》ちになる。例つりにさそわれて心《こころ》が動《うご》く。②不安《ふあん》になって迷《まよ》う。例どのシャツを買《か》うか心《こころ》が動《うご》く。

心《こころ》がおどる

うれしくて、胸《むね》がわくわくする。例晴《は》れのぶたいを前《まえ》にして心《こころ》がおどる。

心《こころ》が通《かよ》う

おたがいの気持《きも》ちが伝《つた》わり合《あ》う。例心《こころ》が通《かよ》っているので、相手《あいて》の好《す》きなものがわかる。

心《こころ》が軽《かる》い

心配《しんぱい》なことがなく気分《きぶん》が楽《らく》である。例わかってもらえて心《こころ》が軽《かる》くなる。

心《こころ》が変《か》わる

気持《きも》ちが変化《へんか》する。考《かんが》えが変《か》わる。例何《なに》があったか知《し》らないが、かの女《じょ》の心《こころ》が変《か》わってしまった。類気《き》が変《か》わる

心《こころ》がさわぐ

不安《ふあん》で気持《きも》ちが落《お》ち着《つ》かなくなる。例父《ちち》が乗《の》っていたはずの電車《でんしゃ》が事故《じこ》にあったと聞《き》いて、心《こころ》がさわぐ。

心《こころ》がせまい

一《ひと》つの考《かんが》えにとらわれて、ほかの考《かんが》えを受《う》け入《い》れないようす。例心《こころ》がせまいと、人《ひと》からきらわれるよ。対心《こころ》が広い

心《こころ》が残《のこ》る

もう少《すこ》し何《なん》とかなったのではないかと残念《ざんねん》に思《おも》う。例これよりいい作品《さくひん》ができたはずだと心《こころ》が残《のこ》る。

心《こころ》がはずむ

楽《たの》しいことがあって気《き》持《も》ちがうきうきする。例結《けっ》こん式《しき》のことを思《おも》うと心《こころ》がはずむ。

心《こころ》が晴《は》れる

疑《うたが》いや不安《ふあん》が消《き》えて、気持《きも》ちがすっきりする。例誤解《ごかい》が解《と》けて、心《こころ》が晴《は》れた。

心《こころ》が広《ひろ》い

気持《きも》ちがゆったりとしている。例人《ひと》を責《せ》めない心《こころ》が広《ひろ》い人《ひと》。対心《こころ》がせまい

心《こころ》が乱《みだ》れる

落《お》ちつかない気持《きも》ちになる。おだやかな気持《きも》ちでいられなくなる。例母《はは》の病《びょう》気《き》のことを思《おも》うと、心《こころ》が乱《みだ》れる。

心《こころ》にうかぶ

思《おも》いつく。考《かんが》えつく。例だれも考《かんが》えないようなアイデアが心《こころ》にうかぶ。

心《こころ》にえがく

思《おも》いうかべる。想像《そうぞう》する。例未来《みらい》の日《に》本《ほん》を心《こころ》にえがく。

心《こころ》にかかる

心配《しんぱい》に思《おも》う。例公園《こうえん》で見《み》かけた捨《す》て犬《いぬ》が心《こころ》にかかる。類気《き》にかかる

答《こた》え：大事《だいじ》

心《こころ》に刻《きざ》む

しっかり記《き》おくする。例 卒業式《そつぎょうしき》の感動《かんどう》を心《こころ》に刻《きざ》む。類 胸《むね》に刻《きざ》む

心《こころ》にしみる

深《ふか》く感動《かんどう》する。例 からだを大事《だいじ》にしなさいという母《はは》のことばが心《こころ》にしみる。

心《こころ》につきささる

心《こころ》が痛《いた》いと感《かん》じるように、強《つよ》く感《かん》じる。例 先生《せんせい》の忠告《ちゅうこく》が心《こころ》につきささる。

心《こころ》に留《と》める

忘《わす》れないようにしておく。覚《おぼ》えておく。例 先人《せんじん》たちの失敗《しっぱい》を心《こころ》に留《と》める。類 気《き》にかける・心《こころ》にかける

心《こころ》に残《のこ》る

忘《わす》れられない印象《いんしょう》を受《う》ける。例 かの女《じょ》の姿《すがた》がいつまでも心《こころ》に残《のこ》る。

心《こころ》に任《まか》せる

思《おも》う通《とお》りにする。自由《じゆう》にふるまう。例 どれを選《えら》ぶかはかれの心《こころ》に任《まか》せよう。

心《こころ》にもない

本当《ほんとう》はそんなことを思《おも》ってもいない。例 大《だい》きらいだと心《こころ》にもないことを言《い》ってしまった。

心《こころ》を改《あらた》める

悪《わる》いと認《みと》めて反省《はんせい》し、気持《きも》ちを新《あら》しくする。改心《かいしん》する。例 心《こころ》を改《あらた》めて勉強《べんきょう》にはげむ。

心《こころ》を合《あ》わせる

気持《きも》ちを一《ひと》つにする。協力《きょうりょく》する。例 全《ぜん》員《いん》が心《こころ》を合《あ》わせて、校歌《こうか》を歌《うた》う。

心《こころ》を痛《いた》める

どうしたらよいか思《おも》いなやむ。心配《しんぱい》する。例 おばが病気《びょうき》と聞《き》き、心《こころ》を痛《いた》める。

心《こころ》を入《い》れかえる

新《あたら》しい気持《きも》ちになる。今《いま》までまちがっていたと気《き》づく。例 今日《きょう》から心《こころ》を入《い》れかえてがんばる。類 魂《たましい》を入《い》れかえる

心《こころ》を打《う》つ

感動《かんどう》させる。例 すばらしいステージが観客《かんきゃく》の心《こころ》を打《う》つ。類 胸《むね》を打《う》つ

心《こころ》をうばわれる

気持《きも》ちが強《つよ》く引《ひ》きつけられる。夢中《むちゅう》になる。例 すばらしい映像《えいぞう》に心《こころ》をうばわれる。

心《こころ》を鬼《おに》にする

相手《あいて》を思《おも》う気持《きも》ちをおさえて相手《あいて》に厳《きび》しくする。例 愛《あい》するわが子《こ》を心《こころ》を鬼《おに》にしてしかる。

心《こころ》を通《かよ》わせる

相手《あいて》の考《かんが》えがよくわかる。気持《きも》ちを通《つう》じ合《あ》わせる。例 留学生《りゅうがくせい》と心《こころ》を通《かよ》わせる。

心《こころ》を決《き》める

決心《けっしん》する。例 将来《しょうらい》、考古学者《こうこがくしゃ》になろうと心《こころ》を決《き》める。

問題《もんだい》：「太鼓判《たいこばん》を」「念《ねん》を」「だめを」。この三《みっ》つのことばに結《むす》びつくことばは何《なん》でしょう？

心《こころ》をくだく
あれこれ考《かんが》えたり、いろいろ心配《しんぱい》したりする。例 進路《しんろ》について心《こころ》をくだく。

心《こころ》を配《くば》る
細《こま》かい所《ところ》まで気《き》をつける。周囲《しゅうい》に注意《ちゅうい》をはらう。例 一人残《ひとりのこ》らず楽《たの》しめるように心《こころ》を配《くば》る。類 気《き》を配《くば》る

心《こころ》をくむ
相手《あいて》の気持《きも》ちを思《おも》いやる。相手《あいて》の心《こころ》の中《なか》を察《さっ》する。例 お父《とう》さんがなくなった友《とも》だちの心《こころ》をくむ。

心《こころ》をこめる
一生《いっしょう》けんめいやる。例 お父《とう》さんのために心《こころ》をこめてマフラーを編《あ》む。

心《こころ》をしずめる
気持《きも》ちを落《お》ち着《つ》かせる。例 深呼吸《しんこきゅう》して心《こころ》をしずめる。

心《こころ》をつかむ
⬇心《こころ》をとらえる

心《こころ》をとらえる
気持《きも》ちをしっかりつかむ。例 美《うつく》しいメロディーが多《おお》くの人《ひと》の心《こころ》をとらえる。類 心《こころ》をつかむ

心《こころ》を引《ひ》く
興味《きょうみ》を引《ひ》く。いいと思《おも》う。例 若者《わかもの》の心《こころ》を引《ひ》く新《あたら》しいゲームソフト。

心《こころ》を開《ひら》く
①親《した》しさを見《み》せる。例 クラスのみんなに心《こころ》を開《ひら》く。②本当《ほんとう》の気持《きも》ちを打《う》ち明《あ》ける。例 今日《きょう》はおたがい、心《こころ》を開《ひら》いて話《はな》し合《あ》おう。

心《こころ》を許《ゆる》す
相手《あいて》を信《しん》じ、用心《ようじん》しないで接《せっ》する。例 ネコが飼《か》い主《ぬし》に心《こころ》を許《ゆる》して気《き》持《も》ちよさそうだ。類 気《き》を許《ゆる》す

心《こころ》を寄《よ》せる
相手《あいて》のことをいいと思《おも》う。関心《かんしん》を持《も》つ。例 かの女《じょ》にひそかに心《こころ》を寄《よ》せる。

こころざし【志】

志《こころざし》をとげる
こうしようと思《おも》っていたことをやりとげる。目的《もくてき》を果《は》たす。例 子《こ》どもの時《とき》からの志《こころざし》をとげて医者《いしゃ》になれた。

こざいく【小細工】

小細工《こざいく》をろうする
うわべだけで見破《みやぶ》られるような小《ちい》さなごまかしをする。例 そんな小細工《こざいく》をろうしてもむだだ。📖「ろうする」は、自分《じぶん》の思《おも》うままに使《つか》うという意味《いみ》。

こし【腰】

答《こた》え：おす

こ

腰《こし》が重《おも》い

なかなか行動《こうどう》を起《お》こそうとしない。例 腰《こし》が重《おも》い兄《あに》は、こたつに入《はい》ったら出《で》てこない。類 しりが重《おも》い

腰《こし》が折《お》れる

じゃまが入《はい》って物事《ものごと》がとちゅうでだめになる。例 計画《けいかく》の腰《こし》が折《お》れる。

腰《こし》がくだける

①腰《こし》の力《ちから》がぬけてからだの安定《あんてい》がくずれる。例 力士《りきし》は腰《こし》がくだけて負《ま》けた。②意気《いき》ごみがなくなる。例 こちらの腰《こし》がくだけて、計画《けいかく》は実現《じつげん》しなかった。

腰《こし》が強《つよ》い

①簡単《かんたん》には人《ひと》の言《い》うことを聞《き》かない。例 かの女《じょ》は腰《こし》が強《つよ》いので説得《せっとく》できない。②もちやうどんなどのねばり気《け》が強《つよ》い。③上半身《じょうはんしん》を支《ささ》える腰《こし》の力《ちから》が強《つよ》い。例 腰《こし》が強《つよ》い力士《りきし》。対 ①〜③腰《こし》が弱《よわ》い

腰《こし》がぬける

腰《こし》に力《ちから》がなくなって立《た》ち上《あ》がれなくなる。例 お化《ば》けが出《で》たと思《おも》ったら腰《こし》がぬけた。

腰《こし》が低《ひく》い

ひかえめな態度《たいど》である。例 かれは年下《としした》にも腰《こし》が低《ひく》い。類 頭《あたま》が低《ひく》い 対 腰《こし》が高《たか》い・頭《ず》が高《たか》い

腰《こし》が引《ひ》ける

自信《じしん》がなくて、びくびくしている。弱《よわ》気《き》になる。例 最初《さいしょ》から腰《こし》が引《ひ》けているようではどうしようもない。

腰《こし》を上《あ》げる

①今《いま》まですわっていた人《ひと》が立《た》ち上《あ》がる。②行動《こうどう》を起《お》こす。例 さいそくされてやっと腰《こし》を上《あ》げた。類 しりを上《あ》げる

腰《こし》を入《い》れる

①腰《こし》を低《ひく》くして、からだを安定《あんてい》させる。②物事《ものごと》にまじめに取《と》り組《く》む。例 勉強《べんきょう》に腰《こし》を入《い》れる。類 ②腰《こし》をすえる②・本腰《ほんごし》を入《い》れる

腰《こし》をうかす

立《た》ち上《あ》がろうとして少《すこ》しだけ腰《こし》を上《あ》げる。中腰《ちゅうごし》になる。例 お年寄《としよ》りに席《せき》を譲《ゆず》ろうと腰《こし》をうかす。

腰《こし》を落《お》ち着《つ》ける

①安心《あんしん》してすわる。例 腰《こし》を落《お》ち着《つ》けて食事《しょくじ》をしよう。②安心《あんしん》して生活《せいかつ》する。例 小《ちい》さな町《まち》に腰《こし》を落《お》ち着《つ》ける。

問題《もんだい》：この動物《どうぶつ》につままれると、ぼんやりしてしまいます。

腰《こし》を折《お》る
①腰《こし》をかがめる。例 腰《こし》を折《お》ってお礼《れい》をする。②（人《ひと》が話《はな》している時《とき》などに）じゃまをする。例 相手《あいて》の話《はなし》の腰《こし》を折《お》る。

腰《こし》を下《お》ろす
すわる。例 お弁当《べんとう》を食《た》べようとしばふに腰《こし》を下《お》ろす。

腰《こし》をすえる
①ある場所《ばしょ》にどっしりと落《お》ち着《つ》く。例 店《みせ》に腰《こし》をすえてお茶《ちゃ》を飲《の》む。②落《お》ち着《つ》いてある物事《ものごと》に対処《たいしょ》する。例 腰《こし》をすえて研究《けんきゅう》に取《と》り組《く》む。類 ②腰《こし》を入《い》れる②

ごし【五指】

五指《ごし》に余《あま》る
すぐれたものを挙《あ》げようとする時《とき》、五《ご》本《ほん》の指《ゆび》では数《かぞ》えられない。例 ノーベル賞《しょう》を受賞《じゅしょう》した日本人《にほんじん》は五指《ごし》に余《あま》る。

五指《ごし》に入《はい》る
よいほうから数《かぞ》えて、五番以内《ごばんいない》に挙《あ》げられる。例 かれは日本《にほん》でも五指《ごし》に入《はい》るすばらしい作家《さっか》だ。

ごたぶん【ご多分】 多《おお》くの人《ひと》の考《かんが》えや行《おこな》い。

ご多分《たぶん》にもれず
多《おお》くの人《ひと》と同《おな》じように。例外《れいがい》でなく。例 わたしの子《こ》どもも、ご多分《たぶん》にもれずあまい物《もの》が大好《だいす》きだ。

ごて【後手】 ❶囲碁《いご》や将棋《しょうぎ》で、後《あと》の番《ばん》。❷受《う》け身《み》になること。

後手《ごて》に回《まわ》る
受《う》け身《み》の立場《たちば》に立《た》たされる。例 食中毒《しょくちゅうどく》への対策《たいさく》が後手《ごて》に回《まわ》る。📖 囲碁《いご》や将棋《しょうぎ》で、後《あと》の番《ばん》となることから。類 後手《ごて》を引《ひ》く 対 先手《せんて》を打《う》つ・先手《せんて》を取《と》る

こと【事】

事《こと》が運《はこ》ぶ
物事《ものごと》がうまくいく。例 予定通《よていどお》りに事《こと》が運《はこ》んで、まんまと城内《じょうない》にしのびこんだ。

事《こと》ここに至《いた》る
今《いま》となってはどうにもならなくなる。最悪《さいあく》の状態《じょうたい》になる。例 事《こと》ここに至《いた》っては、あきらめるしかない。

事《こと》と次第《しだい》によっては
これからのなりゆきによってはどうなるかわからないが。例 事《こと》と次第《しだい》によっては、許《ゆる》してやってもいいよ。

事《こと》とする
その仕事《しごと》をする。例 父《ちち》は新《あたら》しい食品《しょくひん》の開発《かいはつ》を事《こと》としている。

事《こと》ともせず
全《まった》く問題《もんだい》にしない。例 あらしなど事《こと》ともせず助《たす》けに行《い》く。類 物《もの》ともせず

答《こた》え：きつね

事《こと》なきを得《え》る
何《なん》とか問題《もんだい》にならず、うまくいく。例 ガンを早《はや》く発見《はっけん》できて事《こと》なきを得《え》た。

事《こと》に当《あ》たる
直接《ちょくせつ》そのことに取《と》り組《く》む。例 みんなで力《ちから》を合《あ》わせて事《こと》に当《あ》たる。

事《こと》を急《いそ》ぐ
早《はや》くしようとする。例 事《こと》を急《いそ》ぐのは、失敗《しっぱい》のもとだ。

事《こと》を起《お》こす
①重大《じゅうだい》なことを始《はじ》める。例 今《いま》こそ事《こと》を起《お》こすべきだ。②事件《じけん》を引《ひ》き起《お》こす。例 事《こと》を起《お》こして周《まわ》りにめいわくをかける。

事《こと》を構《かま》える
争《あらそ》いを起《お》こそうとする。事《こと》をあら立《だ》てようとする。例 こんなつまらないことで事《こと》を構《かま》えるのはよそう。

事《こと》を好《この》む
おだやかでいるよりも、争《あらそ》いや事件《じけん》が起《お》こることを望《のぞ》む。例 かれは事《こと》を好《この》むタイプではない。

事《こと》を分《わ》ける
理解《りかい》してもらえるように、ていねいに説明《せつめい》する。例 どうして今必要《いまひつよう》なのかを、事《こと》を分《わ》けて説得《せっとく》する。

ことば【言葉】

言葉《ことば》が過《す》ぎる
言《い》うべきでないことまで言《い》ってしまう。例 かの女《じょ》の服《ふく》が似合《にあ》わないなんて、言葉《ことば》が過《す》ぎるよ。類 口《くち》が過《す》ぎる

言葉《ことば》が通《つう》じる
自分《じぶん》の言《い》ったことが相手《あいて》にわかる。例 外国《がいこく》では、言葉《ことば》が通《つう》じなくてとても苦《く》労《ろう》した。

言葉《ことば》がとがる
ことばの調子《ちょうし》がとげとげしくなる。例 だめだと言《い》われてつい言葉《ことば》がとがる。

言葉《ことば》にあまえる
相手《あいて》の好意《こうい》をそのまま受《う》け入《い》れる。例 お言葉《ことば》にあまえて、遠《えん》りょなくいただきます。📖 多《おお》く、「お言葉《ことば》にあまえる」の形《かたち》で使《つか》う。

言葉《ことば》に余《あま》る
ことばでは言《い》いつくせない。例 かれの作品《さくひん》のすばらしさは言葉《ことば》に余《あま》る。

言葉《ことば》にならない
ことばでは十分《じゅうぶん》に言《い》い表《あらわ》せない。ことばにすることができない。例 感謝《かんしゃ》の気《き》持《も》ちは、とても言葉《ことば》にならない。

問題《もんだい》：これをはじくと計算《けいさん》することになります。

言葉《ことば》もない　何《なに》も言《い》えない。何《なに》を言《い》えばいいかわからない。例 悲《かな》しんでいる友人《ゆうじん》に対《たい》してかける言葉《ことば》もない。

言葉《ことば》を失《うしな》う　あまりにも意外《いがい》で何《なに》も言《い》えない。例 急《きゅう》にやり直《なお》しと言《い》われて言葉《ことば》を失《うしな》う。

言葉《ことば》を返《かえ》す　①返事《へんじ》をする。例 機《き》げんよく言葉《ことば》を返《かえ》す。②反論《はんろん》する。例 お言葉《ことば》を返《かえ》すようですが、そうは言《い》っておりません。📖②は多《おお》く、「お言葉《ことば》を返《かえ》す」の形《かたち》で使《つか》う。

言葉《ことば》をかける　↓声《こえ》をかける①

言葉《ことば》をかざる　うまい言《い》い方《かた》で言《い》う。とくにうわべだけのことばでごまかす。例 言葉《ことば》をかざるばかりで、誠意《せいい》が伝《つた》わってこない。

言葉《ことば》をかわす　相手《あいて》と話《はな》す。例 かれとは顔《かお》を合《あ》わせても、少《すこ》し言葉《ことば》をかわすくらいの仲《なか》だ。

言葉《ことば》をそえる　つけ加《くわ》えて言《い》う。例 言葉《ことば》をそえて花束《はなたば》をわたす。

言葉《ことば》をつぐ　さらにつけ加《くわ》えて言《い》う。例 かれは少《すこ》しだまってから言葉《ことば》をついだ。

言葉《ことば》をつくす　相手《あいて》がわかってくれるように、ありったけのことばを使《つか》って話《はな》す。例 許《ゆる》してほしいと言葉《ことば》をつくす。

言葉《ことば》をつつしむ　軽《かる》はずみにしゃべらない。例 目上《めうえ》の人《ひと》がいるので言葉《ことば》をつつしむ。類 口《くち》をつつしむ

言葉《ことば》をにごす　はっきり言《い》わずに、あいまいなままにする。例 かれは笑《わら》いながら言葉《ことば》をにごした。類 口《くち》をにごす

言葉《ことば》をはく　しゃべる。言《い》う。例 乱暴《らんぼう》な言葉《ことば》をはくものではない。📖くだけた言《い》い方《かた》。

言葉《ことば》をはさむ　ほかの人《ひと》が話《はな》している時《とき》に割《わ》りこんで話《はな》す。例 二人《ふたり》の話《はなし》に思《おも》わず言葉《ことば》をはさむ。類 口《くち》をはさむ

ことばじり【言葉じり】　ことばの、言《い》いそこないの部分《ぶぶん》。

言葉《ことば》じりをとらえる　人《ひと》がうっかり言《い》ったことばの一部分《いちぶぶん》をとらえ、それを問題《もんだい》にする。例 言葉《ことば》じりをとらえていやみを言《い》う。類 あげ足《あし》を取《と》る

答《こた》え：そろばん

こばら【小腹】

小腹《こばら》が立《た》つ　少《すこ》ししゃくにさわる。例 相手《あいて》の態度《たいど》に小腹《こばら》が立《た》つ。

小腹《こばら》が減《へ》る　少《すこ》しおなかが減《へ》る。例 おそくまで起《お》きていたら小腹《こばら》が減《へ》った。

ごま

ごまをする　自分《じぶん》がいい思《おも》いをできるようにと、他《た》人《にん》の機《き》げんを取《と》る。例 真《ま》っすぐな性格《せいかく》で、ごまをするのはどうも苦手《にがて》だ。

こみみ【小耳】

小耳《こみみ》にはさむ　聞《き》くつもりもないのに聞《き》く。例 となりの娘《むすめ》さんが結《けっ》こんすると小耳《こみみ》にはさんだ。類 耳《みみ》にはさむ

こわいろ【声色】

声色《こわいろ》を使《つか》う　人《ひと》の声《こえ》をまねる。例 弟《おとうと》の声色《こわいろ》を使《つか》ったら、みんなみごとにだまされた。

こん【根】

根《こん》をつめる　一《ひと》つのことに集中《しゅうちゅう》する。例 細《こま》かい作業《さぎょう》に根《こん》をつめる。

コンタクト　連《れん》らく。接《せっ》しょく。

コンタクトを取《と》る　相手《あいて》に連《れん》らくする。接《せっ》しょくする。例 明日《あす》インタビューをする人《ひと》と、前《まえ》もってコンタクトを取《と》る。

コンビ　❶組《く》み合《あ》わせ。❷二人組《ふたりぐみ》。「コンビネーション」の略《りゃく》。

コンビを組《く》む　❷二人組《ふたりぐみ》になる。例 君《きみ》たち二人《ふたり》がコンビを組《く》んだら、だれにも負《ま》けないよ。

さ【差】

差《さ》がつまる　ほかのものとのちがいが小《ちい》さくなる。例 トップとの差《さ》がつまる。

差《さ》が出《で》る　程度《ていど》のちがいができる。例 今《いま》しっかりやるかどうかで、あとあと差《さ》が出《で》る。

差《さ》が激《はげ》しい　程度《ていど》のちがいが大《おお》きい。例 一年《いちねん》を通《つう》じて気温《きおん》の差《さ》が激《はげ》しい。

差《さ》をつける　リードする。優位《ゆうい》に立《た》つ。例 連続《れんぞく》ゴールで相手《あいて》に差《さ》をつける。

問題《もんだい》：お皿《さら》のようにすることができるが、落《お》としても割《わ》れないものは？

ざ【座】

座《ざ》が白《しら》ける
盛《も》り上《あ》がっていた人々《ひとびと》の気分《きぶん》がこわれて気《き》まずくなる。例かれの無神経《むしんけい》なひと言《こと》で、すっかり座《ざ》が白《しら》ける。

座《ざ》が長《なが》い
訪問先《ほうもんさき》に長《なが》い時間《じかん》いすわる。長居《ながい》をする。例招《まね》かれた訳《わけ》でもないのに座《ざ》が長《なが》い人《ひと》だ。類しりが長《なが》い

座《ざ》に連《つら》なる
その場《ば》にいる。同《おな》じ集《あつ》まりに出《で》る。例主《おも》だった武将《ぶしょう》が作戦会議《さくせんかいぎ》の座《ざ》に連《つら》なる。

座《ざ》をうばう
相手《あいて》の地位《ちい》や立場《たちば》に取《と》って代《か》わる。例新人《しんじん》ボクサーがチャンピオンの座《ざ》をうばう。対座《ざ》を守《まも》る

座《ざ》をしめる
①席《せき》に着《つ》く。②ある地位《ちい》や役割《やくわり》につく。例平清盛《たいらのきよもり》の一族《いちぞく》が、高官《こうかん》の座《ざ》をしめる。

座《ざ》を取《と》り持《も》つ
その場《ば》がなごやかになるように、気《き》を配《くば》る。例話題《わだい》を提供《ていきょう》して会合《かいごう》の座《ざ》を取《と》り持《も》つ。類座《ざ》を持《も》つ

座《ざ》を外《はず》す
会合《かいごう》などの席《せき》からはなれて外《そと》に出《で》る。例電話《でんわ》がかかってきたので、少《すこ》し座《ざ》を外《はず》す。類席《せき》を外《はず》す

座《ざ》を守《まも》る
地位《ちい》や役目《やくめ》をうばわれないようにする。例第一人者《だいいちにんしゃ》の座《ざ》を守《まも》る。対座《ざ》をうばう

さい【才】

才《さい》におぼれる
自分《じぶん》の能力《のうりょく》や才能《さいのう》を信《しん》じすぎて、正《ただ》しい判断《はんだん》ができなくなる。例失敗《しっぱい》のこわさを知《し》らず、才《さい》におぼれる。

才《さい》に走《はし》る
自分《じぶん》の能力《のうりょく》や才能《さいのう》を信《しん》じて、ほかの人《ひと》を全《まった》く相手《あいて》にしない。例かれは、入賞《にゅうしょう》してから才《さい》に走《はし》るけい向《こう》がある。

ざい【財】

財《ざい》を築《きず》く
大金《たいきん》をかせいで財産《ざいさん》を作《つく》り上《あ》げる。例おばは若《わか》くして財《ざい》を築《きず》いた。類財《ざい》を成《な》す

財《ざい》を成《な》す
➡財《ざい》を築《きず》く

さいく【細工】

細工《さいく》をほどこす

①手先《てさき》を使《つか》って細《こま》かな物《もの》を作《つく》る。例 革《かわ》製品《せいひん》に細工《さいく》をほどこす。②人目《ひとめ》をごまかすために、こまごまとたくらむ。例 社員《しゃいん》が帳《ちょう》ぼに細工《さいく》をほどこす。

さいご【最後】

最後《さいご》をかざる

終《お》わりにふさわしいように、りっぱなしめくくりをする。例 決勝戦《けっしょうせん》を制《せい》して引退《いんたい》の最後《さいご》をかざった。

さいご【最期】

死《し》ぬまぎわ。⚠「最後《さいご》」とまちがえないこと。

最期《さいご》をとげる

死《し》ぬ。例 主人公《しゅじんこう》が悲《かな》しい最期《さいご》をとげる場面《ばめん》で、思《おも》わず泣《な》いてしまった。

最期《さいご》をみとる

死《し》ぬまで病人《びょうにん》を看護《かんご》する。例 祖母《そぼ》の最《さい》期《ご》をみとる。

さいさん【採算】

入《はい》るお金《かね》と出《で》るお金《かね》のつり合《あ》い。

採算《さいさん》が合《あ》う

もうけが出《で》る。損《そん》をしないですむ。例 一日《いちにち》で百個《ひゃっこ》売《う》れれば採算《さいさん》が合《あ》うだろう。類 採算《さいさん》が取《と》れる

採算《さいさん》が取《と》れる

⬇採算《さいさん》が合《あ》う

ざいさん【財産】

財産《ざいさん》になる

値打《ねう》ちがあるものになる。例 厳《きび》しい練《れん》習《しゅう》の経験《けいけん》がいい財産《ざいさん》になる。

さいぜん【最善】

❶最《もっと》もよいこと。❷できるだけの努力《どりょく》。

最善《さいぜん》をつくす

できる限《かぎ》りの努力《どりょく》をする。例 負《ま》けが決《き》まった試合《しあい》でも、最後《さいご》まで最善《さいぜん》をつくす。類 ベストをつくす

さいだい【細大】

細《こま》かなことと大《おお》きなこと。

細大《さいだい》もらさず

細《こま》かいことも大《おお》きなこともすべて。例 知《し》っていることは細大《さいだい》もらさず報告《ほうこく》する。⚠「最大《さいだい》もらさず」とは書《か》かない。

さいち【才知】

頭《あたま》の働《はたら》きがするどい。

才知《さいち》にたける

例 才知《さいち》にたけた人物《じんぶつ》を敬《うやま》い、教《おし》えをこう。類 才知《さいち》に富《と》む

才知《さいち》に富《と》む

⬇才知《さいち》にたける

問題《もんだい》：ちょっとの間《あいだ》貸《か》すことはできるが、あげることはできないものは？

さ

さいのう【才能】

才能《さいのう》がかれる
以前《いぜん》はすぐれていた人《ひと》の能力《のうりょく》がなくなる。例 才能《さいのう》がかれてしまった作曲家《さっきょくか》。

才能《さいのう》を買《か》う
すぐれたうで前《まえ》や能力《のうりょく》を高《たか》く評価《ひょうか》する。例 かの女《じょ》の才能《さいのう》を買《か》って通訳《つうやく》にばってきする。

才能《さいのう》をのばす
生《う》まれつき持《も》っているすぐれた能力《のうりょく》や性質《せいしつ》を、さらに豊《ゆた》かにする。例 英会話《えいかいわ》のレッスンで子《こ》どもの才能《さいのう》をのばす。

才能《さいのう》を引《ひ》き出《だ》す
人《ひと》の持《も》つ、かくれた能力《のうりょく》を導《みちび》き出《だ》す。力《ちから》を花開《はなひら》かせる。例 生徒《せいと》の才能《さいのう》を引《ひ》き出《だ》すのが、教師《きょうし》の仕事《しごと》だ。

さいはい【さい配】
指図《さしず》。

さい配《はい》をふる
指図《さしず》をする。指揮《しき》をとる。例 かんとくが自《みずか》らさい配《はい》をふる。類 さい配《はい》をとる

さいふ【財布】

財布《さいふ》の底《そこ》をはたく
持《も》っているお金《かね》を全部《ぜんぶ》出《だ》す。例 財布《さいふ》の底《そこ》をはたいて、ほしがっていた着物《きもの》を買《か》ってやる。

財布《さいふ》のひもをしめる
お金《かね》を節約《せつやく》する。例 大《おお》きな買《か》い物《もの》をしたので、今日《きょう》からは財布《さいふ》のひもをしめる。対 財布《さいふ》のひもをゆるめる

財布《さいふ》のひもをにぎる
家計《かけい》を取《と》り仕切《しき》る。家《いえ》のお金《かね》の出《だ》し入《い》れを管理《かんり》する。例 わが家《や》では、母《はは》が財《さい》布《ふ》のひもをにぎっている。

財布《さいふ》のひもをゆるめる
いつもより気軽《きがる》に多《おお》くのお金《かね》を使《つか》う。例 バーゲンだと、ついつい財布《さいふ》のひもをゆるめてしまう。対 財布《さいふ》のひもをしめる

さかずき【杯】

杯《さかずき》をかわす
①いっしょに酒《さけ》を飲《の》む。②夫婦《ふうふ》や親分《おやぶん》子分《こぶん》などの関係《かんけい》を結《むす》ぶために、同《おな》じ杯《さかずき》の酒《さけ》を飲《の》む。例 両親《りょうしん》は二十年前《にじゅうねんまえ》に夫婦《ふうふ》の杯《さかずき》をかわした。類 ①②杯《さかずき》をする

さかて【逆手】

逆手《さかて》に取《と》る
相手《あいて》のこうげきを、逆《ぎゃく》にうまく使《つか》って相手《あいて》をせめる。例 けんか相手《あいて》の言《い》い分《ぶん》を逆手《さかて》に取《と》る。

さき【先】

答《こた》え：肩《かた》・力《ちから》・耳《みみ》など

先《さき》がある

将来《しょうらい》、さらにのびていく見《み》こみがある。**例** 小学生《しょうがくせい》の君《きみ》たちには、まだまだ先《さき》がある。**対** 先《さき》がない

先《さき》が見《み》える

①あまりよくない将来《しょうらい》が予想《よそう》できる。**例** このままでは先《さき》が見《み》えている。②将《しょう》来《らい》を見通《みとお》す力《ちから》がある。**例** かれは先《さき》が見《み》える人《ひと》なので、手《て》を打《う》つのも早《はや》い。③長《なが》かった仕事《しごと》などの、終《お》わりが近《ちか》づく。**例** 自由研究《じゆうけんきゅう》も、やっと先《さき》が見《み》えてきた。

先《さき》に立《た》つ

①人《ひと》の先頭《せんとう》になって物《もの》事《ごと》を進《すす》める。**例** 冬山《ふゆやま》を先《さき》に立《た》って案内《あんない》する。②真《ま》っ先《さき》にその気持《きも》ちになる。**例** うれしさよりも、くやしさが先《さき》に立《た》った。

先《さき》を争《あらそ》う

人《ひと》よりも有利《ゆうり》な立場《たちば》に立《た》とうとして、相手《あいて》と争《あらそ》う。我先《われさき》にと行動《こうどう》する。**例** 新《あたら》しいゲームを買《か》おうと先《さき》を争《あらそ》う。

先《さき》を急《いそ》ぐ

早《はや》く行《い》こうとする。**例** 雨《あめ》が降《ふ》る前《まえ》に着《つ》こうと先《さき》を急《いそ》ぐことにした。

先《さき》をこされる

やろうと思《おも》っていたことを、先《さき》にほかの人《ひと》にやられる。**例** 検定《けんてい》に合格《ごうかく》しようと勉強《べんきょう》していたが、かれに先《さき》をこされた。📖「さき」は「せん」とも読《よ》む。

先《さき》を読《よ》む

今後《こんご》どうなるのかを予想《よそう》する。**例** 相手《あいて》がどんな手《て》を打《う》ってくるか先《さき》を読《よ》む。

さく【策】

はかりごと。また、その方法《ほうほう》。

策《さく》におぼれる

はかりごとばかり考《かんが》えていて、かえって失敗《しっぱい》する。**例** 策士《さくし》策《さく》におぼれる（＝はかりごとをするのが上手《じょうず》な人《ひと》は、それにたより過《す》ぎてかえって失敗《しっぱい》する）。

策《さく》を講《こう》じる

解決《かいけつ》のために方法《ほうほう》を考《かんが》える。対策《たいさく》を立《た》てる。**例** 部員不足《ぶいんぶそく》について策《さく》を講《こう》じる。

策《さく》をさずける

どうすればよいかを教《おし》える。**例** 試合前《しあいまえ》に、とっておきの策《さく》をさずける。

策《さく》を練《ね》る

うまい方法《ほうほう》をあれこれと考《かんが》える。**例** 試《し》合《あい》に備《そな》えて策《さく》を練《ね》る。**類** 策《さく》をめぐらす

策《さく》をめぐらす

➡策《さく》を練《ね》る

問題《もんだい》：人《ひと》をしばることができるが、逆《ぎゃく》に人《ひと》にさかれたり食《く》われたりもするものは？

策《さく》をろうする
目的《もくてき》のためにあまりよくない手段《しゅだん》を用《もち》いる。例 策《さく》をろうすることなく、正面《しょうめん》から向《む》き合《あ》う。

さぐり【探り】
ようすを調《しら》べること。

探《さぐ》りを入《い》れる
それとなく相手《あいて》のようすなどを聞《き》く。例 相手《あいて》チームに探《さぐ》りを入《い》れる。類 腹《はら》をさぐる

さけ【酒】

酒《さけ》が入《はい》る
酒《さけ》を飲《の》んでいる。例 父《ちち》は酒《さけ》が入《はい》ると陽気《ようき》になる。

酒《さけ》が回《まわ》る
酒《さけ》によう。よっぱらう。例 酒《さけ》が回《まわ》っておしゃべりになる。

酒《さけ》に強《つよ》い
酒《さけ》をたくさん飲《の》んでも、あまりよわない体質《たいしつ》である。例 兄《あに》は父《ちち》よりも酒《さけ》に強《つよ》い。📖「酒《さけ》が強《つよ》い」の形《かたち》でも使《つか》う。対 酒《さけ》に弱《よわ》い

酒《さけ》にのまれる
酒《さけ》を飲《の》みすぎて、よいつぶれたり正気《しょうき》をなくしたりする。例 酒《さけ》にのまれてはだめだ。

酒《さけ》をたしなむ
好《この》んで酒《さけ》を飲《の》む。例 父《ちち》は、ワインを中心《ちゅうしん》に酒《さけ》をたしなむ。

さじ

さじを投《な》げる
①医者《いしゃ》が、治《なお》る見《み》こみのない病人《びょうにん》を見放《みはな》す。②あきらめて、やめてしまう。例 面《めん》どうな手編《てあ》みのセーターにさじを投《な》げる。📖医者《いしゃ》が、薬《くすり》を調合《ちょうごう》するさじを投《な》げ出《だ》すという意味《いみ》から。類 見切《みき》りをつける

さっし【察し】
察《さっ》すること。おしはかること。

察《さっ》しがいい
だいたいこうだろうという推量《すいりょう》をするのがうまい。例 飲《の》み物《もの》を差《さ》し入《い》れてくれるとは察《さっ》しがいい。対 察《さっ》しが悪《わる》い

察《さっ》しがつく
だいたいのなりゆきがわかる。例 君《きみ》が考《かんが》えていることぐらいは察《さっ》しがつく。

さつたば【札束】

札束《さつたば》を積《つ》む
たくさんのお金《かね》を出《だ》す。例 いくら札束《さつたば》を積《つ》んでも、あの本《ほん》は手放《てばな》さない。

さとごころ【里心】

答《こた》え：時間《じかん》

里心《さとごころ》がつく　ふるさとや自分《じぶん》の家《いえ》が恋《こい》しくなる。例 母《はは》からメールがきて里心《さとごころ》がついた。

さとり【悟り】

❶気《き》がつくこと。❷仏教《ぶっきょう》で、真理《しんり》を知《し》ること。

悟《さと》りを開《ひら》く　物事《ものごと》への迷《まよ》いがなくなり、気持《きも》ちが定《さだ》まる。例 住職《じゅうしょく》は若《わか》いころに悟《さと》りを開《ひら》いたという。

さば

さばを読《よ》む　都合《つごう》よく数《かず》をごまかす。例 さばを読《よ》んで、三《みっ》つ若《わか》く言《い》う。📖市場《いちば》などでサバを数《かぞ》えるとき、サバがいたみやすいため、急《いそ》いで数《かぞ》えて数《かず》をごまかしたことからといわれる。

さま【様】

様《さま》になる　よく整《ととの》って、いかにもふさわしいようすになる。例 かれの指揮者《しきしゃ》ぶりも様《さま》になってきた。類 格好《かっこう》がつく

さん【算】

❶数《かず》を数《かぞ》えること。❷計算《けいさん》に使《つか》う木《き》の棒《ぼう》。

算《さん》を乱《みだ》す　散《ち》り散《ぢ》りばらばらになる。例 兵士《へいし》たちが算《さん》を乱《みだ》してにげ出《だ》す。類 算《さん》を散《ち》らす

さんか【傘下】

❶かさの下《した》。❷ある勢力《せいりょく》の下《した》で支配《しはい》されること。

傘下《さんか》に収《おさ》める　自分《じぶん》の勢力《せいりょく》の中《なか》に入《い》れる。支配《しはい》する。例 小《ちい》さな会社《かいしゃ》を次々《つぎつぎ》と傘下《さんか》に収《おさ》める。

傘下《さんか》に入《はい》る　力《ちから》のある人《ひと》や大《おお》きな組織《そしき》などに支配《しはい》される立場《たちば》になる。例 大《おお》きな会社《かいしゃ》の傘下《さんか》に入《はい》る。類 傘下《さんか》に加《くわ》わる

さんだん【算段】

くふうすること。

算段《さんだん》をつける　いろいろな方法《ほうほう》を考《かんが》える。例 宿題《しゅくだい》を終《お》わらせるための算段《さんだん》をつける。

し【死】

死《し》に至《いた》る　死《し》ぬ。例 この虫《むし》にさされると、ひどい場合《ばあい》は死《し》に至《いた》ることもある。

死《し》にのぞむ　➡死《し》にひんする

死《し》にひんする　死《し》が間近《まぢか》にせまっている。例 死《し》にひんしても、その作家《さっか》は自分《じぶん》の作品《さくひん》を気《き》にかけていた。類 死《し》にのぞむ

問題《もんだい》：自分《じぶん》の手元《てもと》にあるときには一《ひと》つでも、みんなのものといっしょになると割《わ》れることがあるものは？

死《し》を選《えら》ぶ
自殺《じさつ》する。例 敵《てき》につかまるくらいなら死《し》を選《えら》ぶ。

死《し》を決《けっ》する
死《し》んでもいいと覚《かく》ごを決《き》める。例 死《し》を決《けっ》して海《うみ》にこぎ出《だ》す。

死《し》をたまわる
自分《じぶん》の主人《しゅじん》から死《し》ぬように命令《めいれい》される。例 無礼《ぶれい》を働《はたら》いた武士《ぶし》が死《し》をたまわる。

死《し》をとす
命《いのち》をかけて物事《ものごと》に当《あ》たる。例 死《し》をとして救助《きゅうじょ》に当《あ》たる。命《いのち》がけでやる。

死《し》を早《はや》める
死《し》の時期《じき》を早《はや》くする。例 無理《むり》な仕事《しごと》が、かれの死《し》を早《はや》めることになった。

し【師】

師《し》とあおぐ
先生《せんせい》として尊敬《そんけい》する。例 文武《ぶんぶ》にすぐれた祖父《そふ》を、人生《じんせい》の師《し》とあおぐ。

じ【地】

地《じ》が出《で》る
人《ひと》に見《み》せないようにしていたありのままの自分《じぶん》がわかってしまう。例 話《はな》しているうちに、つい地《じ》が出《で》る。類 地金《じがね》が出《で》る

地《じ》で行《い》く
①生《う》まれ持《も》った性質《せいしつ》のままにふるまう。例 父《ちち》は出世《しゅっせ》しても地《じ》で行《い》くと言《い》った。②想像《そうぞう》のことがらを現実《げんじつ》に行《おこな》う。例 映画《えいが》を地《じ》で行《い》くような活《かつ》やく。

しあん【思案】
考《かんが》えをめぐらすこと。

思案《しあん》に余《あま》る
いくら考《かんが》えてもよい考《かんが》えがうかばず、自分《じぶん》ではどうにもならなくなる。例 思案《しあん》に余《あま》って先生《せんせい》に相談《そうだん》した。

思案《しあん》に暮《く》れる
思《おも》いなやんで考《かんが》えがまとまらない。例 食《た》べる物《もの》がなくなり思案《しあん》に暮《く》れる。

しお【潮】

潮《しお》が引《ひ》く
①引《ひ》き潮《しお》になる。②（「潮《しお》が引《ひ》くように」の形《かたち》で）物事《ものごと》がおとろえたり、減《へ》ったりするようすのたとえ。例 潮《しお》が引《ひ》くように人《ひと》がいなくなる。対 ①潮《しお》が満《み》ちる

しが ❶歯《は》と、きば。❷ことば。

しがにもかけない
取《と》り上《あ》げる値打《ねう》ちもないと全《まった》く問題《もんだい》にしない。例 他人《たにん》の意見《いけん》などしがにもかけない。類 眼中《がんちゅう》にない・目《め》もくれない

答《こた》え：票《ひょう》・意見《いけん》など

しかた【仕方】

仕方《しかた》がない
①ほかに手立《てだ》てがない。例 わたしが行《い》くより仕方《しかた》がない。②どうにもならない。例 犬《いぬ》がほえて、うるさくて仕方《しかた》がない。📖「仕方《しかた》ない」の形《かたち》でも使《つか》う。

じかん【時間】

時間《じかん》がかかる
多《おお》くの時間《じかん》を使《つか》わなくてはならない。例 この問題《もんだい》を解《と》くには、かなり時間《じかん》がかかる。類 時間《じかん》を食《く》う

時間《じかん》がせまる
期限《きげん》までの残《のこ》り時間《じかん》が少《すく》なくなる。例 しめ切《き》りの時間《じかん》がせまってきた。

時間《じかん》にしばられる
時間《じかん》に制約《せいやく》されて、自由《じゆう》に行動《こうどう》できない。例 習《なら》い事《ごと》をいくつもしているので時間《じかん》にしばられている。

時間《じかん》をかせぐ
都合《つごう》がいい時間《じかん》が来《く》るまで、その場《ば》をごまかし時間《じかん》を引《ひ》きのばそうとする。例 のらりくらりと答《こた》えて時間《じかん》をかせぐ。類 時《とき》をかせぐ

むすぶ君《くん》の一日《いちにち》② 昼《ひる》

午前《ごぜん》11時《じ》
大変《たいへん》だあ！ 国語《こくご》の宿題《しゅくだい》を忘《わす》れちゃったよ〜。頭《あたま》から湯気《ゆげ》を立《た》てた先生《せんせい》から大目玉《おおめだま》を食《く》っちゃった。よし、得意《とくい》の朗読《ろうどく》で汚名《おめい》を返上《へんじょう》するぞ！

午後《ごご》1時《じ》30分《ぷん》
昼休《ひるやす》みは友《とも》だちとおしゃべりをするんだ。週末《しゅうまつ》に遊《あそ》びに行《い》く相談《そうだん》がまとまったよ。胸《むね》がはずむなあ〜。

午後《ごご》2時《じ》30分《ぷん》
体育《たいいく》はサッカーの試合《しあい》。みんなの呼吸《こきゅう》が合《あ》っていたから、最後《さいご》までリードを保《たも》って優勝《ゆうしょう》したよ。やったね！

問題《もんだい》：「詰《つ》めが」「読《よ》みが」「見通《みとお》しが」。この三《みっ》つのことばに結《むす》びつくことばは何《なん》でしょう？

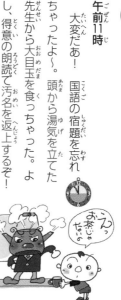

時間《じかん》を食《く》う
⬇時間《じかん》がかかる

時間《じかん》をさく
いそがしい中《なか》をやりくりして、あることのために時間《じかん》を使《つか》う。例かの女《じょ》の相《そう》談《だん》を聞《き》くために時間《じかん》をさく。

時間《じかん》をついやす
あることをするために時間《じかん》を使《つか》う。例たった一問《いちもん》を解《と》くのに、ずいぶん時間《じかん》をついやした。

時間《じかん》を作《つく》る
あることをするための時間《じかん》をやりくりする。例たまには頭《あたま》を休《やす》める時間《じかん》を作《つく》ろう。

時間《じかん》をつぶす
ちょっとしたことをして、ひまな時間《じかん》を過《す》ごす。例公園《こうえん》を散歩《さんぽ》して時間《じかん》をつぶす。

しき【式】

式《しき》を挙《あ》げる
式《しき》をとり行《おこな》う。とくに、結婚式《けっこんしき》をする。例兄《あに》は、来月教会《らいげつきょうかい》で式《しき》を挙《あ》げる。

式《しき》を立《た》てる
計算《けいさん》の方法《ほうほう》を数字《すうじ》や記号《きごう》を用《もち》いて表《あらわ》す。例式《しき》を立《た》てて計算《けいさん》する。

しき【指揮】

指揮《しき》をとる
多《おお》くの人《ひと》を指図《さしず》して、うまく進《すす》むようにする。例運動会《うんどうかい》の準備《じゅんび》の指揮《しき》をとる。

しきい【敷居】

敷居《しきい》が高《たか》い
はずかしさや申《もう》し訳《わけ》なさで、その人《ひと》の家《いえ》を訪《たず》ねにくい。例借《か》りたお金《かね》を返《かえ》していなくて、あの人《ひと》の家《いえ》はどうも敷居《しきい》が高《たか》い。

敷居《しきい》をまたぐ
その家《いえ》の中《なか》に入《はい》る。また、その家《いえ》に出《で》入《い》りする。例二度《にど》とこの家《いえ》の敷居《しきい》をまたぐことは許《ゆる》さない。

しざい【私財】

個人《こじん》のお金《かね》。

私財《しざい》を投《とう》じる
あることのために、個人《こじん》のお金《かね》や財産《ざいさん》をつぎこむ。例美術館《びじゅつかん》を建《た》てるために私財《しざい》を投《とう》じる。

私財《しざい》をなげうつ
自分《じぶん》の財産《ざいさん》を、おしいと思《おも》わずに使《つか》う。例貧《まず》しい人々《ひとびと》を救《すく》うために私財《しざい》をなげうつ。

しじ【指示】

指示《しじ》をあおぐ
指図《さしず》してもらうよう求《もと》める。例専門家《せんもんか》の指示《しじ》をあおいで建設《けんせつ》する。

答《こた》え：あまい

し

指示《しじ》を出《だ》す
命令《めいれい》をあたえる。指図《さしず》する。例 マラソン大会《たいかい》の進行《しんこう》について、下級生《かきゅうせい》に指示《しじ》を出《だ》す。

じじつ【事実】

事実《じじつ》に反《はん》する
実際《じっさい》にあったこととはちがう。本当《ほんとう》ではない。例 その新聞記事《しんぶんきじ》は事実《じじつ》に反《はん》している。

事実《じじつ》を曲《ま》げる
わざと実際《じっさい》にあったこととはちがうようにする。例 自分《じぶん》がしかられなくてすむように事実《じじつ》を曲《ま》げる。

じしょ【辞書】

辞書《じしょ》に当《あ》たる
辞書《じしょ》を使《つか》って、ことばや文字《もじ》などを調《しら》べる。例 うろ覚《おぼ》えの字《じ》だったので辞書《じしょ》に当《あ》たる。類 辞書《じしょ》を引《ひ》く

辞書《じしょ》を引《ひ》く
➡辞書《じしょ》に当《あ》たる

じしん【自信】

自信《じしん》がわく
自分《じぶん》の力《ちから》や価値《かち》を信《しん》じる気持《きも》ちが起《お》こる。例 先生《せんせい》にほめられて自信《じしん》がわく。

自信《じしん》に満《み》ちる
自分《じぶん》の力《ちから》や価値《かち》を信《しん》じる気持《きも》ちがいっぱいである。例 かの女《じょ》は自信《じしん》に満《み》ちた表情《ひょうじょう》でぶたいに立《た》った。

自信《じしん》をのぞかせる
自信《じしん》があるようすを少《すこ》しだけ見《み》せる。例 明日《あす》の試合《しあい》へ向《む》けての自信《じしん》をのぞかせる。

しせい【姿勢】

姿勢《しせい》を正《ただ》す
①からだの構《かま》えをきちんとさせる。②反省《はんせい》して、心《こころ》を改《あらた》める。例 姿勢《しせい》を正《ただ》して、ほかの手本《てほん》になる。類 ②襟《えり》を正《ただ》す②

姿勢《しせい》をつらぬく
最初《さいしょ》から最後《さいご》まで、同《おな》じ考《かんが》え方《かた》や態度《たいど》を通《とお》す。例 熱心《ねっしん》に事故防止《じこぼうし》に取《と》り組《く》む姿勢《しせい》をつらぬく。

姿勢《しせい》を見《み》せる
自分《じぶん》の考《かんが》え方《かた》を人《ひと》に示《しめ》す。例 力《ちから》を貸《か》してもいいという姿勢《しせい》を見《み》せる。

した【下】

下《した》に見《み》る
相手《あいて》を見下《みくだ》す。自分《じぶん》よりおとったものとして軽《けい》べつする。例 年下《としした》だと思《おも》って下《した》に見《み》ると、後《あと》で痛《いた》い目《め》にあう。

問題《もんだい》：はずかしくて「○から火《ひ》が出《で》て」も、消防車《しょうぼうしゃ》は必要《ひつよう》ありません。

下《した》にも置《お》かない とても大切《たいせつ》にもてなす。例 下《した》にも置《お》かないかんげいを受《う》ける。📖「下《した》へも置《お》かない」の形《かたち》でも使《つか》う。

した【舌】

舌《した》が肥《こ》える おいしい物《もの》を食《た》べ慣《な》れていて、味《あじ》のよしあしがよくわかる。例 外食《がいしょく》がふえて舌《した》が肥《こ》える。

舌《した》が長《なが》い おしゃべりである。例 かの女《じょ》は舌《した》が長《なが》いので、秘密《ひみつ》は打《う》ち明《あ》けられない。

舌《した》が回《まわ》る つかえることなく、よくしゃべる。例 よくそれだけ舌《した》が回《まわ》るものだ。

舌《した》がもつれる 舌《した》が思《おも》い通《どお》りに動《うご》かず、うまくしゃべれない。例 人前《ひとまえ》で上《あ》がってしまい、舌《した》がもつれてしまった。

舌《した》を出《だ》す ①見《み》えないところでばかにする。例 今《いま》ごろかげで舌《した》を出《だ》しているのだろう。②失敗《しっぱい》などの、照《て》れかくしをする。例 道《みち》で転《ころ》んで、舌《した》を出《だ》す。

舌《した》を鳴《な》らす ①不満《ふまん》な気持《きも》ちを表《あらわ》す。②おいしい物《もの》を食《た》べて満足《まんぞく》な気持《きも》ちを表《あらわ》す。例 母《はは》の料理《りょうり》に舌《した》を鳴《な》らす。③犬《いぬ》やネコなどを呼《よ》ぶための動作《どうさ》。類 ②舌鼓《したつづみ》を打《う》つ

舌《した》をふるう さかんにしゃべる。力強《ちからづよ》くしゃべる。例 クラス委員《いいん》の選挙《せんきょ》で舌《した》をふるう。

舌《した》を巻《ま》く ひどくおどろいて、感心《かんしん》する。例 みごとなピアノ演奏《えんそう》に、みな舌《した》を巻《ま》いた。

したじき【下敷き】

下敷《したじ》きにする 何《なに》かをまねたり手本《てほん》にしたりする。例 本当《ほんとう》にあった事件《じけん》を下敷《したじ》きにしたドラマ。

下敷《したじ》きになる 大《おお》きな物《もの》の下《した》に敷《し》かれる。例 自転車《じてんしゃ》が地《じ》しんでたおれた建物《たてもの》の下敷《したじ》きになる。

したつづみ【舌鼓】 おいしい物《もの》を食《た》べた時《とき》に鳴《な》らす舌《した》の音《おと》。

舌鼓《したつづみ》を打《う》つ おいしい物《もの》を食《た》べて、満足《まんぞく》して舌《した》を鳴《な》らす。例 チョコレートケーキに舌鼓《したつづみ》を打《う》つ。📖「したづつみ」ともいう。類 舌《した》を鳴《な》らす②

答《こた》え：顔《かお》

したて【下手】

下手《したて》に出《で》る

へりくだった態度《たいど》を取《と》る。例 相手《あいて》が強《つよ》そうなので下手《したて》に出《で》る。類 下《した》から出《で》る

じだんだ【地団駄】

足《あし》を何度《なんど》もふみ鳴《な》らす動作《どうさ》。

地団駄《じだんだ》をふむ

ひどくくやしがる。また、くやしがって地面《じめん》をふみ鳴《な》らす。例 ヒットになりそうな打球《だきゅう》を取《と》られて地団駄《じだんだ》をふむ。📖「地団駄《じだんだ》」は「地団太《じだんだ》」とも書《か》く。

じっけん【実権】

実権《じっけん》をにぎる

実際《じっさい》に物事《ものごと》や人《ひと》を動《うご》かせるような大《おお》きな権力《けんりょく》を持《も》つ。例 かれの父《ちち》があの会社《かいしゃ》の実権《じっけん》をにぎっているそうだ。

しっしょう【失笑】

失笑《しっしょう》を買《か》う

ばかなことをやったり言《い》ったりして、人《ひと》から笑《わら》われる。例 あまりに下品《げひん》で、みんなの失笑《しっしょう》を買《か》う。📖 軽《けい》べつの意味《いみ》をふくむ。

しっぽ

しっぽにつく

並《なら》んでいるものの一番後《いちばんあと》に続《つづ》く。例 行列《ぎょうれつ》のしっぽにつく。

しっぽを出《だ》す

ごまかしていたことや、かくしていたことがばれる。例 犯人《はんにん》がとうとうしっぽを出《だ》す。類 化《ば》けの皮《かわ》がはがれる・ぼろを出《だ》す

しっぽをつかむ

人《ひと》の秘密《ひみつ》や悪事《あくじ》を見《み》つける。例 探《たん》ていが犯人《はんにん》のしっぽをつかむ。

しっぽをふる

人《ひと》に気《き》に入《い》られようとして、ご機《き》げんを取《と》る。例 上級生《じょうきゅうせい》にしっぽをふってついて行《い》く。📖 犬《いぬ》がえさをくれる人《ひと》にしっぽをふることから。類 尾《お》をふる

しっぽを巻《ま》く

とうていかなわないと、立《た》ち向《む》かう気《き》持《も》ちをなくす。降参《こうさん》する。例 相手《あいて》が強《つよ》すぎたので、しっぽを巻《ま》いてにげた。

しつもん【質問】

質問《しつもん》を浴《あ》びる

いろいろなことを質問《しつもん》される。例 人気《にんき》タレントが記者会見《きしゃかいけん》で質問《しつもん》を浴《あ》びる。

しどう【指導】

指導《しどう》に当《あ》たる

ある物事《ものごと》を人《ひと》に教《おし》える。例 母校《ぼこう》にもどり、教師《きょうし》として後《こう》はいの指導《しどう》に当《あ》たる。

問題《もんだい》：あわてたときに食《く》うものは？

し

しのぎ

刀《かたな》のはと背《せ》の間《あいだ》の、盛《も》り上《あ》がった部分《ぶぶん》。

しのぎをけずる

おたがいに激《はげ》しく争《あらそ》う。例 ライバルとしのぎをけずる。📖刀《かたな》の「しのぎ」をけずるように激《はげ》しく争《あらそ》うことから。

しばい【芝居】

芝居《しばい》を打《う》つ

①お金《かね》を取《と》って芝居《しばい》を見《み》せる。②人《ひと》をだまそうと、作《つく》り事《ごと》をする。例 芝居《しばい》を打《う》って、その場《ば》を切《き》りぬける。

じばら【自腹】

自腹《じばら》を切《き》る

自分《じぶん》がはらわなくてもいい費用《ひよう》を、自分《じぶん》のお金《かね》で支《し》はらう。例 自腹《じばら》を切《き》ってみんなの食事代《しょくじだい》をはらう。類 懐《ふところ》を痛《いた》める・身銭《みぜに》を切《き》る

しびれ

しびれを切《き》らす

①長《なが》く正座《せいざ》をしていて、足《あし》がしびれる。②長《なが》く待《ま》たされて、がまんできなくなる。待《ま》ちきれなくなる。例 いくら待《ま》っても来《こ》ないので、しびれを切《き》らす。

しふく【私腹】

私腹《しふく》を肥《こ》やす

立場《たちば》や仕事《しごと》を利用《りよう》して、よくない方法《ほうほう》で自分《じぶん》の財産《ざいさん》を増《ふ》やす。例 地位《ちい》を利用《りよう》して私腹《しふく》を肥《こ》やす。類 腹《はら》を肥《こ》やす・懐《ふところ》を肥《こ》やす

しまつ【始末】

始末《しまつ》が悪《わる》い

あつかいに困《こま》る。どうしようもない。例 都合《つごう》が悪《わる》くなると親《おや》に泣《な》きつくから始末《しまつ》が悪《わる》い。類 始末《しまつ》に負《お》えない

始末《しまつ》に負《お》えない

どうにもできない。うまく取《と》りあつかえない。例 人《ひと》の話《はなし》を全《まった》く聞《き》かないのだから、始末《しまつ》に負《お》えない。類 始末《しまつ》が悪《わる》い

始末《しまつ》をつける

物事《ものごと》を最後《さいご》まできちんと終《お》わらせる。例 早《はや》く仕事《しごと》の始末《しまつ》をつけよう。

しまり【締まり】

締《し》まりがない

態度《たいど》や考《かんが》え方《かた》などがだらだらしている。例 洋服《ようふく》がだぶだぶで締《し》まりがない。

しめい【使命】

使命《しめい》を帯《お》びる

やるべき務《つと》めをあたえられる。例 重要《じゅうよう》な使命《しめい》を帯《お》びて旅立《たびだ》つ。

しめし【示し】

答《こた》え：泡《あわ》

示《しめ》しがつかない
手本《てほん》になるべき人《ひと》が、よい手本《てほん》にならない。例 大人《おとな》がルールを守《まも》らないと、子《こ》どもに示《しめ》しがつかない。

しめん【紙面】

紙面《しめん》をかざる
新聞《しんぶん》に大《おお》きな記事《きじ》が出《で》る。例 金《きん》メダルかく得《とく》のニュースが紙面《しめん》をかざる。

紙面《しめん》をさく
新聞《しんぶん》に記事《きじ》をのせる。例 プロ野球《やきゅう》の話《わ》題《だい》に多《おお》くの紙面《しめん》をさく。📖 雑誌《ざっし》の場合《ばあい》は「誌面《しめん》」と書《か》く。

紙面《しめん》をにぎわす
話題《わだい》となり、新聞《しんぶん》で大《おお》きく取《と》り上《あ》げられる。例 毎日《まいにち》、明《あか》るい話題《わだい》が紙面《しめん》をにぎわす。類 紙上《しじょう》をにぎわす

じもく【耳目】

耳目《じもく》を集《あつ》める
多《おお》くの人々《ひとびと》の関心《かんしん》の的《まと》となる。例 へき画《が》の発見《はっけん》が、日本中《にほんじゅう》の耳目《じもく》を集《あつ》める。

しや【視野】

視野《しや》が開《ひら》ける
見《み》わたせるはん囲《い》が広《ひろ》くなる。例 急《きゅう》に視野《しや》が開《ひら》けて海《うみ》が広《ひろ》がった。類 視界《しかい》が開《ひら》ける

視野《しや》が広《ひろ》い
いろいろなものの見方《みかた》ができる。例 あの人《ひと》は経験豊《けいけんゆた》かで視野《しや》が広《ひろ》い。対 視野《しや》がせまい

視野《しや》に収《おさ》める
見《み》わたせるはん囲《い》に入《はい》る。例 山《やま》の全体《ぜんたい》を視野《しや》に収《おさ》めて、カメラのシャッターをおす。

しゃ【斜】

斜《しゃ》に構《かま》える
物事《ものごと》にきちんと取《と》り組《く》まず、皮肉《ひにく》や不《ふ》まじめな態度《たいど》でのぞむ。例 斜《しゃ》に構《かま》えてまともに話《はなし》を聞《き》かない。📖「はすに構《かま》える」ともいう。

しゃく

❶胃《い》など、腹《はら》の痛《いた》み。❷腹《はら》が立《た》つこと。

しゃくにさわる
腹立《はらだ》たしい気持《きも》ちになる。例 あの人《ひと》の言《い》うことは、いちいちしゃくにさわる。類 かんにさわる・気《き》にさわる

しゃみせん【三味線】

三味線《しゃみせん》をひく
相手《あいて》に調子《ちょうし》を合《あ》わせてごまかす。例 三味線《しゃみせん》をひいて人《ひと》のご機《き》げんを取《と》る。

し

しゅ【朱】

朱《しゅ》を入《い》れる
文章《ぶんしょう》などに手《て》を加《くわ》えたり直《なお》したりする。例 作文《さくぶん》に、先生《せんせい》が細《こま》かく朱《しゅ》を入《い》れてくださった。類 赤《あか》を入《い》れる

朱《しゅ》を注《そそ》ぐ
顔《かお》が真《ま》っ赤《か》になる。例 満面朱《まんめんしゅ》を注《そそ》ぐ（＝いかりで顔《かお》が真《ま》っ赤《か》になる）。📖 多《おお》く「満面朱《まんめんしゅ》を注《そそ》ぐ」の形《かたち》で使《つか》う。

しゆう【雌雄】

雌雄《しゆう》を決《けっ》する
戦《たたか》って勝負《しょうぶ》をつける。例 いよいよ二人《ふたり》の雌雄《しゆう》を決《けっ》する時《とき》が来《き》た。

じゅうせき【重責】

重責《じゅうせき》をになう
重《おも》い責任《せきにん》をともなう仕事《しごと》や役目《やくめ》を、引《ひ》き受《う》ける。例 新《あたら》しいクラブの部長《ぶちょう》という重責《じゅうせき》をになう。

重責《じゅうせき》を果《は》たす
重《おも》い責任《せきにん》をともなう仕事《しごと》や役目《やくめ》を、やりとげる。例 議長《ぎちょう》の重責《じゅうせき》を果《は》たす。

しゅうび【愁眉】
両方《りょうほう》のまゆを寄《よ》せた心配《しんぱい》そうな顔《かお》つき。

愁眉《しゅうび》を開《ひら》く
心配事《しんぱいごと》がなくなってほっとする。例 無事《ぶじ》を確認《かくにん》し、かの女《じょ》は愁眉《しゅうび》を開《ひら》いた。

しゅこう【趣向】

趣向《しゅこう》をこらす
新《あたら》しい感《かん》じやおもしろみを出《だ》すために、いろいろとくふうする。例 学園祭《がくえんさい》の出《だ》し物《もの》に趣向《しゅこう》をこらす。

しゅちゅう【手中】

手中《しゅちゅう》に収《おさ》める
自分《じぶん》の物《もの》にする。手《て》に入《い》れる。例 初勝利《はつしょうり》を手中《しゅちゅう》に収《おさ》める。類 手《て》に入《い》れる

手中《しゅちゅう》に落《お》ちる
ある人《ひと》の物《もの》になる。例 城《しろ》が敵《てき》の手中《しゅちゅう》に落《お》ちる。類 手中《しゅちゅう》に帰《き》する

じゅっちゅう【術中】

術中《じゅっちゅう》におちいる
相手《あいて》のたくらみに引《ひ》っかかる。例 十分《じゅうぶん》に作戦《さくせん》を立《た》てなかったので敵《てき》の術中《じゅっちゅう》におちいる。類 術中《じゅっちゅう》にはまる

術中《じゅっちゅう》にはまる
⬇術中《じゅっちゅう》におちいる

しゅっぴ【出費】

出費《しゅっぴ》がかさむ
費用《ひよう》が多《おお》くかかる。例 行事《ぎょうじ》が多《おお》くて出費《しゅっぴ》がかさむ。

出費《しゅっぴ》をおさえる
費用《ひよう》が多《おお》くかかりすぎないようにする。例 食費《しょくひ》を減《へ》らして出費《しゅっぴ》をおさえる。

答《こた》え：らっぱ・ほらなど

し

しゅどうけん【主導権】

主導権《しゅどうけん》をにぎる
物事《ものごと》を中心《ちゅうしん》になって進《すす》める力《ちから》を手《て》に入《い》れる。例 先制点《せんせいてん》をあげて、試合《しあい》の主導《しゅどう》権《けん》をにぎる。対 主導権《しゅどうけん》をわたす

主導権《しゅどうけん》をわたす
中心《ちゅうしん》になって進《すす》めていく力《ちから》を、ほかの人《ひと》にゆずる。例 先《さき》に発言《はつげん》されて相手《あいて》に主導権《しゅどうけん》をわたした。対 主導権《しゅどうけん》をにぎる

しょう【性】

性《しょう》に合《あ》う
自分《じぶん》の性質《せいしつ》にしっくり合《あ》っている。例 今《いま》の仕事《しごと》は性《しょう》に合《あ》う。

じょう【情】

情《じょう》が移《うつ》る
身近《みぢか》にいる人《ひと》などに、愛情《あいじょう》や親《した》しみを感《かん》じるようになる。例 牛《うし》の世話《せわ》をして情《じょう》が移《うつ》る。

情《じょう》がこわい
ごう情《じょう》で、人《ひと》の意見《いけん》などを聞《き》かない。例 かれは昔《むかし》から情《じょう》がこわい。

情《じょう》に厚《あつ》い
人《ひと》を思《おも》いやる気持《きも》ちが豊《ゆた》かで、まごころがある。例 情《じょう》に厚《あつ》い母《はは》は、困《こま》っている人《ひと》を見《み》ると放《ほう》っておけない。

情《じょう》に流《なが》される
冷静《れいせい》に判断《はんだん》せず、感情《かんじょう》で物事《ものごと》を決《き》める。例 情《じょう》に流《なが》されて、つい判断《はんだん》を誤《あやま》る。

情《じょう》にほだされる
相手《あいて》につい同情《どうじょう》してしまう。例 不幸《ふこう》な身《み》の上話《うえばなし》を聞《き》いて情《じょう》にほだされる。

情《じょう》にもろい
感情《かんじょう》がこまやかで同情《どうじょう》しやすい。例 情《じょう》にもろい姉《あね》は、悲《かな》しいドラマを見《み》るとすぐになみだぐむ。

しょうがい【生涯】

生涯《しょうがい》を送《おく》る
一生《いっしょう》を過《す》ごす。例 その画家《がか》は、この町《まち》で波乱《はらん》に富《と》んだ生涯《しょうがい》を送《おく》った。

生涯《しょうがい》を閉《と》じる
一生《いっしょう》を終《お》える。例 祖母《そぼ》は、家族《かぞく》に囲《かこ》まれて幸《しあわ》せな生涯《しょうがい》を閉《と》じた。

しょうぎ【将棋】

将棋《しょうぎ》を指《さ》す
将棋《しょうぎ》で対戦《たいせん》する。例 おじいさんと将棋《しょうぎ》を指《さ》す。
⚠ 将棋《しょうぎ》を「打《う》つ」は誤《あやま》り。

じょうき【常軌】

常軌《じょうき》をいっする
ふつうでは考《かんが》えられないような行《おこな》いをする。例 そんな格好《かっこう》で学校《がっこう》に来《く》るなんて、常軌《じょうき》をいっしている。

問題《もんだい》：軽《かる》くなったり、重《おも》くなったり、肥《こ》えたり、ときどきさびしくなったりもするものは？

じょうけん【条件】

条件《じょうけん》がそろう

必要《ひつよう》なことがらがすべて満《み》たされる。例 かの女《じょ》にはよい歌手《かしゅ》になるための条《じょう》件《けん》がそろっている。類 条件《じょうけん》が整《ととの》う

条件《じょうけん》が整《ととの》う

➡条件《じょうけん》がそろう

条件《じょうけん》をつける

相手《あいて》にこれが必要《ひつよう》だと指示《しじ》をする。例 二週間《にしゅうかん》で返《かえ》すという条件《じょうけん》をつけて本《ほん》を貸《か》す。

条件《じょうけん》をのむ

相手《あいて》が要求《ようきゅう》していることがらを受《う》け入《い》れる。例 今回《こんかい》は相手《あいて》の条件《じょうけん》をのむ。

条件《じょうけん》を満《み》たす

必要《ひつよう》なことがらを備《そな》えている。例 かれは俳優《はいゆう》としての条件《じょうけん》を満《み》たしている。

しょうこ【証拠】

証拠《しょうこ》を挙《あ》げる

ある事実《じじつ》の証明《しょうめい》となるしるしを示《しめ》す。例 犯罪《はんざい》の証拠《しょうこ》を挙《あ》げて犯人《はんにん》を追《お》いつめる。

証拠《しょうこ》をつかむ

ある事実《じじつ》の証明《しょうめい》となるしるしを手《て》に入《い》れる。例 かれが犯人《はんにん》だという動《うご》かぬ証《しょう》拠《こ》をつかむ。類 証拠《しょうこ》をにぎる

証拠《しょうこ》をにぎる

➡証拠《しょうこ》をつかむ

しょうこり【性懲り】

性懲《しょうこ》りもなく

反省《はんせい》することもなく、悪《わる》いことを何度《なんど》もくり返《かえ》すようす。例 性懲《しょうこ》りもなく何《なん》回《かい》もいたずらをする。

しょうたい【正体】

正体《しょうたい》を失《うしな》う

しっかりした意識《いしき》をなくす。正気《しょうき》でなくなる。例 正体《しょうたい》を失《うしな》うほど酒《さけ》を飲《の》むな。

しょうどう【衝動】

衝動《しょうどう》にかられる

感情《かんじょう》のままに行動《こうどう》しようとする気持《きも》ちが強《つよ》く起《お》きる。例 どうしても遊《あそ》びたいという衝動《しょうどう》にかられる。

しょく【食】

食《しょく》が進《すす》む

食欲《しょくよく》があり、食《た》べ物《もの》をたくさん食《た》べる。例 すずしくなったせいか、毎日《まいにち》とても食《しょく》が進《すす》む。類 はしが進《すす》む

食《しょく》が細《ほそ》い

食《た》べ物《もの》を少《すこ》ししか食《た》べない。小食《しょうしょく》である。例 妹《いもうと》は子《こ》どものころから食《しょく》が細《ほそ》い。

答《こた》え：口《くち》

食《しょく》をたつ
食事《しょくじ》をしない。とくに、願《ねが》いごとや修《しゅ》行《ぎょう》などのために、決《き》められた期間《きかん》食事《しょくじ》をしない。例 修行《しゅぎょう》のため山《やま》に入《はい》って食《しょく》をたつ。

しょくし【食指】
人《ひと》さし指《ゆび》。

食指《しょくし》が動《うご》く
①食欲《しょくよく》がわく。②あることをしたいという気持《きも》ちになる。例 そのゲームなら安《やす》く手《て》に入《はい》ると言《い》われて食指《しょくし》が動《うご》く。

しょくしゅ【触手】

触手《しょくしゅ》をのばす
自分《じぶん》の物《もの》にしようとして働《はたら》きかける。例 プロのサッカーチームのかんとくが、有望《ゆうぼう》な高校《こうこう》の選手《せんしゅ》に触手《しょくしゅ》をのばす。

しょしん【初心】

初心《しょしん》に返《かえ》る
それを始《はじ》めたころの気持《きも》ちにもどる。例 新《あたら》しい学期《がっき》になり、初心《しょしん》に返《かえ》ってがんばろうと思《おも》う。

初心《しょしん》をつらぬく
最初《さいしょ》に心《こころ》に決《き》めたことを、終《お》わりまでやりぬく。例 初心《しょしん》をつらぬいて、医師《いし》になる。

しら【白】

白《しら》を切《き》る
知《し》っていて知《し》らないふりをする。しらばくれる。例 そんな話《はなし》は聞《き》いていないと白《しら》を切《き》る。

しらは【白羽】

白羽《しらは》の矢《や》が立《た》つ
多《おお》くの人《ひと》の中《なか》から、とくに選《えら》び出《だ》される。例 新《あたら》しいコーチとして、あの人《ひと》に白羽《しらは》の矢《や》が立《た》った。📖 いけにえを求《もと》める神《かみ》が、選《えら》ばれた者《もの》の家《いえ》の屋根《やね》に白羽《しらは》の矢《や》を立《た》てたという言《い》い伝《つた》えから。

しり

しりが青《あお》い
まだ一人前《いちにんまえ》ではない。未熟《みじゅく》である。例 そんな簡単《かんたん》にだまされるとは、まだしりが青《あお》いね。類 くちばしが黄色《きいろ》い

しりが暖《あたた》まる
長《なが》い間《あいだ》、同《おな》じ場所《ばしょ》にいる。例 この町《まち》に長《なが》く暮《く》らし、すっかりしりが暖《あたた》まる。

しりが重《おも》い
なかなか物事《ものごと》をやろうとしない。例 まだ準備《じゅんび》をしていないなんて、しりが重《おも》いなあ。類 腰《こし》が重《おも》い

問題《もんだい》：暖《あたた》まったり、青《あお》くなったり、火《ひ》がついて大《おお》あわてしたりするのはからだのどの部分《ぶぶん》？

しりが軽《かる》い

①ふるまいが軽《かる》はずみである。例しりが軽《かる》いので早《はや》とちりをした。②動作《どうさ》がすばやい。例しりが軽《かる》いかれは、いつも立《た》ち働《はたら》いている。類①②腰《こし》が軽《かる》い

しりがすわる

長《なが》いこと、一《ひと》つの所《ところ》に落《お》ち着《つ》いている。例このアパートにしりがすわった。類腰《こし》がすわる

しりが長《なが》い

人《ひと》の家《いえ》に長居《ながい》をしてなかなか帰《かえ》らない。例あの人《ひと》は一度《いちど》訪《たず》ねてくるとしりが長《なが》い。類座《ざ》が長《なが》い

しりが割《わ》れる

かくしている悪《わる》いことやごまかしが見《み》つかる。例下手《へた》なことを言《い》ってしりが割《わ》れる。

しりにしく

妻《つま》が夫《おっと》よりも強《つよ》い立場《たちば》に立《た》ち、思《おも》うままにふるまう。例おくさんは、かれをしりにしいている。

しりにつく

①人《ひと》の後《うし》ろに従《したが》って行《い》く。②人《ひと》の手下《てした》になる。例友人《ゆうじん》のしりについて悪《わる》さをする。③人《ひと》のまねをする。例自分《じぶん》で考《かんが》えず人《ひと》のしりについてばかりいる。

しりに火《ひ》がつく

物事《ものごと》が差《さ》しせまってくる。例しめ切《き》りが明日《あす》にせまってしりに火《ひ》がつく。類しりから焼《や》けてくる

しりの毛《け》までぬかれる

だまされたりして、財産《ざいさん》などをすっかり取《と》られる。例悪質《あくしつ》なさぎにあってしりの毛《け》までぬかれる。

しりを上《あ》げる

①立《た》ち上《あ》がる。例そろそろしりを上《あ》げてそうじをしよう。②訪《たず》ねた先《さき》から帰《かえ》ろうとする。例母《はは》は話《はな》しこんでいたが、ようやくしりを上《あ》げた。類腰《こし》を上《あ》げる

しりを落《お》ち着《つ》ける

一《いっ》か所《しょ》に長《なが》くとどまる。例ホテルの部屋《へや》が気《き》に入《い》ってしりを落《お》ち着《つ》ける。類しりをすえる

しりをたたく

やる気《き》を出《だ》すように元気《げんき》づけ、はげます。例早《はや》くやらないと間《ま》に合《あ》わないと、しりをたたく。類気合《きあい》を入《い》れる・発破《はっぱ》をかける・ねじを巻《ま》く

しりをぬぐう

人《ひと》の失敗《しっぱい》の後始末《あとしまつ》をする。例下級生《かきゅうせい》のミスのしりをぬぐう。

答《こた》え：しり

しりをまくる 追《お》いつめられた人《ひと》が、どうにでもなれと強《つよ》い態度《たいど》に出《で》る。居直《いなお》る。例 君《きみ》の好《す》きなようにしろとしりをまくる。類 けつをまくる

しりうま【しり馬】

しり馬《うま》に乗《の》る 軽々《かるがる》しく人《ひと》に調子《ちょうし》を合《あ》わせて、いっしょに行動《こうどう》したり、まねをしたりする。例 友人《ゆうじん》のしり馬《うま》に乗《の》って、先生《せんせい》の悪口《わるくち》を言《い》う。

じりき【地力】

地力《じりき》にまさる もともと備《そな》わっている力《ちから》や能力《のうりょく》がすぐれている。例 テニスでは、わたしよりかの女《じょ》のほうが地力《じりき》にまさっている。

しりもち

しりもちをつく 後《うし》ろにたおれて、しりを地面《じめん》に打《う》ちつける。例 アイススケートですべってしりもちをつく。

しりょく【死力】

死力《しりょく》をつくす 必死《ひっし》になって力《ちから》をふりしぼる。例 両《りょう》チームが死力《しりょく》をつくす。

しろい【白い】

白《しろ》い歯《は》を見《み》せる にっこりと笑《わら》って、人《ひと》に笑顔《えがお》を見《み》せる。例 孫《まご》の顔《かお》を見《み》て、おじいさんが白《しろ》い歯《は》を見《み》せる。

白《しろ》い目《め》で見《み》る にくんだり疑《うたが》ったりする気持《きも》ちを持《も》って人《ひと》を見《み》る。例 人《ひと》を白《しろ》い目《め》で見《み》るのはよくないよ。

しろくろ【白黒】

白黒《しろくろ》をつける 物事《ものごと》のよしあしをはっきりさせる。例 今日《きょう》こそは白黒《しろくろ》をつけよう。類 白黒《しろくろ》をはっきりさせる

白黒《しろくろ》をはっきりさせる ⬇白黒《しろくろ》をつける

しろぼし【白星】

❶すもうの星取表《ほしとりひょう》で勝《か》ちの白《しろ》い丸印《まるじるし》。❷勝《か》ち。

白星《しろぼし》を挙《あ》げる 勝《か》つ。例 先場所《せんばしょ》の優《ゆう》勝力士《しょうりきし》から白星《しろぼし》を挙《あ》げる。類 星《ほし》を挙《あ》げる②

問題《もんだい》：これを入《い》れてもついても休《きゅう》けいするという意味《いみ》になります。

し

しん【真】

真《しん》にせまる

表現《ひょうげん》されたものが、本当《ほんとう》のことのように感《かん》じられるほど説得力《せっとくりょく》がある。例 かれの演技《えんぎ》は真《しん》にせまっている。

しんか【真価】

真価《しんか》が問《と》われる

本当《ほんとう》の値打《ねう》ちがどれくらいなのかが問《もん》題《だい》になる。例 この役《やく》で、女優《じょゆう》としての真価《しんか》が問《と》われる。

しんきょう【進境】

上達《じょうたつ》の具合《ぐあい》。

進境《しんきょう》がいちじるしい

技術《ぎじゅつ》や知識《ちしき》などが、すばらしく進歩《しんぽ》する。めざましく上達《じょうたつ》する。例 ここにきて、国語《こくご》の成績《せいせき》は進境《しんきょう》がいちじるしい。

しんけい【神経】

神経《しんけい》が細《こま》かい

物事《ものごと》の感《かん》じ方《かた》がこまやかである。ちょっとしたことまで気《き》になる。例 神《しん》経《けい》が細《こま》かいので新《あたら》しい場所《ばしょ》に慣《な》れるのに時間《じかん》がかかる。類 神経《しんけい》が細《ほそ》い

神経《しんけい》がするどい

物事《ものごと》の感《かん》じ方《かた》がするどい。例 母《はは》は顔《かお》を見《み》ただけで家族《かぞく》の体調《たいちょう》がわかるほど神《しん》経《けい》がするどい。

神経《しんけい》が太《ふと》い

ちょっとしたことでは動《どう》じない。例 テストの点《てん》なんか全《まった》く気《き》にしないなんて神経《しんけい》が太《ふと》いね。

神経《しんけい》にさわる

気持《きも》ちをいらだたせる。例 となりの人《ひと》のえんぴつの音《おと》が、神経《しんけい》にさわる。

神経《しんけい》をすり減《へ》らす

気《き》をつかいすぎてつかれる。例 一日中《いちにちじゅう》きん張《ちょう》の連続《れんぞく》で、神経《しんけい》をすり減《へ》らした。類 神経《しんけい》をつかう

神経《しんけい》をつかう

➡神経《しんけい》をすり減《へ》らす

神経《しんけい》をとがらす

細《こま》かな点《てん》まで、心《こころ》をするどく働《はたら》かせる。気《き》を張《は》りつめる。例 ダンサーが足《あし》の先《さき》まで神経《しんけい》をとがらす。

しんけつ【心血】

心血《しんけつ》を注《そそ》ぐ

それだけに集中《しゅうちゅう》して、心《こころ》をこめて物事《ものごと》を行《おこな》う。例 医者《いしゃ》としての仕《し》事《ごと》に心血《しんけつ》を注《そそ》ぐ。

答《こた》え：息《いき》・ひと息《いき》

じんご【人後】

人後《じんご》に落《お》ちない

ほかの人《ひと》と比《くら》べても決《けっ》しておとらない。人《ひと》に負《ま》けない。例 読《よ》んだ本《ほん》の数《かず》なら人後《じんご》に落《お》ちない。類 引《ひ》けを取《と》らない

じんこう【人口】

人口《じんこう》にかいしゃする

世間《せけん》の人《ひと》に広《ひろ》く知《し》られ、もてはやされる。有名《ゆうめい》である。例 詩《し》の一節《いっせつ》が人口《じんこう》にかいしゃする。📖なます（膾《かい》）やあぶった肉《にく》（炙《しゃ》）はおいしくて、人《ひと》の口《くち》に合《あ》うことから。

しんさん【辛酸】

辛酸《しんさん》をなめる

つらい思《おも》いをする。苦《くる》しい経験《けいけん》をする。例 父《ちち》の会社《かいしゃ》が倒産《とうさん》して辛酸《しんさん》をなめる。

しんしょく【寝食】

寝食《しんしょく》を共《とも》にする

いっしょに生活《せいかつ》をする。同《おな》じところに住《す》んで生活《せいかつ》する。例 学生時代《がくせいじだい》はかれと寝食《しんしょく》を共《とも》にし、よく夢《ゆめ》を語《かた》り合《あ》った。

寝食《しんしょく》を忘《わす》れる

ねることも食《た》べることも忘《わす》れて、一《ひと》つのことに集中《しゅうちゅう》する。例 寝食《しんしょく》を忘《わす》れて勉強《べんきょう》に精《せい》を出《だ》す。

しんぞう【心臓】

心臓《しんぞう》が強《つよ》い

①気《き》が強《つよ》い。例 かれは心臓《しんぞう》が強《つよ》いので、どんな場面《ばめん》でも落《お》ち着《つ》いている。②ずうずうしい。例 初対面《しょたいめん》の人《ひと》と打《う》ち解《と》けられるなんて心臓《しんぞう》が強《つよ》い。対 ①②心臓《しんぞう》が弱《よわ》い

心臓《しんぞう》に毛《け》が生《は》えている

ずうずうしい。あつかましい。例 あんなに大勢《おおぜい》の人《ひと》の前《まえ》で話《はなし》ができるなんて、心臓《しんぞう》に毛《け》が生《は》えているのだろう。

しんたい【進退】

進退《しんたい》きわまる

進《すす》むことも退《しりぞ》くこともできないような苦《くる》しい状態《じょうたい》になる。例 前《まえ》も後《うし》ろも敵《てき》ばかりで、とうとう進退《しんたい》きわまる。📖「進退《しんたい》これきわまる」ともいう。

じんぼう【人望】

人望《じんぼう》が厚《あつ》い

多《おお》くの人《ひと》から、尊敬《そんけい》されている。みんなが信頼《しんらい》している。例 かれはとてもたよりになるので、人望《じんぼう》が厚《あつ》い。

し

問題《もんだい》：文章《ぶんしょう》に書《か》かれていなくても読《よ》めるものは？

人望《じんぼう》を集《あつ》める
多《おお》くの人《ひと》からの尊敬《そんけい》や信頼《しんらい》を受《う》ける。例やさしい性格《せいかく》で人望《じんぼう》を集《あつ》める。

じんもん【陣門】

陣門《じんもん》に下《くだ》る
降参《こうさん》する。例むざむざ敵《てき》の陣門《じんもん》に下《くだ》るわけにはいかない。類軍門《ぐんもん》に下《くだ》る

しんよう【信用】

信用《しんよう》にかかわる
積《つ》み重《かさ》ねてきたいい評判《ひょうばん》が、悪《わる》くなりそうである。例不良品《ふりょうひん》を売《う》ってしまっては、店《みせ》の信用《しんよう》にかかわる。

信用《しんよう》を失《うしな》う
積《つ》み重《かさ》ねてきたいい評判《ひょうばん》が悪《わる》くなる。例試合《しあい》にち刻《こく》して、信用《しんよう》を失《うしな》う。類信用《しんよう》を落《お》とす 対信用《しんよう》を得《え》る

信用《しんよう》を得《え》る
いろいろと努力《どりょく》を重《かさ》ねて信《しん》らいされるようになる。例毎日手伝《まいにちてつだ》いをして信用《しんよう》を得《え》る。対信用《しんよう》を失《うしな》う

ず【図】

図《ず》に当《あ》たる
予想《よそう》した通《とお》りにうまくいく。例新《あたら》しい企画《きかく》が図《ず》に当《あ》たって、みんなから評判《ひょうばん》がいい。

図《ず》に乗《の》る
物事《ものごと》が思《おも》い通《どお》りになって、いい気《き》になる。つけ上《あ》がる。例たった一度《いちど》、先生《せんせい》にほめられただけで図《ず》に乗《の》る。📖仏教《ぶっきょう》ぎ式《しき》の歌《うた》で、調子《ちょうし》が変《か》わることを「図《ず》」という。うまく調子《ちょうし》が変《か》わることを「図《ず》に乗《の》る」ということから。類調子《ちょうし》に乗《の》る②

ず【頭】

頭《ず》が高《たか》い
無礼《ぶれい》でいばった態度《たいど》である。例新人《しんじん》のくせにあいつは頭《ず》が高《たか》い。📖おじぎをするのに、頭《あたま》の下《さ》げ方《かた》が足《た》りないことから。類腰《こし》が高《たか》い 対腰《こし》が低《ひく》い

スイッチ

スイッチを入《い》れる
①ボタンなどをおして、電気製品《でんきせいひん》などが動《うご》くようにする。②本気《ほんき》になって力《ちから》を出《だ》す。例そろそろスイッチを入《い》れて宿題《しゅくだい》に取《と》り組《く》もう。

答《こた》え：行間《ぎょうかん》

スイッチを切《き》る ①ボタンなどをおして、電気製品《でんきせいひん》などを動《うご》かなくする。例こまめにスイッチを切る。②張《は》り切《き》っていた人《ひと》が少《すこ》し休《やす》む。例試験《しけん》も終《お》わったのでスイッチを切《き》る。

すいほう【水泡】

水泡《すいほう》に帰《き》する 今《いま》まで努力《どりょく》してきたものがむだになる。例わずかな失敗《しっぱい》で今日《きょう》までの努力《どりょく》が水泡《すいほう》に帰《き》する。

すいみん【睡眠】

睡眠《すいみん》をとる ねむる。例明日《あす》の大一《おおいち》番《ばん》に備《そな》えて、十分《じゅうぶん》に睡眠《すいみん》をとる。

すがた【姿】

姿《すがた》をかくす どこに行《い》ったかわからなくする。例友人《ゆうじん》が急《きゅう》に姿《すがた》をかくす。類姿《すがた》をくらます・姿《すがた》を消《け》す①・行方《ゆくえ》をくらます 対姿《すがた》を現《あらわ》す

姿《すがた》をくらます ➡姿《すがた》をかくす

姿《すがた》を消《け》す ①いなくなる。例老人《ろうじん》はいつの間《ま》にか姿《すがた》を消《け》していた。②すっかりなくなる。例街《まち》から公衆電話《こうしゅうでんわ》が姿《すがた》を消《け》した。類①姿《すがた》をかくす 対①②姿《すがた》を現《あらわ》す

すき

すきをつく 相手《あいて》の気《き》のゆるみをとらえる。例見張《みは》り役《やく》のすきをついてにげ出《だ》す。

すきをねらう 相手《あいて》の気《き》のゆるみにつけこもうと、チャンスをうかがう。例のらネコが魚《さかな》をぬすもうと、すきをねらっている。

すきを見《み》せる 油断《ゆだん》や気《き》のゆるみを表《おもて》に出《だ》す。例試合中《しあいちゅう》にすきを見《み》せて、見事《みごと》に一《いっ》本《ぽん》取《と》られた。

すきを見《み》る 時間《じかん》の合《あ》い間《ま》を見《み》て何《なに》かをする。例仕事《しごと》のすきを見《み》てメールを送《おく》る。

すし

すしをつまむ にぎりずしや巻《ま》きずしなどを食《た》べる。例少《すこ》しおなかがすいたのですしをつまむ。

問題《もんだい》：勝手《かって》に洗《あら》われてもだれもおこらないものは？

す

すしをにぎる

にぎりずしを作《つく》る。例すしをにぎって、かれこれ三十年《さんじゅうねん》になる。

すじ【筋】

筋《すじ》がちがう

目指《めざ》す方向《ほうこう》が正《ただ》しくない。見当《けんとう》ちがいである。例ぼくに文句《もんく》を言《い》うなんて、筋《すじ》がちがう。対筋《すじ》が立《た》つ・筋《すじ》が通《とお》る

筋《すじ》が通《とお》る

始《はじ》めから終《お》わりまで考《かん》えや行動《こうどう》が変《か》わらず、きちんとしている。例かれの言《い》うことは筋《すじ》が通《とお》っていて、反論《はんろん》できない。📖「筋を通す」という形《かたち》でも使《つか》う。類筋《すじ》が立《た》つ　対筋《すじ》がちがう

筋《すじ》が悪《わる》い

素質《そしつ》がない。例かの女《じょ》はおどりの筋《すじ》が悪《わる》くて、思《おも》うように上達《じょうたつ》しない。

すじみち【筋道】

筋道《すじみち》を立《た》てる

物事《ものごと》の順序《じゅんじょ》や理《り》くつをきちんとつらぬく。例もう一度《いちど》初《はじ》めから、筋道《すじみち》を立《た》てて説明《せつめい》しよう。

筋道《すじみち》をふむ

物事《ものごと》を行《おこな》うときに正《ただ》しい順序《じゅんじょ》でやる。例正《ただ》しい手続《てつづ》きの筋道《すじみち》をふむ。

スタート

スタートを切《き》る

①出発《しゅっぱつ》する。例選手《せんしゅ》がいっせいにスタートを切《き》る。②ある目標《もくひょう》に向《む》かって物事《ものごと》を始《はじ》める。例中学生活《ちゅうがくせいかつ》のスタートを切《き》る。

すな【砂】

砂《すな》をかむよう

味気《あじけ》なく、おもしろみがないと感《かん》じることのたとえ。例友《とも》だちができず砂《すな》をかむような日々《ひび》を送《おく》る。

すね

すねに傷《きず》を持《も》つ

心《こころ》にやましい所《ところ》がある。知《し》られたくないことがある。例親友《しんゆう》を裏切《うらぎ》ったことがあるというすねに傷《きず》を持《も》つ身《み》で、強《つよ》くは言《い》えない。

すねをかじる

子《こ》どもが自立《じりつ》できず、親《おや》に生活《せいかつ》のためのお金《かね》などを出《だ》してもらう。例大学《だいがく》を卒業《そつぎょう》しても親《おや》のすねをかじる。📖多《おお》く、「親《おや》のすねをかじる」の形《かたち》で使《つか》う。

スピード

答《こた》え：心《こころ》

スピードを殺《ころ》す
わざとおそい速度《そくど》にする。例 スピードを殺《ころ》した変化球《へんかきゅう》を投《な》げる。

ずぼし【図星】
弓《ゆみ》の的《まと》の中心《ちゅうしん》にある黒《くろ》い点《てん》。

図星《ずぼし》を指《さ》す
思《おも》っていることをずばりと言《い》い当《あ》てる。例 ぬけ出《だ》すつもりだろうと図星《ずぼし》を指《さ》す。類 星《ほし》を指《さ》す

すみ【隅】

隅《すみ》に置《お》けない
意外《いがい》にすぐれた能力《のうりょく》や知識《ちしき》があって、油断《ゆだん》ができない。例 こんなことを知《し》っているなんて君《きみ》も隅《すみ》に置《お》けない人《ひと》だ。

すもう【相撲】

相撲《すもう》を取《と》る
相撲《すもう》で勝負《しょうぶ》する。例 砂場《すなば》で友《とも》だちと相撲《すもう》を取《と》る。

せ【背】

背《せ》にする
①後《うし》ろにくるようにする。例 太陽《たいよう》を背《せ》にする。②背負《せお》う。例 みんなの期待《きたい》を背《せ》にしてコンクールに出場《しゅつじょう》する。

背《せ》に腹《はら》はかえられない
差《さ》しせまった問題《もんだい》を解決《かいけつ》するためには、多少損《たしょうそん》をしてもしかたがない。例 お金《かね》がもったいないが、背《せ》に腹《はら》はかえられない。📖背中《せなか》のことで、おなかをぎせいにはできないということから。

背《せ》を向《む》ける
①後《うし》ろ向《む》きになる。例 背《せ》を向《む》けてにげる。②反対《はんたい》する。受《う》け入《い》れようとしない。例 弟《おとうと》のわがままな言《い》い分《ぶん》にみんなが背《せ》を向《む》けた。類 ①②背中《せなか》を向《む》ける

ぜ【是】

是《ぜ》が非《ひ》でも
何《なに》が何《なん》でも。どうしても。例 この映画《えいが》は是《ぜ》が非《ひ》でも見《み》たい。

せい【生】

生《せい》を受《う》ける
生《う》まれる。例 期待《きたい》と愛情《じょう》を一身《いっしん》に浴《あ》びて、生《せい》を受《う》けた。

せい【精】

精《せい》が出《で》る
熱心《ねっしん》に働《はたら》く。努力《どりょく》する。例 目標《もくひょう》があると、トレーニングにも精《せい》が出《で》る。📖「精《せい》を出《だ》す」の形《かたち》でも使《つか》う。

問題《もんだい》：やさしい先生《せんせい》でも、ときには「○を落《お》とす」ことがあります。

せ

精《せい》も根《こん》もつき果《は》てる
何《なに》かをやりとげようとする力《ちから》や気力《きりょく》が、すっかりなくなる。例 店《みせ》の手伝《てつだ》いがいそがしくて精《せい》も根《こん》もつき果《は》てた。

精《せい》を入《い》れる
熱心《ねっしん》に一《ひと》つのことに取《と》り組《く》む。例 もっと精《せい》を入《い》れて練習《れんしゅう》しなさい。

ぜい

ぜいをつくす
これ以上《いじょう》ないというほどのぜいたくをする。例 ぜいをつくした家具《かぐ》。

せいえん【声援】

声援《せいえん》を送《おく》る
大《おお》きな声《こえ》を出《だ》して応援《おうえん》する。例 沿道《えんどう》からランナーに声援《せいえん》を送《おく》る。

せいか【成果】

成果《せいか》を上《あ》げる
よい結果《けっか》を出《だ》す。例 毎日《まいにち》の練習《れんしゅう》が成果《せいか》を上《あ》げる。類 成果《せいか》を収《おさ》める

成果《せいか》を収《おさ》める
➡成果《せいか》を上《あ》げる

せいけい【生計】

生計《せいけい》を立《た》てる
お金《かね》をかせいで生活《せいかつ》できるようにする。例 共《とも》かせぎで生計《せいけい》を立《た》てる。

せいこく【正こく】

弓《ゆみ》の的《まと》の中心《ちゅうしん》の黒《くろ》い点《てん》。「正《せい》こう」とも。

正《せい》こくを射《い》る
物事《ものごと》の急所《きゅうしょ》をつく。要点《ようてん》を正《ただ》しくおさえる。例 かれの指《し》てきは正《せい》こくを射《い》たものだった。類 正《せい》こくを得《え》る・的《まと》を射《い》る 対 正《せい》こくを失《しっ》する

正《せい》こくを得《え》る
➡正《せい》こくを射《い》る

せいさい【精彩】

「生彩《せいさい》」とも書《か》く。

精彩《せいさい》に欠《か》ける
生《い》き生《い》きとした感《かん》じがない。例 今回《こんかい》の新作《しんさく》はどうも精彩《せいさい》に欠《か》ける。類 精彩《せいさい》がない

せいだく【清濁】

清濁《せいだく》あわせのむ
心《こころ》が広《ひろ》くて、よしあしの区別《くべつ》なく来《く》るものすべてを受《う》け入《い》れる。例 父《ちち》は度量《どりょう》が大《おお》きく、清濁《せいだく》あわせのむ人物《じんぶつ》だ。

ぜいたく

ぜいたくを言《い》う
身《み》のほど以上《いじょう》のことを希望《きぼう》する。例 健《けん》康《こう》で幸《しあわ》せなら、もっとお金《かね》がほしいなどとぜいたくを言《い》うものではない。

せき

答《こた》え：雷《かみなり》

せきを切《き》ったよう
おさえられたりこらえたりしていたことが、急《きゅう》に激《はげ》しく起《お》こるようす。例 せきを切《き》ったように話《はな》し出《だ》す。

せき【席】

席《せき》につく
いすにすわる。例 先生《せんせい》に一礼《いちれい》してから自分《じぶん》の席《せき》につく。

席《せき》を改《あらた》める
話《はな》し合《あ》いなどをする場所《ばしょ》を、ほかに移《うつ》す。また、別《べつ》の日時《にちじ》に移《うつ》す。例 会議《かいぎ》の後《あと》、席《せき》を改《あらた》めてこん親会《しんかい》があった。

席《せき》をける
激《はげ》しくおこって、その場《ば》から出《で》て行《い》く。例 ひどいことを言《い》われて、かれは席《せき》をけって部屋《へや》を出《で》た。

席《せき》を進《すす》める
話《はなし》に興味《きょうみ》がわいて、からだを前《まえ》に乗《の》り出《だ》す。例 楽《たの》しい話《はなし》に、つい席《せき》を進《すす》めた。

席《せき》を立《た》つ
その場《ば》から立《た》ち去《さ》る。例 相手《あいて》が失礼《しつれい》なことを言《い》ったので、席《せき》を立《た》つ。

席《せき》を外《はず》す
自分《じぶん》の席《せき》からしばらくの間《あいだ》はなれる。例 十分《じっぷん》ほど席《せき》を外《はず》す。類 座《ざ》を外《はず》す

席《せき》をゆずる
①自分《じぶん》がすわっていた席《せき》に人《ひと》をすわらせる。例 バスでお年寄《としよ》りに席《せき》をゆずる。②自分《じぶん》がいた地位《ちい》に、他《た》の人《ひと》をつかせる。例 次期世代《じきせだい》に議長《ぎちょう》の席《せき》をゆずる。

せき【籍】

籍《せき》を入《い》れる
戸籍《こせき》に名前《なまえ》を入《い》れて、正式《せいしき》な関係《かんけい》になる。とくに、結《けっ》こんした人《ひと》が届《とど》けを出《だ》す。例 二人《ふたり》は去年《きょねん》籍《せき》を入《い》れた。対 籍《せき》をぬく

籍《せき》を置《お》く
ある団体《だんたい》のメンバーである。例 ぼくはサッカー部《ぶ》に籍《せき》を置《お》いている。

籍《せき》をぬく
戸籍《こせき》から名前《なまえ》を外《はず》して正式《せいしき》に関係《かんけい》をなくす。りこんする。例 はなれて暮《く》らしていた二人《ふたり》が籍《せき》をぬく。対 籍《せき》を入《い》れる

せきにん【責任】

責任《せきにん》を負《お》う
責任《せきにん》を引《ひ》き受《う》ける。例 この作業《さぎょう》についてはぼくが責任《せきにん》を負《お》う。類 責任《せきにん》を持《も》つ

責任《せきにん》を取《と》る
自分《じぶん》や自分《じぶん》に関係《かんけい》のある人《ひと》が引《ひ》き起《お》こした悪《わる》い結果《けっか》を引《ひ》き受《う》ける。例 事故《じこ》の責任《せきにん》を取《と》って辞任《じにん》する。類 責《せ》めを負《お》う

問題《もんだい》：お酒《さけ》にようと、これを巻《ま》きます。

責任《せきにん》を果《は》たす
任《まか》された役目《やくめ》をやりとげる。例 看護師《かんごし》としての責任《せきにん》を果《は》たす。

責任《せきにん》を持《も》つ
責任《せきにん》を引《ひ》き受《う》ける。大《だい》じょう夫《ぶ》だと受《う》け合《あ》う。例 子《こ》どもたちを、責《せき》任《にん》を持《も》って送《おく》り届《とど》ける。類 責任《せきにん》を負《お》う

せけん【世間】

世間《せけん》がせまい
①つき合《あ》う相手《あいて》が少《すく》ない。②引《ひ》け目《め》を感《かん》じる。人々《ひとびと》の信用《しんよう》をなくす。例 この前《まえ》の大会《たいかい》で失敗《しっぱい》して世間《せけん》がせまい。類 ②肩身《かたみ》がせまい 対 ①世間《せけん》が広《ひろ》い

世間《せけん》をさわがせる
多《おお》くの人々《ひとびと》を落《お》ち着《つ》かない気持《きも》ちにさせる。例 世間《せけん》をさわがせた大事件《だいじけん》がやっと解決《かいけつ》した。

世間《せけん》をわたる
世《よ》の中《なか》を生《い》きていく。例 一人《ひとり》で世間《せけん》をわたるのは、つらいものだ。

せすじ【背筋】

背筋《せすじ》がこおる
こわくてぞっとする。例 お化《ば》けの話《はなし》に背筋《せすじ》がこおる。類 背筋《せすじ》が寒《さむ》くなる

背筋《せすじ》が寒《さむ》くなる
➡背筋《せすじ》がこおる

背筋《せすじ》をのばす
姿勢《しせい》をよくする。しゃんとする。例 先生《せんせい》にあいさつする時《とき》には背筋《せすじ》をのばす。対 背筋《せすじ》を曲《ま》げる

せとぎわ【瀬戸際】
勝負《しょうぶ》などの、大切《たいせつ》な分《わ》かれ目《め》。

瀬戸《せと》際《ぎわ》に立《た》つ
勝《か》つか負《ま》けるか、できるかできないかなど、大切《たいせつ》な分《わ》かれ目《め》にいる。例 生《い》きるか死《し》ぬかの瀬戸《せと》際《ぎわ》に立《た》つ。📖「瀬《せ》戸《と》」は小《ちい》さな海《かい》きょうのこと。その際《きわ》（外海《がいかい》との境目《さかいめ》）に立《た》つということから。

せなか【背中】

背中《せなか》をおす
はげまして、次《つぎ》の一《いっ》歩《ぽ》をふみ出《だ》させる。例 友人《ゆうじん》に背中《せなか》をおされて参加《さんか》する。

背中《せなか》を向《む》ける
➡背《せ》を向《む》ける①②

ぜひ【是非】

答《こた》え：管《くだ》

是非《ぜひ》もない 仕方《しかた》がない。どうしようもない。例 そういう事情《じじょう》があるのなら是非《ぜひ》もない。

是非《ぜひ》を問《と》う よいか悪《わる》いかはっきりさせる。例 話《はな》し合《あ》って、この意見《いけん》の是非《ぜひ》を問《と》う。

せめ【責め】

責《せ》めを負《お》う ⬇責任《せきにん》を取《と》る

せわ【世話】

世話《せわ》がない ①手数《てすう》がかからない。例 弟《おとうと》は聞《き》き分《わ》けがいいので世話《せわ》がない。②あきれてしまって、どうにもならない。例 ばかにされたのもわからないようでは世話《せわ》がない。

世話《せわ》が焼《や》ける 手数《てすう》がかかる。面《めん》どうだ。例 妹《いもうと》は小学《しょうがく》生《せい》になっても、いろいろと世話《せわ》が焼《や》ける。

世話《せわ》を焼《や》く 進《すす》んで人《ひと》の面《めん》どうを見《み》る。例 かの女《じょ》は、何《なに》かと後《こう》はいの世話《せわ》を焼《や》く。類 世話《せわ》をする

せん【先】

先《せん》をこす 相手《あいて》よりも先《さき》に物事《ものごと》を行《おこな》う。例 ほかの人《ひと》の先《せん》をこして勉強《べんきょう》を始《はじ》める。

せん【線】

線《せん》が細《ほそ》い 弱々《よわよわ》しくて、何《なん》となくたよりない。例 かの女《じょ》はきゃしゃで、いかにも線《せん》が細《ほそ》い。対 線《せん》が太《ふと》い

せんじん【先陣】

先陣《せんじん》を切《き》る ①ほかの人《ひと》より先《さき》に敵《てき》にせめ入《い》る。②だれよりも先《さき》にそのことをする。例 他《た》県《けん》の先陣《せんじん》を切《き》って海開《うみびら》きが行《おこな》われた。

せんて【先手】

先手《せんて》を打《う》つ 人《ひと》より先《さき》にやって有利《ゆうり》な立場《たちば》に立《た》つ。例 ごみをあらされる前《まえ》に先手《せんて》を打《う》ってネットを張《は》る。📖囲碁《いご》や将棋《しょうぎ》で、相手《あいて》より先《さき》に打《う》ち始《はじ》めることから。類 機先《きせん》を制《せい》する・先手《せんて》を取《と》る 対 後手《ごて》に回《まわ》る

先手《せんて》を取《と》る ⬇先手《せんて》を打《う》つ

問題《もんだい》：「目《め》から○へぬける」ようなかしこい人《ひと》。

ぜんてつ【前てつ】
前《まえ》を行《い》く車《くるま》のわだち（車輪《しゃりん》のあと）。

前《ぜん》てつをふむ
前《まえ》の人《ひと》と同《おな》じ失敗《しっぱい》をする。例 最初《さいしょ》の選手《せんしゅ》の前《ぜん》てつをふんで、次《つぎ》の選手《せんしゅ》も転《ころ》ぶ。📖 前《まえ》を行《い》く車《くるま》のわだちを後《うし》ろの車《くるま》がふむことから。類 前車《ぜんしゃ》のてつをふむ

せんとう【先頭】

先頭《せんとう》に立《た》つ
多《おお》くの人《ひと》の一番前《いちばんまえ》にいて人々《ひとびと》を導《みちび》く。例 全校《ぜんこう》の美化活動《びかかつどう》の先頭《せんとう》に立《た》つ。

先頭《せんとう》を切《き》る
物事《ものごと》を、真《ま》っ先《さき》に行《おこな》う。例 選手《せんしゅ》たちの先頭《せんとう》を切《き》ってゴールする。

せんべん【先べん】

先《せん》べんをつける
ほかの人《ひと》よりも先《さき》に物事《ものごと》に着手《ちゃくしゅ》する。例 エコ活動《かつどう》については、わが校《こう》が他校《たこう》に先《さき》がけて先《せん》べんをつけた。

ぞうけい【造けい】

造《ぞう》けいが深《ふか》い
その分野《ぶんや》について、深《ふか》い知識《ちしき》や技能《ぎのう》を持《も》っている。例 英文学《えいぶんがく》に造《ぞう》けいが深《ふか》い。

そうごう【相好】
顔《かお》つき。表情《ひょうじょう》。「そうこう」と読《よ》むのは誤《あやま》り。

相好《そうごう》をくずす
喜《よろこ》びのあまり、にこやかな顔《かお》つきになる。例 孫《まご》に囲《かこ》まれて祖父《そふ》が相好《そうごう》をくずす。

そうしょく【装飾】

装飾《そうしょく》をほどこす
美《うつく》しくかざりつけをする。美《うつく》しくよそおいをする。例 家具《かぐ》にロココ調《ちょう》の装飾《そうしょく》をほどこす。

そうぞう【想像】

想像《そうぞう》を絶《ぜっ》する
想像《そうぞう》できるはん囲《い》をこえている。例 母《はは》のこれまでの苦労《くろう》は想像《そうぞう》を絶《ぜっ》する。

想像《そうぞう》をたくましくする
思《おも》いのままにあれこれと頭《あたま》で思《おも》いえがく。例 原始時代《げんしじだい》の人々《ひとびと》はどんな生活《せいかつ》をしていたのか、想像《そうぞう》をたくましくする。

そうだん【相談】

相談《そうだん》がまとまる
話《はな》し合《あ》いをして、結論《けつろん》が出《で》る。例 二人《ふたり》で宝探《たからさが》しに行《い》こうと相談《そうだん》がまとまる。

答《こた》え：鼻《はな》

相談《そうだん》に乗《の》る

どうすればよいかという相手《あいて》の話《はなし》を聞《き》いていっしょに考《かんが》える。例 勉強《べんきょう》と部活《ぶかつ》の両立《りょうりつ》について、後《こう》はいの相談《そうだん》に乗《の》る。

相談《そうだん》を持《も》ちかける

どうすればよいか相手《あいて》に意見《いけん》を求《もと》める。例 どの中学校《ちゅうがっこう》を選《えら》ぶか、父《ちち》に相談《そうだん》を持《も》ちかける。

そうば【相場】

相場《そうば》が決《き》まっている

ふつうはそうだと考《かんが》えられている。決《き》まりきっている。例 学校《がっこう》の成績《せいせき》は、楽《らく》して上《あ》がるものではないと相場《そうば》が決《き》まっている。

ぞく【俗】

俗《ぞく》に言《い》う

世《よ》の中《なか》で多《おお》く言《い》われている。ふつうの言《い》い方《かた》をする。例 かれこそ、俗《ぞく》に言《い》う天才《てんさい》だ。

ぞくじ【俗耳】

俗耳《ぞくじ》に入《い》りやすい

ふつうの人《ひと》が聞《き》いてわかりやすい。例 あの先生《せんせい》の説明《せつめい》は、やさしくて俗耳《ぞくじ》に入《い》りやすい。

そくせき【足跡】

足跡《そくせき》をたどる

①歩《ある》いたあとに沿《そ》って進《すす》んで行《い》く。例 調《ちょう》査隊《さたい》が、なぞの生物《せいぶつ》の足跡《そくせき》をたどる。②ある人《ひと》の業績《ぎょうせき》を後《あと》からふり返《かえ》る。例 ノーベル賞作家《しょうさっか》の生前《せいぜん》の足跡《そくせき》をたどる。

足跡《そくせき》を残《のこ》す

研究《けんきゅう》や仕事《しごと》での業績《ぎょうせき》を、後《あと》の世《よ》の中《なか》に残《のこ》す。例 医学《いがく》の発展《はってん》に大《おお》きな足跡《そくせき》を残《のこ》す。

そこ【底】

底《そこ》が浅《あさ》い

内容《ないよう》に深《ふか》みがない。うで前《まえ》があまりよくない。例 かれの話《はなし》は底《そこ》が浅《あさ》い。

底《そこ》が知《し》れない

①本当《ほんとう》のようすがよくわからない。②限度《げんど》がわからない。並外《なみはず》れている。例 あの選手《せんしゅ》の力《ちから》は底《そこ》が知《し》れない。

底《そこ》が見《み》える

①本当《ほんとう》の姿《すがた》や性格《せいかく》がわかる。例 追《お》いつめられた時《とき》に、その人《ひと》の底《そこ》が見《み》える。②力《ちから》の限界《げんかい》がわかる。例 テストで自分《じぶん》の学力《がくりょく》の底《そこ》が見《み》えてしまった。

問題《もんだい》：「目《め》にも○○○○」早《はや》わざ。

底《そこ》が割《わ》れる
①かくしたいことが相手《あいて》にわかってしまう。例 うそが下手《へた》な弟《おとうと》は、すぐに底《そこ》が割《わ》れる。②映画《えいが》などで、結末《けつまつ》がわかってしまう。例 この小説《しょうせつ》は第一章《だいいっしょう》で底《そこ》が割《わ》れる。

底《そこ》をつく
ためておいたものがすっかりなくなる。例 とうとう米《こめ》が底《そこ》をつく。

そご
食《く》いちがうこと。

そごをきたす
食《く》いちがって、うまくいかない。例 二人《ふたり》の考《かんが》え方《かた》がそごをきたす。

そじょう【そ上】
まな板《いた》の上《うえ》。

そ上《じょう》にのせる
問題《もんだい》として取《と》り上《あ》げる。話《はな》し合《あ》いの材《ざい》料《りょう》にする。例 新《あたら》しい企画《きかく》をそ上《じょう》にのせてみんなで議論《ぎろん》する。

そつ
落《お》ち度《ど》。手《て》ぬかり。むだ。

そつがない
不注意《ふちゅうい》から起《お》きるミスがない。手《て》ぬかりがない。例 かの女《じょ》はそつがないから目上《めうえ》の人《ひと》からの受《う》けがいい。

そっぽ

そっぽを向《む》く
①よそのほうを見《み》て知《し》らん顔《かお》をする。例 妹《いもうと》はそっぽを向《む》いたまま口《くち》もきかない。②協力《きょうりょく》する気持《きも》ちがないことを態《たい》度《ど》で見《み》せる。例 スケートに行《い》こうというさそいにそっぽを向《む》く。

そで

そでにすがる
相手《あいて》の同情《どうじょう》を引《ひ》いて、助《たす》けてもらえるようにたのむ。例 お金《かね》が足《た》りなくなって友《とも》だちのそでにすがる。

そでにする
冷《つめ》たくあつかう。相手《あいて》にしない。例 しつこい相手《あいて》をそでにする。

そでをしぼる
ひどく泣《な》く。例 つらい別《わか》れにそでをしぼる。📖 なみだをふいたそでがしぼれるくらいぬれることから。

そでを通《とお》す
着《き》る。例 この洋服《ようふく》には、一度《いちど》もそでを通《とお》していない。

そでをぬらす
泣《な》く。例 母《はは》に会《あ》いたくて毎晩《まいばん》そでをぬらす。📖 なみだをそででふくことから。

答《こた》え：留《と》まらぬ

そとぼり【外堀】

外堀《そとぼり》をうめる

目的《もくてき》のために、まず、その周《まわ》りにある問題《もんだい》を取《と》り除《のぞ》く。例 旅行《りょこう》に母《はは》と妹《いもうと》が賛成《さんせい》し、父《ちち》は外堀《そとぼり》をうめられた形《かたち》だ。

そのて【その手】

その手《て》は食《く》わない

そのようなはかりごとには引《ひ》っかからない。例 またとだまそうとしても、もうその手《て》は食《く》わないよ。

そら【空】

空《そら》で言《い》う

暗記《あんき》しているので何《なに》も見《み》ないで言《い》う。例 長《なが》い詩《し》を空《そら》で言《い》う。

空《そら》を使《つか》う

知《し》らないふりをする。とぼける。例 わたしは知《し》らないと空《そら》を使《つか》う。

そり【反り】

刀《かたな》の、弓《ゆみ》のように曲《ま》がっている部分《ぶぶん》。

反《そ》りが合《あ》わない

おたがいの関係《かんけい》がうまくいかない。例 あの人《ひと》とは初対面《しょたいめん》の時《とき》から反《そ》りが合《あ》わない。📖刀《かたな》の反《そ》りが、さやと合《あ》わないということから。

そ

むすぶ君《くん》の一日《いちにち》③ 夜《よる》

午後《ごご》4時《じ》30分《ぷん》

帰《かえ》って一息《ひといき》ついたら、宿題《しゅくだい》を片《かた》づけちゃおう。脇目《わきめ》もふらずにがんばったら、日《ひ》が暮《く》れる前《まえ》に終《お》わったよ。えっへん、ボクもやればできるのだ。

午後《ごご》7時《じ》

晩《ばん》ご飯《はん》のにおいだ! 居《い》ても立《た》ってもいられなくて、お皿《さら》を並《なら》べてお手伝《てつだ》い。本当《ほんとう》は味《あじ》を見《み》る役《やく》がいいんだけどなあ……。

午後《ごご》8時《じ》

おふろに入って汗《あせ》を流《なが》した後《あと》は、もうまぶたが重《おも》くなっちゃった。「みんな、おやすみなさ〜い」。

問題《もんだい》：遠《えん》りょせず、「歯《は》に○○を着《き》せない」言《い》い方《かた》をする。

そろばん

そろばんが合《あ》う

使《つか》うお金《かね》と入《はい》ってくるお金《かね》の計算《けいさん》が合《あ》う。採算《さいさん》が取《と》れる。例こんなに安《やす》く売《う》ってそろばんが合《あ》うのかな。

そろばんをはじく

お金《かね》の計算《けいさん》をする。例いくらお年玉《としだま》をもらえるのかとそろばんをはじく。類そろばんを置《お》く

そんがい【損害】

損害《そんがい》をこうむる

損《そん》をする。利益《りえき》を失《うしな》う。また、ひ害《がい》を受《う》ける。例県下《けんか》は台風《たいふう》で大《おお》きな損害《そんがい》をこうむった。

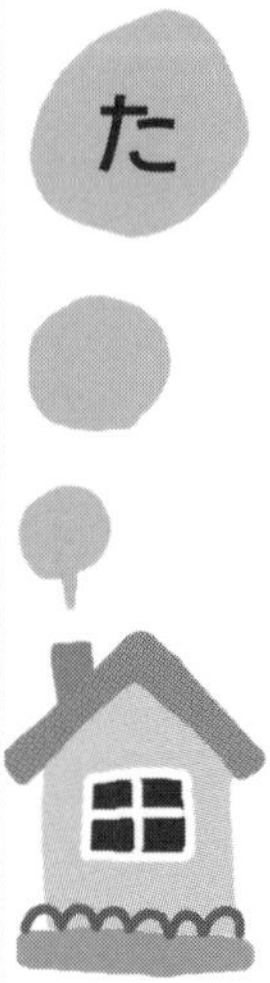

たい【体】

体《たい》を預《あず》ける

自分《じぶん》のからだを相手《あいて》にもたせかける。例大関《おおぜき》が相手《あいて》に体《たい》を預《あず》けて寄《よ》り切《き》る。

体《たい》を成《な》す

まとまった形《かたち》になる。形《かたち》が整《ととの》う。例これでは、とても論文《ろんぶん》としての体《たい》を成《な》していない。📖多《おお》く、否定《ひてい》の形《かたち》で使《つか》う。

だい【大】

大《だい》なり小《しょう》なり

程度《ていど》の差《さ》はあるものの。例小学生《しょうがくせい》も高《こう》学年《がくねん》になると、大《だい》なり小《しょう》なり友人《ゆうじん》との関係《かんけい》になやむものだ。

たいこばん【太鼓判】

太鼓《たいこ》のように大《おお》きな判《はん》。

太鼓判《たいこばん》をおす

大《だい》じょう夫《ぶ》だと保証《ほしょう》する。例かれなら信用《しんよう》できると太鼓判《たいこばん》をおす。

たいさく【対策】

対策《たいさく》を講《こう》じる

困《こま》ったことや事件《じけん》などについて、適切《てきせつ》な方法《ほうほう》を考《かんが》えて処理《しょり》する。例地《じ》しんへの対策《たいさく》を講《こう》じる。類対策《たいさく》を立《た》てる

対策《たいさく》を立《た》てる

➡対策《たいさく》を講《こう》じる

対策《たいさく》を練《ね》る

方法《ほうほう》や手当《てあ》てについて、いろいろと考《かんが》える。例交通事故防止《こうつうじこぼうし》の対策《たいさく》を練《ね》る。

たいし【大志】

大志《たいし》をいだく

大《おお》きな目標《もくひょう》を持《も》つ。例世界《せかい》で活《かつ》やくしてやろうと大志《たいし》をいだく。

答《こた》え：きぬ

だいじ【大事】

大事《だいじ》に至《いた》る
重大《じゅうだい》なことになる。たいへんな事態《じたい》になる。例 小《ちい》さな事故《じこ》が大事《だいじ》に至《いた》る。類 大事《だいじ》になる

大事《だいじ》を取《と》る
悪《わる》くならないように注意《ちゅうい》する。用心《ようじん》する。例 大事《だいじ》を取《と》って早《はや》くねる。

たいじゅう【体重】

体重《たいじゅう》をかける
からだの重《おも》さをそこにもたせかける。例 けがをしていないほうの右足《みぎあし》に体重《たいじゅう》をかける。

たいちょう【体調】

体調《たいちょう》がすぐれない
からだの調子《ちょうし》がよくない。例 かぜ気味《ぎみ》で、どうも体調《たいちょう》がすぐれない。

体調《たいちょう》をくずす
からだの調子《ちょうし》を悪《わる》くする。例 食《た》べすぎて体調《たいちょう》をくずす。⚠「体調《たいちょう》をこわす」とはいわない。

体調《たいちょう》を整《ととの》える
からだの調子《ちょうし》をよくする。例 マラソン大会《たいかい》に備《そな》えて、体調《たいちょう》を整《ととの》える。

たいど【態度】

態度《たいど》が大《おお》きい
人《ひと》に対《たい》する物《もの》の言《い》い方《かた》や素《そ》ぶりがえらそうである。生意気《なまいき》である。例 先《せん》ぱいに対《たい》して態度《たいど》が大《おお》きい。

だいどころ【台所】

台所《だいどころ》が苦《くる》しい
お金《かね》のやりくりが厳《きび》しい。かかるお金《かね》に見合《みあ》う収入《しゅうにゅう》がない。例 物価《ぶっか》が上《あ》がって、台所《だいどころ》が苦《くる》しい。

台所《だいどころ》を預《あず》かる
家計《かけい》をやりくりする役目《やくめ》を負《お》う。例 母《はは》が病気《びょうき》の間《あいだ》、姉《あね》が台所《だいどころ》を預《あず》かる。

たか【高】

高《たか》が知《し》れる
たいしたことはない。例 おやつ代《だい》を節約《せつやく》しても、高《たか》が知《し》れている。

高《たか》をくくる
たいしたことはないと思《おも》って、軽《かる》く見《み》る。見《み》くびる。例 年下《としした》だと高《たか》をくくっていたら、負《ま》けてしまった。

たが おけやたるの回《まわ》りにはめてしめる、竹《たけ》や金属《きんぞく》などの輪《わ》。

たがが外《はず》れる
決《き》まりなどがなくなり、気持《きも》ちがゆるむ。例 厳《きび》しかった先生《せんせい》がやめて、チームのたがが外《はず》れる。

問題《もんだい》：「聞《き》き耳《みみ》を」「青筋《あおすじ》を」「寝息《ねいき》を」。この三《みっ》つのことばに結《むす》びつくことばは何《なん》でしょう？

たががゆるむ

気持《きも》ちがゆるんで、しまりがなくなる。**例** 夏休《なつやす》みに入《はい》ったらたががゆるんで、勉強《べんきょう》に身《み》が入《はい》らない。

たき【多岐】

多岐《たき》にわたる

いろいろな方面《ほうめん》に分《わ》かれている。**例** あのタレントの活《かつ》やくは多岐《たき》にわたる。📖道《みち》がいく筋《すじ》にも分《わ》かれる意味《いみ》から。

タクシー

タクシーを拾《ひろ》う

町《まち》の中《なか》などで、手《て》を上《あ》げてタクシーを止《と》めて乗車《じょうしゃ》する。**例** 開始時間《かいしじかん》におくれそうなのでタクシーを拾《ひろ》った。

ださん【打算】

打算《ださん》が働《はたら》く

損得《そんとく》などを考《かんが》える。**例** 二《ふた》つ買《か》わせてもっともうけようと、打《だ》算《さん》が働《はたら》いた。

だし【出し】

出《だ》しにする

自分《じぶん》のために、ほかの人《ひと》や物《もの》を利用《りよう》する。**例** 妹《いもうと》を出《だ》しにして、レストランに連《つ》れていってもらう。**類** 出《だ》しに使《つか》う

出《だ》しに使《つか》う

➡出《だ》しにする

出《だ》しを取《と》る

かつおぶしやこんぶをに出《だ》して、出《だ》しじるを作《つく》る。**例** いい出《だ》しを取《と》ると、おいしい料理《りょうり》ができる。

たすけぶね【助け船】 困《こま》っている時《とき》に助《たす》けてくれるもの。

助《たす》け船《ぶね》を出《だ》す

困《こま》っている人《ひと》を助《たす》ける。人《ひと》に知《ち》えや力《ちから》を貸《か》してやる。**例** 答《こた》えられずに困《こま》っていた友人《ゆうじん》に助《たす》け船《ぶね》を出《だ》す。

だだ【駄駄】

駄駄《だだ》をこねる

子《こ》どもが、わがままを通《とお》そうとして人《ひと》を困《こま》らせる。**例** 弟《おとうと》がデパートで、おもちゃを買《か》ってと駄駄《だだ》をこねる。**類** 駄駄《だだ》を言《い》う

たち

たちが悪《わる》い

性質《せいしつ》がよくない。**例** 今年《ことし》のかぜは、なかなか熱《ねつ》が下《さ》がらずたちが悪《わる》い。

たちうち【太刀打ち】

太刀打《たちう》ちできない

相手《あいて》が強《つよ》すぎて勝負《しょうぶ》にならない。相手《あいて》にならない。**例** 料理《りょうり》となると、母《はは》には太刀打《たちう》ちできない。

たつせ【立つ瀬】 立場《たちば》。

立《た》つ瀬《せ》がない

好意《こうい》や努力《どりょく》が相手《あいて》に通《つう》じず、面《めん》ぼくが立《た》たない。**例** こんなにやって文句《もんく》を言《い》われては、わたしの立《た》つ瀬《せ》がない。**類** 合《あ》わせる顔《かお》がない・面目《めんぼく》がない

たづな【手綱】

手綱《たづな》をしめる

勝手《かって》なふるまいをしないように、厳《きび》しくする。**例** しっかりと生徒《せいと》の手綱《たづな》をしめる。📖 馬《うま》が勝手《かって》に走《はし》らないように、手綱《たづな》をしっかり引《ひ》くという意味《いみ》から。**類** 手綱《たづな》を引《ひ》く **対** 手綱《たづな》をゆるめる

手綱《たづな》を引《ひ》く

➡手綱《たづな》をしめる

手綱《たづな》をゆるめる

かん視《し》などをゆるめて、多少《たしょう》自由《じゆう》にしてやる。**例** 全員《ぜんいん》のマナーがよくなったので、少《すこ》し手綱《たづな》をゆるめる。**対** 手綱《たづな》をしめる・手綱《たづな》を引《ひ》く

たて【盾】

盾《たて》に取《と》る

ある事《こと》を言《い》い訳《わけ》にして自分《じぶん》の利益《りえき》を守《まも》る。**例** 約束《やくそく》を盾《たて》に取《と》って要求《ようきゅう》する。

盾《たて》をつく

目上《めうえ》の人《ひと》に反《はん》こうする。逆《さか》らう。**例** 父《ちち》に盾《たて》をついて言《い》い争《あらそ》う。

たな【棚】

棚《たな》に上《あ》げる

自分《じぶん》に不利《ふり》なことはふれないですます。**例** 自分《じぶん》のことは棚《たな》に上《あ》げて、他人《たにん》をしかる。

たば【束】

束《たば》になる

多《おお》くの人《ひと》がいっしょになる。**例** 子《こ》どもたちが横《よこ》づなに、束《たば》になってかかる。

だび 火《か》そうを表《あらわ》す仏教《ぶっきょう》のことば。

だびに付《ふ》す

死体《したい》を焼《や》いてその骨《ほね》をほうむる。火《か》そうにする。**例** 遺体《いたい》をだびに付《ふ》す。

たま【玉】

玉《たま》にきず

とてもよいのに少《すこ》しだけ欠点《けってん》があること。**例** かの女《じょ》はとてもいい人《ひと》だが、せっかちなのが玉《たま》にきずだ。

た

問題《もんだい》:「○○が合《あ》わない」と、馬《うま》も合《あ》いません。

玉《たま》を転《ころ》がすよう

女《おんな》の人《ひと》の、高《たか》くて美《うつく》しい声《こえ》のたとえ。例 玉《たま》を転《ころ》がすような声《こえ》で歌《うた》を歌《うた》う。類 鈴《すず》を転《ころ》がすよう

たまのこし【玉のこし】

身分《みぶん》の高《たか》い人《ひと》が乗《の》る乗《の》り物《もの》。

玉《たま》のこしに乗《の》る

女《おんな》の人《ひと》が身分《みぶん》の高《たか》い人《ひと》やお金持《かねも》ちと結《けっ》こんする。例 青年実業家《せいねんじつぎょうか》と結《むす》ばれて玉《たま》のこしに乗《の》る。

だめ【駄目】

駄目《だめ》をおす

①より確実《かくじつ》にするために、もう一度《いちど》確《たし》かめる。例 時間《じかん》は必《かなら》ず守《まも》るように駄目《だめ》をおす。②スポーツの試合《しあい》などで、勝《か》ちをさらに確《たし》かなものにする。例 最終《さいしゅう》回《かい》のホームランで駄目《だめ》をおす。類 ②とどめをさす②

駄目《だめ》を出《だ》す

欠点《けってん》などを指《し》てきして直《なお》させる。例 弟《おとうと》の作文《さくぶん》に駄目《だめ》を出《だ》す。📖もとはしばいをするときに、演技《えんぎ》の注意《ちゅうい》をして、やり直《なお》しをさせるという意味《いみ》。

ためいき【ため息】

ため息《いき》をつく

心配《しんぱい》や失望《しつぼう》をしたり、また感心《かんしん》したりして大《おお》きく息《いき》をはく。例 すばらしい演《えん》奏《そう》に、思《おも》わずため息《いき》をつく。類 ため息《いき》が出《で》る・ため息《いき》をもらす

たもと

着物《きもの》のそでの、ふくろのような部分《ぶぶん》。

たもとをしぼる

ひどく泣《な》く。例 おばの死《し》を知《し》ってたもとをしぼる。📖たいへんなげき悲《かな》しむようすを表《あらわ》す。

たもとを分《わ》かつ

いっしょだった人《ひと》と別《わか》れる。例 考《かんが》え方《かた》のちがいで、友《とも》とたもとを分《わ》かつ。類 袖《そで》を分《わ》かつ 対 たもとを連《つら》ねる

たん【端】

端《たん》を発《はっ》する

あることをきっかけにして、物事《ものごと》が始《はじ》まる。例 一《ひと》つのうそに端《たん》を発《はっ》して、大《だい》事件《じけん》に発展《はってん》する。

だん【暖】

暖《だん》を取《と》る

からだをあたためる。例 部屋《へや》のストーブで暖《だん》を取《と》る。

たんか

歯切《はぎ》れのいいするどいことば。

答《こた》え：反《そ》り・息《いき》など

たんかを切《き》る
いせいのいいことばでまくし立《た》てたり、ののしったりする。例 そんなにいやならやめろと、たんかを切《き》る。

だんどり【段取り】

段取《だんど》りがいい
手《て》はずを整《とと》えるのがうまい。例 かの女《じょ》は料理《りょうり》の段取《だんど》りがいい。対 段取《だんど》りが悪《わる》い

段取《だんど》りをつける
物事《ものごと》がとどこおりなく進《すす》むように、うまく準備《じゅんび》する。手《て》はずを整《とと》える。例 たのまれた仕事《しごと》の段取《だんど》りをつける。

ち【地】

地《ち》に足《あし》がつかない
↓足《あし》が地《ち》につかない

地《ち》に落《お》ちる
以前《いぜん》はさかんであったものがおとろえる。例 主人《しゅじん》が代《か》わってから、この店《みせ》の評判《ひょうばん》は地《ち》に落《お》ちた。

ち【血】

血《ち》がさわぐ
興奮《こうふん》してじっとしていられなくなる。例 明日《あす》の試合《しあい》のことを考《かんが》えると血《ち》がさわぐ。類 血《ち》が燃《も》える・血《ち》がわく

血《ち》が絶《た》える
受《う》けついできた血《ち》のつながりが、そこでなくなる。例 一人《ひとり》むすこがなくなり、その家《いえ》の血《ち》が絶《た》える。

血《ち》がつながる
親子《おやこ》や兄弟《きょうだい》のような血《けつ》えんの関係《かんけい》がある。例 血《ち》がつながった親子《おやこ》だけに、声《こえ》もそっくりだ。

血《ち》の通《かよ》った
あたたかみがある。人情《にんじょう》がある。例 この先生《せんせい》は、血《ち》の通《かよ》った指導《しどう》で人気《にんき》がある。

血《ち》の出《で》るよう
非常《ひじょう》に苦労《くろう》することのたとえ。例 血《ち》の出《で》るような努力《どりょく》をする。類 血《ち》のにじむよう

血《ち》のにじむよう
↓血《ち》の出《で》るよう

問題《もんだい》：人《ひと》がかぶることができる動物《どうぶつ》は？

血《ち》もなみだもない
冷《つめ》たくて、人間《にんげん》らしい思《おも》いやりがない。例困《こま》っている人《ひと》を助《たす》けないなんて、血《ち》もなみだもない人《ひと》だ。

血《ち》を受《う》ける
➡血《ち》を引《ひ》く①②

血《ち》を引《ひ》く
①親《おや》や先祖《せんぞ》の血筋《ちすじ》を受《う》けつぐ。②親《おや》や先祖《せんぞ》の特《とく》ちょうを受《う》けつぐ。例妹《いもうと》は歌《うた》のうまさで母《はは》の血《ち》を引《ひ》いている。類①②血《ち》を受《う》ける・①血筋《ちすじ》を引《ひ》く

血《ち》を見《み》る
争《あらそ》いなどで死人《しにん》やけが人《にん》が出《で》る。激《はげ》しく争《あらそ》う。例このまま放《ほう》っておくと、いつか血《ち》を見《み》ることになるぞ。

血《ち》を分《わ》ける
親子《おやこ》や兄弟《きょうだい》のような、血《けつ》えんの間《あいだ》がらである。例二人《ふたり》は血《ち》を分《わ》けた兄《きょう》弟《だい》なのでよく似《に》ている。

ちえ【知恵】

知恵《ちえ》が回《まわ》る
頭《あたま》を働《はたら》かせて、すばやくすぐれた判断《はんだん》ができる。例食《た》べることになると、あいつは知恵《ちえ》が回《まわ》る。

知恵《ちえ》を貸《か》す
もののやり方《かた》やくふうなどを人《ひと》に教《おし》える。例人生《じんせい》の先《せん》ぱいとして知恵《ちえ》を貸《か》す。対知恵《ちえ》を借《か》りる

知恵《ちえ》をしぼる
あれこれと一生《いっしょう》けんめい考《かんが》える。例学芸会《がくげいかい》の出《だ》し物《もの》を知恵《ちえ》をしぼって考《かんが》える。類頭《あたま》をしぼる

知恵《ちえ》を出《だ》す
物事《ものごと》をうまく処理《しょり》できるように、頭《あたま》を働《はたら》かせる。例みんなで知恵《ちえ》を出《だ》して、エコロジー活動《かつどう》をする。

知恵《ちえ》をつける
わきからこうしたほうがいいと教《おし》える。入《い》れ知恵《ぢえ》をする。例出《だ》しおしみするとは、だれかが知恵《ちえ》をつけたな。

ちから【力】

力《ちから》がつきる
気力《きりょく》や体力《たいりょく》を使《つか》い果《は》たして、元気《げんき》がすっかりなくなる。例頂上《ちょうじょう》を目《め》の前《まえ》にして、力《ちから》がつきる。

力《ちから》がわく
気力《きりょく》や体力《たいりょく》などが出《で》てくる。例母《はは》にはげまされて、何《なん》だか力《ちから》がわいてきた。

答《こた》え：ねこ

力《ちから》になる
①助《たす》ける。えん助《じょ》する。例困《こま》ったことがあれば力《ちから》になるよ。②いざというときにたよりになる。例ふだんは静《しず》かだが、ここ一番《いちばん》で力《ちから》になる。類①力《ちから》を貸《か》す・手《て》を貸《か》す

力《ちから》を入《い》れる
とくに一生《いっしょう》けんめいにやる。努《ど》力《りょく》する。例国語《こくご》の勉強《べんきょう》に力《ちから》を入《い》れる。

力《ちから》を落《お》とす
がっかりする。例長年《ながねん》連《つ》れそった夫《おっと》をなくし、力《ちから》を落《お》とす。

力《ちから》を貸《か》す
手助《てだす》けをする。手伝《てつだ》う。例わたしにできることなら、いつでも力《ちから》を貸《か》しましょう。類力《ちから》になる①・手《て》を貸《か》す

力《ちから》をつくす
全力《ぜんりょく》を出《だ》し切《き》る。できるだけのことをする。例世界平和《せかいへいわ》に力《ちから》をつくす。類身《み》を粉《こ》にする

ちのけ【血の気】

血《ち》の気《け》が多《おお》い
すぐに興奮《こうふん》する性質《せいしつ》である。血気《けっき》さかんである。例あの連中《れんちゅう》は、気《き》のいい男《おとこ》たちだが血《ち》の気《け》が多《おお》い。類血《ち》が多《おお》い

血《ち》の気《け》がない
皮《ひ》ふに赤《あか》みがなく、顔色《かおいろ》が悪《わる》い。例貧《ひん》血《けっ》で顔《かお》に血《ち》の気《け》がない。

血《ち》の気《け》が引《ひ》く
顔《かお》が青《あお》ざめる。例祖父《そふ》が大切《たいせつ》にしているつぼをこわして、顔《かお》から血《ち》の気《け》が引《ひ》く。類血《ち》が引《ひ》く・血《ち》の気《け》がうせる

ちのめぐり【血の巡り】

血《ち》の巡《めぐ》りが悪《わる》い
頭《あたま》の働《はたら》きがよくない。例かの女《じょ》の気持《きも》ちがわからないとは、君《きみ》も血《ち》の巡《めぐ》りが悪《わる》いね。

ちまなこ【血まなこ】
興奮《こうふん》して血走《ちばし》った目《め》。

血《ち》まなこになる
夢中《むちゅう》で何《なに》かをする。例血《ち》まなこになってさい布《ふ》をさがす。

ちゃ【茶】
➡「お茶《ちゃ》」を見《み》よ

ちゃちゃ【茶茶】

茶茶《ちゃちゃ》を入《い》れる
からかったり冷《ひ》やかしたりして、じゃまをする。例まじめな話《はなし》に茶茶《ちゃちゃ》を入《い》れて、友人《ゆうじん》をおこらせてしまった。

問題《もんだい》：部屋《へや》の中《なか》のいすにすわったままでもこぐことができる乗《の》り物《もの》は？

ちゃばしら【茶柱】

茶柱《ちゃばしら》が立《た》つ

お茶《ちゃ》を湯《ゆ》のみについだ時《とき》に、お茶《ちゃ》のくきが縦《たて》になってうかぶ。例 母《はは》は茶柱《ちゃばしら》が立《た》ったのを見《み》て喜《よろこ》んだ。📖よいことが起《お》きる前《まえ》ぶれと言《い》われる。

ちゅう【宙】

宙《ちゅう》にうく

①空中《くうちゅう》にうかぶ。②不安定《ふあんてい》な状態《じょうたい》になる。例 とちゅうでお金《かね》が足《た》りなくなって、計画《けいかく》が宙《ちゅう》にうく。

宙《ちゅう》にまう

空中《くうちゅう》で、まうような動《うご》きをする。例 どう上《あ》げされたかんとくが宙《ちゅう》にまう。

ちゅうい【注意】

注意《ちゅうい》を受《う》ける

気《き》をつけるように言《い》われる。例 おしゃべりをしていて注意《ちゅうい》を受《う》ける。

注意《ちゅうい》をはらう

心《こころ》を集中《しゅうちゅう》してあることに向《む》ける。用心《ようじん》する。例 交通安全《こうつうあんぜん》に注意《ちゅうい》をはらう。

注意《ちゅうい》を引《ひ》く

目立《めだ》っていて、人々《ひとびと》の関心《かんしん》を引《ひ》きつける。例 はでなポスターで注意《ちゅうい》を引《ひ》く。

ちゅうもく【注目】

注目《ちゅうもく》にあたいする

注意《ちゅうい》してよく見《み》ておく価値《かち》がある。例 コンクールの結果《けっか》は注目《ちゅうもく》にあたいする。

注目《ちゅうもく》の的《まと》になる

人々《ひとびと》が関心《かんしん》を持《も》って見守《みまも》っている。例 最年少《さいねんしょう》の日本代表選手《にほんだいひょうせんしゅ》として注目《ちゅうもく》の的《まと》になる。

注目《ちゅうもく》を浴《あ》びる

多《おお》くの人《ひと》から注意《ちゅうい》して見《み》られる。例 外国《がいこく》のスターが注目《ちゅうもく》を浴《あ》びる。

ちゅうもん【注文】

注文《ちゅうもん》を出《だ》す

①必要《ひつよう》な品物《しなもの》を買《か》い、それを送《おく》るようにたのむ。例 絵《え》の具《ぐ》の注文《ちゅうもん》を出《だ》す。②こうしてほしいとたのむ。例 スカートのたけを短《みじか》くしてと注文《ちゅうもん》を出《だ》す。

注文《ちゅうもん》をつける

自分《じぶん》の望《のぞ》みや条件《じょうけん》などを、相手《あいて》に言《い》う。例 早《はや》く送《おく》ってほしいと注文《ちゅうもん》をつける。

注文《ちゅうもん》を取《と》る

①品物《しなもの》を買《か》いたいという人《ひと》の希望《きぼう》を聞《き》く。例 家《いえ》を回《まわ》って注文《ちゅうもん》を取《と》る。②レストランなどで店《みせ》の人《ひと》が客《きゃく》の食《た》べたい物《もの》を聞《き》く。例 ウエイターが注文《ちゅうもん》を取《と》る。

答《こた》え：船《ふね》

ちゅうや【昼夜】

昼夜《ちゅうや》を分《わ》かたず

昼《ひる》と夜《よる》の区別《くべつ》をつけることなく。昼《ひる》も夜《よる》も関係《かんけい》なくずっと。例 昼夜《ちゅうや》を分《わ》かたず作業《さぎょう》を進《すす》める。

ちょうし【調子】

調子《ちょうし》がいい

①からだや機械《きかい》などの具合《ぐあい》がいい。②相手《あいて》に合《あ》わせて軽々《かるがる》しくふるまう。例 あの人《ひと》は調子《ちょうし》がいいことばかり言《い》うので信用《しんよう》できない。

調子《ちょうし》が出《で》る

はずみがつく。勢《いきお》いに乗《の》る。例 二時間《にじかん》たってやっと調子《ちょうし》が出《で》てきた。

調子《ちょうし》が外《はず》れる

①音程《おんてい》やリズムが合《あ》っていない。例 調《ちょう》子《し》が外《はず》れた歌《うた》。②考《かんが》え方《かた》や行動《こうどう》などがほかとうまく合《あ》わない。例 あの人《ひと》は、やることなすこと調子《ちょうし》が外《はず》れている。

調子《ちょうし》に乗《の》る

①仕事《しごと》などが順調《じゅんちょう》に進《すす》む。はかどる。例 勉強《べんきょう》が調子《ちょうし》に乗《の》ってきた。②いい気《き》になる。例 ほめられて調子《ちょうし》に乗《の》る。類 ②図《ず》に乗《の》る

調子《ちょうし》を合《あ》わせる

①相手《あいて》の気《き》に入《い》るように話《はなし》や態度《たいど》を合《あ》わせる。例 口《くち》うるさい人《ひと》に調子《ちょうし》を合《あ》わせる。②音程《おんてい》やリズムを合《あ》わせる。③機械《きかい》の動《うご》きなどを調整《ちょうせい》する。

調子《ちょうし》をくずす

①からだの具合《ぐあい》が悪《わる》くなる。例 調子《ちょうし》をくずして学校《がっこう》を休《やす》む。②うまくいかなくなる。例 投球《とうきゅう》の調子《ちょうし》をくずす。

ちょうじり【帳じり】

帳《ちょう》ぼの最後《さいご》の部分《ぶぶん》。

帳《ちょう》じりを合《あ》わせる

①お金《かね》の出《だ》し入《い》れの計算《けいさん》が合《あ》うようにする。②物事《ものごと》のつじつまを合《あ》わせる。例 話《はなし》の帳《ちょう》じりを合《あ》わせる。

ちんもく【沈黙】

沈黙《ちんもく》を守《まも》る

ずっと口《くち》をきかないでいる。例 かれは、事件《じけん》の真相《しんそう》について死《し》ぬまで沈黙《ちんもく》を守《まも》った。

沈黙《ちんもく》を破《やぶ》る

①だまっていた人《ひと》が話《はな》し始《はじ》める。例 沈《ちん》黙《もく》を破《やぶ》って打《う》ち明《あ》ける。②やめていた活動《かつどう》を再《ふたた》び開始《かいし》する。例 十年《じゅうねん》の沈黙《ちんもく》を破《やぶ》ってタレント活動《かつどう》を再開《さいかい》する。

問題《もんだい》：「草《くさ》の根《ね》を○○○○」さがし出《だ》す。

つ

ついずい【追随】

追随《ついずい》を許《ゆる》さない

あとからだれもついてこられないほどすぐれている。例 ピアノについては、かれは他《た》の追随《ついずい》を許《ゆる》さない。📖多《おお》く、「他《た》の追随《ついずい》を許《ゆる》さない」の形《かたち》で使《つか》う。

つかいもの【使い物】

使《つか》い物《もの》にならない

使《つか》っても役《やく》に立《た》たない。本来《ほんらい》の使《つか》い道《みち》ができない。例 このはさみはさびていて使《つか》い物《もの》にならない。

つかえ

つかえが下《お》りる

心配事《しんぱいごと》やわだかまりがなくなる。例 君《きみ》からのメールを読《よ》んで、やっと胸《むね》のつかえが下《お》りた。

つきひ【月日】

月日《つきひ》がたつ

時間《じかん》が過《す》ぎていく。例 入学式《にゅうがくしき》からずいぶん月日《つきひ》がたった。類 月日《つきひ》が流《なが》れる

月日《つきひ》が流《なが》れる

⬇月日《つきひ》がたつ

つく【付く】

付《つ》いて回《まわ》る

①はなれずにずっとそばにいる。例 妹《いもうと》は母《はは》のあとを付《つ》いて回《まわ》っている。②はなれたくてもずっといっしょにある。例 よくない評判《ひょうばん》が付《つ》いて回《まわ》る。

付《つ》かずはなれず

くっつきすぎもせず、はなれすぎもせず。例 特定《とくてい》のグループに入《はい》らず、だれとでも付《つ》かずはなれずつき合《あ》う。

つくえ【机】

机《つくえ》を並《なら》べる

ともに勉強《べんきょう》したり働《はたら》いたりする。例 かれとは、三年生《さんねんせい》のときに机《つくえ》を並《なら》べた仲《なか》だ。

つじつま

つじつまが合《あ》わない

前後《ぜんご》が食《く》いちがって、筋道《すじみち》が通《とお》らない。例 この人《ひと》の話《はなし》は、さっきの内容《ないよう》とつじつまが合《あ》わない。対 つじつまが合《あ》う

つち【土】

答《こた》え：分《わ》けても

土《つち》がつく

すもうの取組《とりくみ》で、力士《りきし》が負《ま》ける。また、勝負《しょうぶ》に負《ま》ける。例 三日《みっか》め、横《よこ》づなに土《つち》がつく。

土《つち》になる

死《し》ぬ。死《し》んでその土地《とち》にほうむられる。例 異国《いこく》の土《つち》になる（＝外国《がいこく》で死《し》ぬ）。類 土《つち》となる

土《つち》をふむ

その場所《ばしょ》に来《く》る。例 海《うみ》をこえ、初《はじ》めてイギリスの土《つち》をふむ。

つば【唾】

唾《つば》をつけておく

他人《たにん》に取《と》られないように、前《まえ》もって手《て》を打《う》っておく。例 おもしろそうな本《ほん》に唾《つば》をつけておく。📖 出《だ》された食《た》べ物《もの》をなめて、他人《たにん》に食《た》べられないようにすることから。くだけた言《い》い方《かた》。

つぶ【粒】

粒《つぶ》がそろう

集《あつ》まった人《ひと》や物《もの》が、みんなすぐれている。例 今年《ことし》のメンバーは粒《つぶ》がそろっている。

つぶし

金属製品《きんぞくせいひん》をとかした、原料《げんりょう》のかたまり。

つぶしが効《き》く

今《いま》の仕事《しごと》でなくても、うまくやっていく能力《のうりょく》がある。例 英語《えいご》が話《はな》せるからつぶしが効《き》く。📖「つぶし」は再利用《さいりよう》できることから。

つぼ

つぼにはまる

①大事《だいじ》な所《ところ》をついている。例 説明《せつめい》がつぼにはまっている。②見《み》こみ通《どお》りになる。例 作戦《さくせん》がつぼにはまってうまく逆転《ぎゃくてん》した。類 思《おも》うつぼにはまる

つぼをおさえる

大切《たいせつ》な所《ところ》をきちんととらえる。要点《ようてん》をしっかりとつかむ。例 このマニュアルは、うまくつぼをおさえている。

つみ【罪】

罪《つみ》がない

むじゃきで、どうにもにくめない。例 子《こ》どもたちの、罪《つみ》がないえ顔《がお》がかわいらしい。📖「罪《つみ》のない」の形《かたち》も使《つか》う。

罪《つみ》が深《ふか》い

ひどく悪《わる》い。罪《つみ》が重《おも》い。例 君《きみ》のやったことは罪《つみ》が深《ふか》い。

つ

問題《もんだい》：お金《かね》をはらったからには、「○を取《と》り」たい。

罪《つみ》をかぶる
ほかの人《ひと》の悪《わる》い行《おこな》いの責任《せきにん》を、代《か》わりに背負《せお》う。例 かべをよごしたのはわたしだと、弟《おとうと》の罪《つみ》をかぶる。類 罪《つみ》を着《き》る

罪《つみ》を着《き》せる
自分《じぶん》がやった悪事《あくじ》を、人《ひと》のせいにする。例 人《ひと》に罪《つみ》を着《き》せて知《し》らん顔《かお》をする。類 罪《つみ》をかぶせる・罪《つみ》をなすりつける

つむじ

つむじを曲《ま》げる
意地《いじ》になってわざと人《ひと》にさからう。例 注意《ちゅうい》されてつむじを曲《ま》げる。類 へそを曲《ま》げる

つめ

つめをとぐ
準備《じゅんび》をして目的《もくてき》を果《は》たすための機会《きかい》を待《ま》つ。例 復《ふく》しゅうのつめをとぐ。類 きばをとぐ

つめ【詰め】

詰《つ》めがあまい
最後《さいご》の仕上《しあ》げがしっかりしていない。例 最後《さいご》の最後《さいご》で計算《けいさん》をまちがえるとは詰《つ》めがあまい。

つめあと

つめあとを残《のこ》す
災害《さいがい》などのため、ひどく荒《あ》らされたようすが残《のこ》っている。例 台風《たいふう》が町《まち》に大《おお》きなつめあとを残《のこ》す。

つめたい【冷たい】

冷《つめ》たくなる
①死《し》ぬ。例 力《ちから》つきて、すでに冷《つめ》たくなっていた。②態度《たいど》がやさしくなくなる。例 あの子《こ》は近《ちか》ごろ急《きゅう》に冷《つめ》たくなった。

つらのかわ【面の皮】

面《つら》の皮《かわ》が厚《あつ》い
あつかましい。例 一人一《ひとりひと》つまでの商品《しょうひん》を四《よっ》つも買《か》おうとするなんて、ずいぶん面《つら》の皮《かわ》が厚《あつ》い人《ひと》だ。

て【手】

手《て》が上《あ》がる
習《なら》い事《ごと》などのわざがうまくなる。例 専門家《せんもんか》に習《なら》って、たちまち書道《しょどう》の手《て》が上《あ》がった。類 腕《うで》が上《あ》がる 対 手《て》が下《さ》がる

答《こた》え：元《もと》

手《て》が空《あ》く
仕事《しごと》などの区切《くぎ》りがついて、少《すこ》しひまになる。例 手《て》が空《あ》いたら、こっちを手伝《てつだ》ってほしい。類 手《て》がすく 対 手《て》がふさがる②

手《て》が後《うし》ろに回《まわ》る
警察《けいさつ》につかまる。例 お金《かね》に困《こま》って、手《て》が後《うし》ろに回《まわ》るようなことをする。📖 罪《つみ》をおかした人《ひと》が、両手《りょうて》を背中《せなか》の後《うし》ろでしばられることから。

手《て》がかかる
面《めん》どうで世話《せわ》が焼《や》ける。いろいろと手《て》数《すう》がかかる。例 妹《いもうと》は泣《な》き虫《むし》なので本当《ほんとう》に手《て》がかかる。

手《て》がきく
手先《てさき》が器用《きよう》である。例 姉《あね》は昔《むかし》から手《て》がきいて、今《いま》では編《あ》み物《もの》の先生《せんせい》だ。

手《て》が切《き》れる
①つき合《あ》わなくなる。例 悪《わる》い仲間《なかま》と手《て》が切《き》れる。②お札《さつ》などが真新《まあたら》しいようす。例 手《て》が切《き》れるような新札《しんさつ》を出《だ》す。

手《て》がこむ
細工《さいく》やくふうなどがこみ入《い》っている。例 この料理《りょうり》は、実《じつ》に手《て》がこんでいる。

手《て》が足《た》りない
人手不足《ひとでぶそく》である。例 校庭《こうてい》のそうじは、三人《さんにん》では手《て》が足《た》りない。

手《て》がつかない
①気《き》になることがあって、一《ひと》つのことに集中《しゅうちゅう》できない。例 あのひと言《こと》が頭《あたま》に来《き》て、勉強《べんきょう》に手《て》がつかない。②取《と》りかかることができない。例 家《いえ》の手伝《てつだ》いがいそがしくて、宿題《しゅくだい》に手《て》がつかない。

手《て》がつけられない
あまりにひどくて、取《と》るべき方法《ほうほう》がない。どうしようもない。例 かれはとてもわがままで、どうにも手《て》がつけられない。

手《て》が出《で》ない
①難《むずか》しくてどうすることもできない。例 こんな難問《なんもん》にはだれも手《て》が出《で》ない。②値段《ねだん》が高《たか》くて買《か》えない。例 こんな高《こう》級《きゅう》な洋服《ようふく》には、とても手《て》が出《で》ない。

手《て》が届《とど》く
①実現《じつげん》したり手《て》に入《い》れたりすることができる状《じょう》きょうにある。例 この値段《ねだん》なら、わたしの小《こ》づかいでも何《なん》とか手《て》が届《とど》く。②世話《せわ》が行《い》き届《とど》く。例 かゆい所《ところ》に手《て》が届《とど》くようなサービス。③ある年《ねん》れいになろうとする。例 祖父《そふ》は、そろそろ七十《しちじゅう》に手《て》が届《とど》く。

て

問題《もんだい》：欠点《けってん》が一《ひと》つもないことは、「〇の打《う》ち所《どころ》がない」。

手《て》がない

①人手《ひとで》が足《た》りない。例二人《ふたり》も休《やす》んでしまって、今日《きょう》は手《て》がない。②どうしようもない。例始《はじ》めてしまったからには、続《つづ》けるしか手《て》がない。

手《て》が入《はい》る

①警察官《けいさつかん》などが、そう査《さ》を行《おこな》う。例不正《ふせい》をした会社《かいしゃ》に、そう査《さ》の手《て》が入《はい》る。②物《もの》を作《つく》るとちゅうで、ほかの人《ひと》が直《なお》す。例作文《さくぶん》に先生《せんせい》の手《て》が入《はい》る。類②手《て》が加《くわ》わる

手《て》がはなせない

用《よう》をしていて、ほかのことができない。例今《いま》は電話中《でんわちゅう》で、ちょっと手《て》がはなせない。

手《て》がはなれる

①子《こ》どもが大《おお》きくなって、手数《てすう》がかからなくなる。例むすこが小学校《しょうがっこう》に入《はい》り、少《すこ》し手《て》がはなれた。②続《つづ》けてきたことが、自分《じぶん》と関係《かんけい》がなくなる。例この仕《し》事《ごと》からやっと手《て》がはなれた。

手《て》が早《はや》い

①物事《ものごと》を処理《しょり》するのがすばやい。例一《いち》時間《じかん》で終《お》えるなんて、かの女《じょ》は手《て》が早《はや》い。②すぐに暴力《ぼうりょく》をふるう性格《せいかく》である。例かれはおこると手《て》が早《はや》い。

手《て》がふさがる

①物《もの》を持《も》っていて、手《て》を使《つか》えない。例手《て》がふさがっていて、かさが差《さ》せない。②今《いま》、何《なに》かをやっていて、ほかのことをするゆとりがない。例母《はは》の手伝《てつだ》いで手《て》がふさがっている。対②手《て》が空《あ》く

手《て》が回《まわ》る

①世話《せわ》が行《い》き届《とど》く。例下級生《かきゅうせい》の指導《しどう》まで手《て》が回《まわ》らない。②犯人《はんにん》をつかまえる準備《じゅんび》がなされる。例警察《けいさつ》の手《て》が回《まわ》る。📖①は多《おお》く、打《う》ち消《け》しの形《かたち》で使《つか》う。

手《て》にあせをにぎる

はらはらしたり興奮《こうふん》したりする。例決《けっ》勝戦《しょうせん》は手《て》にあせをにぎる好《こう》ゲームだった。

手《て》に余《あま》る

①持《も》ちきれない。②自分《じぶん》の力《ちから》ではどうにもできない。例この本《ほん》は難《むずか》しくて、わたしには手《て》に余《あま》る。類②手《て》に負《お》えない

答《こた》え：非《ひ》

手《て》に入《い》れる
自分《じぶん》のものにする。入手《にゅうしゅ》する。例 ほしかった時計《とけい》を、ようやく手《て》に入《い》れた。
類 手中《しゅちゅう》に収《おさ》める

手《て》に負《お》えない
➡手《て》に余《あま》る②

手《て》に落《お》ちる
その人《ひと》のものになる。例 競売《きょうばい》で、名画《めいが》が日本人《にほんじん》の手《て》に落《お》ちる。

手《て》にかける
①自分《じぶん》で行《おこな》う。例 この犬《いぬ》はわたしが手《て》にかけて育《そだ》てた。②殺《ころ》す。例 人《ひと》を手《て》にかけることは許《ゆる》されない。

手《て》にする
①手《て》に持《も》つ。手《て》に取《と》る。例 目《め》についたグラスを手《て》にする。②自分《じぶん》のものにする。例 大金《たいきん》を手《て》にする。

手《て》につかない
ほかのことが気《き》になって、集中《しゅうちゅう》できない。例 ゴルフが気《き》になって、仕事《しごと》が手《て》につかない。

手《て》に手《て》を取《と》る
①おたがいに相手《あいて》の手《て》を取《と》り合《あ》う。②仲《なか》よく、行動《こうどう》を共《とも》にする。例 家族仲《かぞくなか》よく、手《て》に手《て》を取《と》って暮《く》らす。

手《て》に取《と》るよう
はっきりとわかるようす。例 君《きみ》が考《かんが》えていることは手《て》に取《と》るようにわかる。

手《て》に乗《の》る
まんまと相手《あいて》の思《おも》い通《どお》りになる。例 その手《て》に乗《の》るほど世間知《せけんし》らずではない。

手《て》にわたる
ほかの人《ひと》のものになる。例 父《ちち》の工場《こうじょう》が、他人《たにん》の手《て》にわたる。

手《て》も足《あし》も出《で》ない
どうすることもできない。自分《じぶん》の力《ちから》では何《なに》もできない。例 今日《きょう》のテストは難《むずか》しくて手《て》も足《あし》も出《で》なかった。

手《て》を上《あ》げる
①降参《こうさん》する。例 難問《なんもん》に手《て》を上《あ》げる。②なぐろうとしてこぶしをふり上《あ》げる。また、暴力《ぼうりょく》をふるう。例 弟《おとうと》に手《て》を上《あ》げる。③上手《じょうず》になる。例 習字《しゅうじ》の手《て》を上《あ》げる。④呼《よ》びかけに応《おう》じる。例 飼育係《しいくがかり》をやると手《て》を上《あ》げる。

手《て》を合《あ》わせる
①両手《りょうて》の手《て》の平《ひら》を合《あ》わせて拝《おが》む。例 神様《かみさま》に手《て》を合《あ》わせる。②拝《おが》むように人《ひと》にたのんだり、感謝《かんしゃ》したりする。例 手《て》を合《あ》わせてお願《ねが》いする。③勝負《しょうぶ》をする。例 おじと、碁《ご》で手《て》を合《あ》わせる。

問題《もんだい》：失敗《しっぱい》することは、「不覚《ふかく》を〇〇」。

手《て》を打《う》つ
①思《おも》い当《あ》たった時《とき》などに、左右《さゆう》の手《て》を打《う》ち合《あ》わせる。例そうだったのかと手《て》を打《う》つ。②取《と》り引《ひ》きなどをある条件《じょうけん》でまとめる。例この値段《ねだん》で手《て》を打《う》つ。③必要《ひつよう》な手段《しゅだん》をとる。例話《はな》し合《あ》いがうまくいくように、前《まえ》もって手《て》を打《う》つ。

手《て》をかえ品《しな》をかえ
いろいろな方法《ほうほう》をためしてみるようす。例手《て》をかえ品《しな》をかえ、父《ちち》の機《き》げんをとる。

手《て》をかける
いろいろと面《めん》どうなことをする。例手《て》をかけて大切《たいせつ》に花《はな》を育《そだ》てる。

手《て》を貸《か》す
手助《てだす》けをする。手伝《てつだ》う。例わたしでよければ、いつでも手《て》を貸《か》します。類力《ちから》になる①・力《ちから》を貸《か》す　対手《て》を借《か》りる

手《て》を借《か》りる
手伝《てつだ》ってもらう。例兄《あに》の手《て》を借《か》りて、かべにペンキをぬる。類力《ちから》を借《か》りる　対手《て》を貸《か》す

手《て》を切《き》る
関係《かんけい》をなくす。例悪《わる》い仲間《なかま》と手《て》を切《き》る。📖とくに、よくない人《ひと》や物事《ものごと》との関係《かんけい》をなくすときに使《つか》う。類縁《えん》を切《き》る

手《て》を下《くだ》す
自分《じぶん》で実際《じっさい》にやる。例あなたが手《て》を下《くだ》すようなことではない。

手《て》を組《く》む
あることをするために仲間《なかま》になる。例合唱団《がっしょうだん》をつくるために、ほかの学校《がっこう》と手《て》を組《く》む。類手《て》をにぎる①・手《て》を結《むす》ぶ

手《て》を加《くわ》える
不備《ふび》な点《てん》を補《おぎな》ったり、直《なお》したりする。例作文《さくぶん》に手《て》を加《くわ》える。類手《て》を入《い》れる

手《て》をこまぬく
何《なに》もしないで、ただ見《み》ている。例二人《ふたり》のけんかにただ手《て》をこまぬいていた。📖「こまぬく」はうで組《ぐ》みをするという意味《いみ》。「手《て》をこまねく」ともいう。類腕《うで》をこまぬく・手《て》をつかねる

手《て》を差《さ》しのべる
①手《て》をのばす。②助《たす》ける。例困《こま》っていた友人《ゆうじん》に手《て》を差《さ》しのべる。

手《て》を染《そ》める
物事《ものごと》に取《と》りかかる。新《あたら》しい仕事《しごと》などを始《はじ》める。例和牛《わぎゅう》の飼育《しいく》に手《て》を染《そ》める。

答《こた》え：取《と》る

手《て》を出《だ》す

①自分《じぶん》から仕《し》かける。例バッターが変《へん》化球《かきゅう》に手《て》を出《だ》す。②進《すす》んでかかわり合《あ》う。例新《あたら》しい楽器《がっき》に手《て》を出《だ》す。③暴力《ぼうりょく》をふるう。例あっちが先《さき》に手《て》を出《だ》した。

手《て》をつくす

できる限《かぎ》りのことをする。例けが人《にん》が助《たす》かるように手《て》をつくす。

手《て》をつける

①取《と》りかかる。例問題《もんだい》に手《て》をつける。②使《つか》い始《はじ》める。例貯金《ちょきん》に手《て》をつける。③出《だ》されたものを食《た》べる。例料理《りょうり》に手《て》をつける。類③はしをつける

手《て》を取《と》る

①親《した》しみをこめて人《ひと》の手《て》をにぎる。例手《て》を取《と》って感謝《かんしゃ》する。②熱心《ねっしん》に、またていねいに教《おし》える。例手《て》を取《と》ってサーブの打《う》ち方《かた》を教《おし》える。

手《て》をにぎる

①力《ちから》を合《あ》わせる。例兄弟《きょうだい》が手《て》をにぎる。②仲直《なかなお》りする。例けんかしていた二人《ふたり》が手《て》をにぎった。類①手《て》を組《く》む・手《て》を結《むす》ぶ

手《て》をぬく

しなければならないことをしないで、ごまかしたりいい加減《かげん》にやったりする。例いそがしいので料理《りょうり》の手《て》をぬく。

手《て》をのばす

今《いま》までやっていなかったことをやってみる。新《あたら》しい方面《ほうめん》に進出《しんしゅつ》する。例スポーツだけでなく、音楽《おんがく》にも手《て》をのばす。類手《て》を広《ひろ》げる

手《て》を引《ひ》く

関係《かんけい》をなくす。かかわらなくする。例タレント活動《かつどう》から手《て》を引《ひ》く。

手《て》を広《ひろ》げる

多《おお》くのことに関係《かんけい》をつける。例習《なら》い事《ごと》の手《て》を広《ひろ》げすぎて、どれも身《み》につかない。類手《て》をのばす

手《て》をほどこす

物事《ものごと》がうまく運《はこ》ぶように処理《しょり》する。例問題《もんだい》が大《おお》きくならないうちに手《て》をほどこす。

手《て》を回《まわ》す

前《まえ》もって十分《じゅうぶん》準備《じゅんび》をする。例外国《がいこく》からの来客《らいきゃく》に失礼《しつれい》がないよう手《て》を回《まわ》す。

問題《もんだい》：「中《なか》を」「リズムを」「涼《りょう》を」。この三《みっ》つのことばに結《むす》びつくことばは何《なん》でしょう？

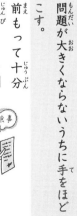

手《て》を結《むす》ぶ
仲間《なかま》になる。協力《きょうりょく》する。例 パン屋《や》さんとレストランが手《て》を結《むす》んで、新《あたら》しい店《みせ》を開《ひら》く。類 手《て》を組《く》む・手《て》をにぎる①

手《て》を焼《や》く
うまくできずに、もてあます。例 弟《おとうと》のいたずらに手《て》を焼《や》く。

手《て》を休《やす》める
仕事《しごと》などを少《すこ》し休《やす》む。例 バイオリンの練習《れんしゅう》の手《て》を休《やす》めてお茶《ちゃ》を飲《の》む。

手《て》をわずらわす
世話《せわ》をしてもらう。人《ひと》にやっかいをかける。例 かぜを引《ひ》いて、母《はは》の手《て》をわずらわす。

てあか【手あか】

手《て》あかがつく
使《つか》い古《ふる》されて、新《あたら》しさが感《かん》じられなくなる。例 みんなが使《つか》うので、この流行《りゅうこう》語《ご》にも手《て》あかがついた。

てあし【手足】

手《て》足《あし》となる
ある人《ひと》の下《した》で、その人《ひと》の思《おも》う通《とお》りに働《はたら》く。例 えらい人《ひと》の手足《てあし》となって走《はし》り回《まわ》る。

であし【出足】

出《で》足《あし》がにぶい
①動《うご》き出《だ》すのがおそい。例 古《ふる》い車《くるま》なので出足《であし》がにぶい。②人《ひと》の数《かず》があまり増《ふ》えない。例 雨《あめ》で客《きゃく》の出足《であし》がにぶい。類 ①②出足《であし》が悪《わる》い 対 ①出足《であし》がするどい

ていさい【体裁】

体裁《ていさい》を備《そな》える
形《かたち》をきちんと整《ととの》えている。例 字《じ》のまちがいもなく、作文《さくぶん》の体裁《ていさい》を備《そな》えている。

体裁《ていさい》をつくろう
みっともなくないように見《み》せかける。例 体裁《ていさい》をつくろっても、本音《ほんね》まではかくせない。類 人前《ひとまえ》をつくろう

体裁《ていさい》を整《ととの》える
形《かたち》をきちんとする。例 レポートの体裁《ていさい》を整《ととの》えて、先生《せんせい》に提出《ていしゅつ》する。

テープ

テープを切《き》る
一着《いっちゃく》でゴールインする。例 ランナーが、両手《りょうて》をあげてテープを切《き》る。

てがみ【手紙】

手紙《てがみ》をしたためる
手紙《てがみ》を書《か》く。例 久《ひさ》しぶりに海外《かいがい》にいるおばに手紙《てがみ》をしたためる。📖「したためる」は書《か》き記《しる》すという意味《いみ》。

答《こた》え：取《と》る

てがら【手柄】

手柄《てがら》を立《た》てる

りっぱな働《はたら》きをする。例 犯人《はんにん》のたいほで大《おお》きな手柄《てがら》を立《た》てる。

てぎわ【手際】

手際《てぎわ》がいい

物事《ものごと》を行《おこな》う能力《のうりょく》がすぐれている。例 母《はは》の家事《かじ》は手際《てぎわ》がいい。対 手際《てぎわ》が悪《わる》い

てぐすね【手ぐすね】

手《て》ぐすねを引《ひ》く

十分《じゅうぶん》に用意《ようい》をしてチャンスを待《ま》つ。例 次《つぎ》に会《あ》ったら仕返《しかえ》しをしようと手《て》ぐすねを引《ひ》いて待《ま》つ。

てこ

てこでも動《うご》かない

どんな方法《ほうほう》を使《つか》っても動《うご》かすことができない。例 すわりこんだきり、てこでも動《うご》かない。

てごころ【手心】

手心《てごころ》を加《くわ》える

手加減《てかげん》をする。厳《きび》しくしない。例 幼《おさな》い子《こ》どもでも、手心《てごころ》を加《くわ》えることなく指《し》導《どう》する。

てしお【手塩】

めいめいのおぜんに置《お》いた塩《しお》。

手塩《てしお》にかける

自分《じぶん》で面《めん》どうを見《み》て、大切《たいせつ》に育《そだ》て上《あ》げる。例 子《こ》どもたちを、手塩《てしお》にかけて育《そだ》てる。📖手塩《てしお》を使《つか》って自分《じぶん》であれこれ味《あじ》を調整《ちょうせい》しながら食《た》べたことから。

てだま【手玉】

曲芸《きょくげい》に使《つか》う玉《たま》。また、お手玉《てだま》。

手玉《てだま》に取《と》る

人《ひと》を思《おも》い通《どお》りに動《うご》かす。例 弱《よわ》い対戦相《たいせんあい》手《て》を手玉《てだま》に取《と》る。

てつづき【手続き】

手続《てつづ》きをふむ

必要《ひつよう》とされるやり方《かた》をきちんと行《おこな》う。例 正式《せいしき》な手続《てつづ》きをふんで届《とど》け出《で》る。

てのうち【手の内】

手《て》の内《うち》を明《あ》かす

自分《じぶん》の考《かんが》えを人《ひと》に打《う》ち明《あ》ける。心《こころ》の中《なか》の計画《けいかく》を相手《あいて》に示《しめ》す。例 相手《あいて》チームについ手《て》の内《うち》を明《あ》かしてしまう。

てのひら【手の平】

手《て》の平《ひら》を返《かえ》す

態度《たいど》をがらりと変《か》えるようす。例 かれは手《て》の平《ひら》を返《かえ》すようにお金《かね》にがめつくなった。類 たなごころを返《かえ》す

て

問題《もんだい》：たたいたり、ぬぐったり、まくったりする物《もの》は？

でばな【出鼻】

「ではな」とも読《よ》む。

出鼻《でばな》を折《お》る ➡出鼻《でばな》をくじく

出鼻《でばな》をくじく 張《は》り切って始《はじ》めたところを、じゃまをしてだめにする。例 初日《しょにち》の大雨《おおあめ》が旅行《りょこう》の出鼻《でばな》をくじく。類 出鼻《でばな》を折《お》る

てま【手間】

手間《てま》がかかる 時間《じかん》や労力《ろうりょく》がかかる。例 自分《じぶん》でそばを打《う》つには、わりと手間《てま》がかかる。

手間《てま》を取《と》らせる 時間《じかん》や労力《ろうりょく》をかけさせる。例 このたびはたいへんお手間《てま》を取《と》らせました。📖 多《おお》く「お手間《てま》を取《と》らせる」の形《かたち》で使《つか》う。

てん【天】

天《てん》をあおぐ もうだめだと上《うえ》を見《み》る。例 思《おも》わぬ敗戦《はいせん》に、選手《せんしゅ》は天《てん》をあおいだ。

天《てん》をつく ①とても高《たか》い。例 山《やま》が天《てん》をつくようにそびえる。②勢《いきお》いがさかんである。例 選手《せんしゅ》の意気《いき》ごみは天《てん》をつくようだ。

てん【点】

点《てん》がからい 評価《ひょうか》が厳《きび》しい。例 今度《こんど》の担任《たんにん》の先生《せんせい》は点《てん》がからい。対 点《てん》があまい

てんぐ【天狗】

天狗《てんぐ》になる うぬぼれる。自《じ》まんするような態度《たいど》を取《と》る。例 テストでいい点《てん》を取《と》ったので、つい天狗《てんぐ》になる。📖 得意《とくい》になって鼻《はな》が高《たか》くなるようすから。

てんすう【点数】

点数《てんすう》をかせぐ 人《ひと》に気《き》に入《い》られるようなことをして、自分《じぶん》がよく思《おも》われるようにする。例 いやな仕事《しごと》を引《ひ》き受《う》けて点数《てんすう》をかせぐ。

てんばつ【天罰】

天罰《てんばつ》が下《くだ》る 悪《わる》い行《おこな》いに対《たい》して、天《てん》が罰《ばつ》を下《くだ》す。神様《かみさま》が罰《ばっ》する。例 悪徳商人《あくとくしょうにん》に天罰《てんばつ》が下《くだ》る。

てんびん【天びん】

天《てん》びんにかける どちらかを選《えら》ぶために二《ふた》つのものの損得《そんとく》などを比《くら》べる。例 どちらのケーキがおいしくて太《ふと》りそうもないか天《てん》びんにかける。類 はかりにかける

答《こた》え：しり

でんわ【電話】

電話《でんわ》が遠《とお》い

電話《でんわ》の受話器《じゅわき》から聞《き》こえる相手《あいて》の声《こえ》が小《ちい》さい。例どこからかけてきたのか、どうも電話《でんわ》が遠《とお》い。

電話《でんわ》をかける

こちらから電話《でんわ》をする。例帰《かえ》りが少《すこ》しおそくなると、母《はは》に電話《でんわ》をかけて知《し》らせる。

電話《でんわ》を切《き》る

通話《つうわ》を終《お》わりにする。例もう少《すこ》し話《はな》していたいと思《おも》いながら電話《でんわ》を切《き》る。

ど【度】

度《ど》が過《す》ぎる

ふつうの程度《ていど》をこえている。必要以上《ひつよういじょう》である。例二時間《にじかん》も続《つづ》けてゲームをするなんて度《ど》が過《す》ぎる。📖「度《ど》を過《す》ごす」の形《かたち》でも使《つか》う。

度《ど》を失《うしな》う

いつもの落《お》ち着《つ》きをなくしてうろたえる。ひどくあわてる。例とつ然《ぜん》、警報《けいほう》が鳴《な》って度《ど》を失《うしな》う。

といき【吐息】

吐息《といき》をもらす

がっかりしたり、ほっとしたりして大《おお》きな息《いき》をはく。例失《しつ》れんをして、思《おも》わず吐息《といき》をもらす。類たん息《そく》をもらす

トイレ

トイレが近《ちか》い

便所《べんじょ》に行《い》く回数《かいすう》が多《おお》い。例足《あし》が冷《ひ》えたせいでトイレが近《ちか》い。

とう【当】

当《とう》を得《え》る

道理《どうり》にかなう。適切《てきせつ》である。例経験者《けいけんしゃ》のかれの意見《いけん》は当《とう》を得《え》ている。対当《とう》を失《しっ》する

どう【堂】

堂《どう》に入《い》る

学問《がくもん》や芸《げい》がみがかれて、よく身《み》についている。例かの女《じょ》の歌《うた》は堂《どう》に入《い》っている。⚠「堂《どう》に入《はい》る」とは読《よ》まない。

とうかく【頭角】

頭角《とうかく》を現《あらわ》す

とくにすぐれていて目立《めだ》つ。例この作家《さっか》は、十代《じゅうだい》のころに頭角《とうかく》を現《あらわ》した。

問題《もんだい》：ほしいときには、どこから手《て》が出《で》る？

とうげ【峠】

峠《とうげ》をこす

最《もっと》もさかんな時《とき》が過《す》ぎる。例 病気《びょうき》も峠《とうげ》をこした。類 山《やま》をこす

とき【時】

時《とき》が流《なが》れる

年月《ねんげつ》が過《す》ぎ去《さ》る。例 小学校《しょうがっこう》に入《はい》ってから五年《ごねん》の時《とき》が流《なが》れた。

時《とき》を移《うつ》さず

すぐに。ただちに。例 準備《じゅんび》ができたら時《とき》を移《うつ》さずに出発《しゅっぱつ》しよう。

時《とき》を刻《きざ》む

時間《じかん》が少《すこ》しずつ過《す》ぎてゆく。例 古時計《ふるどけい》のふり子《こ》がゆっくり時《とき》を刻《きざ》む。

どぎも【度肝】

度肝《どぎも》をぬく

非常《ひじょう》にびっくりさせる。例 大作映画《たいさくえいが》が人々《ひとびと》の度肝《どぎも》をぬく。類 心胆《しんたん》をうばう

どきょう【度胸】

度胸《どきょう》がすわる

物事《ものごと》をおそれない。例 どんなに高《たか》い所《ところ》もこわくないなんて、度胸《どきょう》がすわっている。類 肝《きも》がすわる・度胸《どきょう》がある・腹《はら》がすわる

度胸《どきょう》がつく

何《なに》が起《お》きても落《お》ち着《つ》いていられるようになる。例 試合《しあい》の経験《けいけん》を積《つ》み重《かさ》ねていくと度胸《どきょう》がつくものだ。

とげ【刺】

刺《とげ》がある

ことばや態度《たいど》に意地《いじ》の悪《わる》さがある。例 かの女《じょ》の物《もの》の言《い》い方《かた》には刺《とげ》がある。類 刺《とげ》をふくむ

とこ【床】

床《とこ》につく

①ね床《どこ》に入《はい》ってねる。②病気《びょうき》になってねこむ。例 はしかで数日間《すうじつかん》床《とこ》につく。

床《とこ》を上《あ》げる

①ふとんをたたんで片《かた》づける。②病気《びょうき》が治《なお》る。例 病気《びょうき》でねこんでいた祖父《そふ》が、やっと床《とこ》を上《あ》げる。類 床《とこ》をはらう

床《とこ》を取《と》る

ふとんをしく。例 となりの部屋《へや》に床《とこ》を取《と》ってある。類 床《とこ》をのべる

とし【年】

年《とし》が改《あらた》まる

①新《あたら》しい年《とし》になる。②年号《ねんごう》が変《か》わる。例 平成《へいせい》から令和《れいわ》に年《とし》が改《あらた》まる。類 ① 年《とし》が明《あ》ける

答《こた》え：のど

年《とし》が行《い》く
年《ねん》れいが重《かさ》なって行《い》く。例あの人《ひと》は意《い》外《がい》に年《とし》が行《い》っている。

年《とし》がはなれる
年《とし》がずいぶんちがっている。例兄《あに》とは、七《なな》つ以上年《いじょうとし》がはなれている。

年《とし》には勝《か》てない
年《とし》を取《と》ると体力《たいりょく》がなくなってきて、何《なに》事《ごと》も若《わか》いときのようにはいかない。例名選手《めいせんしゅ》も年《とし》には勝《か》てなかったようだ。

年《とし》を食《く》う
➡年《とし》を取《と》る

年《とし》をこす
新年《しんねん》をむかえる。例今年《ことし》は父《ちち》の故郷《こきょう》で年《とし》をこすつもりだ。

年《とし》を取《と》る
年《ねん》れいを重《かさ》ねる。例祖《そ》父《ふ》のしらがを見《み》て、年《とし》を取《と》ったものだと思《おも》う。類年《とし》を食《く》う

年《とし》をへる
長《なが》い年月《ねんげつ》がたつ。例京都《きょうと》には年《とし》をへた古《ふる》い建物《たてもの》が数多《かずおお》くある。

どじ

どじをふむ
間《ま》のぬけた失敗《しっぱい》をする。へまをやる。例さいふを落《お》とすというどじをふむ。📖くだけた言《い》い方《かた》。

としがい【年がい】

年《とし》がいもなく
いい年《とし》をして考《かんが》えが足《た》りないことをするようす。年《とし》に似合《にあ》わず。例年《とし》がいもなく口《くち》げんかをしてしまった。

どそく【土足】

土足《どそく》でふみにじる
①くつなどをはいたままの足《あし》でふみつける。②遠《えん》りょのない言動《げんどう》をする。例人《ひと》の善意《ぜんい》を土足《どそく》でふみにじる。

トップ

トップをかざる
新聞《しんぶん》などで、一《いち》ページ目《め》に大《おお》きく記事《きじ》がのる。例金《きん》メダルかく得《とく》のニュースが、新聞《しんぶん》のトップをかざる。

トップを切《き》る
①競走《きょうそう》などで、先頭《せんとう》を走《はし》る。例トップを切《き》ってゴールする。②最初《さいしょ》にやる。例トップを切《き》って発言《はつげん》する。

とてつ
理《り》くつに合《あ》った筋道《すじみち》。

とてつもない
ふつうの状態《じょうたい》をこえている。常識《じょうしき》をこえるほど並外《なみはず》れている。例とてつもない望《のぞ》みを実現《じつげん》する。類途方《とほう》もない

と

問題《もんだい》：「根《ね》も○もない」うわさ話《ばなし》。

とど

とどのつまり

結局《けっきょく》のところ。例 とどのつまりはやめずにすむことになった。📖ボラは成長《せいちょう》するにつれていろいろな名前《なまえ》で呼《よ》ばれ、最後《さいご》にはトドと呼《よ》ばれることから。

ととう【徒党】

徒《と》党《とう》を組《く》む

悪《わる》いことをするために仲間《なかま》が集《あつ》まる。例 徒《と》党《とう》を組《く》んで悪事《あくじ》を働《はたら》く。

とどめ

とどめをさす

①完全《かんぜん》に息《いき》の根《ね》をとめる。例 りょう師《し》がえ物《もの》にとどめをさす。②最後《さいご》の損害《そんがい》をあたえる。例 三点《さんてん》を追加《ついか》してとどめをさす。③それが一番《いちばん》である。例 日《ひ》の出《で》の美《うつく》しさは、富士山《ふじさん》にとどめをさす。類 ②駄目《だめ》をおす②

とばっちり

飛《と》び散《ち》る水《みず》やどろのこと。

とばっちりを受《う》ける
とばっちりを食《く》う

そばにいたために、思《おも》わぬわざわいを受《う》ける。例 わたしまでとばっちりを食《く》ってしかられた。類 側《そば》づえを食《く》う・とばっちりを受《う》ける・巻《ま》き添《ぞ》えを食《く》う

どひょう【土俵】

土俵《どひょう》に上《あ》がる

①すもうで、取組《とりくみ》のために力士《りきし》が土俵《どひょう》の上《うえ》に立《た》つ。②対決《たいけつ》する場所《ばしょ》に出《で》る。例 選手《せんしゅ》が決勝戦《けっしょうせん》の土俵《どひょう》に上《あ》がる。

土俵《どひょう》を割《わ》る

①すもうで、土俵《どひょう》の外《そと》に足《あし》が出《で》て負《ま》けとなる。②相手《あいて》の勢《いきお》いにおし切《き》られる。例 相手《あいて》のけん幕《まく》に負《ま》けて土俵《どひょう》を割《わ》る。

とほう【途方】

❶方法《ほうほう》。❷理《り》くつに合《あ》った筋道《すじみち》。

途方《とほう》に暮《く》れる

どうしたらよいかわからなくなる。例 出先《でさき》で雨《あめ》に降《ふ》られて、途方《とほう》に暮《く》れる。類 途方《とほう》を失《うしな》う

途方《とほう》もない

物事《ものごと》の程度《ていど》が並外《なみはず》れている。例 気《き》が大《おお》きくなって途方《とほう》もないことを言《い》い出《だ》す。類 とてつもない

とりかえし【取り返し】

取《と》り返《かえ》しがつかない

元通《もとどお》りの状態《じょうたい》にもどすことができない。例 早《はや》く先生《せんせい》に相談《そうだん》しないと取《と》り返《かえ》しがつかなくなる。

とりつく【取り付く】

答《こた》え：葉《は》

取《と》り付《つ》く島《しま》がない

つっけんどんで、まともに相手《あいて》にしてもらえない。例 話《はな》しかけても、そっぽを向《む》いていて取《と》り付《つ》く島《しま》がない。

とりとめ【取り留め】

取《と》り留《と》めのない

つかみどころがない。まとまりがない。例 取《と》り留《と》めのないおしゃべりで時間《じかん》をつぶす。

とりはだ【鳥肌】

鳥肌《とりはだ》が立《た》つ

寒《さむ》さやおそろしさなどで、皮《ひ》ふがぶつぶつになる。例 こわい話《はなし》を聞《き》いて鳥肌《とりはだ》が立《た》つ。📖 強《つよ》い感動《かんどう》を受《う》けた時《とき》にも使《つか》うことがある。

とる【取る】

取《と》ってつけたよう

ことばや態度《たいど》などがわざとらしく、不《ふ》自然《しぜん》であるようす。例 かの女《じょ》のえ顔《がお》は取《と》ってつけたようだった。

取《と》りも直《なお》さず

言《い》いかえると。まさに。例「考《かんが》えてみる」という返事《へんじ》は、取《と》りも直《なお》さずやらないということだ。

取《と》るに足《た》りない

わざわざ取《と》り上《あ》げるほどの値打《ねう》ちがない。例 取《と》るに足《た》りない意見《いけん》ですが聞《き》いてください。

取《と》る物《もの》も取《と》りあえず

持《も》つべきものも持《も》たないくらい大急《おおいそ》ぎで。例 父《ちち》がけがをしたと聞《き》いて、取《と》る物《もの》も取《と》りあえず病院《びょういん》にかけつける。

どろ【泥】

泥《どろ》のように

ぐっすりとねむりこんでいるようす。例 長時《ちょうじ》間歩《かんある》き続《つづ》けたあと、泥《どろ》のようにねむる。

泥《どろ》をかぶる

ほかの人《ひと》の失敗《しっぱい》の責任《せきにん》を取《と》る。例 自分《じぶん》は泥《どろ》をかぶる覚《かく》ごで、部下《ぶか》に思《おも》うようにやらせてみる。

泥《どろ》をぬる

はじをかかせる。評判《ひょうばん》が悪《わる》くなるようなことをする。例 近所《きんじょ》の人《ひと》にめいわくをかけて、親《おや》の顔《かお》に泥《どろ》をぬる。

泥《どろ》をはく

かくしていたことをしゃべる。白状《はくじょう》する。例 証《しょう》こをつきつけられて、容疑者《ようぎしゃ》がとうとう泥《どろ》をはく。

トンネル

トンネルをぬける
調子《ちょうし》の悪《わる》い状態《じょうたい》が終《お》わる。例 シュートを二度《にど》も決《き》めて、やっとトンネルをぬけた。

な【名】

名《な》が売《う》れる
有名《ゆうめい》になる。例 かの女《じょ》は作家《さっか》として名《な》が売《う》れている。

名《な》が通《とお》る
世《よ》の中《なか》に広《ひろ》く知《し》られる。例 あの学校《がっこう》は野球《やきゅう》の名門《めいもん》として名《な》が通《とお》っている。

名《な》にはじない
世間《せけん》の評判《ひょうばん》や名声《めいせい》にふさわしい。例 かの女《じょ》の演奏《えんそう》はプロの名《な》にはじない。

名《な》のある
有名《ゆうめい》である。例 名《な》のある先生《せんせい》に書道《しょどう》を指導《しどう》してもらう。

名《な》もない
世《よ》の中《なか》に知《し》られていない。取《と》るに足《た》りない。例 当時《とうじ》かれはまだ名《な》もない学生《がくせい》だった。／道《みち》ばたにさく名《な》もない花《はな》。

名《な》を上《あ》げる
よい評判《ひょうばん》を得《え》て有名《ゆうめい》になる。例 金《きん》メダルをとり、選手《せんしゅ》としての名《な》を上《あ》げる。

名《な》を売《う》る
自分《じぶん》の名前《なまえ》が、世《よ》の中《なか》に広《ひろ》く知《し》れわたるようにする。例 選挙《せんきょ》で候補《こうほ》者《しゃ》が名《な》を売《う》る。

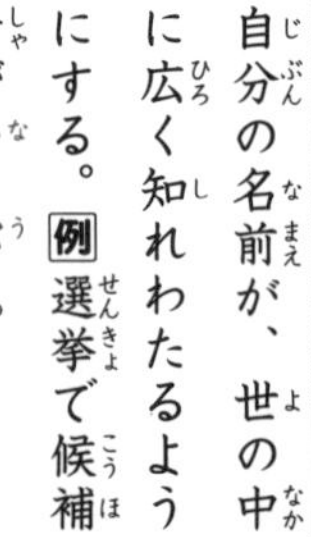

名《な》を借《か》りる
①名前《なまえ》を借《か》りる。例 父《ちち》の名《な》を借《か》りて申《もう》しこみをする。②表向《おもてむ》きの理由《りゆう》にする。例 合宿《がっしゅく》に名《な》を借《か》りた遊《あそ》びと言《い》われないように、しっかり練習《れんしゅう》しよう。

名《な》を連《つら》ねる
仲間《なかま》に加《くわ》わる。例 弁論大会《べんろんたいかい》の代表《だいひょう》に名《な》を連《つら》ねる。

名《な》をとどめる
後《あと》の時代《じだい》に名前《なまえ》が伝《つた》えられる。名声《めいせい》を残《のこ》す。例 勇《ゆう》かんな武将《ぶしょう》として名《な》をとどめる。類 名《な》を残《のこ》す

名《な》を成《な》す
実力《じつりょく》が評価《ひょうか》されて、有名《ゆうめい》になる。例 昭《しょう》和《わ》を代表《だいひょう》する作家《さっか》として名《な》を成《な》す。

名《な》を残《のこ》す
➡名《な》をとどめる

なか【中】

答《こた》え：さじ

中《なか》に立《た》つ
人《ひと》と人《ひと》の間《あいだ》に入《はい》って、うまくまとまるようにはからう。例 話《はな》し合《あ》いがうまくいくようにわたしが中《なか》に立《た》とう。

中《なか》に入《はい》る
争《あらそ》っているものどうしを仲直《なかなお》りさせる。例 けんかしている二人《ふたり》の中《なか》に入《はい》る。

中《なか》を取《と》る
二《ふた》つのものの中間《ちゅうかん》を取《と》る。例 二人《ふたり》の意見《いけん》がちがうので、中《なか》を取《と》ることにした。

なか【仲】

仲《なか》をさく
親《した》しい者《もの》どうしを引《ひ》きはなす。例 かれらの仲《なか》をさくことはできない。

仲《なか》を取《と》り持《も》つ
間《あいだ》に入《はい》って、親《した》しくなれるように仲立《なかだ》ちをする。例 仲《なか》を取《と》り持《も》った二人《ふたり》が結《けっ》こんにこぎつけた。

ながい【長い】

長《なが》い目《め》で見《み》る
その時《とき》のことだけでなく、将来《しょうらい》のことを考《かんが》えて判断《はんだん》する。例 かれのうで前《まえ》はまだまだだが、長《なが》い目《め》で見《み》てやろう。

ながれ【流れ】

流《なが》れが変《か》わる
物事《ものごと》の進《すす》み方《かた》が変化《へんか》する。例 サーブのミスで、試合《しあい》の流《なが》れが変《か》わる。

流《なが》れにさお差《さ》す
世《よ》の中《なか》のなりゆきに合《あ》わせて、うまく勢《いきお》いに乗《の》る。例 ブームの流《なが》れにさお差《さ》して店《みせ》がはんじょうする。📖 水《みず》の流《なが》れに従《したが》って舟《ふね》を進《すす》めることから。⚠「時《じ》流《りゅう》に逆《さか》らう」の意味《いみ》で使《つか》うのは誤《あやま》り。

流《なが》れに乗《の》る
①水《みず》の流《なが》れに逆《さか》らわないで進《すす》む。②有利《ゆうり》になったなりゆきを、うまく利用《りよう》する。例 相手《あいて》のエラーで流《なが》れに乗《の》る。

流《なが》れをくむ
①血《ち》のつながりがある。例 源氏《げんじ》の流《なが》れをくむ家系《かけい》。②学問《がくもん》や芸《げい》などで、その流派《りゅうは》を受《う》けつぐ。例 この交《こう》きょう曲《きょく》は、ロマン派《は》の流《なが》れをくんでいる。

なき【泣き】

泣《な》きを入《い》れる
泣《な》きついて、許《ゆる》してしてくれるようにたのむ。例 今回《こんかい》はかんべんしてほしいと泣《な》きを入《い》れる。

な

問題《もんだい》：「あぶらが乗《の》る」の「あぶら」を漢字《かんじ》で書《か》くと？

泣《な》きを見《み》る

泣《な》くほどのつらい思《おも》いをする。例 今《いま》なまけていると、後《あと》で泣《な》きを見《み》るよ。

なく【泣く】

泣《な》いても笑《わら》っても

今《いま》さらどうやってもしかたがないようすのたとえ。例 泣《な》いても笑《わら》っても、試《し》験《けん》の結《けっ》果《か》は明日《あす》出《で》る。

泣《な》く子《こ》もだまる

泣《な》いている子《こ》どもが泣《な》きやむほど、とてもこわい存在《そんざい》である。例 泣《な》く子《こ》もだまる政財界《せいざいかい》の大物《おおもの》。

なく【鳴く】

鳴《な》かず飛《と》ばず

長《なが》い間《あいだ》、何《なん》の活《かつ》やくもしないでいるようす。例 いきなり入選作《にゅうせんさく》を書《か》いたのに、その後《ご》は何年《なんねん》も鳴《な》かず飛《と》ばずだ。

なぞ

なぞに包《つつ》まれる

正体《しょうたい》がはっきりとわからない。例 なぞに包《つつ》まれたトリック。

なぞをかける

①なぞなぞを出《だ》す。②相手《あいて》にそれとなくわかるように言《い》う。例 かれでないなら犯人《はんにん》はだれだろうとなぞをかける。

なた

なたをふるう

⬇大《おお》なたをふるう

なだれ【雪崩】

雪崩《なだれ》を打《う》つ

たくさんの人《ひと》が一度《いちど》にどっと移動《いどう》する。例 バーゲン会場《かいじょう》に、雪崩《なだれ》を打《う》って客《きゃく》が走《はし》った。

なに【何】

何《なに》かと言《い》うと

何《なに》かがあるたびに。例 母《はは》は何《なに》かと言《い》うとおぎょうぎをよくしなさいと言《い》う。類 何《なに》かと言《い》えば・何《なに》かにつけて

何《なに》が何《なん》でも

どんなことがあっても。どうしても。例 この試験《しけん》は何《なに》が何《なん》でも合格《ごうかく》したい。

何《なに》かにつけて

⬇何《なに》かと言《い》うと

何《なに》から何《なに》まで

何《なに》もかもすべて。すっかり。例 あいつのことなら何《なに》から何《なに》まで知《し》っている。

何《なに》はさておき

ほかのことは後回《あとまわ》しにしても。まず第《だい》一《いち》に。例 何《なに》はさておき、ご飯《はん》だけは作《つく》っておこう。

答《こた》え：脂《あぶら》

何《なに》はともあれ
ほかのことはどうであっても。ともかく。例 何《なに》はともあれ無事《ぶじ》でよかった。

何《なに》はなくとも
ほかのものは何《なに》もなくても。例 何《なに》はなくとも家族《かぞく》が健康《けんこう》なことに感謝《かんしゃ》だ。

なにくれ【何くれ】

何《なに》くれとなく
あれこれと細《こま》かく気《き》を配《くば》って。例 病気《びょうき》になったら、友人《ゆうじん》が何《なに》くれとなく世話《せわ》をしてくれた。

なみ【波】

波《なみ》がある
調子《ちょうし》がよかったり悪《わる》かったりする。例 わたしの成績《せいせき》にはどうも波《なみ》がある。

波《なみ》に乗《の》る
そのときの流《なが》れにうまく合《あ》う。例 一《いっ》勝《しょう》してから波《なみ》に乗《の》って勝《か》ち進《すす》む。

波《なみ》を切《き》る
船《ふね》などが波《なみ》をおし分《わ》けて進《すす》む。例 ヨットが波《なみ》を切《き》って進《すす》む。

なみかぜ【波風】

波風《なみかぜ》が立《た》つ
もめ事《ごと》が起《お》こる。例 小《ちい》さなことで家《いえ》の中《なか》に波風《なみかぜ》が立《た》つ。

なみだ【涙】

涙《なみだ》がかれる
もう涙《なみだ》が出《で》てこないというほどひどく泣《な》く。例 かわいがっていたペットが死《し》んで、涙《なみだ》がかれるほど泣《な》いた。

涙《なみだ》ながらに
涙《なみだ》を流《なが》しながら。例 涙《なみだ》ながらに今《いま》のひどい状《じょう》きょうをうったえる。

涙《なみだ》をうかべる
目《め》に涙《なみだ》をたたえる。涙《なみだ》ぐむ。例 悲《かな》しい映画《えいが》を見《み》て、父《ちち》もめずらしく涙《なみだ》をうかべていた。

涙《なみだ》をさそう
人《ひと》を感動《かんどう》させたり同情《どうじょう》させたりして泣《な》かせる。もらい泣《な》きさせる。例 別《わか》れの場面《ばめん》が人々《ひとびと》の涙《なみだ》をさそう。

涙《なみだ》をのむ
くやしさや悲《かな》しさをじっとこらえる。例 初《はつ》出場《しゅつじょう》のチームが二《に》回戦《かいせん》で涙《なみだ》をのむ。

なり【鳴り】

鳴《な》りをひそめる
活動《かつどう》しないで静《しず》かにしている。例 あの作家《さっか》は賞《しょう》をもらってから、しばらく鳴《な》りをひそめている。

問題《もんだい》：「汚名《おめい》を返上《へんじょう》する」「汚名《おめい》をばん回《かい》する」。正《ただ》しいのはどっち？

なんくせ【難癖】

難癖《なんくせ》をつける

相手《あいて》のちょっとした欠点《けってん》を無理《むり》に見《み》つけては非難《ひなん》する。例かれは人《ひと》のやったことにいちいち難癖《なんくせ》をつける。類言《い》いがかりをつける・いちゃもんをつける・けちをつける

なんしょく【難色】

難色《なんしょく》を示《しめ》す

承知《しょうち》しないという態度《たいど》を見《み》せる。賛成《さんせい》しないようすを示《しめ》す。例新《あたら》しい開発計《かいはつけい》画《かく》に多《おお》くの住民《じゅうみん》が難色《なんしょく》を示《しめ》す。

に【荷】

荷《に》が重《おも》い

責任《せきにん》が大《おお》きすぎる。例クラス委員《いいん》は荷《に》が重《おも》い。類荷《に》が勝《か》つ

荷《に》が下《お》りる

責任《せきにん》を果《は》たしてほっとする。例学芸会《がくげいかい》が終《お》わって肩《かた》の荷《に》が下《お》りた。📖多《おお》く、「肩《かた》の荷《に》が下《お》りる」の形《かたち》で使《つか》う。

にえゆ【煮え湯】

煮《に》え湯《ゆ》を飲《の》まされる

信《しん》じていたのに、裏切《うらぎ》られてひどい目《め》にあう。例たよりにしていた友人《ゆうじん》に煮《に》え湯《ゆ》を飲《の》まされる。

にがむし【苦虫】

苦虫《にがむし》をかみつぶしたよう

ひどく機《き》げんが悪《わる》い顔《かお》つきのたとえ。例みんながうるさいので、先生《せんせい》は苦虫《にがむし》をかみつぶしたような顔《かお》をしている。

にくまれぐち【憎まれ口】

憎《にく》まれ口《ぐち》をきく

⬇憎《にく》まれ口《ぐち》をたたく

憎《にく》まれ口《ぐち》をたたく

人《ひと》に憎《にく》まれるような言《い》い方《かた》をする。例そんなことはやっていられないと憎《にく》まれ口《ぐち》をたたく。類憎《にく》まれ口《ぐち》をきく・減《へ》らず口《ぐち》をたたく

にげ【逃げ】

逃《に》げを打《う》つ

責任《せきにん》などをのがれようとする。例知《し》らなかったと言《い》って逃《に》げを打《う》つ。類逃《に》げを張《は》る

答《こた》え：汚名《おめい》を返上《へんじょう》する

にしき【錦】

錦《にしき》をかざる

成功《せいこう》して故郷《こきょう》に帰《かえ》る。**例** 社長《しゃちょう》になって故郷《こきょう》に錦《にしき》をかざる。📖多《おお》く、「故郷《こきょう》に錦《にしき》をかざる」の形《かたち》で使《つか》う。きれいな着《き》物《もの》を着《き》て故郷《こきょう》へ帰《かえ》る意味《いみ》から。

にそくのわらじ【二足のわらじ】

二足《にそく》のわらじをはく

一人《ひとり》で二《ふた》つの職業《しょくぎょう》や役目《やくめ》をかねる。**例** あの人《ひと》は歌手《かしゅ》と俳優《はいゆう》の二足《にそく》のわらじをはいている。

にっき【日記】

日記《にっき》をつける

その日《ひ》のできごとを書《か》きとめる。日記《にっき》を書《か》く。**例** 毎日《まいにち》、ねる前《まえ》に日記《にっき》をつける。

にのあし【二の足】

二《に》の足《あし》をふむ

思《おも》い切《き》れず、ぐずぐずする。**例** 新《あたら》しいくつなので、水《みず》たまりの前《まえ》で二《に》の足《あし》をふむ。📖二《に》歩《ほ》目《め》の歩《あゆ》みをためらうことから。

にのく【二の句】 次《つぎ》のことば。

二《に》の句《く》がつげない

あきれたりおどろいたりして、次《つぎ》のことばが出《で》てこない。**例** おまえがやったと言《い》われて、二《に》の句《く》がつげない。

心《こころ》を「引《ひ》く」ものを辞書《じしょ》で「引《ひ》く」

次《つぎ》の文《ぶん》を見《み》てみよう。

みように ⓐ心《こころ》を引《ひ》くものがあったので、何《なん》だろうと思《おも》い ⓑ辞書《じしょ》を引《ひ》いたら、実《じつ》はつまらないものだとわかり ⓒ熱《ねつ》が引《ひ》いた。

同《おな》じ「引《ひ》く」ということばでも意味《いみ》がちがってきます。

ⓐ「気持《きも》ちを向《む》けさせる」という意味《いみ》……関心《かんしん》を引《ひ》く（64） 気《き》を引《ひ》く（71） 興味《きょうみ》を引《ひ》く（79） 心《こころ》を引《ひ》く（102） など

ⓑ「調《しら》べる」という意味《いみ》……辞書《じしょ》を引《ひ》く（117） など

ⓒ「あったものがなくなる」という意味《いみ》……血《ち》の気《け》が引《ひ》く（149） 熱《ねつ》が引《ひ》く（177） など

＊カッコ内《ない》は、そのことばがあるページ

問題《もんだい》：あの人《ひと》は悪《わる》い人《ひと》だと「○○○○をはる」。

にのまい【二の舞】 人《ひと》のまねをすること。

二《に》の舞《まい》を演《えん》じる

前《まえ》の人《ひと》と同《おな》じようにしくじる。例 友《とも》だちの二《に》の舞《まい》を演《えん》じることのないように。📖 舞楽《ぶがく》で、「安摩《あま》の舞《まい》」の後《あと》にそれをまねるこっけいな舞《まい》を「二《に》の舞《まい》」ということから。類 前《ぜん》てつをふむ

にのや【二の矢】

二《に》の矢《や》がつげない

次《つぎ》の手《て》がない。例 最初《さいしょ》の商品《しょうひん》は大《だい》ヒットだったが、続《つづ》くアイデアがなくて二《に》の矢《や》がつげない。

にべ にべという魚《さかな》のうきぶくろから作《つく》るのり。

にべもない

そっ気《け》ない。例 そんなことはできないとにべもなく断《ことわ》られる。📖 にべがないとねばり気《け》がないことから、人《ひと》がそっ気《け》ないという意味《いみ》となった。

にらみ

にらみをきかせる

勝手《かって》なことができないようにする。例 事件《じけん》が起《お》きないよう、けい事《じ》がにらみをきかせる。

にる【似る】

似《に》たり寄《よ》ったり

どれも同《おな》じようで、あまりちがいがない。例 今回《こんかい》の応《おう》ぼ作品《さくひん》の出来《でき》は、似《に》たり寄《よ》ったりで選《えら》ぶのに困《こま》る。

似《に》ても似《に》つかない

全《まった》く似《に》ていない。例 友人《ゆうじん》だと思《おも》って声《こえ》をかけたら、似《に》ても似《に》つかない別人《べつじん》だった。

ぬすみ【盗み】

盗《ぬす》みを働《はたら》く

人《ひと》に見《み》つからないように人《ひと》の物《もの》やお金《かね》をとる。どろぼうをする。例 お金《かね》に困《こま》って盗《ぬす》みを働《はたら》く。

ぬるまゆ【ぬるま湯】

ぬるま湯《ゆ》につかる

熱《あつ》くないお湯《ゆ》に入《はい》っているように、し激《げき》の少《すく》ないかん境《きょう》にあまえてのん気《き》に過《す》ごす。例 何《なん》の努力《どりょく》もせず、ぬるま湯《ゆ》につかったような毎日《まいにち》を過《す》ごす。

ぬれぎぬ

答《こた》え：レッテル

ぬれぎぬを着《き》せられる

無実《むじつ》の罪《つみ》におとしいれられる。例その場《ば》にいただけで犯人《はんにん》だとぬれぎぬを着《き》せられる。

ね【音】

音《ね》を上《あ》げる

つらさや苦《くる》しさにたえられずに、意気《いく》地《じ》のないことを言《い》う。例厳《きび》しい練習《れんしゅう》に音《ね》を上《あ》げる。類悲鳴《ひめい》を上《あ》げる②・弱音《よわね》をはく

ね【根】

根《ね》が生《は》える

その場所《ばしょ》や地位《ちい》に居《い》すわって動《うご》かない。例妹《いもうと》は根《ね》が生《は》えたように部屋《へや》から出《で》ない。

根《ね》が深《ふか》い

難《むずか》しい事情《じじょう》があって、簡単《かんたん》に解決《かいけつ》できない状態《じょうたい》である。例今回《こんかい》のトラブルは考《かんが》えていたより根《ね》が深《ふか》い。

根《ね》に持《も》つ

うらみを持《も》ち続《つづ》け、その気持《きも》ちをずっと忘《わす》れない。例一度《いちど》仲間《なか ま》外《はず》れにされたことを、いつまでも根《ね》に持《も》つ。

根《ね》も葉《は》もない

何《なん》の根《こん》きょもない。例根《ね》も葉《は》もないうわさがかれの評判《ひょうばん》を落《お》とした。

根《ね》を下《お》ろす

①よそから来《き》てある土地《とち》に住《す》みつく。例この町《まち》に根《ね》を下《お》ろして十年《じゅうねん》になる。②しっかりした基《き》そをつくり上《あ》げる。例自由《じゆう》な校風《こうふう》が学校《がっこう》に根《ね》を下《お》ろす。📖植物《しょくぶつ》が土《つち》の中《なか》にしっかりと根《ね》を生《は》やすことから。類①②根《ね》を張《は》る

根《ね》を張《は》る

⬇根《ね》を下《お》ろす①②

ね【値】

値《ね》が上《あ》がる

①値段《ねだん》が高《たか》くなる。②評価《ひょうか》が高《たか》くなる。例エコ活動《かつどう》の成功《せいこう》で、うちの学校《がっこう》も値《ね》が上《あ》がった。類②株《かぶ》が上《あ》がる　対①②値《ね》が下《さ》がる・②株《かぶ》が下《さ》がる

値《ね》がつく

値段《ねだん》が決《き》まる。例ゴッホの名画《めいが》に何《なん》十億円《じゅうおくえん》という値《ね》がつく。

問題《もんだい》：自転車《じてんしゃ》に乗《の》ることは、「○○○をふむ」。

値《ね》が張《は》る

値段《ねだん》がふつうよりもかなり高《たか》い。例この服《ふく》は生地《きじ》がいいのか値《ね》が張《は》る。

ねいき【寝息】

寝息《ねいき》をうかがう

本当《ほんとう》にねむっているかどうかをさぐる。例母《はは》の寝息《ねいき》をうかがってから、兄《あに》になやみを打《う》ち明《あ》ける。

寝息《ねいき》を立《た》てる

ねむっている人《ひと》が呼吸《こきゅう》の音《おと》をさせる。ねむっている。例父《ちち》は横《よこ》になってすぐに寝息《ねいき》を立《た》て始《はじ》めた。

ねがう【願う】

願《ねが》ったりかなったり

こちらの望《のぞ》みと相手《あいて》の条件《じょうけん》が合《あ》い、希《き》望通《ぼうどお》りになるようす。例引《ひ》き受《う》けてくれるなら願《ねが》ったりかなったりだ。

願《ねが》ってもない

望《のぞ》んでもできそうにないことが、思《おも》いがけなく実現《じつげん》してうれしいようす。例願《ねが》ってもないチャンスがやってくる。

ねがえり【寝返り】

寝返《ねがえ》りを打《う》つ

①寝《ね》ている時《とき》に、からだの向《む》きを変《か》える。②味方《みかた》を裏切《うらぎ》って敵《てき》と手《て》を結《むす》ぶ。例味方《みかた》だったかれが寝返《ねがえ》りを打《う》つ。

ねくび【寝首】

寝首《ねくび》をかく

①ねむっている人《ひと》をおそって殺《ころ》す。②油断《ゆだん》させたりひきょうな手段《しゅだん》を用《もち》いたりして、人《ひと》をおとしいれる。例仲間《なかま》のふりをして近《ちか》づき、寝首《ねくび》をかく。

ねこ

ねこの手《て》も借《か》りたい

ひどくいそがしいようすのたとえ。例大《おお》そうじで、ねこの手《て》も借《か》りたいほどいそがしい。

ねこもしゃく子《し》も

だれもかれも。例ねこもしゃく子《し》もパソコンを持《も》つ時代《じだい》になった。

ねこをかぶる

本当《ほんとう》の性格《せいかく》をかくして、おとなしく見《み》せかける。ねこかぶりをする。例先生《せんせい》の前《まえ》でねこをかぶる。

ねじ

ねじがゆるむ

ねじがうまく固定《こてい》されなくなるように、気持《きも》ちがたるんでだらける。例厳《きび》しい先生《せんせい》がいなくなってねじがゆるむ。対ねじを巻《ま》く

答《こた》え：ペダル

ねじを巻《ま》く

しかったりはげましたりして、ゆるんだ態度《たいど》を引《ひ》きしめる。例ぐずぐずしている後《こう》はいのねじを巻《ま》く。類気合《きあい》を入《い》れる・しりをたたく・発破《はっぱ》をかける
対ねじがゆるむ

ねつ【熱】

熱《ねつ》がこもる

熱心《ねっしん》で力《ちから》が入《はい》っている。例世界平和《せかいへいわ》についての議論《ぎろん》に熱《ねつ》がこもる。

熱《ねつ》が冷《さ》める

熱中《ねっちゅう》していた気持《きも》ちがうせる。例夢《む》中《ちゅう》になっていたゲームへの熱《ねつ》が冷《さ》める。類熱《ねつ》が引《ひ》く 対熱《ねつ》を上《あ》げる

熱《ねつ》が入《はい》る

熱心《ねっしん》にそのことをする。例試合《しあい》が盛《も》り上《あ》がって、応《おう》えんに熱《ねつ》が入《はい》る。

熱《ねつ》が引《ひ》く

➡熱《ねつ》が冷《さ》める

熱《ねつ》にうかされる

①体温《たいおん》が高《たか》くて、意識《いしき》がはっきりしなくなる。例熱《ねつ》にうかされてうわごとを言《い》う。②夢中《むちゅう》になる。例熱《ねつ》にうかされたようにサッカーに打《う》ちこむ。

熱《ねつ》を上《あ》げる

熱中《ねっちゅう》する。夢中《むちゅう》になる。例人気《にんき》の声優《せいゆう》に熱《ねつ》を上《あ》げる。対熱《ねつ》が冷《さ》める

熱《ねつ》を帯《お》びる

①温度《おんど》が高《たか》くなる。②熱気《ねっき》があって激《はげ》しくなる。例議論《ぎろん》が熱《ねつ》を帯《お》びる。

熱《ねつ》を加《くわ》える

ガスや電気《でんき》などを使《つか》って加熱《かねつ》する。例生《なま》の野菜《やさい》に電子《でんし》レンジで熱《ねつ》を加《くわ》える。

ねむけ【眠気】

眠気《ねむけ》が差《さ》す

眠《ねむ》くなってくる。例歴《れき》史《し》の本《ほん》を読《よ》んでいたら急《きゅう》に眠気《ねむけ》が差《さ》してきた。

眠気《ねむけ》におそわれる

急《きゅう》に眠《ねむ》くなる。急《きゅう》に、今《いま》にも眠《ねむ》りそうになる。例授業《じゅぎょう》の最《さい》中《ちゅう》に眠気《ねむけ》におそわれる。

眠気《ねむけ》をもよおす

眠《ねむ》くなってくる。眠《ねむ》いという感《かん》じがする。例長《なが》い話《はなし》に眠気《ねむけ》をもよおす。類眠《ねむ》気《け》が差《さ》す

ねん【念】

念《ねん》が入《い》る

細《こま》かい所《ところ》にまで注意《ちゅうい》が行《い》き届《とど》いている。手間《てま》をかけている。例念《ねん》が入《い》った点検《てんけん》を行《おこな》う。

問題《もんだい》：「さいだいもらさず」の「さいだい」を漢字《かんじ》で書《か》くと？

念《ねん》には念《ねん》を入《い》れる

十分注意《じゅうぶんちゅうい》した上《うえ》にも、さらに注意《ちゅうい》する。例 事故《じこ》が起《お》こらないよう、念《ねん》には念《ねん》を入《い》れて点検《てんけん》する。

念《ねん》を入《い》れる

細《こま》かい点《てん》まで十分《じゅうぶん》に注意《ちゅうい》する。例 かぎがきちんとかかっているかどうか、念《ねん》を入《い》れて見直《みなお》す。

念《ねん》をおす

手落《てお》ちがないように重《かさ》ねて注意《ちゅうい》する。相手《あいて》に十分確《じゅうぶんたし》かめる。例 時間《じかん》を守《まも》るよう、みんなに念《ねん》をおす。類 くぎをさす

ねんりん【年輪】

年輪《ねんりん》を重《かさ》ねる

成長《せいちょう》の歴史《れきし》を積《つ》み上《あ》げる。いろいろな経験《けいけん》をする。例 年輪《ねんりん》を重《かさ》ねて、うでのいい板前《いたまえ》になる。

のうがき【能書き】

薬《くすり》の効能書《こうのうが》き。

能書《のうが》きを垂《た》れる

➡能書《のうが》きを並《なら》べる

能書《のうが》きを並《なら》べる

得意《とくい》なことなどを並《なら》べて、自分《じぶん》を売《う》りこむ。例 スポーツなら何《なん》でもできると能書《のうが》きを並《なら》べる。類 能書《のうが》きをたれる

のど

のどが鳴《な》る

おいしそうなものを見《み》て、ひどく食《た》べたくなる。例 ごうかな料理《りょうり》にのどが鳴《な》る。

のどから手《て》が出《で》る

ほしくてたまらないことのたとえ。例 デジタルカメラが、のどから手《て》が出《で》るほどほしい。

のべつ

のべつ幕《まく》なし

休《やす》みなく続《つづ》くようす。例 かれはのべつ幕《まく》なしにしゃべり続《つづ》けた。📖しばいで、幕《まく》を引《ひ》くことなくずっと場面《ばめん》を続《つづ》けることから。

のみこみ【飲みこみ】

飲《の》みこみが早《はや》い

要領《ようりょう》やこつなどがすぐにわかる。例 かの女《じょ》は何《なに》を教《おし》えても飲《の》みこみが早《はや》い。

のる

答《こた》え：細大《さいだい》

のるかそるか

結果《けっか》がどうなるかわからないようす。例 のるかそるかで新人選手《しんじんせんしゅ》にかけてみる。類 一《いち》か八《ばち》か

のれん

のれんにかかわる

店《みせ》の信用《しんよう》に悪《わる》いえいきょうをおよぼす。例 こんな商品《しょうひん》を売《う》ったりしたら、のれんにかかわる。

のれんに傷《きず》がつく

店《みせ》や会社《かいしゃ》の信用《しんよう》が落《お》ちる。例 店員《てんいん》の態《たい》度《ど》が悪《わる》く、しにせののれんに傷《きず》がつく。

のれんを下《お》ろす

①その日《ひ》の商売《しょうばい》を終《お》える。例 売《う》り切《き》れたので早《はや》めにのれんを下《お》ろす。②今《いま》までやっていた商《しょう》売《ばい》をやめる。例 父《ちち》の代《だい》で店《みせ》ののれんを下《お》ろす。類 ①②看板《かんばん》を下《お》ろす①②

のれんを分《わ》ける

長年《ながねん》まじめに勤《つと》めた店員《てんいん》などに新《あたら》しく店《みせ》を出《だ》させ、同《おな》じ屋号《やごう》（店《みせ》の名《な》前《まえ》）を名乗《なの》ることを許《ゆる》す。例 二十年勤《にじゅうねんつと》めた社員《しゃいん》にのれんを分《わ》ける。

は【歯】

歯《は》がうく

①歯《は》の根《ね》がゆるむ。②いやな音《おと》を聞《き》いたりして、歯《は》がうき上《あ》がったように感《かん》じる。③白々《しらじら》しいことばに対《たい》して、いやな気持《きも》ちになる。例 美人《びじん》ですねと歯《は》がうくようなおせじを言《い》われた。

歯《は》が立《た》たない

①かたくてかめない。②難《むずか》しすぎて、できない。例 一級《いっきゅう》の問題《もんだい》には歯《は》が立《た》たない。③相手《あいて》が強《つよ》すぎてかなわない。例 名人《めいじん》のかれには歯《は》が立《た》たない。

歯《は》にきぬを着《き》せない

相手《あいて》に遠《えん》りょせず、思《おも》っていることを言《い》う。例 歯《は》にきぬを着《き》せない物《もの》の言《い》い方《かた》。📖「歯《は》にきぬ着《き》せぬ」ともいう。

歯《は》のぬけたよう

①所々《ところどころ》ぬけて、ふぞろいなようす。②あるべきものがなくて、物足《ものた》りないようす。例 空席《くうせき》が目立《めだ》ち、歯《は》のぬけたような客席《きゃくせき》。

問題《もんだい》：「手《て》を」「実《み》を」「話《はなし》を」。この三《みっ》つのことばに結《むす》びつくことばは何《なん》でしょう？

歯《は》の根《ね》が合《あ》わない

寒《さむ》さやおそろしさのためにからだががたがたふるえるようす。例 事件《じけん》を目《もく》げきしてしまい、歯《は》の根《ね》が合《あ》わない。

歯《は》をかむ

残念《ざんねん》がる。また、くやしさをこらえる。例 もう一歩《いっぽ》というところで試合《しあい》に負《ま》けて歯《は》をかんだ。

歯《は》を食《く》いしばる

歯《は》をかみしめるようにして、痛《いた》みや苦《くる》しみをじっとこらえる。例 歯《は》を食《く》いしばって、厳《きび》しい練習《れんしゅう》にたえる。

はい【灰】

灰《はい》になる

①焼《や》けてなくなる。例 火事《かじ》で家《いえ》が灰《はい》になる。②死《し》んだ人《ひと》が火《か》そうされる。例 祖父《そふ》は灰《はい》になるまで働《はたら》くと言《い》った。

はいきょ【廃きょ】

建物《たてもの》や町《まち》などの、あれ果《は》てたあと。

廃《はい》きょと化《か》す

建物《たてもの》や町《まち》などが、人《ひと》が住《す》まなくなったりこわされたりしてあれ果《は》てる。例 戦《せん》争《そう》で美《うつく》しい町並《まちな》みが廃《はい》きょと化《か》す。

はいけい【背景】

背景《はいけい》とする

あることがらを後《うし》ろだてにする。例 親《おや》のお金《かね》の力《ちから》を背景《はいけい》として新車《しんしゃ》を買《か》う。

背景《はいけい》をさぐる

ある物事《ものごと》の後《うし》ろにかくされている事情《じじょう》を調《しら》べる。例 事件《じけん》の背景《はいけい》をさぐる。

はいぼく【敗北】

敗北《はいぼく》をきっする

戦争《せんそう》や試合《しあい》に負《ま》ける。例 わずかな差《さ》で敗北《はいぼく》をきっする。

はか

はかが行《い》く

順調《じゅんちょう》に進《すす》む。例 静《しず》かなので勉強《べんきょう》のはかが行《い》く。

ばか

ばかなことを言《い》う

つまらないことを言《い》う。例 家《いえ》に帰《かえ》りたくないなんて、ばかなことを言《い》うものではない。

ばかな話《はなし》があるか

強《つよ》く否定《ひてい》したり責《せ》めたりするときのことば。例 たった一日休《いちにちやす》んだだけで退部《たいぶ》だなんて、そんなばかな話《はなし》があるか。

ばかなまねをする

危《あぶ》ないことやつまらないことをする。例 雨《あめ》の日《ひ》に海水浴《かいすいよく》だなんて、ばかなまねをするものではない。

答《こた》え：結《むす》ぶ

ばかな目《め》にあう つまらないことに巻《ま》きこまれて損害《そんがい》を受《う》けたり、立場《たちば》が悪《わる》くなったりする。例 親切《しんせつ》で貸《か》したゲーム機《き》をこわされるなんて、ばかな目《め》にあったものだ。類 ばかを見《み》る

ばかにする 相手《あいて》を軽《かる》く見《み》てあなどる。例 相手《あいて》を見《み》た目《め》で判断《はんだん》してばかにする。

ばかにならない 軽《かる》く見《み》たり、無視《むし》したりできない。あなどれない。例 毎日《まいにち》のことだから電話《でんわ》代《だい》もばかにならない。

ばかになる ①おろかに見《み》えるようにふるまう。例 こちらがばかになれば丸《まる》く収《おさ》まる。②機能《きのう》や働《はたら》きがなくなる。例 ブレーキがばかになる。③感覚《かんかく》がなくなる。例 しびれて左手《ひだりて》がばかになった。

ばかを言《い》え 相手《あいて》の言《い》ったことを責《せ》めたり否定《ひてい》したりするときに言《い》うことば。例 そんな高《こう》価《か》なものが百円《ひゃくえん》で買《か》えるだなんて、ばかを言《い》え。類 ばかも休《やす》み休《やす》み言《い》え

ばかを見《み》る つまらない目《め》にあう。損《そん》をする。例 言《い》われた通《とお》りにやったのに、おこられてばかを見《み》る。類 ばかな目《め》にあう

ばかず【場数】

場《ば》数《かず》をふむ 経験《けいけん》を積《つ》み重《かさ》ねて慣《な》れる。例 試合《しあい》の場《ば》数《かず》をふんでいて冷静《れいせい》だ。

はかり

はかりにかける 二《ふた》つのうちどちらがいいか、どちらが得《とく》かなどを比《くら》べる。例 お使《つか》いと留守番《るすばん》をはかりにかける。類 天《てん》びんにかける

ばきゃく【馬脚】

馬《うま》のあし。

馬《ば》脚《きゃく》を現《あらわ》す かくしていたことがばれる。例 専門家《せんもんか》ぶっていたかれが馬《ば》脚《きゃく》を現《あらわ》す。📖しばいで、馬《うま》の脚《あし》の役《やく》が姿《すがた》を見《み》せてしまうことから。類 化《ば》けの皮《かわ》がはがれる・めっきがはげる

はぎれ【歯切れ】

歯《は》切《ぎ》れがいい 物《もの》の言《い》い方《かた》がはっきりしている。例 歯《は》切《ぎ》れがいい受《う》け答《こた》え。対 歯《は》切《ぎ》れが悪《わる》い

は

問題《もんだい》：合《あ》うと置《お》けなくて、合《あ》わないとつまるものは？

はく

金《きん》や銀《ぎん》などの金属《きんぞく》を紙《かみ》のようにうすくのばしたもの。

はくがつく

値打《ねう》ちが上《あ》がる。かんろくがつく。例 先生《せんせい》にほめられて、作文《さくぶん》にはくがついた。📖はくを物《もの》の表面《ひょうめん》につけるとりっぱに見《み》えることから。対 はくが落《お》ちる

はくし【白紙】

白紙《はくし》でのぞむ

前《まえ》もって何《なに》かを考《かんが》えたりせずに物事《ものごと》に取《と》り組《く》む。例 選考会議《せんこうかいぎ》に白紙《はくし》でのぞむ。

白紙《はくし》にもどす

今《いま》までのことをなかったことにして、もとの状態《じょうたい》にする。例 旅行《りょこう》の計画《けいかく》を白《はく》紙《し》にもどす。類 白紙《はくし》に返《かえ》す

はくじつ【白日】

白日《はくじつ》の下《もと》にさらす

かくされていたことを人々《ひとびと》にわからせる。明《あき》らかにする。例 不正《ふせい》の数々《かずかず》を白《はく》日《じつ》の下《もと》にさらす。

はくしゃ【拍車】

馬《うま》に乗《の》る時《とき》、くつのかかとにつける金具《かなぐ》。

拍車《はくしゃ》をかける

力《ちから》を加《くわ》えて、物事《ものごと》が早《はや》く進《すす》むようにする。例 受験勉強《じゅけんべんきょう》に拍車《はくしゃ》をかける。📖拍車《はくしゃ》を馬《うま》の腹《はら》に当《あ》てて、馬《うま》をより速《はや》く走《はし》らせることから。類 拍車《はくしゃ》を加《くわ》える

ばくち

ばくちに出《で》る

成功《せいこう》するかどうかわからないことを、思《おも》い切《き》ってやる。例 父《ちち》が、十万円《じゅうまんえん》をはたいて宝《たから》くじを買《か》うというばくちに出《で》る。

ばくちを打《う》つ

①お金《かね》や品物《しなもの》をかけて勝負《しょうぶ》する。②危《き》険《けん》や損《そん》を覚《かく》ごして行《おこな》う。例 逆転《ぎゃくてん》をねらって全員《ぜんいん》でせめ上《あ》がるというばくちを打《う》つ。

はくひょう【薄氷】

うすい氷《こおり》。

薄氷《はくひょう》をふむ

非常《ひじょう》に危険《きけん》なことをして、ひやひやすることのたとえ。例 薄《はく》氷《ひょう》をふむ思《おも》いで敵地《てきち》にしのびこむ。📖うすい氷《こおり》は割《わ》れやすいことから。類 とらの尾《お》をふむ

はぐるま【歯車】

歯車《はぐるま》がかみ合《あ》わない

おたがいの動《うご》きや考《かんが》え方《かた》が、うまく合《あ》わない。例 このところの二人《ふたり》は、どうも歯車《はぐるま》がかみ合《あ》わない。

答《こた》え：気《き》

ばけのかわ【化けの皮】

化《ば》けの皮《かわ》がはがれる

かくしていたことやごまかしていたことがばれる。例 漢字博士《かんじはかせ》のはずが、簡《かん》単《たん》な漢字《かんじ》も書《か》けず、化《ば》けの皮《かわ》がはがれる。類 しっぽを出《だ》す・馬脚《ばきゃく》を現《あらわ》す・ぼろが出《で》る

はごたえ【歯ごたえ】

歯《は》ごたえがある

①食《た》べ物《もの》に、かたい感《かん》じがある。②相《あい》手《て》から反応《はんのう》がある。張《は》り合《あ》いがある。例 今回《こんかい》のテストは歯《は》ごたえがある問題《もんだい》ばかりだった。対 ①②歯《は》ごたえがない

はさみ

はさみを入《い》れる

①はさみで切《き》る。例 テープにはさみを入《い》れる。②樹木《じゅもく》をかる。③かみの毛《け》をかる。例 前《まえ》がみにはさみを入《い》れる。④きっぷなどに穴《あな》をあける。

はし

はしが進《すす》む

おいしくて、たくさん食《た》べられる。例 熱《ねつ》が下《さ》がったのではしが進《すす》む。類 食《しょく》が進《すす》む

はしを置《お》く

食事《しょくじ》を終《お》える。例 ほとんど食《た》べずにはしを置《お》く。

はしを下《お》ろす

⬇はしをつける

はしをつける

料理《りょうり》をはしでつまんで、食《た》べ始《はじ》める。例 出《で》来《き》たてのそばにはしをつける。類 手《て》をつける③・はしを下《お》ろす

はしを取《と》る

食事《しょくじ》をする。食事《しょくじ》を始《はじ》める。例 お客様《きゃくさま》より先《さき》にはしを取《と》るのは失礼《しつれい》だ。

はし【橋】

橋《はし》が落《お》ちる

かけた橋《はし》がくずれる。例 台風《たいふう》で古《ふる》い橋《はし》が落《お》ちる。

橋《はし》をかける

①川《かわ》などに橋《はし》を取《と》りつける。②関係《かんけい》をつける。例 二《ふた》つの小学校《しょうがっこう》に友好《ゆうこう》の橋《はし》をかける。類 ①②橋《はし》をわたす①②・②渡《わた》りをつける

橋《はし》をわたす

①川《かわ》などに橋《はし》を取《と》りつける。②間《あいだ》に入《はい》って仲立《なかだ》ちをする。例 通訳《つうやく》として、両国《りょうこく》に交流《こうりゅう》の橋《はし》をわたす。類 ①②橋《はし》をかける①②・②渡《わた》りをつける

問題《もんだい》：これが笑《わら》うと歩《ある》けなくなります。

はじ【恥】

恥《はじ》も外聞《がいぶん》もない

みっともないなどと気《き》にしてはいられない。例 お化《ば》けがこわくて、恥《はじ》も外聞《がいぶん》もなく、にげ出《だ》した。類 見栄《みえ》も外聞《がいぶん》もない

恥《はじ》をかく

人《ひと》の前《まえ》ではずかしい思《おも》いをする。例 字《じ》を書《か》きまちがえて、みんなの前《まえ》で恥《はじ》をかいた。類 面目《めんぼく》を失《うしな》う

恥《はじ》をさらす

多《おお》くの人《ひと》に自分《じぶん》のはずかしい言動《げんどう》を見《み》せてしまう。例 知《し》ったかぶりをして恥《はじ》をさらす。

恥《はじ》を知《し》る

はずかしいことであると知《し》る。例 うそをついて平気《へいき》でいるなんて、恥《はじ》を知《し》りなさい。📖 多《おお》く、命令《めいれい》の形《かたち》で使《つか》う。

恥《はじ》をすすぐ

はずかしい思《おも》いをした後《あと》によいことをして、名《めい》よを取《と》りもどす。例 一度《いちど》負《ま》けた相手《あいて》に勝《か》って恥《はじ》をすすぐ。📖「恥《はじ》をそそぐ」ともいう。類 恥《はじ》をぬぐう

はしご

はしごをする

次々《つぎつぎ》と店《みせ》を変《か》えて酒《さけ》を飲《の》む。同《おな》じような店《みせ》をめぐり歩《ある》く。例 居酒屋《いざかや》のはしごをする。

はしごを外《はず》される

先《さき》に立《た》ってがんばっているうちに、仲《なか》間がやめてしまい、一人《ひとり》になってしまう。例 賛成《さんせい》していた仲間《なかま》にはしごを外《はず》され、わたし一人《ひとり》でやることになった。

ばしょ【場所】

場所《ばしょ》を取《と》る

①席《せき》やいるところなどを確保《かくほ》する。例 三人分《さんにんぶん》の場所《ばしょ》を取《と》っておく。②物《もの》などが、かなりの広《ひろ》さをしめる。例 このテレビは場所《ばしょ》を取《と》る。

はす

ななめ。

はすに構《かま》える

正面《しょうめん》から向《む》き合《あ》わず、わざと皮肉《ひにく》な見《み》方《かた》をしたり不《ふ》まじめな態度《たいど》を取《と》ったりする。例 はすに構《かま》えてばかりいると友《とも》だちができないよ。📖「斜《しゃ》に構《かま》える」ともいう。

はずみ【弾み】

答《こた》え：ひざ

弾《はず》みがつく

ちょっとしたきっかけで調子《ちょうし》がつく。勢《いきお》いづく。例成績《せいせき》が上《あ》がったので勉《べん》強《きょう》に弾《はず》みがつく。

弾《はず》みを食《く》う

思《おも》いがけなく、他《た》のものの勢《いきお》いのえいきょうを受《う》ける。例急《きゅう》ブレーキの弾《はず》みを食《く》って、窓《まど》に頭《あたま》をぶつけた。

はた【旗】

旗《はた》をあげる

①兵隊《へいたい》を集《あつ》めて、戦《たたか》いを起《お》こす。②新《あたら》しく物《もの》事《ごと》を始《はじ》める。例政治家《せいじか》のグループが、改革《かいかく》の旗《はた》をあげる。

旗《はた》をふる

人々《ひとびと》の先頭《せんとう》に立《た》って指揮《しき》をとる。リーダーになる。例ボランティア活動《かつどう》の旗《はた》をふる。類音頭《おんど》を取《と》る

旗《はた》を巻《ま》く

①戦《たたか》いに負《ま》けて、降参《こうさん》したりにげたりする。例旗《はた》を巻《ま》いて敵《てき》の前《まえ》から姿《すがた》を消《け》す。②物事《ものごと》から手《て》を引《ひ》く。例これは難《むずか》しすぎると旗《はた》を巻《ま》く。

はだ【肌】

肌《はだ》が合《あ》う

おたがいの性格《せいかく》や気質《きしつ》が合《あ》う。例かれとは入学当時《にゅうがくとうじ》から肌《はだ》が合《あ》う。類馬《うま》が合《あ》う・気《き》が合《あ》う　対肌《はだ》が合《あ》わない

肌《はだ》で感《かん》じる

体験《たいけん》して実感《じっかん》する。例本番前《ほんばんまえ》のきん張《ちょう》したふんいきを肌《はだ》で感《かん》じる。

はたいろ【旗色】

旗色《はたいろ》が悪《わる》い

形勢《けいせい》が不利《ふり》である。負《ま》けそうである。例クラス対《たい》こうリレーは、わたしたちのクラスの旗色《はたいろ》が悪《わる》い。対旗色《はたいろ》がいい

ばち【罰】

罰《ばち》が当《あ》たる

悪《わる》いことをした人《ひと》が神仏《しんぶつ》にこらしめられる。例さい銭《せん》どろ棒《ぼう》に罰《ばち》が当《あ》たる。

はちのす【はちの巣】

はちの巣《す》をつついたよう

大《おお》さわぎになるようす。例遠足《えんそく》が中止《ちゅうし》と聞《き》いて、教室《きょうしつ》ははちの巣《す》をつついたようなさわぎになった。📖ハチの巣《す》をつつくと、たくさんのハチが飛《と》び出《だ》してきて大《おお》さわぎになることから。

は

問題《もんだい》：ねむくなると重《おも》くなるものは？

ばつ

その場《ば》の具合《ぐあい》。「場都合《ばつごう》」の略《りゃく》からとも。

ばつが悪《わる》い
②その場《ば》にいるのがはずかしい。例 つまみ食《ぐ》いを妹《いもうと》に見《み》られて、ばつが悪《わる》い思《おも》いをした。類 決《き》まりが悪《わる》い・間《ま》が悪《わる》い

ぱっと

ぱっとしない
①見《み》ばえがしない。さえない。例 新《あたら》しいユニホームはどうもぱっとしない。②好《この》ましくない。よくない。例 算数《さんすう》の成績《せいせき》がぱっとしない。

はっぱ【発破】

火薬《かやく》を使《つか》いばく破《は》すること。

発破《はっぱ》をかける
強《つよ》いことばではげまして相手《あいて》のやる気《き》を出《だ》させる。例 お前《まえ》ならできると発破《はっぱ》をかける。類 気合《きあい》を入《い》れる・しりをたたく・ねじを巻《ま》く

はどめ【歯止め】

歯止《はど》めがかかる
ひどい状態《じょうたい》にならないように食《く》い止《と》めることができる。例 物価《ぶっか》の上《じょう》しょうに歯止《はど》めがかかる。類 歯止《はど》めがきく

バトン

バトンをわたす
仕事《しごと》や地位《ちい》などを後《あと》の人《ひと》に引《ひ》きつぐ。例 後《こう》はいに委員長《いいんちょう》のバトンをわたす。

はな

はなも引《ひ》っかけない
ばかにして全《まった》く相手《あいて》にしない。例 外見《がいけん》で判断《はんだん》して、相手《あいて》の言《い》うことにはなも引《ひ》っかけない。

はな【花】

花《はな》もはじらう
若《わか》くてういういしい女性《じょせい》の美《うつく》しいようすを表《あらわ》すことば。例 姉《あね》は花《はな》もはじらう年《とし》ごろだ。📖 美《うつく》しい花《はな》でさえはずかしく思《おも》うほどであるということから。

花《はな》も実《み》もある
①外見《そとみ》も中身《なかみ》もりっぱであることのたとえ。②道理《どうり》や人情《にんじょう》を備《そな》えていることのたとえ。例 裁判長《さいばんちょう》の花《はな》も実《み》もある判決《はんけつ》に、思《おも》わずほろりとする。

花《はな》をさかせる
①はなばなしく活《かつ》やくする。例 人気作家《にんきさっか》として花《はな》をさかせる。②さかんにやる。例 思《おも》い出話《でばなし》に花《はな》をさかせる。

は

答《こた》え：まぶた

花《はな》をそえる

美《うつく》しいものに、さらによいことを加《くわ》える。いっそうはなやかさを加《くわ》える。例 若《わか》い女性《じょせい》が、パーティーに花《はな》をそえる。

花《はな》を持《も》たせる

手《て》がらなどをゆずって、相手《あいて》を立《た》てる。例 がんばったので、弟《おとうと》に花《はな》を持《も》たせる。

はな【鼻】

鼻《はな》がきく

①においをかぎ分《わ》ける感覚《かんかく》がするどい。②利《り》益《えき》や秘密《ひみつ》などを見《み》つけ出《だ》す能力《のうりょく》がある。例 鼻《はな》がきいて、情報収集《じょうほうしゅうしゅう》がうまい。

鼻《はな》が高《たか》い

いかにも得意《とくい》そうである。ほこらしく思《おも》う。例 母校《ぼこう》が優勝《ゆうしょう》なんて、卒業生《そつぎょうせい》として鼻《はな》が高《たか》い。

鼻《はな》が曲《ま》がる

いやなにおいが強《つよ》いようす。例 ごみ箱《ばこ》から鼻《はな》が曲《ま》がるようなにおいがする。

鼻《はな》であしらう

相手《あいて》を見下《みくだ》して、いい加減《かげん》な態度《たいど》で応《おう》対《たい》する。例 またいつものくだらない話《はなし》だろうと鼻《はな》であしらう。類 鼻先《はなさき》であしらう・鼻《はな》の先《さき》であしらう

鼻《はな》で笑《わら》う

相手《あいて》を見下《みくだ》して、ばかにして笑《わら》う。例 そんなことも知《し》らないのかと、鼻《はな》で笑《わら》う。類 鼻先《はなさき》で笑《わら》う・鼻《はな》の先《さき》で笑《わら》う

鼻《はな》にかける

人《ひと》よりもすぐれていることを自《じ》まんする。うぬぼれる。例 父親《ちちおや》の地位《ちい》を鼻《はな》にかける。

鼻《はな》につく

あきあきしていやになる。例 大《おお》げさな演技《えんぎ》が鼻《はな》につく。

鼻《はな》を明《あ》かす

人《ひと》を出《だ》しぬいてあっと言《い》わせる。例 満《まん》点《てん》を取《と》って、自分《じぶん》をばかにしていた連《れん》中《ちゅう》の鼻《はな》を明《あ》かす。

鼻《はな》を折《お》る

得意《とくい》になっている相手《あいて》をやりこめる。例 サーブを決《き》めて相手《あいて》の鼻《はな》を折《お》る。類 鼻《はな》っ柱《ばしら》をへし折《お》る・鼻《はな》をへし折《お》る

鼻《はな》をつき合《あ》わせる

鼻《はな》がくっついてしまうほどに相手《あいて》と近《ちか》くで向《む》き合《あ》う。例 友《とも》だちと鼻《はな》をつき合《あ》わせて相談《そうだん》する。類 顔《かお》をつき合《あ》わせる

鼻《はな》をつく

きついにおいが鼻《はな》をし激《げき》する。例 塩素《えんそ》のにおいが鼻《はな》をつく。類 鼻《はな》を打《う》つ

問題《もんだい》：うれしい時《とき》に、目《め》じりは上《あ》がる？下《さ》がる？

鼻《はな》を鳴《な》らす
鼻《はな》にかかったようなあまえた声《こえ》を出《だ》す。あまえる。例 ゲームソフトを買《か》ってと、父《ちち》に鼻《はな》を鳴《な》らしてねだる。

はなし【話】

話《はなし》が合《あ》う
おたがいの好《この》みなどが合《あ》って楽《たの》しく話《はなし》ができる。例 音楽好《おんがくず》きの友人《ゆうじん》とは話《はなし》が合《あ》う。

話《はなし》がちがう
①約束《やくそく》していたことと異《こと》なる。例 買《か》ってくれないなんて話《はなし》がちがうよ。②別《べつ》の問題《もんだい》である。例 それとこれとは話《はなし》がちがう。

話《はなし》がつく
話《はな》し合《あ》いがまとまって何《なに》かが決《き》まったり解決《かいけつ》したりする。例 三人《さんにん》が代表《だいひょう》を務《つと》めるということで話《はなし》がつく。

話《はなし》が飛《と》ぶ
①話《はなし》の内容《ないよう》がふらふらしてまとまらない。例 司会《しかい》の説明《せつめい》は話《はなし》が飛《と》んでばかりでよくわからない。②今《いま》の話題《わだい》とは別《べつ》の話《はなし》をする。例 たびたび話《はなし》が飛《と》んですみません。

話《はなし》がはずむ
気《き》が合《あ》ったり、楽《たの》しかったりして話《はなし》が盛《も》り上《あ》がる。例 友人《ゆうじん》とすっかり話《はなし》がはずむ。類 話《はなし》に花《はな》がさく

話《はなし》が早《はや》い
よくそのことを知《し》っていて、あれこれ説明《せつめい》する必要《ひつよう》がない。例 君《きみ》が引《ひ》き受《う》けてくれるなら話《はなし》が早《はや》い。

話《はなし》がわかる
人《ひと》の気持《きも》ちをよく理解《りかい》してくれる。例 社長《しゃちょう》は話《はなし》がわかる人《ひと》なので、正直《しょうじき》に話《はな》してみよう。

話《はなし》にならない
①話《はな》す値打《ねう》ちがない。例 こんなに高《たか》くては話《はなし》にならない。②あきれて物《もの》が言《い》えない。例 こんな料理《りょうり》を出《だ》すとは話《はなし》にならない。類 ①②問題《もんだい》にならない①②

話《はなし》に乗《の》る
人《ひと》の計画《けいかく》やさそいに応《おう》じる。例 うまいもうけ話《ばなし》があるというので、さっそく話《はなし》に乗《の》った。

話《はなし》に花《はな》がさく
気《き》が合《あ》ったり話題《わだい》がつきなかったりして、話《はなし》が盛《も》り上《あ》がる。例 親友《しんゆう》と話《はなし》に花《はな》がさいた。類 話《はなし》がはずむ

答《こた》え：下《さ》がる

話《はなし》に実《み》が入《はい》る
気分《きぶん》が乗《の》って、話《はなし》に熱中《ねっちゅう》する。例 仲《なか》のいい友《とも》だちと話《はなし》に実《み》が入《はい》る。📖「話《はなし》に身《み》が入《はい》る」とも書《か》く。

話《はなし》のこしを折《お》る
相手《あいて》が話《はなし》をしている時《とき》に横《よこ》から口《くち》を出《だ》して、とちゅうでさえぎる。例 自分《じぶん》の意見《いけん》を通《とお》そうと、人《ひと》の話《はなし》のこしを折《お》る。類 話《はなし》をさえぎる

話《はなし》を合《あ》わせる
表向《おもてむ》きは、相手《あいて》と同《おな》じ考《かんが》えであるような態度《たいど》を取《と》る。例 かれは音楽《おんがく》が好《す》きだというので話《はなし》を合《あ》わせておいた。

話《はなし》を決《き》める
話《はな》し合《あ》いを取《と》りまとめる。例 来週《らいしゅう》から練習《れんしゅう》を再開《さいかい》しようとみんなで話《はなし》を決《き》める。類 話《はなし》をつける

話《はなし》をこわす
まとまりかけた相談《そうだん》をだめにする。例 失礼《しつれい》な態度《たいど》を取《と》って話《はなし》をこわす。対 話《はなし》をまとめる

話《はなし》をさえぎる
人《ひと》が話《はなし》をしている時《とき》に口《くち》を出《だ》してじゃまをする。例 やじを飛《と》ばして話《はなし》をさえぎる。類 話《はなし》のこしを折《お》る

話《はなし》を進《すす》める
話《はな》し合《あ》いを進行《しんこう》させる。例 みんなが協力《きょうりょく》できるように話《はなし》を進《すす》める。

話《はなし》を作《つく》る
実際《じっさい》にはなかったのに、あったこととして話《はな》す。例 そんなばかな話《はなし》を作《つく》っても、だれも信《しん》じない。

話《はなし》をつめる
結論《けつろん》が出《で》る寸前《すんぜん》のところまで、話《はな》し合《あ》いを進《すす》める。例 今日《きょう》のうちにお楽《たの》しみ会《かい》の話《はなし》をつめておく。

話《はなし》をまとめる
話《はな》し合《あ》いを丸《まる》くおさめる。おだやかな形《かたち》で決着《けっちゃく》をつける。例 不公平《ふこうへい》にならないように話《はなし》をまとめる。対 話《はなし》をこわす

話《はなし》を結《むす》ぶ
続《つづ》けてきた話《はなし》を終《お》わりにする。例 めでたしめでたしで話《はなし》を結《むす》ぶ。／先生方《せんせいがた》への感謝《かんしゃ》のことばで話《はなし》を結《むす》ぶ。

はなすじ【鼻筋】

鼻筋《はなすじ》が通《とお》る
ひたいの下《した》から鼻《はな》の先《さき》までの線《せん》が真《ま》っすぐで顔立《かおだ》ちが整《ととの》っている。例 かの女《じょ》は鼻筋《はなすじ》が通《とお》った美人《びじん》だ。

は

問題《もんだい》：助《たす》けるときには貸《か》して、がっかりしたときには落《お》とす物《もの》は？

はなっぱしら【鼻っ柱】

鼻《はな》っ柱《ばしら》が強《つよ》い

自分《じぶん》の気持《きも》ちを強《つよ》く表《あらわ》して相手《あいて》にゆずらない。例 姉《あね》は昔《むかし》から鼻《はな》っ柱《ばしら》が強《つよ》い。

鼻《はな》っ柱《ばしら》をへし折《お》る

うぬぼれた人《ひと》や気《き》の強《つよ》い人《ひと》をやりこめる。自信《じしん》を失《うしな》わせる。例 高《こう》まんちきなやつの鼻《はな》っ柱《ばしら》をへし折《お》る。類 鼻《はな》を折《お》る

はなのした【鼻の下】

鼻《はな》の下《した》が長《なが》い

男性《だんせい》が、女性《じょせい》にだらしなくあまい。例 父《ちち》は鼻《はな》の下《した》が長《なが》いと母《はは》がおこる。

鼻《はな》の下《した》をのばす

女性《じょせい》にだらしない態度《たいど》を取《と》る。例 きれいな店員《てんいん》さんに親切《しんせつ》にされて、つい鼻《はな》の下《した》をのばす。

はなみち【花道】

花道《はなみち》をかざる

今《いま》まで活《かつ》やくしていた人《ひと》が、みんなにおしまれながら引退《いんたい》する。例 ラストコンサートで花道《はなみち》をかざる。

はなもち【鼻持ち】

鼻持《はなも》ちならない

不快《ふかい》でがまんできない。例 あの人《ひと》のエリート意《い》識《しき》は鼻持《はなも》ちならない。

はなれわざ【離れ業】

離《はな》れ業《わざ》を演《えん》じる

ふつうの人《ひと》にはできないような、思《おも》い切《き》った動作《どうさ》をする。例 三日《みっか》で小説《しょうせつ》を書《か》き上《あ》げるという離《はな》れ業《わざ》を演《えん》じた。

はね【羽】

羽《はね》が生《は》えたよう

①品物《しなもの》がよく売《う》れるようす。例 人気《にんき》の本《ほん》が羽《はね》が生《は》えたように売《う》れる。②お金《かね》などがすぐになくなるようす。例 羽《はね》が生《は》えたようにお金《かね》が出《で》ていく。

羽《はね》をのばす

気《き》がねなく思《おも》うままにふるまう。例 ハワイ旅行《りょこう》で、すっかり羽《はね》をのばしてきた。

はば【幅】

幅《はば》をきかせる

勢力《せいりょく》があって、思《おも》いのままにふるまう。例 仲間《なかま》の中《なか》で幅《はば》をきかせる。📖「幅《はば》をきかす」の形《かたち》でも使《つか》う。

はめ【羽目】「破目《はめ》」とも書《か》く。

羽目《はめ》になる

あまりよくないなりゆきになる。例 一人《ひとり》で教室《きょうしつ》のそうじをする羽目《はめ》になる。類 羽目《はめ》におちいる

は

答《こた》え：肩《かた》

羽目《はめ》を外《はず》す
調子《ちょうし》に乗《の》ってうかれたりして、限度《げんど》をこえる。**例** 昨日《きのう》羽目《はめ》を外《はず》してさわいだので、今日《きょう》はのどが痛《いた》い。

はもん【波紋】

波紋《はもん》が広《ひろ》がる
まわりに次々《つぎつぎ》とえいきょうが出《で》る。**例** 横《よこ》づな引退《いんたい》のうわさで、世《よ》の中《なか》に波紋《はもん》が広《ひろ》がる。

波紋《はもん》を呼《よ》ぶ
人々《ひとびと》の話題《わだい》となって、まわりに次々《つぎつぎ》とえいきょうをあたえる。**例** ルール改定《かいてい》問題《もんだい》が、じゅう道界《どうかい》に波紋《はもん》を呼《よ》ぶ。

はら【腹】

腹《はら》が痛《いた》む
自分《じぶん》がお金《かね》を出《だ》す。**例** 食事代《しょくじだい》は相手《あいて》がはらうから、腹《はら》が痛《いた》むことはない。

腹《はら》が黒《くろ》い
心《こころ》の中《なか》にひそかに悪《わる》だくみを持《も》っている。**例** あいつは人当《ひとあ》たりがよさそうに見《み》えるが、実《じつ》は腹《はら》が黒《くろ》い。

腹《はら》がすわる
落《お》ち着《つ》いていて迷《まよ》ったりこわがったりしない。**例** 深呼吸《しんこきゅう》したら腹《はら》がすわった。**類** 肝《きも》がすわる・度胸《どきょう》がすわる

腹《はら》が立《た》つ
心《こころ》の中《なか》にいかりの気持《きも》ちが起《お》きる。しゃくにさわる。立腹《りっぷく》する。**例** 親《おや》の悪《わる》口《くち》を言《い》われて腹《はら》が立《た》つ。

腹《はら》がふくれる
①腹《はら》がいっぱいになる。②言《い》いたいことが十分《じゅうぶん》に言《い》えず、不満《ふまん》がたまる。**例** 文句《もんく》を言《い》わずにいたら腹《はら》がふくれた。**対** ①腹《はら》がすく・腹《はら》が減《へ》る

腹《はら》に一物《いちもつ》ある
心《こころ》の中《なか》に、人知《ひとし》れず何《なに》かをたくらんでいる。**例** あいつの表情《ひょうじょう》は腹《はら》に一物《いちもつ》ある感《かん》じだ。

腹《はら》にすえかねる
あまりにひどくて、いかりをこらえられない。**例** いつもはやさしい先生《せんせい》も、かれの態度《たいど》は腹《はら》にすえかねたようだ。

腹《はら》の足《た》しにする
おなかがいっぱいになるわけではないが、少《すこ》しは空腹《くうふく》をしのげる。**例** スナック菓子《がし》を食《た》べて腹《はら》の足《た》しにする。

腹《はら》を痛《いた》める
①苦《くる》しみを味《あじ》わって子《こ》どもをうむ。**例** この子《こ》は腹《はら》を痛《いた》めたわが子《こ》です。②自《じ》分《ぶん》のお金《かね》を使《つか》う。**類** ②自腹《じばら》を切《き》る

は

問題《もんだい》：映像《えいぞう》をとる時《とき》には、「カメラを○○」。

腹《はら》をかかえる
とてもおかしくて、大笑《おおわら》いをする。例 お笑《わら》い番組《ばんぐみ》に腹《はら》をかかえて笑《わら》う。

腹《はら》を固《かた》める
しっかりと考《かんが》えを定《さだ》める。決心《けっしん》する。例 キャプテンを引《ひ》き受《う》けようと腹《はら》を固《かた》める。類 腹《はら》を決《き》める・腹《はら》をくくる・腹《はら》をすえる

腹《はら》を決《き》める
覚《かく》ごや気持《きも》ちをはっきりと定《さだ》める。例 中学受験《ちゅうがくじゅけん》をする腹《はら》を決《き》める。類 腹《はら》を固《かた》める・腹《はら》をくくる・腹《はら》をすえる

腹《はら》をくくる
何《なに》があってもひるまないように覚《かく》ごを決《き》める。例 次《つぎ》の試合《しあい》で負《ま》けたらサッカーをやめると腹《はら》をくくる。類 腹《はら》を固《かた》める・腹《はら》を決《き》める・腹《はら》をすえる

腹《はら》を肥《こ》やす
自分《じぶん》の立場《たちば》を利用《りよう》して、よくない方法《ほうほう》で財産《ざいさん》を増《ふ》やす。例 社長《しゃちょう》の地位《ちい》を悪用《あくよう》して腹《はら》を肥《こ》やす。類 私腹《しふく》を肥《こ》やす

腹《はら》をさぐる
それとなく人《ひと》の気持《きも》ちや考《かんが》えを知《し》ろうとする。例 次《つぎ》に何《なに》をする気《き》なのか、相手《あいて》の腹《はら》をさぐる。類 探《さぐ》りを入《い》れる

腹《はら》を読《よ》む
相手《あいて》の本心《ほんしん》を知《し》ろうとする。例 話《はな》し合《あ》いの前《まえ》にそれとなく相手《あいて》の腹《はら》を読《よ》む。

腹《はら》を割《わ》る
かくさないで本心《ほんしん》を打《う》ち明《あ》ける。例 兄《あに》と腹《はら》を割《わ》って話《はな》し合《あ》う。

はらつづみ【腹鼓】
「はらづつみ」ともいう。

腹鼓《はらつづみ》を打《う》つ
十分《じゅうぶん》食《た》べて満足《まんぞく》する。例 カレーをおかわりして腹鼓《はらつづみ》を打《う》つ。📖 満腹《まんぷく》になってふくれた腹《はら》をたたくことから。

はらのかわ【腹の皮】

腹《はら》の皮《かわ》がよじれる
おかしくて大笑《おおわら》いする。例 クラスメートのコントに、腹《はら》の皮《かわ》がよじれるほど笑《わら》う。類 腹《はら》の皮《かわ》をよる

はらのむし【腹の虫】
人《ひと》の感情《かんじょう》を虫《むし》にたとえたことば。

腹《はら》の虫《むし》が治《おさ》まらない
腹立《はらだ》たしくて、どうにもがまんができない。例 ひと言《こと》言《い》わないと腹《はら》の虫《むし》が治《おさ》まらない。類 腹《はら》の虫《むし》が承知《しょうち》しない

腹《はら》の虫《むし》の居所《いどころ》が悪《わる》い
機《き》げんが悪《わる》い。いらいらしている。例 今日《きょう》は朝《あさ》から父《ちち》の腹《はら》の虫《むし》の居所《いどころ》が悪《わる》い。📖「虫《むし》の居所《いどころ》が悪《わる》い」ともいう。

はらわた

答《こた》え：回《まわ》す

はらわたがちぎれる

悲《かな》しかったりつらかったりしてがまんできない。例 悲《ひ》さんな映画《えいが》で、はらわたがちぎれる思《おも》いを味《あじ》わう。

はらわたがにえくり返《かえ》る

がまんできないくらい腹立《はらだ》たしい。例 あいつのうそにははらわたがにえくり返《かえ》る。

バランス

バランスが悪《わる》い

つりあいが取《と》れていない。例 野菜《やさい》を食《た》べないと栄養《えいよう》のバランスが悪《わる》いね。

バランスをくずす

からだのつりあいの状態《じょうたい》が悪《わる》くなる。例 体操選手《たいそうせんしゅ》がバランスをくずして平均《へいきん》台《だい》から落下《らっか》した。

バランスを取《と》る

つりあうようにする。例 勉強《べんきょう》と遊《あそ》びのバランスを取《と》る。

はれもの【はれ物】

はれ物《もの》にさわるよう

あつかいが難《むずか》しい人《ひと》などに、おそるおそる接《せっ》するようす。例 受験《じゅけん》をひかえた兄《あに》に、家族《かぞく》ははれ物《もの》にさわるように接《せっ》する。

は

はん【判】

判《はん》でおしたよう

いつも同《おな》じことをくり返《かえ》すようす。決《き》まりきっているようす。例 父《ちち》は判《はん》でおしたように六時《ろくじ》に帰《かえ》ってくる。

はん【範】

範《はん》を垂《た》れる

手本《てほん》になるようなことをする。手本《てほん》を示《しめ》す。例 クラブの先《せん》ぱいが、後《こう》はいに範《はん》を垂《た》れる。

はんかん【反感】

反感《はんかん》を買《か》う

反発《はんぱつ》したり不《ふ》ゆ快《かい》に思《おも》ったりする気持《きも》ちを起《お》こさせる。例 商品《しょうひん》の産地《さんち》をいつわって、世間《せけん》の人々《ひとびと》の反感《はんかん》を買《か》う。

はんきょう【反響】

反響《はんきょう》を呼《よ》ぶ

ある働《はたら》きかけに対《たい》して、世間《せけん》の人々《ひとびと》が反応《はんのう》する。例 難民《なんみん》の実態《じったい》を報《ほう》じたテレビ番組《ばんぐみ》が、大《おお》きな反響《はんきょう》を呼《よ》んだ。

はんけつ【判決】

判決《はんけつ》を下《くだ》す

裁判所《さいばんしょ》が法律《ほうりつ》にもとづいた判断《はんだん》を言《い》いわたす。例 ひ告人《こくにん》に、無罪《むざい》の判決《はんけつ》を下《くだ》す。

問題《もんだい》：「はしを」「身《み》を」「算盤《そろばん》を」。この三《みっ》つのことばに結《むす》びつくことばは何《なに》でしょう？

ばんぜん【万全】

万全《ばんぜん》を期《き》す

準備《じゅんび》や手続《てつづ》きなどに、全《まった》く手《て》ぬかりがない。例 個人情報《こじんじょうほう》の取《と》りあつかいには万全《ばんぜん》を期《き》している。

パンチ

パンチがきく

相手《あいて》を圧《あつ》とうするような勢《いきお》いがある。例 この歌手《かしゅ》の歌《うた》はパンチがきいている。

ハンドル

ハンドルを切《き》る

自動車《じどうしゃ》などで、ハンドルを一定方向《いっていほうこう》に回《まわ》し、進行方向《しんこうほうこう》を調節《ちょうせつ》する。例 とっさに右《みぎ》にハンドルを切《き》って、事故《じこ》を防《ふせ》いだ。

ハンドルを取《と》られる

自動車《じどうしゃ》などで、運転中《うんてんちゅう》にタイヤがすべったり、みぞにはまったりしてハンドルの操作《そうさ》がきかなくなる。例 こおった路面《ろめん》にハンドルを取《と》られる。

ハンドルをにぎる

自動車《じどうしゃ》を運転《うんてん》する。例 いつもは父《ちち》が運転《うん》するが、今日《きょう》は母《はは》がハンドルをにぎる。

ひ

ばんなん【万難】

万難《ばんなん》をはいす

あらゆる困難《こんなん》を取《と》り除《のぞ》く。例 この研究《けんきゅう》会《かい》には、万難《ばんなん》をはいして参加《さんか》してほしい。

ひ【日】

日《ひ》が浅《あさ》い

始《はじ》めてから日数《にっすう》がそれほどたっていない。例 妹《いもうと》は入学《にゅうがく》してからまだ日《ひ》が浅《あさ》い。

日《ひ》が当《あ》たる

①日《ひ》の光《ひかり》が当《あ》たる。例 南向《みなみむ》きなのでよく日《ひ》が当《あ》たる。②人《ひと》から注目《ちゅうもく》される。めぐまれている。例 かの女《じょ》は女優《じょゆう》として日《ひ》が当《あ》たる場所《ばしょ》を歩《ある》いてきた。

日《ひ》がある

期限《きげん》までに日数《にっすう》の余《よ》ゆうがある。例 しめ切《き》りまでまだ日《ひ》がある。対 日《ひ》がない

日《ひ》が落《お》ちる

太陽《たいよう》がしずむ。例 西《にし》の空《そら》に日《ひ》が落《お》ちる。
類 日《ひ》がしずむ 対 日《ひ》がのぼる

答《こた》え：置《お》く

日《ひ》がかたむく

太陽《たいよう》がしずもうとする。例日《ひ》がかたむいて少《すこ》し気温《きおん》が下《さ》がる。

日《ひ》が暮《く》れる

太陽《たいよう》がしずんで暗《くら》くなる。例日《ひ》が暮《く》れる前《まえ》に家《いえ》に帰《かえ》る。類日《ひ》がななめになる

日《ひ》が差《さ》す

太陽《たいよう》の光《ひかり》がある場所《ばしょ》を照《て》らす。例冬《ふゆ》になると部屋《へや》のおくまで日《ひ》が差《さ》す。

日《ひ》が高《たか》い

夜《よる》が明《あ》けてからかなり時間《じかん》がたつ。太《たい》陽《よう》が空《そら》の上《うえ》のほうにある。例ねぼうして日《ひ》が高《たか》くなってから起《お》きた。

日《ひ》がななめになる

太陽《たいよう》が西《にし》にかたむく。例日《ひ》がななめになっても兄《あに》は帰《かえ》ってこない。類日《ひ》が暮《く》れる

日《ひ》に焼《や》ける

①日光《にっこう》に当《あ》たってはだが赤黒《あかぐろ》くなる。例外《そと》でテニスをして日《ひ》に焼《や》けた。②日《にっ》光《こう》に当《あ》たって物《もの》の色《いろ》が変《か》わる。例窓《まど》ぎわにはったポスターが日《ひ》に焼《や》ける。

日《ひ》を改《あらた》める

別《べつ》の日《ひ》にする。例いそがしそうなので、日《ひ》を改《あらた》めてまた会《あ》おう。

日《ひ》を追《お》って

日《ひ》がたつにつれて。例日《ひ》を追《お》ってかの女《じょ》の人気《にんき》が高《たか》まってきた。

日《ひ》を限《かぎ》る

はっきりと期限《きげん》を決《き》める。例日《ひ》を限《かぎ》って課題《かだい》を仕上《しあ》げる。

日《ひ》を重《かさ》ねる

日《ひ》がたつ。日数《にっすう》を積《つ》む。例練習《れんしゅう》を始《はじ》めてから、日《ひ》を重《かさ》ねるごとにうまくなる。類日数《にっすう》を重《かさ》ねる

ひ【火】

火《ひ》が消《き》えたよう

活気《かっき》がなくなって、すっかりさびしくなるようす。例みんなが帰《かえ》って、家《いえ》の中《なか》は火《ひ》が消《き》えたようになった。📖「火《ひ》の消《き》えたよう」の形《かたち》でも使《つか》う。

火《ひ》がつく

①燃《も》え始《はじ》める。②争《あらそ》いやもめ事《ごと》などが起《お》きる。例校則《こうそく》の問題《もんだい》に火《ひ》がついた。③心《こころ》の中《なか》に、ある気持《きも》ちが起《お》こる。例ここにきて、やる気《き》に火《ひ》がついた。④あわただしくなる。例期限《きげん》がせまって、のん気《き》なかれらにも火《ひ》がつく。

火《ひ》が回《まわ》る

火事《かじ》の火《ひ》が燃《も》え広《ひろ》がる。例あっという間《ま》に二階《にかい》まで火《ひ》が回《まわ》る。

問題《もんだい》：相手《あいて》に合《あ》わせてごまかす時《とき》にひく楽器《がっき》は？

火《ひ》に当《あ》たる
たき火《び》やストーブなどに近《ちか》づいてあたたまる。例 寒中水泳《かんちゅうすいえい》の後《あと》、火《ひ》に当《あ》たる。

火《ひ》に油《あぶら》を注《そそ》ぐ
勢《いきお》いがあるものに、さらに勢《いきお》いをそえて激《はげ》しくさせる。例 よけいなことを言《い》って火《ひ》に油《あぶら》を注《そそ》ぐ。📖 火《ひ》に油《あぶら》をかけるともっとよく燃《も》えることから。類 油《あぶら》を注《そそ》ぐ

火《ひ》にかける
火《ひ》の上《うえ》に置《お》いて、物《もの》に熱《ねつ》を加《くわ》える。例 牛乳《ぎゅうにゅう》の入《はい》ったなべを火《ひ》にかける。

火《ひ》のついたよう
①泣《な》き声《ごえ》が激《はげ》しいようす。例 火《ひ》のついたように赤《あか》ちゃんが泣《な》き出《だ》す。②あわただしいようす。例 火《ひ》のついたようにさいそくする。

火《ひ》の出《で》るよう
①はずかしさやいかりで、顔《かお》が真《ま》っ赤《か》になるようす。②勢《いきお》いが激《はげ》しいようす。例 火《ひ》の出《で》るようなシュートを打《う》つ。類 ①顔《かお》から火《ひ》が出《で》る

火《ひ》を入《い》れる
点火《てんか》する。例 ボイラーに火《ひ》を入《い》れる。類 火《ひ》をつける① 対 火《ひ》を落《お》とす

火《ひ》を落《お》とす
火《ひ》を消《け》す。例 かまどの火《ひ》を落《お》とす。対 火《ひ》を入《い》れる・火《ひ》をつける①

火《ひ》を出《だ》す
火事《かじ》を起《お》こす。例 不注意《ふちゅうい》によって家《いえ》から火《ひ》を出《だ》す。

火《ひ》をつける
①点火《てんか》する。②放火《ほうか》する。例 空《あ》き家《や》に火《ひ》をつけた犯人《はんにん》。③きっかけをつくる。類 ①火《ひ》を入《い》れる・①②火《ひ》を放《はな》つ 対 ①火《ひ》を落《お》とす

火《ひ》を通《とお》す
食物《しょくもつ》などをにたり焼《や》いたりする。例 肉《にく》にじっくりと火《ひ》を通《とお》す。

火《ひ》をはく
①火《ひ》をふき上《あ》げる。例 火口《かこう》が激《はげ》しく火《ひ》をはく。②激《はげ》しく議論《ぎろん》する。例 火《ひ》をはくような論争《ろんそう》を展開《てんかい》する。

火《ひ》を放《はな》つ
火《ひ》をつける。例 敵《てき》がせめてくる前《まえ》に城《しろ》に火《ひ》を放《はな》つ。類 火《ひ》をつける①②

火《ひ》をふく
①ふき出《だ》すように激《はげ》しく燃《も》える。②鉄《てっ》ぽうのたまが出《で》る。例 大《たい》ほうが火《ひ》をふく。③内《うち》にこもっていたものが、激《はげ》しく表《おもて》に出《で》る。例 不満《ふまん》が火《ひ》をふく。

答《こた》え：三味線《しゃみせん》

火《ひ》を見《み》るより明《あき》らか
疑《うたが》うところが少《すこ》しもないくらいはっきりしているようす。例 経営悪化《けいえいあっか》の原因《げんいん》が人手不足《ひとでぶそく》にあることは、火《ひ》を見《み》るより明《あき》らかだ。

ひ【非】

非《ひ》の打《う》ち所《どころ》がない
欠点《けってん》が一《ひと》つもない。例 非《ひ》の打《う》ち所《どころ》がない成績《せいせき》で優勝《ゆうしょう》する。

非《ひ》を認《みと》める
あやまちや悪《わる》かったことを、確《たし》かにそうであると受《う》け入《い》れる。例 自分《じぶん》の非《ひ》を認《みと》めて、みんなにあやまる。

ひいき

ひいきの引《ひ》きたおし
ひいきをしすぎたことで、かえってその人《ひと》に不利益《ふりえき》な結果《けっか》をもたらすこと。例 かばいすぎたことで、かえってひいきの引《ひ》きたおしになった。

ピーク

ピークに達《たっ》する ➡ピークをむかえる

ピークをこえる
物事《ものごと》が、最《もっと》もよい段階《だんかい》を終《お》える。例 あの選手《せんしゅ》はすでにピークをこえた。類 ピークを過《す》ぎる

ピークを過《す》ぎる ➡ピークをこえる

ピークをむかえる
物事《ものごと》が、もっともよい段階《だんかい》に至《いた》る。例 人生《じんせい》のピークをむかえる。類 ピークに達《たっ》する

ひがい【被害】

被害《ひがい》が大《おお》きい
大《おお》きな損害《そんがい》を受《う》ける。損害《そんがい》の程度《ていど》がひどい。例 この島《しま》は地《じ》しんの被害《ひがい》が大《おお》きかった。対 被害《ひがい》が小《ちい》さい

被害《ひがい》がおよぶ
損害《そんがい》がある場所《ばしょ》まで達《たっ》してしまう。例 広《ひろ》いはん囲《い》にこう水《ずい》の被害《ひがい》がおよぶ。

被害《ひがい》が出《で》る
損害《そんがい》が発生《はっせい》する。例 高波《たかなみ》で大《おお》きな被害《ひがい》が出《で》る。

被害《ひがい》が広《ひろ》がる
被害《ひがい》のはん囲《い》が大《おお》きくなる。例 九州全《きゅうしゅうぜん》域《いき》に台風《たいふう》の被害《ひがい》が広《ひろ》がる。

被害《ひがい》にあう
損害《そんがい》を受《う》ける。傷《きず》つけられる。例 帰《かえ》り道《みち》でひったくりの被害《ひがい》にあう。

問題《もんだい》：まだ一人前《いちにんまえ》ではない人《ひと》のおしりは何色《なにいろ》？

被害《ひがい》を受《う》ける

➡被害《ひがい》をこうむる

損害《そんがい》を受《う》ける。例ぎ造《ぞう》カードで、知《し》らないうちに被害《ひがい》をこうむっていた。📖

被害《ひがい》をこうむる

意味《いみ》が重複《ちょうふく》する誤《あやま》った言《い》い方《かた》とも言《い》われるが、いっぱん的《てき》にはよく使《つか》われる。類被害《ひがい》を受《う》ける

ひかえ【控え】

控《ひか》えを取《と》る

①同《おな》じ内容《ないよう》の書類《しょるい》を別《べつ》に作《つく》っておく。例けい約書《やくしょ》の控《ひか》えを取《と》る。②メモを取《と》る。例座席表《ざせきひょう》の控《ひか》えを取《と》る。

ひかげん【火加減】

火加減《ひかげん》を見《み》る

ガスなどの火《ひ》の強《つよ》さの具合《ぐあい》を見《み》る。例料理《りょうり》がこげないように火加減《ひかげん》を見《み》る。

ひかり【光】

光《ひかり》を当《あ》てる

今《いま》まで注目《ちゅうもく》されてこなかったものを表《おもて》立《だ》って取《と》り上《あ》げる。例この記録映画《きろくえいが》は歴史《れきし》の裏側《うらがわ》に光《ひかり》を当《あ》てるものだ。

光《ひかり》を放《はな》つ

①明《あか》るく光《ひか》りかがやく。例ダイヤモンドが光《ひかり》を放《はな》つ。②すぐれた才能《さいのう》や実《じつ》力《りょく》があってひときわ目立《めだ》つ。例かれのギターの演奏《えんそう》は光《ひかり》を放《はな》っている。

ひきがね【引き金】

引《ひ》き金《がね》になる

あることが起《お》きるきっかけになる。例ちょっとした言《い》い争《あらそ》いが引《ひ》き金《がね》になって、大《おお》げんかになる。

引《ひ》き金《がね》を引《ひ》く

①ピストルなどの引《ひ》き金《がね》に指《ゆび》をかけて、たまを発射《はっしゃ》させる。②あるできごとを引《ひ》き起《お》こすきっかけになる。例年《ねん》金問題《きんもんだい》が政治不信《せいじふしん》の引《ひ》き金《がね》を引《ひ》く。

ひく【引く】

引《ひ》くに引《ひ》けない

やめようとしても今《いま》さらやめられない。例ここまでお金《かね》をつぎこんでしまったので、今《いま》さら引《ひ》くに引《ひ》けない。

ひけ【引け】

引《ひ》けを取《と》らない

ほかと比《くら》べて負《ま》けない。おとらない。例書道《しょどう》に関《かん》しては、だれにも引《ひ》けを取《と》らない。類人後《じんご》に落《お》ちない

答《こた》え：青《あお》

ひ

ひけめ【引け目】

引《ひ》け目《め》を感《かん》じる
自分《じぶん》が相手《あいて》よりおとっていることをはずかしいと思《おも》う。例 兄《あに》が秀才《しゅうさい》だからといって、引《ひ》け目《め》を感《かん》じることはない。

ひざ

ひざが笑《わら》う
足《あし》がつかれ、ひざの力《ちから》がぬけてがくがくする。例 山道《やまみち》を下《くだ》るときひざが笑《わら》って困《こま》った。

ひざを打《う》つ
思《おも》いついたり感心《かんしん》したりして、手《て》でひざをぽんとたたく。例 かの女《じょ》のアイデアに、思《おも》わずひざを打《う》つ。

ひざを折《お》る
①ひざを折《お》り曲《ま》げてからだをかがめる。②自分《じぶん》の負《ま》けを認《みと》めて相手《あいて》に従《したが》う。例 ひざを折《お》ってたのむ。類 ①②ひざをかがめる・ひざを屈《くっ》する

ひざをかかえる
何《なに》もしないで、ただじっとしている。例 ひざをかかえて電話《でんわ》を待《ま》つ。

ひざをかがめる
➡ひざを折《お》る①②

ひ

ひざをくずす
正座《せいざ》をやめて、楽《らく》な姿勢《しせい》ですわる。例 どうぞひざをくずして、楽《らく》にしてください。対 ひざを正《ただ》す①

ひざを屈《くっ》する
➡ひざを折《お》る①②

ひざを進《すす》める
①ひざを地《ち》につけ、すわったまま相手《あいて》に近寄《ちかよ》る。例 相談《そうだん》があるんだとひざを進《すす》める。②話《はなし》などに乗《の》り気《き》になる。例 海外旅行《かいがいりょこう》の計画《けいかく》にひざを進《すす》める。

ひざを正《ただ》す
①きちんと正座《せいざ》をしてすわる。②改《あらた》まった態《たい》度《ど》を取《と》る。例 ひざを正《ただ》して相手《あいて》を待《ま》つ。対 ①ひざをくずす

ひざをつき合《あ》わせる
ひざがふれるほど近《ちか》づいて、おたがいに向《む》き合《あ》ってすわる。例 ひざをつき合《あ》わせて語《かた》り合《あ》う。類 額《ひたい》を合《あ》わせる

ひざを乗《の》り出《だ》す
興味《きょうみ》を感《かん》じてからだを乗《の》り出《だ》す。例 おもしろそうな話《はなし》にひざを乗《の》り出《だ》す。

ひざを交《まじ》える
おたがいに打《う》ち解《と》けてゆっくり話《はな》し合《あ》う。例 友《とも》とひざを交《まじ》えて語《かた》り明《あ》かす。

問題《もんだい》：ぞっとした時《とき》にこおるのは、からだのどの部分《ぶぶん》？

ひたい【額】

額《ひたい》にあせする

一生《いっしょう》けんめいに働《はたら》く。**例** 生活《せいかつ》のために、額《ひたい》にあせして働《はたら》く。

額《ひたい》を集《あつ》める

集《あつ》まって顔《かお》を寄《よ》せ合《あ》うように近《ちか》づけ、相談《そうだん》する。**例** 問題《もんだい》を解決《かいけつ》するために、額《ひたい》を集《あつ》めて話《はな》し合《あ》う。

額《ひたい》を合《あ》わせる

たがいの額《ひたい》がふれるほど近《ちか》づいて向《む》き合《あ》う。**例** 額《ひたい》を合《あ》わせて内《ない》しょ話《ばなし》をする。

類 ひざをつき合《あ》わせる

ひっこみ【引っ込み】

引《ひ》っ込《こ》みがつかない

物事《ものごと》のおさまりがつかず、引《ひ》き下《さ》がることができない。**例** 一人《ひとり》でできると言《い》った手前《てまえ》、引《ひ》っ込《こ》みがつかない。

ピッチ

ピッチを上《あ》げる

仕事《しごと》などの速度《そくど》を速《はや》める。**例** ピッチを上《あ》げて宿題《しゅくだい》を終《お》わらせよう。

類 ペースを上《あ》げる

ひと【人】

人《ひと》がいい

人《ひと》がらや性格《せいかく》がよい。気《き》がよすぎて人《ひと》に利用《りよう》されがちである。**例** 人《ひと》がいいので損《そん》ばかりしている。

対 人《ひと》が悪《わる》い

人《ひと》が変《か》わる

人《ひと》がらや性格《せいかく》が、別人《べつじん》になったようにがらりと変《か》わる。**例** 妹《いもうと》は人《ひと》が変《か》わったように勉強《べんきょう》にはげみだした。

人《ひと》を得《え》る

ある役目《やくめ》にふさわしい人《ひと》が、その役目《やくめ》につく。**例** 指導者《しどうしゃ》に人《ひと》を得《え》て、コーラス部《ぶ》はめきめき実力《じつりょく》をつけた。

人《ひと》を食《く》う

人《ひと》をばかにしたような態度《たいど》を取《と》る。**例** かれの人《ひと》を食《く》った態度《たいど》に腹《はら》が立《た》つ。

ひとあたり【人当たり】

人当《ひとあ》たりがいい

人《ひと》にあたえる印象《いんしょう》がいい。**例** かの女《じょ》は人当《ひとあ》たりがいいから、先生《せんせい》に向《む》いている。

対 人当《ひとあ》たりが悪《わる》い

ひとあわ【一泡】

一泡《ひとあわ》ふかせる

思《おも》いがけないことをして人《ひと》をおどろかせ、あっと言《い》わせる。**例** 生意気《なまいき》なあいつに一泡《ひとあわ》ふかせてやりたい。

ひといき【一息】

答《こた》え：背筋《せすじ》

一息《ひといき》入《い》れる
ちょっと休《やす》む。例 紅茶《こうちゃ》を飲《の》んで一息《ひといき》入《い》れる。

一息《ひといき》つく
①ひと休《やす》みする。例 登山《とざん》のとちゅうで一息《ひといき》つく。②苦《くる》しいことが終《お》わってほっとする。例 テストが終《お》わって、ようやく一息《ひといき》つく。

ひとかた【一方】
ふつうの程度《ていど》。並《なみ》。

一方《ひとかた》ならぬ
ふつうではない。たいへんな。例 先生《せんせい》には一方《ひとかた》ならぬお世話《せわ》になりました。

ひとかわ【一皮】

一皮《ひとかわ》むく
うわべを包《つつ》んでいるものを取《と》りさって、本当《ほんとう》の姿《すがた》を出《だ》す。例 気取《きど》ってはいるが一皮《ひとかわ》むけばふつうの人《ひと》だ。

一皮《ひとかわ》むける
今《いま》までの状態《じょうたい》からぬけ出《だ》して、新《あたら》しい境地《きょうち》に入《はい》る。例 今回《こんかい》の経験《けいけん》によって、かの女《じょ》も一皮《ひとかわ》むけた。

ひとぎき【人聞き】

人聞《ひとぎ》きが悪《わる》い
人《ひと》に聞《き》かれると誤解《ごかい》のもとになり、具合《ぐあい》が悪《わる》い。例 ぼくがうそつきだなんて人聞《ひとぎ》きが悪《わる》いことを言《い》うなよ。

ひ

ひとすじなわ【一筋縄】

一筋縄《ひとすじなわ》ではいかない
ふつうの手段《しゅだん》や方法《ほうほう》では、思《おも》い通《どお》りにできない。例 この問題《もんだい》はひねってあるから、とても一筋縄《ひとすじなわ》ではいかない。

ひとたまり【一たまり】

一《ひと》たまりもない
ほんの少《すこ》しの間《あいだ》も持《も》ちこたえられない。例 たつ巻《まき》におそわれたら、わたしの家《いえ》など一《ひと》たまりもない。

ひとづかい【人使い】

人使《ひとづか》いがあらい
人《ひと》の使《つか》い方《かた》が乱暴《らんぼう》である。やたらにいろいろな仕事《しごと》をさせる。例 買《か》い物《もの》の次《つぎ》にそうじとは、姉《あね》も人使《ひとづか》いがあらい。

人使《ひとづか》いがうまい
人《ひと》の使《つか》い方《かた》が上手《じょうず》である。仕事《しごと》のたのみ方《かた》がうまい。例 人使《ひとづか》いがうまいので、みんなはやる気《き》を出《だ》している。

ひとで【人手】

人手《ひとで》がかかる
働《はたら》き手《て》として多《おお》くの人数《にんずう》を必要《ひつよう》とする。例 展覧会《てんらんかい》の準備《じゅんび》には人手《ひとで》がかかる。

問題《もんだい》：「○○の巣《す》をつついたよう」な大《おお》さわぎ。

人手《ひとで》が足《た》りない
働《はたら》く人《ひと》が不足《ふそく》している。例 全員《ぜんいん》の料理《りょうり》を作《つく》るには三人《さんにん》では人手《ひとで》が足《た》りない。対 人手《ひとで》が余《あま》る

人手《ひとで》にわたる
他人《たにん》のものになる。例 家宝《かほう》のつぼが人手《ひとで》にわたる。

ひとはた【一旗】

一旗《ひとはた》あげる
成功《せいこう》を目指《めざ》して、新《あら》たに事業《じぎょう》などを始《はじ》める。例 若《わか》くして社長《しゃちょう》になって一旗《ひとはた》あげる。

ひとはだ【一肌】

一肌《ひとはだ》ぬぐ
本気《ほんき》になって自分《じぶん》の力《ちから》を人《ひと》に貸《か》す。例 困《こま》っている友人《ゆうじん》のために一肌《ひとはだ》ぬぐ。📖 着《き》ているものからうでをぬいて、かたを出《だ》して働《はたら》くことから。

ひとはな【一花】

一花《ひとはな》さかせる
成功《せいこう》して、一時《いっとき》をはなやかに過《す》ごす。はなばなしく活《かつ》やくする。例 選手《せんしゅ》として一花《ひとはな》さかせたい。

ひとみ

ひとみをこらす
じっと見《み》つめる。例 美《うつく》しい映像《えいぞう》にひとみをこらす。類 目《め》をこらす・目《め》をすえる

ひとめ【人目】

人目《ひとめ》がうるさい
人《ひと》が見《み》て、あれこれうわさをするのがうっとうしい。例 ここでは人目《ひとめ》がうるさいので家《いえ》で話《はな》そう。

人目《ひとめ》に余《あま》る
目立《めだ》ちすぎて、人《ひと》にいやな思《おも》いをさせる。例 合格《ごうかく》したからといって、あのはしゃぎ方《かた》は人目《ひとめ》に余《あま》る。類 目《め》に余《あま》る

人目《ひとめ》にさらす
はずかしい所《ところ》などを人《ひと》に見《み》せる。例 下手《へた》な作品《さくひん》を人目《ひとめ》にさらしたくない。

人目《ひとめ》に立《た》つ
➡人目《ひとめ》につく

人目《ひとめ》につく
目立《めだ》つ。例 人目《ひとめ》につくような派手《はで》な格好《かっこう》で街《まち》を歩《ある》く。類 人目《ひとめ》に立《た》つ

人目《ひとめ》をうばう
➡人目《ひとめ》を引《ひ》く

答《こた》え：ハチ

人目《ひとめ》を気《き》にする
人《ひと》に見《み》られないかと心配《しんぱい》する。例 悪《わる》いことをしていないのなら人目《ひとめ》を気《き》にすることはない。類 目《め》を気《き》にする

人目《ひとめ》をさける
人《ひと》に見《み》つからないようにする。例 人目《ひとめ》をさけて、こっそりと出《で》かける。

人目《ひとめ》をしのぶ
人《ひと》に見《み》られないように気《き》を配《くば》る。例 人《ひと》目《め》をしのんで会《あ》いに行《い》く。類 人目《ひとめ》をはばかる

人目《ひとめ》をぬすむ
人《ひと》が見《み》ていないときに何《なに》かをする。例 人目《ひとめ》をぬすんでつまみ食《ぐ》いをする。

人目《ひとめ》をはばかる
➡人目《ひとめ》をしのぶ

人目《ひとめ》を引《ひ》く
目立《めだ》っていて、注目《ちゅうもく》される。例 新《あたら》しいスポーツカーは人目《ひとめ》を引《ひ》く。類 人目《ひとめ》をうばう

ひとやく【一役】

一役《ひとやく》買《か》う
ある役割《やくわり》を、自分《じぶん》から進《すす》んで引《ひ》き受《う》ける。例 学校《がっこう》のボランティア活動《かつどう》に一役《ひとやく》買《か》う。

ひとやま【一山】

一山《ひとやま》当《あ》てる
万《まん》に一《ひと》つのことをねらって、大《おお》もうけする。例 石油《せきゆ》が出《で》て一山《ひとやま》当《あ》てる。📖鉱《こう》山《ざん》や鉱脈《こうみゃく》をほり当《あ》てる意味《いみ》から。

むすぶ君《くん》の　結《むす》びつけクイズ③

次《つぎ》の意味《いみ》と、ことばⅠⅡを結《むす》びつけてみよう。

・意味《いみ》	・ことばⅠ	・ことばⅡ
①意気投合《いきとうごう》する	あ腕《うで》が	アある
②能力《のうりょく》がすぐれている	い馬《うま》が	イ折《お》れる
③面《めん》どうだ	う骨《ほね》が	ウ合《あ》う
④得意《とくい》そうだ	え足《あし》が	エ高《たか》い
⑤走《はし》るのが速《はや》い	お鼻《はな》が	オ立《た》つ

答《こた》え：①-い-ウ　②-あ-オ　③-う-イ　④-お-エ　⑤-え-ア

ひ

問題《もんだい》：心《こころ》の中《なか》に悪《わる》だくみを持《も》っている人《ひと》のおなかの色《いろ》は何色《なにいろ》？

ひのめ【日の目】

日《ひ》の目《め》を見《み》る

①知《し》らされていなかったことが、人々《ひとびと》の前《まえ》に発表《はっぴょう》される。例まぼろしの名作《めいさく》が百年《ひゃくねん》ぶりに日《ひ》の目《め》を見《み》る。②今《いま》まで認《みと》められなかった人《ひと》が認《みと》められる。例かれの研究《けんきゅう》もようやく日《ひ》の目《め》を見《み》た。

ひばな【火花】

火花《ひばな》を散《ち》らす

激《はげ》しく争《あらそ》う。例優勝候《ゆうしょうこう》補《ほ》の二人《ふたり》が火花《ひばな》を散《ち》らす。

ひび

ひびが入《はい》る

①ガラスやせと物《もの》などに細《こま》かい割《わ》れ目《め》ができる。②今《いま》までうまくいっていた関係《かんけい》が悪《わる》くなる。例お金《かね》の貸《か》し借《か》りで友情《ゆうじょう》にひびが入《はい》る。

ひぶた【火ぶた】

火《ひ》なわじゅうの、火《ひ》ざらのふたの部分《ぶぶん》。

火《ひ》ぶたを切《き》る

戦《たたか》いを、とくにスポーツなどの競技《きょうぎ》を始《はじ》める。例明日《あす》、いよいよ熱戦《ねっせん》の火《ひ》ぶたを切《き》る。

ひま【暇】

暇《ひま》にあかす

暇《ひま》なので、時間《じかん》をかけて気長《きなが》にやる。例暇《ひま》にあかしてまんがを読《よ》む。📖多《おお》く「暇《ひま》にあかして」の形《かたち》で使《つか》う。

暇《ひま》を出《だ》す

使用人《しようにん》などをやめさせる。例お手伝《てつだ》いさんに暇《ひま》を出《だ》す。類暇《ひま》をやる

暇《ひま》をつぶす

ある事《こと》をして、暇《ひま》な時《じ》間《かん》を過《す》ごす。例ゲームをして暇《ひま》をつぶす。

暇《ひま》をぬすむ

いそがしい時《とき》に、ほかの事《こと》をするためのわずかな時間《じかん》を作《つく》り出《だ》す。例暇《ひま》をぬすんで、検定試験《けんていしけん》の勉強《べんきょう》をする。

暇《ひま》を持《も》て余《あま》す

やるべき事《こと》がなく、時間《じかん》が余《あま》る。何《なに》もすることがなくて退《たい》くつする。例パーティーが中止《ちゅうし》になり、暇《ひま》を持《も》て余《あま》す。

暇《ひま》をもらう

①使用人《しようにん》が、自分《じぶん》から願《ねが》い出《で》てやめる。②休《やす》みを取《と》る。例十日間《とおかかん》の暇《ひま》をもらう。類①②暇《ひま》を取《と》る

ひみつ【秘密】

秘密《ひみつ》をあばく

かくしていることを明《あき》らかにする。例不正《ふせい》な売買《ばいばい》の秘密《ひみつ》をあばく。

答《こた》え：黒《くろ》

秘密《ひみつ》をもらす

人《ひと》に知《し》られないようにしていることをほかに知《し》らせる。例ラーメンの味《あじ》の秘《ひ》密《みつ》をもらす。

ひめい【悲鳴】

悲鳴《ひめい》を上《あ》げる

①苦《くる》しさやおどろきのためにさけぶ。②泣《な》きごとを言《い》う。例いそがしくて悲鳴《ひめい》を上《あ》げる。類②音《ね》を上《あ》げる・弱音《よわね》をはく

ひやく【飛躍】

飛躍《ひやく》をとげる

急《きゅう》に進歩《しんぽ》する。例一年《いちねん》でエースへと飛《ひ》躍《やく》をとげる。

ひやめし【冷や飯】

冷《ひ》や飯《めし》を食《く》う

自分《じぶん》の力《ちから》に合《あ》った地位《ちい》や仕事《しごと》をもらえず、冷《つめ》たくあつかわれる。例上役《うわやく》に文《もん》句《く》を言《い》ったら冷《ひ》や飯《めし》を食《く》わされた。

ひょう【票】

票《ひょう》が割《わ》れる

選挙《せんきょ》などで、投票《とうひょう》が一方《いっぽう》に集中《しゅうちゅう》せずに分《わ》かれる。例賛成派《さんせいは》と反対派《はんたいは》で票《ひょう》が割《わ》れる。

票《ひょう》を投《とう》じる

だれかに票《ひょう》を入《い》れる。だれかに投票《とうひょう》する。例反対《はんたい》の票《ひょう》を投《とう》じる。

票《ひょう》を読《よ》む

どのくらい票《ひょう》が取《と》れるかを予測《よそく》する。例当選《とうせん》はまちがいないと票《ひょう》を読《よ》む。

ひょうか【評価】

評価《ひょうか》が高《たか》い

よいものとして認《みと》められている。例評価《ひょうか》が高《たか》い選手《せんしゅ》。対評価《ひょうか》が低《ひく》い

評価《ひょうか》が分《わ》かれる

よい悪《わる》いなどの意見《いけん》がそろわない。評《ひょう》判《ばん》が食《く》いちがう。例この曲《きょく》は、きく人《ひと》によって評価《ひょうか》が分《わ》かれる。

評価《ひょうか》を受《う》ける

人《ひと》からよい悪《わる》いなどの価値《かち》を決《き》められる。例その小説《しょうせつ》は高《たか》い評価《ひょうか》を受《う》けた。📖多《おお》く、よい評価《ひょうか》の時《とき》に使《つか》われる。

ひょうじょう【表情】

表情《ひょうじょう》が明《あか》るい

顔《かお》つきやしぐさが晴《は》れ晴《ば》れとしていて楽《たの》しそうである。例子《こ》どもたちの表情《ひょうじょう》が明《あか》るい。

表情《ひょうじょう》がかたい

顔《かお》つきがこわばっている。例きん張《ちょう》していて、みんなの表情《ひょうじょう》がかたい。

ひ

問題《もんだい》：走《はし》らされたり、投《な》げられたり、すべったりするものは？

表情《ひょうじょう》がくもる
顔《かお》つきが暗《くら》くなる。暗《くら》い表情《ひょうじょう》になる。例 知《し》らせを聞《き》いて、かの女《じょ》の表情《ひょうじょう》がくもった。

表情《ひょうじょう》が豊《ゆた》かだ
気持《きも》ちなどに合《あ》わせて、顔《かお》つきがいろいろと変《か》わる。例 かれは表情《ひょうじょう》が豊《ゆた》かなので演技《えんぎ》がうまい。

表情《ひょうじょう》がゆるむ
顔《かお》つきがほころぶ。例 孫《まご》の顔《かお》を見《み》ると表情《ひょうじょう》がゆるむ。類 ほおがゆるむ

表情《ひょうじょう》に表《あらわ》す
気持《きも》ちをかくさずに、顔《かお》に出《だ》す。例 うれしいと思《おも》ったことを、そのまま表情《ひょうじょう》に表《あらわ》す。

表情《ひょうじょう》を伝《つた》える
テレビなどで、遠《とお》くの物事《ものごと》のようすや知《し》らせをもたらす。例 現地《げんち》の人々《ひとびと》の表《ひょう》情《じょう》を伝《つた》える。

ひょうばん【評判】

評判《ひょうばん》が高《たか》い
世間《せけん》でよいと認《みと》められている。例 この作品《さくひん》は構成《こうせい》がたくみだと評判《ひょうばん》が高《たか》い。類 評判《ひょうばん》がいい 対 評判《ひょうばん》が低《ひく》い

評判《ひょうばん》が立《た》つ
➡評判《ひょうばん》になる

評判《ひょうばん》になる
世間《せけん》でうわさされる。話題《わだい》になる。例 新型《しんがた》ロボットの発表《はっぴょう》が評判《ひょうばん》になる。類 評判《ひょうばん》が立《た》つ

ピリオド
横書《よこが》きの文《ぶん》の最後《さいご》につける点《てん》。

ピリオドを打《う》つ
それまで続《つづ》いてきた物事《ものごと》を終《お》わりにする。例 この試合《しあい》で現役生活《げんえきせいかつ》にピリオドを打《う》つ。

ぴんと
物事《ものごと》を感覚的《かんかくてき》におしはかって知《し》るようす。

ぴんと来《く》る
見《み》たり聞《き》いたりした時《とき》に、すぐにそうだとわかる。例 かれの話《はなし》から、だれのことを言《い》っているのかぴんと来《き》た。

ひんい【品位】

品位《ひんい》に欠《か》ける
ある人《ひと》や物《もの》に、品《ひん》がない。例 そんな行動《こうどう》は品位《ひんい》に欠《か》ける。

品位《ひんい》を保《たも》つ
ある人《ひと》や物《もの》が、品《ひん》のよさを備《そな》えている。品《ひん》がよい。例 服装《ふくそう》をきちんとして、品《ひん》位《い》を保《たも》つ。

ひ

答《こた》え：筆《ふで》

ひんしゅく

ひんしゅくを買《か》う　ばかなことをして人《ひと》にきらわれる。例 電車《でんしゃ》でけいたい電話《でんわ》を使《つか》い、ひんしゅくを買《か》う。

びんぼうくじ【貧乏くじ】

貧乏《びんぼう》くじを引《ひ》く　一番損《いちばんそん》な役《やく》をさせられる。例 留守番《るすばん》をさせられるなんて、とんだ貧乏《びんぼう》くじを引《ひ》いたものだ。

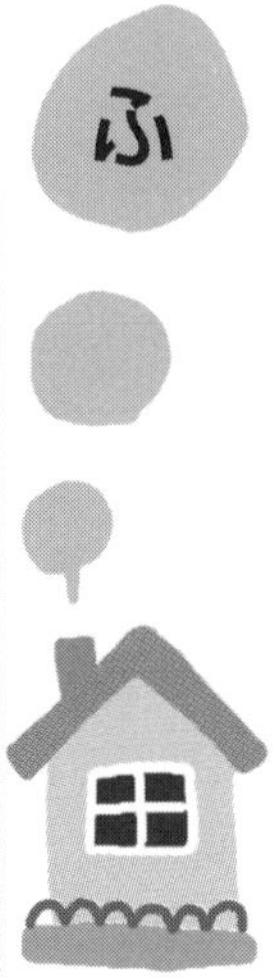

ふ

はらわた。内臓《ないぞう》。

ふに落《お》ちない　納得《なっとく》がいかない。例 自分《じぶん》だけがおこられるのはふに落《お》ちない。

ぶ【分】

優《ゆう》れつの割合《わりあい》。「歩《ぶ》」とも書《か》く。

分《ぶ》がある　相手《あいて》より有利《ゆうり》な立場《たちば》である。例 実力《じつりょく》を見《み》れば西方《にしがた》の力士《りきし》に分《ぶ》がある。

分《ぶ》が悪《わる》い　相手《あいて》より不利《ふり》である。例 対戦成績《たいせんせいせき》を見《み》ると、ぼくは分《ぶ》が悪《わる》い。対 分《ぶ》がいい

ふい【不意】

不意《ふい》を打《う》つ　↓不意《ふい》をつく

不意《ふい》を食《く》う　思《おも》ってもみないことを急《きゅう》にされる。例 相手《あいて》の変化《へんか》に、大関《おおぜき》は不意《ふい》を食《く》ってたおれた。類 不意《ふい》打《う》ちを食《く》らう

不意《ふい》をつく　相手《あいて》のすきを見《み》て、いきなりしかける。例 急《きゅう》に後《うし》ろから声《こえ》をかけて不意《ふい》をつく。類 不意《ふい》を打《う》つ

ふいうち【不意打ち】

不意打《ふいう》ちを食《く》らう　予想《よそう》もしないことをされる。急《きゅう》にせめられる。例 とつ然《ぜん》のテストに、みな不《ふ》意打《いう》ちを食《く》らう。類 不意《ふい》を食《く》う

ふうさい【風さい】

風《ふう》さいが上《あ》がらない　顔《かお》つきや身《み》なり、態度《たいど》など、見《み》かけがよくない。例 かれは実力《じつりょく》はあるが、風《ふう》さいが上《あ》がらない。📖 多《おお》く男性《だんせい》について言《い》う。

問題《もんだい》：だまされないように、「まゆに○○をつける」。

ふうせつ【風雪】

風雪《ふうせつ》にたえる

①風《かぜ》と雪《ゆき》をこらえる。例風雪《ふうせつ》にたえる秋田《あきた》スギ。②厳《きび》しい苦難《くなん》をこらえる。例風雪《ふうせつ》にたえて、一人前《いちにんまえ》になる。

ふかく【不覚】

不覚《ふかく》を取《と》る

油断《ゆだん》をして失敗《しっぱい》する。例下級生《かきゅうせい》が相手《あいて》だと思《おも》い、不覚《ふかく》を取《と》る。

ふかみ【深み】

深《ふか》みがある

味《あじ》わいがある。例味《あじ》に深《ふか》みがあるコーヒー。

深《ふか》みにはまる

①川《かわ》などの深《ふか》い所《ところ》から出《で》られなくなる。②悪《わる》い状態《じょうたい》などからのがれられなくなる。例借金生活《しゃっきんせいかつ》の深《ふか》みにはまる。

ふくせん【伏線】

伏線《ふくせん》をしく

➡伏線《ふくせん》を張《は》る①②

伏線《ふくせん》を張《は》る

①小説《しょうせつ》などで、後《あと》の展開《てんかい》に備《そな》えて、前《まえ》もってほのめかしておく。②前《まえ》もって手《て》を打《う》っておく。例さそいを断《ことわ》るための伏線《ふくせん》を張《は》る。類①②伏線《ふくせん》をしく

ふくろだたき【袋だたき】

袋《ふくろ》だたきにあう

多《おお》くの人《ひと》に非難《ひなん》されたり反対《はんたい》されたりする。例いい加減《かげん》なことを言《い》って、みんなから袋《ふくろ》だたきにあう。

ふせき【布石】

布石《ふせき》を打《う》つ

囲碁《いご》で、先《さき》のことを考《かんが》えて石《いし》を置《お》くこと。将来《しょうらい》のことを考《かんが》えて、必要《ひつよう》なことを前《まえ》もってやっておく。例新党《しんとう》の結成《けっせい》に向《む》けて布石《ふせき》を打《う》つ。

ふた

ふたを開《あ》ける

①物事《ものごと》を始《はじ》める。②物事《ものごと》の結果《けっか》を見《み》る。例だれが当選《とうせん》するかはふたを開《あ》けてみないとわからない。

ぶたい【舞台】

舞台《ぶたい》に立《た》つ

①演劇《えんげき》などに出演《しゅつえん》する。例子《こ》どものころから舞台《ぶたい》に立《た》つ。②活《かつ》やくする場《ば》に出《で》る。例オリンピックの舞台《ぶたい》に立《た》つ。

ふたつ【二つ】

二《ふた》つとない

一《ひと》つしかない。比《くら》べられる物《もの》がない。例二《ふた》つとない大切《たいせつ》な存在《そんざい》。

答《こた》え：つば

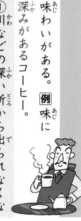

二《ふた》つに一《ひと》つ　二《ふた》つあるうちの、どちらか一《ひと》つ。例 答《こた》えは賛成《さんせい》か反対《はんたい》か、二《ふた》つに一《ひと》つだ。

ふたまた【二また】

二《ふた》またをかける　一方《いっぽう》に決《き》めずに、同時《どうじ》に二《ふた》つの方面《ほうめん》に関係《かんけい》する。例 志望校《しぼうこう》に二《ふた》またをかける。類 両天《りょうてん》びんをかける

ぶつぎ【物議】

物議《ぶつぎ》をかもす　世間《せけん》の人々《ひとびと》の話題《わだい》になり、あれこれと論議《ろんぎ》を引《ひ》き起《お》こす。例 人気作家《にんきさっか》のひと言《こと》が物議《ぶつぎ》をかもす。

ふで【筆】

筆《ふで》がすべる　書《か》いてはいけないことを、うっかり書《か》いてしまう。例 かれの秘密《ひみつ》を、つい筆《ふで》がすべって書《か》いてしまった。

筆《ふで》が立《た》つ　文章《ぶんしょう》がうまい。例 筆《ふで》が立《た》つかの女《じょ》に、あいさつ文《ぶん》を書《か》いてもらう。

筆《ふで》に任《まか》せる　思《おも》うままに書《か》く。例 日《ひ》ごろの不満《ふまん》を筆《ふで》に任《まか》せて手紙《てがみ》にぶちまける。

筆《ふで》を入《い》れる　文章《ぶんしょう》がよくなるように直《なお》す。例 感想文《かんそうぶん》に先生《せんせい》が筆《ふで》を入《い》れる。類 筆《ふで》を加《くわ》える

筆《ふで》をおく　書《か》くのをやめる。文章《ぶんしょう》を書《か》き終《お》わる。例 このあたりで筆《ふで》をおきます。対 筆《ふで》を下《お》ろす②・筆《ふで》をとる

筆《ふで》を折《お》る　作家《さっか》などが文筆活動《ぶんぴつかつどう》をやめる。例 有名《ゆうめい》な評論家《ひょうろんか》が筆《ふで》を折《お》る。類 筆《ふで》をたつ・ペンを折《お》る 対 筆《ふで》をとる・ペンをとる

筆《ふで》を下《お》ろす　①新《あたら》しい筆《ふで》を初《はじ》めて使《つか》う。②文章《ぶんしょう》などを書《か》き始《はじ》める。例 新聞《しんぶん》の連《れん》さい小説《しょうせつ》に筆《ふで》を下《お》ろす。類 ②筆《ふで》を染《そ》める・筆《ふで》をとる 対 ②筆《ふで》をおく

筆《ふで》を加《くわ》える　➡筆《ふで》を入《い》れる

筆《ふで》を染《そ》める　➡筆《ふで》を下《お》ろす②

筆《ふで》をたつ　➡筆《ふで》を折《お》る

筆《ふで》をとる　絵《え》や文章《ぶんしょう》を書《か》く。書《か》き始《はじ》める。例 旧友《きゅうゆう》に手紙《てがみ》を書《か》こうと筆《ふで》をとる。類 筆《ふで》を下《お》ろす②・ペンをとる 対 筆《ふで》をおく・筆《ふで》を折《お》る・ペンを折《お》る

問題《もんだい》：「でしにしてください」と「〇をたたく」。

筆《ふで》を投《な》げる 書《か》くのをやめる。例 不満《ふまん》をつづっていたが、とちゅうで筆《ふで》を投《な》げた。

筆《ふで》を走《はし》らせる すらすらと書《か》く。例 筆《ふで》を走《はし》らせて父への手紙《てがみ》を書《か》く。

筆《ふで》をふるう 絵《え》や書《しょ》を書《か》く。例 筆《ふで》をふるって、一気《いっき》に大作《たいさく》を書《か》き上《あ》げた。

ふてぎわ【不手際】

不手際《ふてぎわ》を演《えん》じる 下手《へた》なやり方《かた》をして、よくない結果《けっか》を招《まね》く。例 準備《じゅんび》が足《た》りず不手際《ふてぎわ》を演《えん》じる。

ふところ【懐】

懐《ふところ》が暖《あたた》かい お金《かね》を多《おお》く持《も》っている。例 お年玉《としだま》をもらって懐《ふところ》が暖《あたた》かい。対 懐《ふところ》がさびしい・懐《ふところ》が寒《さむ》い

懐《ふところ》がさびしい あまりお金《かね》を持《も》っていない。例 参考書《さんこうしょ》を買《か》ったので、懐《ふところ》がさびしい。類 懐《ふところ》が寒《さむ》い 対 懐《ふところ》が暖《あたた》かい

懐《ふところ》が深《ふか》い ①心《こころ》が広《ひろ》い。例 あの人《ひと》は経験《けいけん》が豊《ゆた》かで懐《ふところ》が深《ふか》い。②広《ひろ》くておく行《ゆ》きがある。例 懐《ふところ》が深《ふか》い大自然《だいしぜん》に感動《かんどう》を覚《おぼ》える。

懐《ふところ》を痛《いた》める 自分《じぶん》のお金《かね》を使《つか》う。例 行事《ぎょうじ》が多《おお》くて、そのたびに懐《ふところ》を痛《いた》める。類 自腹《じばら》を切《き》る・身銭《みぜに》を切《き》る

懐《ふところ》を肥《こ》やす 悪《わる》い方法《ほうほう》でお金《かね》をもうけて自分《じぶん》の財産《ざいさん》を増《ふ》やす。例 不正《ふせい》を働《はたら》いて懐《ふところ》を肥《こ》やす。類 私腹《しふく》を肥《こ》やす

ふね【船】

船《ふね》をこぐ 居《い》ねむりをする。例 クラシック音楽《おんがく》をきいていて船《ふね》をこぐ。📖 ねむるようすが、からだを前後《ぜんご》にゆらして船《ふね》をこぐようであることから。

ふへい【不平】

不平《ふへい》を鳴《な》らす 不満《ふまん》を、あれこれと言《い》い立《た》てる。例 練《れん》習《しゅう》がきつすぎると不平《ふへい》を鳴《な》らす。

不平《ふへい》を並《なら》べる 不満《ふまん》を、次々《つぎつぎ》に言《い》い立《た》てる。例 なっ得《とく》がいかないと不平《ふへい》を並《なら》べる。

ふもん【不問】

不問《ふもん》に付《ふ》す あやまちなどを問題《もんだい》にせず、そのままにする。例 今回《こんかい》のミスは不問《ふもん》に付《ふ》す。

答《こた》え：門《もん》

プライド

プライドが高《たか》い

ほこりや自尊心《じそんしん》を人《ひと》より強《つよ》く持《も》っている。自分《じぶん》をすぐれていると思《おも》っている。例 かの女《じょ》は人一倍《ひといちばい》プライドが高《たか》い。

プライドを傷《きず》つける

ほこりや自尊心《じそんしん》をそこなう。例 友人《ゆうじん》のプライドを傷《きず》つけてしまった。類 ほこりを傷《きず》つける

ぶりょく【武力】

武力《ぶりょく》にうったえる

軍隊《ぐんたい》の力《ちから》などを使《つか》って問題《もんだい》を解決《かいけつ》しようとする。例 国際問題《こくさいもんだい》を解決《かいけつ》するために武力《ぶりょく》にうったえるのは考《かんが》えものだ。

ふるい

ふるいにかける

多《おお》くの中《なか》から、すぐれたものを選《えら》び出《だ》す。例 オーディションで応《おう》ぼ者《しゃ》をふるいにかける。📖 ふるいを使《つか》って、つぶなどをより分《わ》けることから。

ブレーキ

ブレーキがきかない

①自動車《じどうしゃ》などのブレーキが働《はたら》かない。②物事《ものごと》の進行《しんこう》や活動《かつどう》が止《と》まらない。例 食《た》べ始《はじ》めるとブレーキがきかない。

ブレーキになる

順調《じゅんちょう》な進行《しんこう》ができなくなる。勢《いきお》いなどを止《と》めてしまう。例 たった一人《ひとり》のわがままな行動《こうどう》が、友好《ゆうこう》へのブレーキになる。

ブレーキをかける

①自動車《じどうしゃ》などのブレーキを働《はたら》かせる。②物事《ものごと》の進行《しんこう》や活動《かつどう》をおさえる。例 ゆきすぎた指導《しどう》にブレーキをかける。

プレッシャー

プレッシャーがかかる

精神的《せいしんてき》な圧《あつ》ぱくが心《こころ》にのしかかってくる。例 期待《きたい》が大《おお》きすぎてプレッシャーがかかる。

ふろ【風呂】

風呂《ふろ》を立《た》てる

風呂《ふろ》をわかす。例 風呂《ふろ》を立《た》てて、ゆったりと湯《ゆ》につかる。

ふんどし

ふんどしをしめてかかる

心《こころ》を引《ひ》きしめて物事《ものごと》に取《と》りかかる。例 相手《あいて》は強敵《きょうてき》だから、ふんどしをしめてかかる。

問題《もんだい》：「頭《あたま》から○○を立《た》て」ておこる。

へ

へとも思《おも》わない

軽《かる》く見《み》て全《まった》く相手《あいて》にしない。例人《ひと》の言《い》うことをへとも思《おも》わない。

ペア

ペアを組《く》む

二人《ふたり》で組《くみ》になる。例となりの組《くみ》の女子《じょし》とペアを組《く》んでテニスをする。

ペース

ペースを上《あ》げる

仕事《しごと》や運動《うんどう》などの速度《そくど》を速《はや》くする。例トップの選手《せんしゅ》がレース後半《こうはん》でペースを上《あ》げる。類ピッチを上《あ》げる

ペースを守《まも》る

仕事《しごと》や運動《うんどう》などの速度《そくど》を同《おな》じままに保《たも》つ。例一《いち》キロ三分《さんぷん》のペースを守《まも》る。

ベスト

ベストをつくす

できる限《かぎ》りの努力《どりょく》をする。全力《ぜんりょく》をつくす。例試験《しけん》の合格《ごうかく》に向《む》けてベストをつくす。類最善《さいぜん》をつくす

へそ

へそで茶《ちゃ》をわかす

おかしくてたまらないようす。例一時《いちじ》間《かん》で仕上《しあ》げるなんて、へそで茶《ちゃ》をわかすよ。📖「へそが茶《ちゃ》をわかす」「へそ茶《ちゃ》」という言《い》い方《かた》もある。

へそを曲《ま》げる

機《き》げんを悪《わる》くする。例帰《かえ》りがおそくなることを連《れん》らくしなかったので、かの女《じょ》はすっかりへそを曲《ま》げてしまった。類つむじを曲《ま》げる

べそ

べそをかく

子《こ》どもなどが、泣《な》き顔《がお》になる。例弟《おとうと》は夜道《よみち》で迷子《まいご》になってべそをかいていた。類泣《な》きべそをかく

へた【下手】

下手《へた》をすると

ひょっとすると。悪《わる》くすると。例このままでは、下手《へた》をすると負《ま》けてしまうかもしれない。

ペダル

ペダルをふむ

ピアノ、自動車《じどうしゃ》のブレーキなど、足元《あしもと》にある板《いた》のような形《かたち》の部分《ぶぶん》を足《あし》でおさえる。また、とくに自転車《じてんしゃ》に乗《の》る。例 学校《がっこう》に向《む》かって一心《いっしん》にペダルをふむ。

へらずぐち【減らず口】

減《へ》らず口《ぐち》をたたく

負《ま》けおしみや言《い》いたい放題《ほうだい》のことを言《い》う。例 自分《じぶん》のせいで失敗《しっぱい》した訳《わけ》ではないと減《へ》らず口《ぐち》をたたく。類 口《くち》が減《へ》らない・憎《にく》まれ口《ぐち》をきく・憎《にく》まれ口《ぐち》をたたく

へりくつ【へ理屈】

へ理屈《りくつ》を並《なら》べる

無理《むり》にこじつけた理屈《りくつ》をいくつも言《い》う。例 先《せん》ぱいに注意《ちゅうい》されてへ理屈《りくつ》を並《なら》べる。類 へ理屈《りくつ》をこねる

べん【弁】

弁《べん》が立《た》つ

話《はな》し方《かた》がうまい。説明《せつめい》や演説《えんぜつ》が上手《じょうず》である。例 かれは講談師《こうだんし》という職業《しょくぎょう》がら、とても弁《べん》が立《た》つ。

弁《べん》をふるう

上手《じょうず》な話《はな》し方《かた》で、すらすらと述《の》べる。例 今《いま》こそエコロジー活動《かつどう》に取《と》り組《く》もうと弁《べん》をふるう。類 弁《べん》ぜつをふるう

弁《べん》をろうする

つまらない言《い》い訳《わけ》をする。例 自分《じぶん》の責任《せきにん》のがれのために弁《べん》をろうする。

ペン

ペンを折《お》る

文章《ぶんしょう》を書《か》く活動《かつどう》をやめる。例 人気作家《にんきさっか》がとつ然《ぜん》ペンを折《お》る。類 筆《ふで》を折《お》る・筆《ふで》をたつ 対 筆《ふで》をとる・ペンをとる

ペンをとる

文章《ぶんしょう》を書《か》く。例 祖父《そふ》が自伝《じでん》を出《だ》すためにペンをとる。類 筆《ふで》をとる 対 筆《ふで》を折《お》る・筆《ふで》をたつ・ペンを折《お》る

ベンチ

ベンチを暖《あたた》める

試合《しあい》に出《で》られない。例 スター選手《せんしゅ》が、けがのためベンチを暖《あたた》める。

へんてつ【変哲】

変哲《へんてつ》もない

とくにほかと変《か》わったところがない。ありふれている。例 何《なん》の変哲《へんてつ》もない料理《りょうり》に見《み》えるが、高級食材《こうきゅうしょくざい》を使《つか》っている。

問題《もんだい》：たくさんの情報《じょうほう》を集《あつ》められるように「○○○○を張《は》る」。

ほ

ほう【法】

法《ほう》に照《て》らす

法律《ほうりつ》にもとづいて判断《はんだん》する。例 法《ほう》に照《て》らしてばっせられる。

法《ほう》にふれる

法律《ほうりつ》や規則《きそく》で、してはいけないと決《き》められていることをやってしまう。例 そこに荷物《にもつ》を放置《ほうち》すると法《ほう》にふれる。

法《ほう》をおかす

法律《ほうりつ》を破《やぶ》る。例 法《ほう》をおかしたら、罪《つみ》をつぐなうのが人《ひと》の道《みち》だ。

ぼう【棒】

棒《ぼう》にふる

それまでやってきたことをむだにする。ふいにする。例 データを消去《しょうきょ》してしまい、それまでの努力《どりょく》を棒《ぼう》にふる。

ほお

ほおが落《お》ちる

非常《ひじょう》においしいようす。例 この料理《りょうり》は、ほおが落《お》ちるくらいおいしい。類 あごが落《お》ちる・ほっぺたが落《お》ちる

ほおがゆるむ

うれしくて、思《おも》わずほほえむ。例 満足《まんぞく》な演技《えんぎ》ができてほおがゆるむ。類 表情《ひょうじょう》がゆるむ

ほおを赤《あか》らめる

はずかしくて顔《かお》が赤《あか》くなる。例 みんなからかわいいと言《い》われてほおを赤《あか》らめる。類 ほおを染《そ》める

ほおを染《そ》める

➡ほおを赤《あか》らめる

ほおをふくらます

不満《ふまん》そうな顔《かお》つきをする。例 絵《え》が下手《へた》だねと言《い》われて、妹《いもうと》がほおをふくらます。

ぼけつ【墓穴】

墓穴《ぼけつ》をほる

自分《じぶん》で自分《じぶん》をだめにするようなことをする。自分《じぶん》のしたことのために身《み》をほろぼす。例 うそをついて墓穴《ぼけつ》をほる。

ほこさき【矛先】

矛先《ほこさき》を向《む》ける

ある人《ひと》や物事《ものごと》に向《む》けてこうげきや非難《ひなん》をする。例 無責任《むせきにん》な態度《たいど》に批判《ひはん》の矛先《ほこさき》を向《む》ける。

ほし【星】

星《ほし》を挙《あ》げる　①警察《けいさつ》が犯人《はんにん》をつかまえる。例 さぎ事《じ》件《けん》の星《ほし》を挙《あ》げる。②すもうで勝《か》つ。例 大関《おおぜき》から星《ほし》を挙《あ》げる。📖①の「星《ほし》」は、犯人《はんにん》のこと。②の「星《ほし》」は、すもうで勝《か》ちを表《あらわ》す白丸《しろまる》のこと。ほかのスポーツでも使《つか》う。類 ②白星《しろぼし》を挙《あ》げる

星《ほし》を落《お》とす　①すもうで、勝負《しょうぶ》に負《ま》ける。②スポーツで負《ま》ける。例 接戦《せっせん》の末《すえ》、星《ほし》を落《お》とす。対 ①②星《ほし》を拾《ひろ》う

ほぞ　❶へそ。❷本心《ほんしん》。

ほぞをかむ　今《いま》さらどうにもならず、くやしがる。例 ちゃんと勉強《べんきょう》しておけばよかったとほぞをかむ。📖自分《じぶん》で自分《じぶん》のへそをかむことが難《むずか》しいということから。

ほとぼり　❶残《のこ》っている熱《ねつ》。❷人々《ひとびと》の関心《かんしん》。

ほとぼりが冷《さ》める　ある物事《ものごと》に対《たい》する人々《ひとびと》の関心《かんしん》がうすれる。例 ほとぼりが冷《さ》めるまでおとなしくしている。

ほね【骨】

骨《ほね》がある　しっかりしている。簡《かん》単《たん》に人《ひと》にくっしない。例 自分《じぶん》をつらぬく骨《ほね》がある男《おとこ》。類 骨《ほね》が太《ふと》い

骨《ほね》が折《お》れる　そのことをするのに苦労《くろう》が多《おお》い。例 全《ぜん》部《ぶ》チェックするのは骨《ほね》が折《お》れる。

骨《ほね》にしみる　⬇骨身《ほねみ》にしみる

骨《ほね》になる　死《し》んで遺骨《いこつ》になる。死亡《しぼう》する。例 外国《がいこく》で骨《ほね》になる。

骨《ほね》のずいまで　からだの中心《ちゅうしん》の部分《ぶぶん》まで。どこまでも。例 今朝《けさ》は骨《ほね》のずいまで冷《ひ》えこんだ。／骨《ほね》のずいまでくさったやつだ。

骨《ほね》をうずめる　①ある場所《ばしょ》で一生《いっしょう》を終《お》える。例 異国《いこく》に骨《ほね》をうずめる。②一生《いっしょう》をささげる。例 化学《かがく》の研究《けんきゅう》に骨《ほね》をうずめる。

骨《ほね》をおしむ　努力《どりょく》することをいやがる。例 骨《ほね》をおしんでいては何事《なにごと》も身《み》につかない。対 骨身《ほねみ》をおしまない

ほ

問題《もんだい》：「○を垂《た》れ」て魚《さかな》がかかるのを待《ま》つ。

骨《ほね》をぬかれる
物事《ものごと》の大切《たいせつ》な部分《ぶぶん》をぬき去《さ》られる。例 厳《きび》しいばっ則《そく》がなくなり、条例《じょうれい》は骨《ほね》をぬかれた。📖「骨《ほね》ぬきにされる」の形《かたち》でも使《つか》う。

骨《ほね》を拾《ひろ》う
①火《か》そうにした人《ひと》の骨《ほね》を拾《ひろ》い集《あつ》める。②人《ひと》がなくなった後《あと》、死後《しご》の後始末《あとしまつ》をしたりその人《ひと》の仕事《しごと》を引《ひ》きついだりする。例 志半《こころざしなか》ばでたおれた仲間《なかま》の骨《ほね》を拾《ひろ》う。

ほねみ【骨身】

骨身《ほねみ》にしみる
骨《ほね》の中心《ちゅうしん》にまでしみ通《とお》るほど、強《つよ》く心《こころ》に感《かん》じる。例 親《おや》の大切《たいせつ》さが骨身《ほねみ》にしみる。類 骨《ほね》にしみる・骨身《ほねみ》にこたえる・身《み》にしみる①

骨身《ほねみ》をおしまない
苦労《くろう》することをいやがらない。例 骨身《ほねみ》をおしまないでボランティア活動《かつどう》につくす。対 骨《ほね》をおしむ

骨身《ほねみ》をけずる
からだがやせ細《ほそ》るほど苦労《くろう》する。例 家《か》族《ぞく》のために、父《ちち》は骨身《ほねみ》をけずって働《はたら》いてきた。類 身《み》をけずる

ほら

ほらをふく
大《おお》げさな話《はなし》をする。例 大《おお》きな竜《りゅう》を見《み》たとほらをふく。類 らっぱをふく

ほり【彫り】

彫《ほ》りが深《ふか》い
顔立《かおだ》ちが、ちょう刻《こく》のようにくっきりしている。例 あのハリウッド俳優《はいゆう》は、彫《ほ》りが深《ふか》い。

ぼろ

ぼろが出《で》る
かくしていた欠点《けってん》が表《おもて》に現《あらわ》れる。例 しゃべりすぎてぼろが出《で》る。📖「ぼろを出《だ》す」の形《かたち》でも使《つか》う。類 化《ば》けの皮《かわ》がはがれる

ぼろをかくす
欠点《けってん》を人《ひと》に見《み》せないようにする。例 あいまいな受《う》け答《こた》えでぼろをかくす。

ほんごし【本腰】

本腰《ほんごし》を入《い》れる
真《しん》けんに取《と》り組《く》む。例 今年《ことし》から英会話《えいかいわ》のレッスンに本腰《ほんごし》を入《い》れるつもりだ。類 腰《こし》を入《い》れる②

答《こた》え：糸《いと》

ま【間】

間《ま》がぬける

しまりがなくばかげて見《み》える。例 ネクタイに半《はん》ズボンとは間《ま》がぬけている。📖「間《ま》のぬけた」の形《かたち》でも使《つか》う。

間《ま》がのびる

どことなくしまりがない。例 間《ま》がのびた話《はな》し方《かた》は、人《ひと》のねむ気《け》をさそう。📖「間《ま》のびする」の形《かたち》でも使《つか》う。

間《ま》が持《も》てない

時間《じかん》を持《も》て余《あま》す。会話《かいわ》がと切《ぎ》れて気持《きも》ちが落《お》ち着《つ》かない。例 初《はじ》めて会《あ》った人《ひと》と二人《ふたり》きりで、間《ま》が持《も》てない。📖「間《ま》が持《も》たない」の形《かたち》でも使《つか》う。

間《ま》が悪《わる》い

①タイミングがよくない。例 出《で》かけるときに雨《あめ》が降《ふ》るなんて間《ま》が悪《わる》い。②気《き》まずい。例 先生《せんせい》と思《おも》ってあいさつしたら別人《べつじん》で、間《ま》が悪《わる》い思《おも》いだ。類 ②決《き》まりが悪《わる》い・ばつが悪《わる》い 対 ①間《ま》がいい

間《ま》を置《お》く

①間《かん》かくをあける。例 一定《いってい》の間《ま》を置《お》いて種《たね》をまく。②ある時間《じかん》をへだてる。例 ちょっと間《ま》を置《お》いてから話《はな》す。類 ②時間《じかん》を置《お》く

間《ま》を持《も》たせる

あいてしまった時間《じかん》を、何《なに》かをしてうまく取《と》りつくろう。例 父《ちち》がもどるまで、ビデオを見《み》せて間《ま》を持《も》たせる。

ま【真】

真《ま》に受《う》ける

人《ひと》がふざけて言《い》ったことなどを本当《ほんとう》だと思《おも》う。本気《ほんき》にする。例 おせじを真《ま》に受《う》ける。

ま【魔】

魔《ま》が差《さ》す

ふと、悪《わる》い考《かんが》えがうかぶ。例 魔《ま》が差《さ》して、つい先《さき》に食《た》べてしまった。

まいきょ【枚挙】

一《ひと》つ一《ひと》つ数《かぞ》え上《あ》げること。

枚挙《まいきょ》にいとまがない

あまりに多《おお》くありすぎて、いちいち数《かぞ》えきれない。例 あわてものの母《はは》の失敗《しっぱい》談《だん》は、枚挙《まいきょ》にいとまがない。

問題《もんだい》：「足《あし》を」「体調《たいちょう》を」「相好《そうごう》を」。この三《みっ》つのことばに結《むす》びつくことばは何《なに》でしょう？

ま

まきぞえ【巻き添え】

巻《ま》き添《ぞ》えを食《く》う
他人《たにん》の事件《じけん》などに巻《ま》きこまれて、ひどい目《め》にあう。例 事故《じこ》の巻《ま》き添《ぞ》えを食《く》ってけがをした。類 そばづえを食《く》う・とばっちりを食《く》う

まく【幕】

幕《まく》が上《あ》がる
⬇幕《まく》が開《あ》く①②

幕《まく》が開《あ》く
①しばいが始《はじ》まる。②新《あたら》しい物事《ものごと》が始《はじ》まる。例 大会《たいかい》の幕《まく》が開《あ》く。類 ①②幕《まく》が上《あ》がる 対 ①②幕《まく》が下《お》りる

幕《まく》になる
物事《ものごと》が終《お》わる。例 今年《ことし》のマラソン大会《たいかい》も、校《こう》長先生《ちょうせんせい》のお話《はなし》で幕《まく》になった。

幕《まく》を切《き》って落《お》とす
もよおし物《もの》などを、はなばなしく始《はじ》める。例 万国博覧会《ばんこくはくらんかい》の幕《まく》を切《き》って落《お》とす。📖かぶきで、幕《まく》を一気《いっき》に落《お》として演技《えんぎ》を始《はじ》めることから。「幕《まく》が切《き》って落《お》とされる」の形《かたち》でも使《つか》う。

幕《まく》を閉《と》じる
①しばいが終《お》わる。②物事《ものごと》を終《お》える。例 文化祭《ぶんかさい》が幕《まく》を閉《と》じる。類 ①②幕《まく》を下《お》ろす・幕《まく》を引《ひ》く 対 ①②幕《まく》を開《あ》ける・幕《まく》を上《あ》げる

幕《まく》を引《ひ》く
⬇幕《まく》を閉《と》じる①②

まくら

まくらを高《たか》くしてねる
安心《あんしん》してねむる。何《なん》の心配《しんぱい》もなく過《す》ごす。例 犯人《はんにん》がつかまったので、やっとまくらを高《たか》くしてねることができる。

まくらを並《なら》べる
①同《おな》じ場所《ばしょ》で並《なら》んでねる。例 家族《かぞく》でまくらを並《なら》べる。②何人《なんにん》もの人《ひと》が同《おな》じ場《ば》所《しょ》で同《おな》じ悪《わる》い結果《けっか》になる。とくに、同《おな》じ場所《ばしょ》で死《し》ぬ。例 まくらを並《なら》べて不合格《ふごうかく》になる。

まくらをふる
落語家《らくごか》などが、本題《ほんだい》の前《まえ》に短《みじか》い話《はなし》をする。例 まくらをふってから、得意《とくい》の話《はなし》に入《はい》る。

答《こた》え：くずす

まけ【負け】

負けがこむ

負《ま》ける回数《かいすう》が多《おお》くなる。続《つづ》けて負《ま》ける。例 負《ま》けがこんで元気《げんき》がない力士《りきし》。

また

またにかける

各地《かくち》を動《うご》き回《まわ》って活《かつ》やくする。例 世界《せかい》をまたにかけて商売《しょうばい》をする。

まった【待った】

待《ま》ったをかける

①将棋《しょうぎ》やすもうなどで、相手《あいて》がせめるのを待《ま》ってもらう。②物事《ものごと》の進行《しんこう》を止《と》めたり、反対《はんたい》したりする。例 きもだめしの計画《けいかく》に親《おや》が待《ま》ったをかける。

まと【的】

的《まと》を射《い》る

①矢《や》を放《はな》って的《まと》に命中《めいちゅう》させる。②正確《せいかく》に要点《ようてん》をとらえる。例 かれの意見《いけん》は的《まと》を射《い》ている。⚠「的《まと》を得《え》る」は誤《あやま》り。類 正《せい》こくを射《い》る

的《まと》をしぼる

目標《もくひょう》を限定《げんてい》する。例 この雑誌《ざっし》は小学生《しょうがくせい》に的《まと》をしぼっている。類 ターゲットをしぼる

まないた【まな板】

まな板《いた》にのせる

問題《もんだい》として取《と》り上《あ》げて話《はな》し合《あ》う。例 出《だ》し物《もの》のアイデアをまな板《いた》にのせる。📖「そ上《じょう》にのせる」のくだけた言《い》い方《かた》。

まのあたり【目の当たり】

目《ま》の当《あ》たりにする

ちょうど目《め》の前《まえ》で見《み》る。はっきり見《み》る。例 決勝戦《けっしょうせん》で相手《あいて》の強《つよ》さを目《ま》の当《あ》たりにする。

まぶた

まぶたが重《おも》くなる

ねむくなってくる。例 九時《くじ》を過《す》ぎると、もうまぶたが重《おも》くなる。類 まぶたが垂《た》れる

まゆ

まゆにつばをつける

だまされないように気《き》をつける。例 うまい話《はなし》はまゆにつばをつけて聞《き》く。📖 まゆにつばをぬっておくとキツネやタヌキに化《ば》かされないという言《い》い伝《つた》えから。

問題《もんだい》：苦《くる》しそうに大《おお》きく呼吸《こきゅう》する時《とき》は「○で息《いき》をする」。

まゆに火《ひ》がつく

一刻《いっこく》のゆうよもないほど、危険《きけん》が身《み》にせまる。例 マッチポイントを先《さき》ににぎられて、まゆに火《ひ》がつく。類 まゆをこがす・まゆを焼《や》く

まゆをくもらせる

心配《しんぱい》したり、不《ふ》ゆ快《かい》だったりして表情《ひょうじょう》が暗《くら》くなる。例 友人《ゆうじん》のかげ口《ぐち》を耳《みみ》にして、まゆをくもらせる。

まゆをひそめる

不《ふ》ゆ快《かい》だったりして顔《かお》をしかめる。例 電車《でんしゃ》の中《なか》で大声《おおごえ》で話《はな》す人《ひと》に、母《はは》がまゆをひそめる。類 まゆ根《ね》を寄《よ》せる・まゆを寄《よ》せる

まゆを寄《よ》せる

心配《しんぱい》したり、不《ふ》ゆ快《かい》だったりして、気《き》難《むずか》しい表情《ひょうじょう》になる。例 人《ひと》をばかにしたような発言《はつげん》に、先生《せんせい》はまゆを寄《よ》せた。類 まゆ根《ね》を寄《よ》せる・まゆをひそめる

まるい【丸い】

丸《まる》く収《おさ》まる

物事《ものごと》がおだやかに解決《かいけつ》する。例 父《ちち》がもめている二人《ふたり》の間《あいだ》に入《はい》って、すべてが丸《まる》く収《おさ》まった。

まん【満】

満《まん》を持《じ》す

十分《じゅうぶん》に用意《ようい》を整《ととの》えて、チャンスを待《ま》つ。例 満《まん》を持《じ》して、出番《でばん》を待《ま》つ。📖 弓《ゆみ》を十《じゅう》分《ぶん》に引《ひ》きしぼって構《かま》えることから。

まんざら

まんざらでもない

いやではない。かなりよい。例 字《じ》がきれいだと言《い》われて、姉《あね》はまんざらでもないようすだ。

み【身】

身《み》が軽《かる》い

①からだの動《うご》きが軽快《けいかい》である。例 父《ちち》は年《ねん》れいのわりには身《み》が軽《かる》い。
②責任《せきにん》がなく、気楽《きらく》である。例 独身《どくしん》で身《み》が軽《かる》いかれはよく旅《たび》に出《で》る。

身《み》が入《はい》る

気分《きぶん》が乗《の》って、熱中《ねっちゅう》して物事《ものごと》に取《と》り組《く》む。例 静《しず》かな場所《ばしょ》だと勉強《べんきょう》に身《み》が入《はい》る。

身《み》が持《も》たない

体力《たいりょく》が続《つづ》かない。例 こんなにいそがしいと、身《み》が持《も》たない。

答《こた》え：肩《かた》

身《み》に余《あま》る 自分《じぶん》の本当《ほんとう》の力《ちから》や値打《ねう》ち以上《いじょう》に評価《ひょうか》され、気《き》が引《ひ》ける。例 身《み》に余《あま》るおほめのことばをいただく。類 身《み》に過《す》ぎる

身《み》に覚《おぼ》えがない そのことをした覚《おぼ》えがない。例 わたしがやったと言《い》われても身《み》に覚《おぼ》えがない。📖 多《おお》く、悪《わる》いことについて使《つか》う。

身《み》にしみる ①心《こころ》に深《ふか》く感《かん》じる。例 両親《りょうしん》のやさしいことばが身《み》にしみる。②からだにこたえる。例 冬《ふゆ》の寒《さむ》さが身《み》にしみる。類 ①骨身《ほねみ》にしみる・②骨身《ほねみ》にこたえる

身《み》に過《す》ぎる ➡身《み》に余《あま》る

身《み》につける ①衣服《いふく》などを着《き》たり、はいたりする。例 スカートを身《み》につける。②からだにつけて持《も》つ。例 お守《まも》りを身《み》につける。③学問《がくもん》や技術《ぎじゅつ》などを自分《じぶん》のものにする。例 最新《さいしん》の建築技術《けんちくぎじゅつ》を身《み》につける。

身《み》につまされる 人《ひと》のつらさや不幸《ふこう》が、自分《じぶん》のことのように思《おも》われる。例 病気《びょうき》の人《ひと》の話《はなし》が身《み》につまされる。

身《み》になる ①ある人《ひと》の立場《たちば》になって考《かんが》える。例 困《こま》った人《ひと》の身《み》になってごらんよ。②栄養《えいよう》になる。精《せい》がつく。例 成長期《せいちょうき》には身《み》になるものを食《た》べる。

身《み》の置《お》き所《どころ》がない はずかしかったり引《ひ》け目《め》があったりして、その場《ば》にいづらい。例 みんなにミスを責《せ》められて身《み》の置《お》き所《どころ》がない。

身《み》もふたもない ことばや行動《こうどう》がはっきりしすぎて、うるおいやおもむきがない。例 あからさまにそう言《い》われたら身《み》もふたもない。

身《み》を置《お》く その立場《たちば》になる。その場所《ばしょ》にいる。例 教《おし》える側《がわ》に身《み》を置《お》く。／自分《じぶん》から危険《きけん》な場所《ばしょ》に身《み》を置《お》く。

身《み》を起《お》こす ①ねていた人《ひと》がからだを起《お》き上《あ》がらせる。②出世《しゅっせ》する。例 貧《まず》しい農民《のうみん》から身《み》を起《お》こす。類 ②身《み》を立《た》てる①

問題《もんだい》：「すしをつまむ」「すしをにぎる」食《た》べるのはどっち？

身《み》を固《かた》める

①結《けっ》こんする。例 姉《あね》は来年《らいねん》身《み》を固《かた》める。②決《き》まった職業《しょくぎょう》につく。③しっかりと身《み》じたくをする。例 制《せい》服《ふく》に身《み》を固《かた》めて出《で》かける。

身《み》を切《き》られる

①寒《さむ》さがとても厳《きび》しいようす。例 身《み》を切《き》られるような風《かぜ》がふく。②とてもつらいようす。例 身《み》を切《き》られるような思《おも》いでみんなと別《わか》れた。

身《み》をけずる

ひどく苦労《くろう》したり、心《こころ》を痛《いた》めたりする。例 身《み》をけずって働《はたら》いて、家族《かぞく》を守《まも》る。類 骨身《ほねみ》をけずる

身《み》をこがす

こいしさにもだえ苦《くる》しむ。例 かなわぬこいに身《み》をこがす。類 身《み》を焼《や》く・胸《むね》をこがす

身《み》を粉《こ》にする

どんな苦労《くろう》もいとわずに、けんめいに働《はたら》く。例 身《み》を粉《こ》にして働《はたら》き、新車《しんしゃ》をこう入《にゅう》する。類 体《からだ》を粉《こ》にする・力《ちから》をつくす・骨《ほね》をくだく・身《み》をくだく

身《み》を捨《す》てる

自《みずか》らをかえりみず、進《すす》んでぎせいになる。例 身《み》を捨《す》てて科学《かがく》の発展《はってん》につくす。

身《み》を立《た》てる

①出世《しゅっせ》する。例 苦労《くろう》して身《み》を立《た》て、名《な》を上《あ》げる。②ある仕事《しごと》で生活《せいかつ》する。例 画家《がか》として身《み》を立《た》てる。類 ①身《み》を起《お》こす②

身《み》をていする

危険《きけん》をかえりみずに、進《すす》んで自分《じぶん》の身《み》を投《な》げ出《だ》す。命《いのち》がけで行《おこな》う。例 身《み》をていして子《こ》どもたちを助《たす》ける。

身《み》を投《とう》じる

覚《かく》ごを決《き》めて、あるかん境《きょう》や状《じょう》きょうに入《はい》る。例 文学《ぶんがく》の世界《せかい》へ身《み》を投《とう》じる。

身《み》を引《ひ》く

関係《かんけい》していたものから退《しりぞ》く。引退《いんたい》する。例 今日《きょう》負《ま》けたら身《み》を引《ひ》く覚《かく》ごだ。

身《み》をひるがえす

からだの向《む》きをすばやく変《か》える。例 のらねこが身《み》をひるがえしてにげて行《い》く。

身《み》を持《も》ちくずす

行《おこな》いが乱《みだ》れて、だらしない生活《せいかつ》を送《おく》る。例 あの作家《さっか》は、酒《さけ》で身《み》を持《も》ちくずしてしまった。

答《こた》え：つまむ

身《み》をもって

自分自身《じぶんじしん》で。自《みずか》ら。例 母《はは》が身《み》をもって、人《ひと》に親切《しんせつ》にすることの大切《たいせつ》さを教《おし》えてくれた。

身《み》をやつす

①目立《めだ》たなく、またみすぼらしく姿《すがた》を変《か》える。例 武士《ぶし》が町人《ちょうにん》に身《み》をやつして旅《たび》に出《で》る。②やせるほどなやんだり熱中《ねっちゅう》したりする。例 こいに身《み》をやつす。

身《み》を寄《よ》せる

ある人《ひと》をたよってその人《ひと》の家《いえ》に住《す》み、世話《せわ》になる。例 東京《とうきょう》では、おじの家《いえ》に身《み》を寄《よ》せた。

み【実】

実《み》を結《むす》ぶ

①植物《しょくぶつ》の実《み》がなる。②努力《どりょく》しただけのよい結果《けっか》が現《あらわ》れる。成功《せいこう》する。例 長年《ながねん》の研究《けんきゅう》が実《み》を結《むす》ぶ。

みえ【見栄】

見栄《みえ》も外聞《がいぶん》もない

人《ひと》からどう思《おも》われようと、あれこれ気《き》にする余《よ》ゆうがない。例 見栄《みえ》も外聞《がいぶん》もなく、お金《かね》をもうける。類 恥《はじ》も外聞《がいぶん》もない

見栄《みえ》を張《は》る

人《ひと》によく思《おも》われようと、うわべをかざる。例 見栄《みえ》を張《は》って高級《こうきゅう》バッグを買《か》う。

みがき【磨き】

磨《みが》きをかける

すぐれた能力《のうりょく》や技術《ぎじゅつ》がさらによくなるように努力《どりょく》する。例 練習《れんしゅう》を重《かさ》ねて、わざに磨《みが》きをかける。📖「磨《みが》きがかかる」の形《かたち》でも使《つか》う。

みぎ【右】

右《みぎ》から左《ひだり》

①受《う》け取《と》ったものを、すぐほかにわたしてしまうようす。例 お金《かね》をもらっても右《みぎ》から左《ひだり》へ使《つか》ってしまう。②物事《ものごと》が順調《じゅんちょう》に進《すす》むようす。例 手続《てつづ》きが面《めん》どうで、右《みぎ》から左《ひだり》とはいかない。

右《みぎ》と言《い》えば左《ひだり》

人《ひと》の言《い》うことに何《なん》でも反対《はんたい》すること。例 弟《おとうと》は最近《さいきん》、右《みぎ》と言《い》えば左《ひだり》で困《こま》る。類 ああ言《い》えばこう言《い》う

右《みぎ》に出《で》る者《もの》がない

一番《いちばん》すぐれている。例 ピアノではかの女《じょ》の右《みぎ》に出《で》る者《もの》がない。📖昔《むかし》、中国《ちゅうごく》では右《みぎ》が上《うえ》の位《くらい》を表《あらわ》したことから。

問題《もんだい》：寒《さむ》い時《とき》には、たき火《び》で「○を取《と》る」。

右《みぎ》へならえ

①右《みぎ》にいる人《ひと》に合《あ》わせて人《ひと》を並《なら》ばせるときにかける、号令《ごうれい》のことば。②先《さき》にやった人《ひと》のまねをすること。例かれに右《みぎ》へならえをして、同《おな》じ物《もの》を注文《ちゅうもん》した。

右《みぎ》も左《ひだり》もわからない

①その土地《とち》のことがよくわからない。②どうしていいのかわからない。例初仕事《はつしごと》で、右《みぎ》も左《ひだり》もわからない。

みきり【見切り】

見切《みき》りをつける

もう見《み》こみがないと判断《はんだん》して、先《さき》のことをあきらめる。例自分《じぶん》の才能《さいのう》に見切《みき》りをつける。類さじを投《な》げる

みず【水】

水《みず》が合《あ》わない

その土地《とち》のふんいきや気風《きふう》になじめない。例都会《とかい》の生活《せいかつ》は水《みず》が合《あ》わない。

水《みず》が出《で》る

川《かわ》があふれる。こう水《ずい》になる。例台風《たいふう》で町中《まちじゅう》に水《みず》が出《で》る。

水《みず》が入《はい》る

すもうで、勝負《しょうぶ》が長引《ながび》いた時《とき》に二人《ふたり》の力士《りきし》を少《すこ》し休《やす》ませる。例五分《ごふん》を過《す》ぎて水《みず》が入《はい》る。類水入《みずい》りになる

水《みず》に流《なが》す

今《いま》まであったもめ事《ごと》や争《あらそ》い事《ごと》を、すべてなかったことにする。例これまでのことは水《みず》に流《なが》して、仲《なか》よくしよう。

水《みず》に慣《な》れる

新《あたら》しい土地《とち》に慣《な》れる。例一年《いちねん》たって、パリの水《みず》に慣《な》れる。📖その土地《とち》の水《みず》を飲《の》み慣《な》れることから。

水《みず》のしたたるよう

人《ひと》がみずみずしく美《うつく》しいようす。例ぶたいのかの女《じょ》は、水《みず》のしたたるような美《うつく》しさだ。📖男女両方《だんじょりょうほう》に使《つか》われる。

水《みず》もらさぬ

少《すこ》しのすきもないほど厳《きび》しい。例くせ者《もの》が入《はい》らないよう、水《みず》ももらさぬ警備《けいび》がしかれる。

水《みず》をあける

①ボートレースや水泳《すいえい》で、大《おお》きく相手《あいて》を引《ひ》きはなす。②競争相手《きょうそうあいて》に差《さ》をつける。例ライバルに大《おお》きく水《みず》をあける。類水《みず》があく

水《みず》を打《う》つ

ほこりが立《た》たないようにしたり、すずしくしたりするために、辺《あた》りに水《みず》をまく。例家《いえ》の前《まえ》に水《みず》を打《う》つ。

答《こた》え：暖《だん》

水《みず》を打《う》ったよう
その場《ば》にいる多《おお》くの人《ひと》が、静《しず》まり返《かえ》っているようす。例 客席《きゃくせき》は水《みず》を打《う》ったようになった。

水《みず》をかける
物事《ものごと》の勢《いきお》いをなくしてあれこれじゃまをする。例 あの事件《じけん》がアイドルの人気《にんき》に水《みず》をかけた。類 水《みず》を差《さ》す

水《みず》を切《き》る
ざるに入《い》れてふったり、ふいたりして水分《すいぶん》をなくす。例 レタスの水《みず》を切《き》る。

水《みず》を差《さ》す
うまくいっているのにじゃまをする。例 楽《たの》しく遊《あそ》んでいたのに、ご飯《はん》の知《し》らせに水《みず》を差《さ》される。類 水《みず》をかける

水《みず》を向《む》ける
相手《あいて》が関心《かんしん》を持《も》つようにさそいかける。例 いっしょにテニスをやろうと水《みず》を向《む》ける。

みせ【店】

店《みせ》を構《かま》える
商売《しょうばい》をするために店《みせ》を出《だ》す。例 駅前《えきまえ》に小《ちい》さな店《みせ》を構《かま》える。類 店《みせ》を開《ひら》く 対 店《みせ》を閉《し》める②・店《みせ》をたたむ・店《みせ》を閉《と》じる

店《みせ》を閉《し》める
①その日《ひ》の営業《えいぎょう》を終《お》える。例 今日《きょう》は十《じゅう》時《じ》に店《みせ》を閉《し》める。②商売《しょうばい》をやめる。例 不景気《ふけいき》で店《みせ》を閉《し》める。類 ①②店《みせ》を閉《と》じる・②店《みせ》をたたむ 対 ①店《みせ》を開《あ》ける・①②店《みせ》を開《ひら》く・②店《みせ》を構《かま》える

店《みせ》をたたむ
商売《しょうばい》をやめる。例 客《きゃく》が入《はい》らないので店《みせ》をたたむ。類 店《みせ》を閉《し》める②・店《みせ》を閉《と》じる 対 店《みせ》を構《かま》える・店《みせ》を開《ひら》く

みぜに【身銭】
自分《じぶん》のお金《かね》。

身銭《みぜに》を切《き》る
はらわなくてもよいのに、あえて自分《じぶん》のお金《かね》ではらう。例 友人《ゆうじん》のために身銭《みぜに》を切《き》る。類 自腹《じばら》を切《き》る・懐《ふところ》を痛《いた》める

みそ

みそをつける
失敗《しっぱい》して面《めん》ぼくがなくなる。例 字《じ》を読《よ》みまちがえてみそをつける。

みち【道】

道《みち》が開《ひら》ける
どうしたらよいかがわかり、希望《きぼう》が見《み》えてくる。例 努力《どりょく》をしてきたかいがあり、成功《せいこう》への道《みち》が開《ひら》けた。類 道《みち》が開《ひら》く

問題《もんだい》：「○○が立《た》つ」とよいことが起《お》きる前《まえ》ぶれだと言《い》われます。

道《みち》に外《はず》れる

守《まも》るべき決《き》まりや道徳《どうとく》から外《はず》れる。例 お金《かね》に困《こま》って道《みち》に外《はず》れたことをする。📖「道《みち》を外《はず》れる」の形《かたち》でも使《つか》う。

道《みち》をきわめる

知識《ちしき》や芸術《げいじゅつ》などで、これ以上《いじょう》ないという所《ところ》に達《たっ》する。例 落語《らくご》の道《みち》をきわめた名人《めいじん》。

道《みち》を決《けっ》する

進《すす》むべき道《みち》を決《き》める。例 海外経験《かいがいけいけん》が、通訳《つうやく》としての道《みち》を決《けっ》した。

道《みち》をつける

①必要《ひつよう》な所《ところ》に道路《どうろ》をつくる。②ある物事《ものごと》の足《あし》がかりになるようなことをする。例 天文学《てんもんがく》に道《みち》をつける。

道《みち》をゆずる

①せまい道《みち》やろう下《か》などで、ほかの人《ひと》が先《さき》に通《とお》れるようにする。②自分《じぶん》がしてきたことを後《あと》の人《ひと》に任《まか》せる。例 病院《びょういん》をつがせて、むすこに道《みち》をゆずる。

みちくさ【道草】

道草《みちくさ》を食《く》う

寄《よ》り道《みち》をして時間《じかん》をむだにする。例 学校《がっこう》の帰《かえ》りに道草《みちくさ》を食《く》う。📖馬《うま》が道《みち》ばたの草《くさ》を食《た》べて進《すす》まないことから。

み

みとおし【見通し】

見通《みとお》しが明《あか》るい

これから先《さき》が、よくなると予想《よそう》される。例 今度《こんど》の成績《せいせき》は見通《みとお》しが明《あか》るい。対 見《み》通《とお》しが暗《くら》い

見通《みとお》しがあまい

先《さき》のことを考《かんが》えるにあたり、厳《きび》しさに欠《か》ける。例 簡単《かんたん》にできそうだなんて、見通《みとお》しがあまい。類 読《よ》みがあまい

見通《みとお》しがきく

①ずっと遠《とお》くまで見《み》わたせる。例 山《やま》の頂上《ちょうじょう》からは見通《みとお》しがきく。②これからこうなるだろうと予測《よそく》できる。例 将来《しょうらい》の日本《にほん》について見通《みとお》しがきく。

見通《みとお》しがつく

➡見通《みとお》しが立《た》つ

見通《みとお》しが立《た》つ

先《さき》のことを予想《よそう》できる。例 今日中《きょうじゅう》に宿《しゅく》題《だい》を終《お》える見通《みとお》しが立《た》つ。類 見通《みとお》しがつく・めどが立《た》つ・目鼻《めはな》がつく

見通《みとお》しが悪《わる》い

①遠《とお》くまでよく見《み》えない。例 霧《きり》がこくて見通《みとお》しが悪《わる》い。②これから先《さき》があまりよくないと予想《よそう》される。例 景気《けいき》の見《み》通《とお》しが悪《わる》い。対 ①②見通《みとお》しがいい

答《こた》え：茶柱《ちゃばしら》

みのけ【身の毛】

身《み》の毛《け》がよだつ

おそろしさなどで、からだの毛《け》が立《た》つような感《かん》じがする。例 ホラー映画《えいが》に身《み》の毛《け》がよだつ。

みはり【見張り】

見《み》張《は》りを立《た》てる

周《まわ》りのようすに気《き》をつけて番《ばん》をする役《やく》目《め》の人《ひと》を置《お》く。例 出《で》入《い》り口《ぐち》に見《み》張《は》りを立《た》てる。

みみ【耳】

耳《みみ》が痛《いた》い

自《じ》分《ぶん》の弱点《じゃくてん》についてあれこれ言《い》われて、聞《き》くのがつらい。例 もう高学年《こうがくねん》なのだから、もっと落《お》ち着《つ》いて行動《こうどう》しなさいと言《い》われ耳《みみ》が痛《いた》い。

耳《みみ》が肥《こ》えている

音楽《おんがく》などをたくさんきいていて、そのよしあしを判断《はんだん》したりする力《ちから》がある。例 姉《あね》は何度《なんど》もコンサートに行《い》っているので、耳《みみ》が肥《こ》えている。

耳《みみ》が遠《とお》い

耳《みみ》がよく聞《き》こえない。例 祖《そ》父《ふ》は七十《ななじゅう》を過《す》ぎて耳《みみ》が遠《とお》くなった。

耳《みみ》が早《はや》い

うわさなどをすぐに聞《き》きつける。例 もう知《し》っているなんて耳《みみ》が早《はや》いね。

耳《みみ》に入《い》れる

人《ひと》に知《し》らせる。いちおう話《はなし》をしておく。例 あらかじめ発表内容《はっぴょうないよう》を耳《みみ》に入《い》れる。

耳《みみ》に逆《さか》らう

言《い》われたことが気《き》に入《い》らず、不《ふ》ゆ快《かい》になる。例 本当《ほんとう》のことを言《い》われた時《とき》ほど耳《みみ》に逆《さか》らうものだ。

耳《みみ》にする

たまたま耳《みみ》に入《はい》る。例 そのうわさならぼくも耳《みみ》にしたことがある。

耳《みみ》にたこができる

同《おな》じことを何度《なんど》も聞《き》かされて、うんざりする。例 早《はや》くねなさいと、耳《みみ》にたこができるほど親《おや》に言《い》われる。

耳《みみ》につく

①物音《ものおと》や声《こえ》などが気《き》になる。例 大安売《おおやすう》りのかけ声《ごえ》が耳《みみ》につく。②何度《なんど》も聞《き》いているのでいやになる。例 友人《ゆうじん》の自《じ》まん話《ばなし》が耳《みみ》につく。

問題《もんだい》：だまっていることは、「○○を守《まも》る」。

耳《みみ》に留《と》まる
聞《き》いたことに注意《ちゅうい》が向《む》く。例 話《はな》している人《ひと》の声《こえ》が耳《みみ》に留《と》まる。

耳《みみ》に残《のこ》る
聞《き》いた声《こえ》や音《おと》がずっと心《こころ》に残《のこ》って忘《わす》れられない。例 父《ちち》の声《こえ》が今《いま》も耳《みみ》に残《のこ》る。

耳《みみ》にはさむ
聞《き》くつもりはなかったが聞《き》こえてくる。例 転校生《てんこうせい》が来《く》るといううわさを耳《みみ》にはさむ。類 小耳《こみみ》にはさむ

耳《みみ》を疑《うたが》う
信《しん》じられない話《はなし》を聞《き》いて、聞《き》きちがいではないかと思《おも》う。例 無罪《むざい》の判決《はんけつ》に耳《みみ》を疑《うたが》う。

耳《みみ》を貸《か》す
人《ひと》の話《はなし》を聞《き》いてやる。例 その申《もう》し出《で》に耳《みみ》を貸《か》す気《き》はない。

耳《みみ》をかたむける
注意《ちゅうい》して、熱心《ねっしん》に聞《き》く。例 美《うつく》しいピアノの演奏《えんそう》に耳《みみ》をかたむける。

耳《みみ》をすます
注意《ちゅうい》して聞《き》こうとする。じっとして静《しず》かに聞《き》く。例 波《なみ》の音《おと》に耳《みみ》をすます。

耳《みみ》をそばだてる
集中《しゅうちゅう》して聞《き》こうとする。例 となりの話《はな》し声《ごえ》に耳《みみ》をそばだてる。

耳《みみ》をそろえる
あるまとまった額《がく》のお金《かね》を不足《ふそく》なく用意《ようい》する。例 借《か》りていたお金《かね》を耳《みみ》をそろえて返《かえ》す。📖「耳《みみ》」は、昔《むかし》、日本《にほん》で使《つか》っていたお金《かね》である大判《おおばん》や小判《こばん》などのふち。

耳《みみ》をつんざく
声《こえ》や音《おと》がひどく大《おお》きいようす。例 ばく発音《はつおん》が耳《みみ》をつんざく。

みゃく【脈】

脈《みゃく》が上《あ》がる
脈《みゃく》が止《と》まって死《し》ぬ。例 まだこの人《ひと》の脈《みゃく》は上《あ》がっていない。対 脈《みゃく》がある①

脈《みゃく》がある
①生《い》きている。②うまくいく見《み》こみがある。例 あの人《ひと》にたのんだ話《はなし》なら、十《じゅう》分《ぶん》に脈《みゃく》がある。対 ①脈《みゃく》が上《あ》がる・①②脈《みゃく》がない

脈《みゃく》を打《う》つ
①脈《みゃく》はくがある。②表面《ひょうめん》に出《で》てこなくても、生《い》き生《い》きと続《つづ》いている。例 現代《げんだい》的《てき》な演奏《えんそう》の中《なか》にも、日本音楽《にほんおんがく》の伝統《でんとう》が脈《みゃく》を打《う》っている。

脈《みゃく》を取《と》る
脈《みゃく》はくの速《はや》さを調《しら》べる。例 医者《いしゃ》がかん者《じゃ》の脈《みゃく》を取《と》る。類 脈《みゃく》を見《み》る

み

答《こた》え：沈黙《ちんもく》

脈《みゃく》を見《み》る ➡脈《みゃく》を取《と》る

みる【見る】

見《み》ての通《とお》り 見《み》たまま。ごらんの通《とお》り。例 かれのミスだということは見《み》ての通《とお》りだ。

見《み》て見《み》ぬふり 実際《じっさい》に見《み》ても、見《み》ていなかったようにふるまう。例 友人《ゆうじん》のまちがいに気《き》づいたが、見《み》て見《み》ぬふりをする。

見《み》るかげもない 以前《いぜん》の姿《すがた》が想像《そうぞう》できないくらい変《か》わってしまい、みすぼらしいようすである。例 都《みやこ》として栄《さか》えた土地《とち》も、今《いま》では見《み》るかげもない。

見《み》るにしのびない 気《き》の毒《どく》で見《み》ていられない。例 悲《かな》しんでいるかの女《じょ》のようすは、見《み》るにしのびない。類 見《み》るにたえない

見《み》るにたえない ①ひどすぎて見《み》ていられない。例 あの映画《えいが》は見《み》るにたえない。②気《き》の毒《どく》で見《み》ていられない。例 現場《げんば》の悲《ひ》さんさは見《み》るにたえない。類 見《み》るにしのびない

見《み》るに見《み》かねる 見《み》ていて、そのまま放《ほう》っておけない。例 道《みち》に迷《まよ》った人《ひと》を見《み》るに見《み》かねて、声《こえ》をかける。

見《み》れば見《み》るほど よく見《み》ればいっそう。例 見《み》れば見《み》るほど、この絵《え》には味《あじ》がある。

知恵《ちえ》をしぼって的《まと》をしぼろう

次《つぎ》の文《ぶん》を見《み》てみよう。

ⓐ知恵《ちえ》をしぼって考《かんが》えたのに、いい方法《ほうほう》がうかばない。二《ふた》つ同時《どうじ》に考《かんが》えず、一方《いっぽう》にⓑ的《まと》をしぼって考《かんが》えてみよう。

同《おな》じ「しぼる」ということばでも意味《いみ》がちがってきます。

ⓐ「無理《むり》に出《だ》す」という意味《いみ》
……頭《あたま》をしぼる（15）知恵《ちえ》をしぼる（148）など

ⓑ「はん囲《い》をせばめる」という意味《いみ》
……テーマをしぼる・的《まと》をしぼる（219）など

＊カッコ内《ない》は、そのことばがあるページ

問題《もんだい》：いっしょに勉強《べんきょう》した友《とも》だちとは「○を並《なら》べ」た仲《なか》です。

む

みわけ【見分け】

見分《みわ》けがつかない

見《み》て区別《くべつ》できない。見《み》ただけではどちらかわからない。例 二人《ふたり》はそっくりで、他人《たにん》には見分《みわ》けがつかない。

む【無】

無《む》に帰《き》する

何《なに》もない状態《じょうたい》になってしまう。なくなる。例 火事《かじ》で何《なに》もかもが無《む》に帰《き》する。

無《む》にする

むだにする。例 一度《いちど》の失敗《しっぱい》で、長年《ながねん》の努力《どりょく》を無《む》にする。

無《む》になる

むだになる。例 みんなの気持《きも》ちが無《む》になることのないよう、試合《しあい》でがんばる。

むき【向き】

向《む》きがある

①そのようなけい向《こう》や性質《せいしつ》がある。例 かれにはおこりっぽい向《む》きがある。②そう考《かんが》える人《ひと》がいる。例 あの人《ひと》が悪《わる》いという向《む》きがあるようだが、わたしはそうは思《おも》わない。

向《む》きになる

ちょっとしたことに本気《ほんき》になったり、ひどく腹《はら》を立《た》てたりする。例 からかわれてつい向《む》きになる。

むこう【向こう】

向《む》こうに回《まわ》す

相手《あいて》にする。相手《あいて》にして戦《たたか》う。例 専門家《せんもんか》を向《む》こうに回《まわ》して論争《ろんそう》する。

向《む》こうを張《は》る

相手《あいて》に負《ま》けないように張《は》り合《あ》う。例 読《どく》書家《しょか》のかの女《じょ》の向《む》こうを張《は》って文学全《ぶんがくぜん》集《しゅう》を読《よ》む。

むし【虫】

虫《むし》がいい

自分《じぶん》に都合《つごう》のいいことばかり考《かんが》えて、ずうずうしい。例 自分《じぶん》だけ早《はや》く帰《かえ》りたいなんて、虫《むし》がいいよ。📖「虫《むし》がよすぎる」の形《かたち》でも使《つか》う。

虫《むし》が起《お》こる

①子《こ》どもがむずかる。②あることをしたいという気持《きも》ちが起《お》こる。例 なまけの虫《むし》が起《お》こる。📖虫《むし》は、人《ひと》の体内《たいない》にいて感情《かんじょう》を左右《さゆう》すると考《かんが》えられていたことから。

答《こた》え：机《つくえ》

虫《むし》が治《おさ》まらない

いかりをがまんできない。例 あんなひどいことを言《い》われて虫《むし》が治《おさ》まらない。類 腹《はら》の虫《むし》が治《おさ》まらない

虫《むし》が知《し》らせる

何《なん》となくそうだと感《かん》じる。とくに、悪《わる》い予感《よかん》がする。例 虫《むし》が知《し》らせたのか、早《はや》く帰《かえ》ると母《はは》が熱《ねつ》を出《だ》していた。

虫《むし》が好《す》かない

何《なん》となく好《す》きになれない。例 あの人《ひと》だけは、どうも虫《むし》が好《す》かない。

虫《むし》の居所《いどころ》が悪《わる》い

機《き》げんが悪《わる》く、ふだんよりもおこりっぽい。例 今朝《けさ》は、どうも父《ちち》の虫《むし》の居所《いどころ》が悪《わる》い。類 腹《はら》の虫《むし》の居所《いどころ》が悪《わる》い

虫《むし》も殺《ころ》さない

虫《むし》も殺《ころ》すことができないほどおとなしそうである。例 虫《むし》も殺《ころ》さない顔《かお》をして、ひどいことをする人《ひと》だ。

むしず【虫ず】

胸《むね》がむかむかしたときに出《で》る液体《えきたい》。

虫《むし》ずが走《はし》る

①胸《むね》がむかむかする。②いやでたまらなくなる。ひどくきらう。例 きらいな人《ひと》は、顔《かお》を見《み》ただけで虫《むし》ずが走《はし》る。類 むなくそが悪《わる》い

むだあし【無駄足】

無駄足《むだあし》をふむ

せっかくそこまで行《い》ったのに、そのかいがない。例 訪《たず》ねた家《いえ》が留守《るす》で無駄足《むだあし》をふむ。

むだぐち【無駄口】

無駄口《むだぐち》をたたく

くだらないことをしゃべる。例 宿題《しゅくだい》が残《のこ》っているので無駄口《むだぐち》をたたいているひまはない。類 無駄口《むだぐち》をきく

むだぼね【無駄骨】

無駄骨《むだぼね》を折《お》る

苦労《くろう》したことが無駄《むだ》になる。例 まちがった勉強法《べんきょうほう》で無駄骨《むだぼね》を折《お》る。

むね【胸】

胸《むね》が熱《あつ》くなる

感動《かんどう》がこみ上《あ》げてくる。例 みんなのはげましを聞《き》いて胸《むね》が熱《あつ》くなる。

胸《むね》が痛《いた》む

あれこれなやみ、つらく思《おも》う。例 事故《じこ》のニュースを聞《き》いて胸《むね》が痛《いた》む。

胸《むね》がいっぱいになる

悲《かな》しみや喜《よろこ》び、感動《かんどう》などで、息《いき》ができないように感《かん》じる。例 合格《ごうかく》の喜《よろこ》びで胸《むね》がいっぱいになる。類 胸《むね》がつまる

問題《もんだい》：近《ちか》くにあっても遠《とお》くに感《かん》じることがある物《もの》は？

胸《むね》がおどる
期待《きたい》や喜《よろこ》びで、心《こころ》がわくわくする。例 すばらしい試合《しあい》の展開《てんかい》に、見《み》ているだけで胸《むね》がおどる。

胸《むね》がさける
苦《くる》しみや悲《かな》しみを強《つよ》く感《かん》じ、胸《むね》がやぶれるほどである。例 胸《むね》がさける思《おも》いで、ペットを手放《てばな》す。類 胸《むね》が張《は》りさける

胸《むね》がさわぐ
心配《しんぱい》や期待《きたい》でどきどきする。例 お祭《まつ》りが近《ちか》づくと胸《むね》がさわぐ。

胸《むね》がすく
心《こころ》のつかえがなくなり、晴《は》れ晴《ば》れとした気分《きぶん》になる。すっきりする。例 今日《きょう》の試合《しあい》は胸《むね》がすくほどの快勝《かいしょう》だ。

胸《むね》が高鳴《たかな》る
喜《よろこ》びや期待《きたい》でどきどきする。例 初《はじ》めての海外旅行《かいがいりょこう》を三日後《みっかご》にひかえて、胸《むね》が高鳴《たかな》る。

胸《むね》がつかえる
①食《た》べ物《もの》がのどにつまる感《かん》じがする。②悲《かな》しみや強《つよ》い感動《かんどう》のためにことばが出《で》なくなる。例 重《おも》い病気《びょうき》の友《とも》だちに会《あ》い、胸《むね》がつかえて何《なに》も言《い》えなかった。

胸《むね》がつぶれる
①ひどくおどろく。例 大《おお》きな音《おと》に胸《むね》がつぶれる。②ひどく悲《かな》しんだり、心配《しんぱい》したりする。例 兄《あに》が大《おお》けがをしたと聞《き》いて胸《むね》がつぶれる思《おも》いをした。

胸《むね》がつまる
➡胸《むね》がいっぱいになる

胸《むね》がはずむ
楽《たの》しくて、うきうきする。例 パーティーの計画《けいかく》を立《た》てるだけで胸《むね》がはずむ。

胸《むね》が張《は》りさける
➡胸《むね》がさける

胸《むね》が晴《は》れる
なやみや不安《ふあん》などがなくなって、気持《きも》ちが晴《は》れ晴《ば》れする。例 話《はなし》を聞《き》いてもらって胸《むね》が晴《は》れる。

胸《むね》がふくらむ
期待《きたい》や喜《よろこ》びでいっぱいになる。例 中学校《ちゅうがっこう》のことを考《かんが》えると胸《むね》がふくらむ。📖「胸《むね》をふくらませる」の形《かたち》でも使《つか》う。

胸《むね》がふさがる
なやみや悲《かな》しみなどで、暗《くら》い気分《きぶん》になる。ゆううつになる。例 悲《ひ》さんなニュースを聞《き》いて胸《むね》がふさがる。

答《こた》え：電話《でんわ》

胸《むね》が焼《や》ける
胃《い》のあたりが焼《や》けるような痛《いた》みを感《かん》じる。例 食《た》べすぎて胸《むね》が焼《や》ける。

胸《むね》が悪《わる》い
①息苦《いきぐる》しく、気分《きぶん》が悪《わる》い。例 ひどいにおいがして胸《むね》が悪《わる》くなる。②腹立《はらだ》たしい。例 ひきょうな行《おこな》いを見《み》ると、胸《むね》が悪《わる》くなる。類 ②むなくそが悪《わる》い

胸《むね》に納《おさ》める
心《こころ》の中《なか》にしまいこんで、だれにも言《い》わない。例 親友《しんゆう》の秘密《ひみつ》を胸《むね》に納《おさ》める。類 胸《むね》にたたむ・胸《むね》に秘《ひ》める

胸《むね》に刻《きざ》む
しっかり覚《おぼ》えて、忘《わす》れないようにする。例 旅《たび》の思《おも》い出《で》を胸《むね》に刻《きざ》む。類 心《こころ》に刻《きざ》む

胸《むね》にせまる
感動《かんどう》がこみ上《あ》げて、胸《むね》がしめつけられるような感《かん》じがする。例 この映画《えいが》は見《み》る人《ひと》の胸《むね》にせまる。

胸《むね》にたたむ
⬇胸《むね》に納《おさ》める

胸《むね》に手《て》を当《あ》てる
落《お》ち着《つ》いてよく考《かんが》える。例 どんなにひどいことをしたか胸《むね》に手《て》を当《あ》てて考《かんが》える。類 胸《むね》に手《て》を置《お》く

む

胸《むね》を打《う》つ
人《ひと》を強《つよ》く感動《かんどう》させる。例 親子《おやこ》の別《わか》れの場面《ばめん》が胸《むね》を打《う》つ。📖「胸《むね》を打《う》たれる」の形《かたち》でも使《つか》う。類 心《こころ》を打《う》つ

胸《むね》をおどらせる
期待《きたい》や喜《よろこ》びでわくわくする。例 運動会《うんどうかい》に胸《むね》をおどらせる。類 胸《むね》をはずませる

胸《むね》を借《か》りる
①すもうで、上位《じょうい》の力士《りきし》にけい古《こ》の相《あい》手《て》をしてもらう。②実力《じつりょく》が上《うえ》の人《ひと》に相《あい》手《て》をしてもらう。例 去年《きょねん》の優勝《ゆうしょう》チームの胸《むね》を借《か》りる。

胸《むね》をこがす
思《おも》いこがれて心《こころ》をなやませる。例 あこがれの人《ひと》に胸《むね》をこがす。類 身《み》をこがす

胸《むね》を反《そ》らす
⬇胸《むね》を張《は》る①②

胸《むね》をつく
はっとさせる。ショックをあたえる。例 何気《なにげ》ない友《とも》のひと言《こと》が胸《むね》をつく。📖「胸《むね》をつかれる」の形《かたち》でも使《つか》う。

胸《むね》をなで下《お》ろす
心配事《しんぱいごと》がなくなってほっとする。ひと安心《あんしん》する。例 兄《あに》が無事《ぶじ》だという知《し》らせを受《う》けて、ほっと胸《むね》をなで下《お》ろした。

問題《もんだい》：おいしそうなものを見《み》ると、「のどが○○」。

胸《むね》を張《は》る

①胸《むね》をつき出《だ》す。例 胸《むね》を張《は》って行進《こうしん》する。②堂々《どうどう》とした態度《たいど》を取《と》る。例 胸《むね》を張《は》って、わたしはできると言《い》う。類 ①②胸《むね》を反《そ》らす・②肩《かた》を張《は》る

むり【無理】

無理《むり》がきく

難《むずか》しいことだが何《なん》とかできる。例 若《わか》いので、からだに無理《むり》がきく。

無理《むり》がたたる

がんばりすぎて、悪《わる》くなってしまう。例 寒《さむ》いところで練習《れんしゅう》した無理《むり》がたたって、かぜを引《ひ》く。

無理《むり》もない

仕様《しよう》がない。当然《とうぜん》のことである。例 あれだけ悪口《わるくち》を言《い》われたら、おこるのは無理《むり》もない。

無理《むり》を言《い》う

できそうもないことをしてほしいと言《い》う。例 無理《むり》を言《い》って、無料《むりょう》でゆずってもらった。

無理《むり》を通《とお》す

筋道《すじみち》の通《とお》らないことをおし切《き》って進《すす》める。例 今回《こんかい》はどうあっても自分《じぶん》がピッチャーをやると無理《むり》を通《とお》す。

め【目】

目《め》が合《あ》う

視線《しせん》が合《あ》う。例 道《みち》を歩《ある》いていて、知《し》らない人《ひと》と目《め》が合《あ》う。

目《め》があらい

あみやふるい、布《ぬの》の織《お》り目《め》などのすきまが大《おお》きい。例 目《め》があらいあみには小《こ》魚《ざかな》がかからない。

目《め》がうるむ

感動《かんどう》して、思《おも》わずなみだがうかぶ。例 悲《かな》しい歌《うた》を聞《き》いて、みんなの目《め》がうるんだ。

目《め》がきく

物《もの》のよしあしを見分《みわ》ける力《ちから》がある。例 父《ちち》は古本《ふるほん》には目《め》がきく。類 目《め》が肥《こ》える

目《め》がくもる

今《いま》まであった、よしあしを見分《みわ》ける力《ちから》がにぶる。例 人情《にんじょう》が先《さき》に立《た》って、つい目《め》がくもってしまった。

目《め》がくらむ

①まぶしくて目《め》がくらくらする。②正《ただ》しい判断《はんだん》ができなくなる。例 お金《かね》に目《め》がくらんで悪事《あくじ》を働《はたら》く。

答《こた》え：鳴《な》る

目《め》が肥《こ》える

いい物《もの》を見《み》ているので、物《もの》のよしあしがよくわかる。例 絵《え》をたくさん見《み》て、目《め》が肥《こ》えている。類 目《め》がきく

目《め》がさえる

気持《きも》ちが高《たか》ぶってねむれなくなる。例 あしたの試合《しあい》のことを考《かんが》えていたら、目《め》がさえてしまった。

目《め》が覚《さ》める

①ねむりから覚《さ》める。例 起《お》こされて目《め》が覚《さ》める。②あざやかでおどろく。例 かの女《じょ》のドレスは目《め》が覚《さ》めるような赤《あか》だった。③心《こころ》の迷《まよ》いからぬけ出《だ》す。例 先生《せんせい》のひと言《こと》で目《め》が覚《さ》める。📖「目《め》を覚《さ》ます」の形《かたち》でも使《つか》う。

目《め》がすわる

いかりや酒《さけ》のよいなどで、目《め》が一点《いってん》を見《み》つめたまま動《うご》かなくなる。例 飲《の》みすぎて目《め》がすわる。

目《め》が高《たか》い

いい物《もの》を見分《みわ》ける力《ちから》がある。例 この品《しな》を選《えら》ぶとは、さすがに目《め》が高《たか》い。📖「お目《め》が高《たか》い」の形《かたち》でも使《つか》う。対 目《め》がない①

め

目《め》が届《とど》く

注意《ちゅうい》が行《い》き届《とど》く。例 この場所《ばしょ》なら親《おや》の目《め》が届《とど》くから安心《あんしん》だ。

目《め》が飛《と》び出《で》る

①値段《ねだん》が高《たか》くておどろく。例 目《め》が飛《と》び出《で》るほど高《たか》い洋服《ようふく》。②ひどくしかられる。例 親《おや》から目《め》が飛《と》び出《で》るほどおこられる。類 ①② 目玉《めだま》が飛《と》び出《で》る・目《め》の玉《たま》が飛《と》び出《で》る

目《め》がない

①すぐれたものを見分《みわ》ける力《ちから》がない。例 社長《しゃちょう》は人《ひと》を見《み》る目《め》がない。②ほかが目《め》に入《はい》らないくらいに大好《だいす》きである。例 ケーキには目《め》がない。類 ①見《み》る目《め》がない 対 ①目《め》が高《たか》い

目《め》がはなせない

ずっと見守《みまも》っていなければならない。また、ずっと強《つよ》い関心《かんしん》を寄《よ》せる。例 危《あぶ》なくて、弟《おとうと》からは目《め》がはなせない。／かの女《じょ》の活《かつ》やくから目《め》がはなせない。

目《め》が光《ひか》る

厳《きび》しくかん視《し》する。例 銀行《ぎんこう》には、警備《けいび》の目《め》が光《ひか》っている。

問題《もんだい》：一生《いっしょう》けんめい働《はたら》く人《ひと》は、「○にあせする」。

目《め》が回《まわ》る

①めまいがする。くらくらする。②たいへんいそがしいことのたとえ。例 年末《ねんまつ》は目《め》が回《まわ》るほどいそがしい。

目《め》からうろこが落《お》ちる

何《なに》かをきっかけにして、今《いま》までわからなかったことが急《きゅう》にわかるようになる。例 先生《せんせい》のひと言《こと》で、目《め》からうろこが落《お》ちる思《おも》いがした。

目《め》から鼻《はな》へぬける

たいへんかしこいようす。例 かれは子《こ》どものころから目《め》から鼻《はな》へぬけるような人《ひと》だった。

目《め》から火《ひ》が出《で》る

頭《あたま》などを強《つよ》く打《う》って、くらっとする感《かん》じを表《あらわ》すことば。例 頭《あたま》をかべにぶつけて、目《め》から火《ひ》が出《で》る。

目《め》じゃない

相手《あいて》にならない。たいしたことはない。例 みんなが本気《ほんき》を出《だ》せば、あのチームなんて目《め》じゃない。

目《め》に余《あま》る

あまりにひどくて、だまって見過《みす》ごせない。例 駅前《えきまえ》の放置自転車《ほうちじてんしゃ》は目《め》に余《あま》る。類 人目《ひとめ》に余《あま》る

目《め》にうかぶ

目《め》の前《まえ》にないのに、まるであるかのように想像《そうぞう》できる。例 美《うつく》しい南《みなみ》の島《しま》が目《め》にうかぶ。

目《め》に映《うつ》る

実際《じっさい》に目《め》に見《み》える。例 目《め》に映《うつ》るすべてが、初《はじ》めて見《み》るものばかりであった。

目《め》にしみる

①目《め》にし激《げき》を受《う》けて、痛《いた》みを感《かん》じる。②色《いろ》があざやかで強《つよ》い印象《いんしょう》を受《う》ける。例 空《そら》の青《あお》さが目《め》にしみる。

目《め》にする

実際《じっさい》に見《み》る。例 校庭《こうてい》を走《はし》り回《まわ》る子《こ》どもたちの姿《すがた》を目《め》にする。

目《め》に立《た》つ

きわだって注意《ちゅうい》を引《ひ》く。例 人《ひと》ごみの中《なか》でも目《め》に立《た》つ服装《ふくそう》。類 目《め》を引《ひ》く

目《め》につく

目立《めだ》って見《み》える。例 半《はん》そで姿《すがた》の人《ひと》が目《め》につくようになってきた。

目《め》に留《と》まる

とくにあるものに視線《しせん》が行《い》く。例 品《ひん》のいいバッグが目《め》に留《と》まる。

目《め》に入《はい》る

見《み》える。視野《しや》に入《はい》る。例 変《か》わった形《かたち》の建物《たてもの》が目《め》に入《はい》る。

答《こた》え：額《ひたい》

目《め》にふれる ぐう然《ぜん》に見《み》える。例 初《はじ》めての土地《とち》なので、目《め》にふれるものすべてが新《しん》せんだ。

目《め》に見《み》えて はっきりそれとわかるくらい。目立《めだ》って。例 コーチの指導《しどう》を受《う》けて、かれは目《め》に見《み》えて上達《じょうたつ》した。

目《め》にも留《と》まらぬ 非常《ひじょう》にすばやいようす。例 目《め》にも留《と》まらぬ早《はや》わざにおどろく。

目《め》に物言《ものい》わす 目《め》で自分《じぶん》の気持《きも》ちや考《かんが》えを伝《つた》える。例 指揮者《しきしゃ》が目《め》に物言《ものい》わして、全員《ぜんいん》に自分《じぶん》の考《かんが》えを伝《つた》える。

目《め》に物見《ものみ》せる 相手《あいて》に思《おも》い知《し》らせるために、ひどい目《め》にあわせる。例 今度《こんど》こそ目《め》に物見《ものみ》せてやろう。

目《め》の色《いろ》を変《か》える ①おこったりおどろいたりして表情《ひょうじょう》を変《か》える。例 うそだと知《し》って、目《め》の色《いろ》を変《か》えてつめ寄《よ》る。②得《え》ようとして必死《ひっし》になる。例 目《め》の色《いろ》を変《か》えて新《あたら》しいゲームに飛《と》びつく。📖「目《め》の色《いろ》が変《か》わる」の形《かたち》でも使《つか》う。

目《め》の黒《くろ》いうち 生《い》きている間《あいだ》。例 親《おや》の目《め》の黒《くろ》いうちに楽《らく》をさせたい。

目《め》の覚《さ》めるよう はっとするほどあざやかで美《うつく》しいようす。例 目《め》の覚《さ》めるような歌声《うたごえ》に心《こころ》を引《ひ》かれる。

目《め》のつけ所《どころ》 とくに注目《ちゅうもく》すべき点《てん》。例 あの新商品《しんしょうひん》は目《め》のつけ所《どころ》がいいので売《う》れるだろう。

目《め》も当《あ》てられない あまりにもひどく、またみじめで、見《み》ていられない。例 ミスばかり続《つづ》いて目《め》も当《あ》てられない。

目《め》もくれない 見向《みむ》きもしない。相手《あいて》にしない。例 人《ひと》の言《い》うことには目《め》もくれない。類 眼中《がんちゅう》にない・しがにもかけない

目《め》を疑《うたが》う あまりにも意外《いがい》で、あり得《え》ないことのように思《おも》われる。例 別人《べつじん》かと思《おも》われる友人《ゆうじん》の変《か》わりように目《め》を疑《うたが》う。

目《め》をうばう すっかり見《み》とれてしまう。例 美《うつく》しいかざりつけが人々《ひとびと》の目《め》をうばう。

問題《もんだい》：おかしいときにはどこで茶《ちゃ》をわかす？

目《め》をおおう
①手《て》などを目《め》に当《あ》てる。②あまりにひどくて、まともに見《み》ていられない。例 ひ災地《さいち》のさん状《じょう》に目《め》をおおう。

目《め》を落《お》とす
うつむく。下《した》を向《む》く。例 上司《じょうし》から、君《きみ》のミスだと言《い》われて目《め》を落《お》とす。

目《め》をかがやかす
うれしくて目《め》をきらきらさせる。期待《きたい》でいっぱいな目《め》つきをする。例 劇《げき》の台《だい》本《ほん》を手《て》にして目《め》をかがやかす。

目《め》をかける
見《み》こみがあると思《おも》ってとくにかわいがる。よく面《めん》どうを見《み》る。例 守備《しゅび》のうまい後《こう》はいに目《め》をかける。

目《め》をかすめる
➡目《め》をぬすむ

目《め》を気《き》にする
自分《じぶん》が人《ひと》にどう思《おも》われているかを気《き》にかける。例 クラスメートの目《め》を気《き》にする。類 人目《ひとめ》を気《き》にする

目《め》をくぐる
人《ひと》に見《み》つからないようにする。例 見張《みは》りの目《め》をくぐってしのびこむ。

目《め》を配《くば》る
あちこちを注意《ちゅうい》してよく見《み》る。例 子《こ》どもたちにしっかり目《め》を配《くば》る。

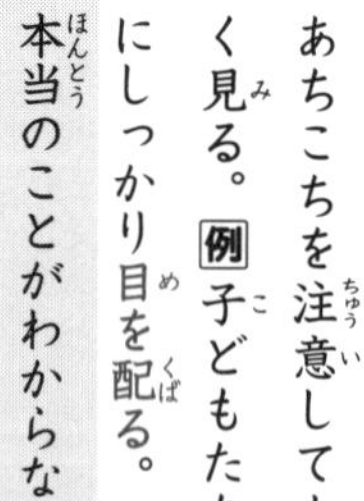

目《め》をくらます
本当《ほんとう》のことがわからないように、人《ひと》の目《め》をごまかす。例 敵《てき》の目《め》をくらまして、まんまとにげ出《だ》す。

目《め》をこらす
じっと見《み》つめる。例 細《こま》かい字《じ》を見《み》ようと目《め》をこらす。類 ひとみをこらす

目《め》を皿《さら》のようにする
目《め》を大《おお》きく見開《みひら》いてじっと見《み》る。おどろいて目《め》を大《おお》きく開《あ》ける。例 目《め》を皿《さら》のようにして落《お》としたお金《かね》をさがす。

目《め》を三角《さんかく》にする
おこってこわい目《め》つきをする。例 ガラスを割《わ》ったのはだれだと、目《め》を三角《さんかく》にしておこる。類 目《め》に角《かど》を立《た》てる

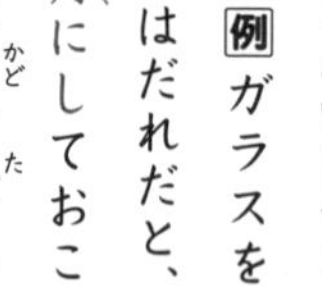

目《め》を白黒《しろくろ》させる
①目《め》の玉《たま》を激《はげ》しく動《うご》かしておどろく。例 値段《ねだん》を聞《き》いて目《め》を白黒《しろくろ》させる。②のどに物《もの》をつまらせて苦《くる》しむ。例 もちがのどにつまって目《め》を白黒《しろくろ》させる。

答《こた》え：へそ

目《め》をすえる
じっと見《み》つめる。例 画家《がか》がモデルに目《め》をすえる。類 ひとみをこらす

目《め》を注《そそ》ぐ
目《め》をそちらに向《む》ける。注意深《ちゅういぶか》く見《み》る。例 庭《にわ》の花《か》だんに目《め》を注《そそ》ぐ。

目《め》をそばめる
横目《よこめ》で見《み》る。例 面《めん》どうくさそうに目《め》をそばめる。

目《め》をそむける
⬇目《め》をそらす①②

目《め》をそらす
①ほかの方向《ほうこう》に目《め》を向《む》ける。例 やましいことがあり目《め》をそらす。／よっぱらいから目《め》をそらす。②その問題《もんだい》にかかわらないようにする。例 現実《げんじつ》から目《め》をそらすことなく取《と》り組《く》む。類 ①②目《め》をそむける

目《め》をつける
注目《ちゅうもく》する。とくに注意《ちゅうい》して見《み》る。例 前《まえ》から目《め》をつけていたスニーカー。

目《め》をつぶる
①まぶたを閉《と》じる。②死《し》ぬ。③人《ひと》の失《しっ》敗《ぱい》などに気《き》づいていながら見《み》のがす。例 今回《こんかい》の失敗《しっぱい》には目《め》をつぶる。

目《め》をつり上《あ》げる
目《め》じりを高《たか》く上《あ》げてこわい顔《かお》をする。例 遊《あそ》んでばかりいる兄《あに》に、母《はは》は目《め》をつり上《あ》げておこった。

目《め》を通《とお》す
書《か》かれたものなどをひととおり見《み》る。ざっと見《み》る。例 会社《かいしゃ》の書類《しょるい》に目《め》を通《とお》す。

目《め》をぬすむ
人《ひと》に見《み》つからないように、こっそりとやる。例 親《おや》の目《め》をぬすんでゲームをやる。類 目《め》をかすめる

目《め》をのがれる
人《ひと》に見《み》つからないようにする。例 親《おや》の目《め》をのがれて遊《あそ》びに行《い》く。

目《め》をはなす
注意《ちゅうい》していたものから視線《しせん》をほかに向《む》ける。例 ちょっと目《め》をはなしたすきに、妹《いもうと》がどこかに行《い》ってしまった。

目《め》を光《ひか》らす
厳《きび》しくかん視《し》する。例 犯罪《はんざい》が起《お》こらないように警察官《けいさつかん》が目《め》を光《ひか》らしている。

目《め》を引《ひ》く
目立《めだ》つ。人々《ひとびと》の注意《ちゅうい》を引《ひ》く。例 派手《はで》なT《ティー》シャツがみんなの目《め》を引《ひ》く。類 目《め》に立《た》つ

問題《もんだい》：安心《あんしん》してねむる時《とき》には、何《なに》を高《たか》くしてねる？

目《め》を開《ひら》く
それまで知《し》らなかったことを初《はじ》めて知《し》る。初《はじ》めて関心《かんしん》を向《む》ける。例 新聞《しんぶん》の特《とく》集《しゅう》記事《きじ》が人々《ひとびと》の目《め》を開《ひら》かせた。

目《め》をふせる
下《した》を向《む》く。うつむく。例 悲《かな》しい話《はなし》を聞《き》いて目《め》をふせる。

目《め》を細《ほそ》くする
うれしそうにする。例 孫《まご》の成長《せいちょう》ぶりにおばあさんが目《め》を細《ほそ》くする。類 目《め》を細《ほそ》める

目《め》を細《ほそ》める
⬇目《め》を細《ほそ》くする

目《め》を丸《まる》くする
びっくりして目《め》を大《おお》きく見開《みひら》く。例 あまりにもうまい絵《え》なので、みんなが目《め》を丸《まる》くした。

目《め》を見張《みは》る
おどろいたり感動《かんどう》したりして、目《め》を大《おお》きく見開《みひら》く。例 かれのこのところの成《せい》長《ちょう》ぶりには、目《め》を見張《みは》るものがある。

目《め》をむく
いかりやおどろきで、目《め》を大《おお》きく見開《みひら》く。例 先生《せんせい》が目《め》をむいてどなる。

目《め》をやる
視線《しせん》をそちらのほうに向《む》ける。例 窓《まど》の外《そと》に目《め》をやる。類 目《め》を向《む》ける

め【芽】

芽《め》が出《で》る
①草《くさ》や木《き》の芽《め》が生《は》える。②成功《せいこう》のきざしが見《み》える。例 努力《どりょく》し続《つづ》けてやっと芽《め》が出《で》た。

芽《め》をつむ
①草《くさ》や木《き》の芽《め》をつみ取《と》る。②大《おお》きく成《せい》長《ちょう》したり問題《もんだい》になる前《まえ》に取《と》り除《のぞ》く。例 早《はや》いうちに悪《あく》の芽《め》をつむ。

芽《め》をふく
草《くさ》や木《き》が芽《め》を出《だ》す。例 春《はる》になると、たくさんの植物《しょくぶつ》が芽《め》をふく。

めいあん【明暗】

明暗《めいあん》を分《わ》ける
結果《けっか》がよいほうと悪《わる》いほうの二《ふた》つにはっきり分《わ》かれる。例 守備力《しゅびりょく》の差《さ》が両《りょう》チームの明暗《めいあん》を分《わ》ける。

めいわく【迷惑】

迷惑《めいわく》をかける
人《ひと》を困《こま》らせたり、いやな気持《きも》ちにさせたりする。例 約束《やくそく》を破《やぶ》ってみんなに迷《めい》惑《わく》をかける。

迷惑《めいわく》をこうむる
人《ひと》に困《こま》らされたり、いやな気持《きも》ちにさせられたりする。例 電車《でんしゃ》の故障《こしょう》で、利《り》用者《ようしゃ》が迷惑《めいわく》をこうむった。

答《こた》え：枕《まくら》

め

めがしら【目頭】

目頭《めがしら》が熱《あつ》くなる

感動《かんどう》してなみだがあふれそうになる。例 親子《おやこ》の再会《さいかい》に目頭《めがしら》が熱《あつ》くなる。

目頭《めがしら》をおさえる

なみだがこぼれないように、指《ゆび》をおし当《あ》てて止《と》める。例 悲《かな》しいシーンで、何《なん》度《ど》も目頭《めがしら》をおさえる。

目頭《めがしら》をぬぐう

なみだをふく。例 優勝《ゆうしょう》した選手《せんしゅ》が、目《め》頭《がしら》をぬぐいながら喜《よろこ》びを語《かた》る。

めがね【眼鏡】

眼鏡《めがね》にかなう

目上《めうえ》の人《ひと》に認《みと》められる。例 かんとくの眼鏡《めがね》にかなってキャプテンになる。📖「お眼鏡《めがね》にかなう」の形《かたち》でも使《つか》う。

めくじら【目くじら】 目《め》のはし。目《め》じり。

目《め》くじらを立《た》てる

人《ひと》の欠点《けってん》を取《と》り立《た》てて非難《ひなん》する。例 小《ちい》さなミスに目《め》くじらを立《た》てる。

めさき【目先】

目先《めさき》がきく

先《さき》のことをよく見通《みとお》せる。例 かの女《じょ》は目先《めさき》がきくので、任《まか》せておいて安心《あんしん》だ。

目先《めさき》を変《か》える

人《ひと》をあきさせないように、見《み》た感《かん》じなどを新《あたら》しくする。例 目先《めさき》を変《か》えて、いつもとはちがう店《みせ》で食事《しょくじ》をしよう。

めじり【目じり】

目《め》じりを下《さ》げる

満足《まんぞく》そうな顔《かお》をする。うれしそうな表《ひょう》情《じょう》をする。例 わが子《こ》のたくましい成長《せいちょう》ぶりに目《め》じりを下《さ》げる。

メス

メスを入《い》れる

①メスを使《つか》って切《き》る。②問題《もんだい》をもとから解決《かいけつ》するために、思《おも》い切《き》ったことをする。例 世《よ》の中《なか》の不正《ふせい》のしくみにメスを入《い》れる。

めだま【目玉】

目玉《めだま》が飛《と》び出《で》る

①あまりに値段《ねだん》が高《たか》くておどろく。例 宝石《ほうせき》の値段《ねだん》に目玉《めだま》が飛《と》び出《で》た。②ひどくしかられる。例 ガラスを割《わ》って目玉《めだま》が飛《と》び出《で》るほどしかられた。類 ①②目《め》が飛《と》び出《で》る・目《め》の玉《たま》が飛《と》び出《で》る

問題《もんだい》：一番《いちばん》すぐれている人《ひと》は、「○に出《で》る者《もの》がない」。

めっき

めっきが はげる
ごまかしがきかなくなり、本《ほん》しょうがあらわれる。例 お金《かね》もないのに見《み》えを張《は》ってめっきがはげた。類 馬脚《ばきゃく》を現《あらわ》す

めど

めどが立《た》つ
だいたいの見当《けんとう》がつく。例 マンションが完成《かん》するめどが立《た》った。類 見通《みとお》しが立《た》つ・めどがつく・目鼻《めはな》がつく

めどがつく
➡めどが立《た》つ

めはし【目端】

目端《めはし》がきく
その場《ば》のふんいきをすばやく見《み》て取《と》ることができる。例 経験《けいけん》は浅《あさ》いが、かれは目端《めはし》がきく。

めはな【目鼻】

目鼻《めはな》がつく
だいたいの見通《みとお》しがつく。例 学芸会《がくげいかい》の準備《じゅんび》の目鼻《めはな》がつく。類 見通《みとお》しが立《た》つ・めどが立《た》つ・めどがつく

めぼし【目星】

目星《めぼし》をつける
おおよその見当《けんとう》を決《き》める。例 動物《どうぶつ》の本《ほん》のたなに目星《めぼし》をつけて、本《ほん》をさがす。

メモ

メモを取《と》る
忘《わす》れないように書《か》き留《と》める。例 電話《でんわ》を聞《き》きながらメモを取《と》る。

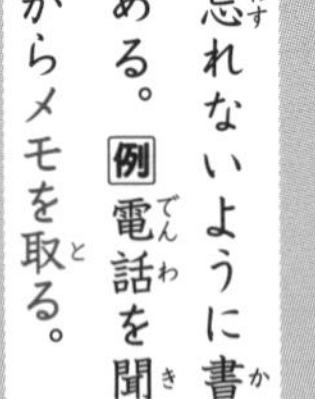

めん【面】

面《めん》と向《む》かう
直接顔《ちょくせつかお》を見《み》て相対《あいたい》する。例 先生《せんせい》に面《めん》と向《む》かって反対《はんたい》するとは、勇気《ゆうき》がある。

面《めん》を取《と》る
①けん道《どう》で、相手《あいて》の面《めん》に打《う》ちこんで勝《か》ち点《てん》を取《と》る。②木材《もくざい》や野菜《やさい》の角《かど》の部分《ぶぶん》を少《すこ》しけずって、丸《まる》みを持《も》たせる。例 にんじんの面《めん》を取《と》る。

めんどう【面倒】

面倒《めんどう》をかける
人《ひと》の世話《せわ》になる。例 熱《ねつ》を出《だ》して友《とも》だちに面倒《めんどう》をかける。類 やっかいをかける

面倒《めんどう》を見《み》る
人《ひと》の世話《せわ》をする。例 預《あず》かった子《こ》どもの面倒《めんどう》を見《み》る。

めんぼく【面目】

名《めい》よ。人《ひと》から受《う》けてきた評価《ひょうか》。

答《こた》え：右《みぎ》

面目《めんぼく》が立《た》つ

するべきことをして、名《めい》よが保《たも》たれる。**例** テストでよい点《てん》が取《と》れて、やっと面目《めんぼく》が立《た》った。**対** 面目《めんぼく》を失《うしな》う

面目《めんぼく》がつぶれる

はずかしくて、世間《せけん》に対《たい》して顔向《かおむ》けできなくなる。**例** 大勢《おおぜい》の前《まえ》で誤字《ごじ》を指《し》てきされて、面目《めんぼく》がつぶれる。

面目《めんぼく》を一新《いっしん》する

見《み》た目《め》がすっかり変《か》わり、以前《いぜん》とちがうよい評判《ひょうばん》を得《え》る。**例** 緑《みどり》の多《おお》い公園《こうえん》の整備《せいび》で、町《まち》が面目《めんぼく》を一新《いっしん》する。

面目《めんぼく》を失《うしな》う

人《ひと》に合《あ》わせる顔《かお》がないほどはずかしくなる。**例** エラーをして、キャプテンとしての面目《めんぼく》を失《うしな》う。**類** 恥《はじ》をかく **対** 面目《めんぼく》が立《た》つ

面目《めんぼく》を保《たも》つ

自分《じぶん》のやるべきことをしてこれまでの名《めい》よを守《まも》る。**例** 入賞《にゅうしょう》して、部長《ぶちょう》としての面目《めんぼく》を保《たも》つ。**類** 面目《めんぼく》をほどこす

面目《めんぼく》をほどこす

➡面目《めんぼく》を保《たも》つ

も【喪】

喪《も》に服《ふく》する

人《ひと》が死《し》んだあと、家族《かぞく》などが一定《いってい》の日数《にっすう》、家《いえ》にこもったり、ほかとのつき合《あ》いをさけたりする。**例** 祖父《そふ》がなくなったので、喪《も》に服《ふく》する。

もくそく【目測】

目測《もくそく》を誤《あやま》る

目《め》で見《み》て感《かん》じたおおよそのきょりや大《おお》きさが異《こと》なる。**例** 目測《もくそく》を誤《あやま》って、電柱《でんちゅう》にぶつかった。

もつ【持つ】

持《も》って生《う》まれた

生《う》まれつき備《そな》わっている。**例** 持《も》って生《う》まれた明《あか》るさで、学校《がっこう》の人気者《にんきもの》になる。

持《も》って回《まわ》る

①あるものを持《も》っていろいろなところに行《い》く。②まわりくどい言《い》い方《かた》やり方《かた》をする。**例** そんな持《も》って回《まわ》った言《い》い方《かた》でなく、はっきり言《い》ってほしい。

問題《もんだい》：失敗《しっぱい》した時《とき》には何《なに》をつける？

もったい

もったいをつける

わざと重々《おもおも》しい態度《たいど》を取《と》る。例かの女《じょ》はもったいをつけて、買《か》った店《みせ》を教《おし》えてくれない。

もと【元】

元《もと》のさやに収《おさ》まる

一度《いちど》仲《なか》が悪《わる》くなった人《ひと》どうしが、元《もと》の親《した》しい関係《かんけい》にもどる。例別《わか》れた夫婦《ふうふ》が、元《もと》のさやに収《おさ》まる。📖さやからぬいた刀《かたな》が、また同《おな》じさやに入《はい》ることから。

類よりをもどす

元《もと》も子《こ》もない

すべてを失《うしな》って、それまでの努力《どりょく》が何《なん》にもならなくなる。例ここで失敗《しっぱい》したら元《もと》も子《こ》もない。📖元《もと》（＝元金《がんきん》）も子《こ》（＝利息《りそく》）も、ともに失《うしな》うことから。

元《もと》を正《ただ》す

初《はじ》めはどうだったかを見直《みなお》す。原因《げんいん》は何《なに》かをはっきりさせる。例元《もと》を正《ただ》せば、君《きみ》がやろうと言《い》い出《だ》したことだ。

元《もと》を取《と》る

かけたお金《かね》に見合《みあ》った分《ぶん》を取《と》り返《かえ》す。得《とく》をする。例食《た》べ放題《ほうだい》で元《もと》を取《と》る。

もの【物】

物《もの》ともせず

問題《もんだい》にしない。例雨《あめ》など物《もの》ともせず、自《じ》転車《てんしゃ》で出《で》かける。類事《こと》ともせず

物《もの》にする

①思《おも》い通《どお》りに使《つか》えるようにする。例中《ちゅう》国語《ごくご》を物《もの》にする。②手《て》に入《い》れる。例チャンピオンの座《ざ》を物《もの》にする。

物《もの》になる

①ねらいや目的《もくてき》に合《あ》った形《かたち》になる。例長《なが》くピアノを習《なら》い、ようやく物《もの》になった。②りっぱな人物《じんぶつ》になる。例かれには名選手《めいせんしゅ》として物《もの》になる素質《そしつ》がある。

物《もの》のはずみ

そのときの思《おも》いがけない勢《いきお》い。ぐう然《ぜん》のなりゆき。例物《もの》のはずみで自分《じぶん》が引《ひ》き受《う》けると言《い》ってしまった。

物《もの》はためし

物事《ものごと》はやってみないと、いいか悪《わる》いかはわからないということ。例物《もの》はためしというから、一度《いちど》やってみよう。

物《もの》を言《い》う

①口《くち》をきく。②効《き》き目《め》を現《あらわ》す。例毎日《まいにち》の練習《れんしゅう》が試合《しあい》のときに物《もの》を言《い》う。

答《こた》え：みそ

物《もの》を言《い》わせる

効果《こうか》を発揮《はっき》させる。役《やく》立《だ》たせる。例 お金《かね》に物《もの》を言《い》わせて好《す》きな物《もの》を買《か》いまくる。

ものごころ【物心】

物心《ものごころ》がつく

子《こ》どもが成長《せいちょう》して、世《よ》の中《なか》のことや人《ひと》の気持《きも》ちなどが何《なん》となくわかるようになる。例 物心《ものごころ》がついて、父《ちち》の仕事《しごと》の意《い》味《み》がわかった。

もん【門】

門《もん》をたたく

①人《ひと》の家《いえ》を訪《たず》ねる。②でしにしてほしいとたのむ。例 有名《ゆうめい》な書道家《しょどうか》の門《もん》をたたく。

もんだい【問題】

問題《もんだい》にならない

①取《と》り上《あ》げる価値《かち》がない。例 こんないい加減《かげん》な回答《かいとう》では問題《もんだい》にならない。②程度《ていど》がちがいすぎて、比《くら》べものにならない。例 相手《あいて》が強《つよ》すぎて、わたしなどとても問題《もんだい》にならない。類 ①②話《はなし》にならない①②

問題《もんだい》になる

よくないこととして取《と》り上《あ》げられる。例 大臣《だいじん》の発言《はつげん》が、国会《こっかい》で大《おお》きな問題《もんだい》になった。

や【野】

野《や》に下《くだ》る

官職《かんしょく》をはなれて、民間《みんかん》の生活《せいかつ》に入《はい》る。例 選挙《せんきょ》に敗《やぶ》れて野《や》に下《くだ》る。

やおもて【矢面】

敵《てき》の矢《や》が飛《と》んでくる正面《しょうめん》。

矢面《やおもて》に立《た》つ

非難《ひなん》や質問《しつもん》などをまともに受《う》ける立場《たちば》に立《た》つ。例 不正《ふせい》をした会社《かいしゃ》の社《しゃ》長《ちょう》が非難《ひなん》の矢面《やおもて》に立《た》つ。

やき【焼き】

焼《や》きが回《まわ》る

年《とし》を取《と》ったりして、頭《あたま》の働《はたら》きやうで前《まえ》がおとろえる。例 こんな失敗《しっぱい》をするとは、わたしも焼《や》きが回《まわ》ったものだ。📖 刃物《はもの》などを焼《や》くとき、火《ひ》が回《まわ》りすぎると切《き》れ味《あじ》が悪《わる》くなることから。

問題《もんだい》：弱点《じゃくてん》について言《い》われると痛《いた》くなる部分《ぶぶん》は？

焼《や》きを入《い》れる

①刃物《はもの》などを焼《や》いて高温《こうおん》にした後《あと》、水《みず》につけて強《つよ》くする。②だらけている人《ひと》に気合《きあ》いを入《い》れてきたえる。例 気《き》がゆるんだ選手《せんしゅ》に焼《や》きを入《い》れる。

やきもち【焼きもち】

❶焼《や》いたもち。❷しっと。

焼《や》きもちを焼《や》く

しっとする。人《ひと》をうらやんでにくらしいと思《おも》う。例 かの女《じょ》ばかりがもてるので焼《や》きもちを焼《や》く。

やく【役】

役《やく》に立《た》つ

求《もと》められたことについて十分満足《じゅうぶんまんぞく》させることができる。役立《やくだ》つ。例 漢和辞典《かんわじてん》は国語《こくご》の勉強《べんきょう》の役《やく》に立《た》つ。

やくしゃ【役者】

役者《やくしゃ》がそろう

主立《おもだ》った人々《ひとびと》が一《いっ》か所《しょ》に集《あつ》まる。例 今日《きょう》の会合《かいごう》は役者《やくしゃ》がそろったね。

やせる

やせてもかれても

たとえどんなに落《お》ちぶれても。例 やせてもかれても、わたしは前《まえ》のチャンピオンだ。

やっかい

やっかいになる

人《ひと》の世話《せわ》になる。例 三日《みっか》ほどおじの家《いえ》にやっかいになる。

やっかいをかける

人《ひと》に面《めん》どうを見《み》てもらったり、手数《てすう》をかけたりする。例 とんだやっかいをかけてすみません。類 面倒《めんどう》をかける

やま【山】

山《やま》が当《あ》たる

試験《しけん》などで、ここが出《で》るだろうという予想《よそう》が当《あ》たる。例 山《やま》が当《あ》たって満点《まんてん》を取《と》る。📖「山《やま》」は、運《うん》よくうまくいくことを当《あ》てにすること。鉱山《こうざん》の鉱脈《こうみゃく》を見《み》つけるのが運《うん》任《まか》せだったことから。対 山《やま》が外《はず》れる

山《やま》が見《み》える

困難《こんなん》を乗《の》りこえ、先《さき》の見通《みとお》しが立《た》つ。例 たくさんあった宿題《しゅくだい》も山《やま》が見《み》えた。

山《やま》をかける

①万《まん》が一《いち》こうなってくれたらいいと思《おも》って物事《ものごと》を行《おこな》う。例 お金《かね》もうけの話《はなし》に山《やま》をかける。②試験《しけん》などで、問題《もんだい》に出《で》そうなところを予想《よそう》する。例 テストの山《やま》をかける。類 ①②山《やま》を張《は》る

答《こた》え：耳《みみ》

山《やま》をこす
一番《いちばん》さかんな時《とき》が過《す》ぎる。例 夏休《なつやす》みの自由研究《じゆうけんきゅう》も、やっと山《やま》をこした。類 峠《とうげ》をこす

山《やま》を成《な》す
山《やま》のような形《かたち》に高《たか》く積《つ》み上《あ》げてある。例 倉庫《そうこ》には、荷物《にもつ》が山《やま》を成《な》している。

山《やま》を張《は》る
↓山《やま》をかける①②

やみ

やみからやみへほうむる
世《よ》の中《なか》に知《し》られないうちに処理《しょり》してしまう。例 事件《じけん》の真相《しんそう》をやみからやみへほうむる。

やむ

やむにやまれぬ
やめようとしてもやめられない。そうするほかない。例 やむにやまれぬ事情《じじょう》で、今回《こんかい》は欠席《けっせき》します。

やむを得《え》ない
ほかにどうすることもできない。例 やむを得《え》ない理由《りゆう》で計画《けいかく》を取《と》りやめる。

やりだま【やり玉】

やり玉《だま》に挙《あ》げる
多《おお》くの物《もの》の中《なか》から取《と》り立《た》てて責《せ》める。例 誤《あやま》った情報《じょうほう》を伝《つた》えた新聞記事《しんぶんきじ》をやり玉《だま》に挙《あ》げる。📖 やりの先《さき》に物《もの》を当《あ》ててつき上《あ》げるようすから。

ゆうしゅうのび【有終の美】

有終《ゆうしゅう》の美《び》をかざる
物事《ものごと》を最後《さいご》までやり通《とお》して、りっぱな成果《せいか》を上《あ》げる。例 卒業前《そつぎょうまえ》に優勝《ゆうしょう》して、有終《ゆうしゅう》の美《び》をかざる。

ゆくえ【行方】

行方《ゆくえ》をくらます
居場所《いばしょ》や行《い》き先《さき》を知《し》られないようにする。例 うちのネコが行方《ゆくえ》をくらます。類 姿《すがた》をかくす

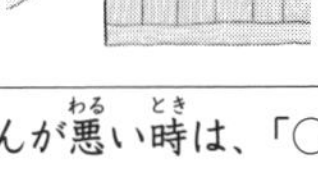

ゆび【指】

指《ゆび》を折《お》る
指《ゆび》を折《お》り曲《ま》げて数《かず》を数《かぞ》える。例 父《ちち》の帰《かえ》る日《ひ》を、指《ゆび》を折《お》って待《ま》つ。類 指折《ゆびお》り数《かぞ》える

ゆ

問題《もんだい》：機《き》げんが悪《わる》い時《とき》は、「○の居所《いどころ》が悪《わる》い」。

指《ゆび》をくわえる
うらやましく思《おも》いながら、手《て》が出《だ》せずにながめている。**例** 指《ゆび》をくわえて見《み》ているだけでは、成功《せいこう》は望《のぞ》めない。

ゆみ【弓】

弓《ゆみ》を引《ひ》く
①弓《ゆみ》に矢《や》をつがえて射《い》る。②そむく。反《はん》こうする。**例** お世話《せわ》になった人《ひと》に弓《ゆみ》を引《ひ》くとは許《ゆる》しがたい。

ゆみず【湯水】

湯水《ゆみず》のように使《つか》う
おしげもなく、お金《かね》などを使《つか》う。**例** 親《おや》からもらったお金《かね》を湯水《ゆみず》のように使《つか》う。**類** 湯水《ゆみず》のごとく使《つか》う

ゆめ【夢】

夢《ゆめ》がかなう
ずっと望《のぞ》んでいたことが、思《おも》い通《どお》りになる。**例** 志望校《しぼうこう》に行《い》く夢《ゆめ》がかなう。

夢《ゆめ》が破《やぶ》れる
ずっといだいてきた希望《きぼう》が、だめになる。**例** けがで、試合《しあい》に出《で》るという夢《ゆめ》が破《やぶ》れる。

夢《ゆめ》をえがく
未来《みらい》の理想《りそう》や希望《きぼう》を心《こころ》に思《おも》う。**例** 医者《いしゃ》になりたいという夢《ゆめ》をえがく。

夢《ゆめ》を見《み》る
①ねむっている時《とき》に、実際《じっさい》にあったことのように感《かん》じる。②ありえないようなことについて空想《くうそう》にふける。明《あか》るい未来《みらい》を想像《そうぞう》する。**例** デザイナーとして世界《せかい》で活《かつ》やくする夢《ゆめ》を見《み》る。

ゆめまくら【夢まくら】

夢《ゆめ》を見《み》た時《とき》のまくら元《もと》。

夢《ゆめ》まくらに立《た》つ
神仏《しんぶつ》や死《し》んだ人《ひと》などが夢《ゆめ》に出《で》てきて、何《なに》かを知《し》らせる。**例** なくなった祖父《そふ》が夢《ゆめ》まくらに立《た》った。

ゆるし【許し】

許《ゆる》しを得《え》る
あることをしてもよいと認《みと》められる。**例** 母《はは》の許《ゆる》しを得《え》て、友人《ゆうじん》とゲームセンターに行《い》く。

許《ゆる》しをこう
おかした罪《つみ》やミスなどを、責《せ》めないでほしいとたのむ。**例** すなおに許《ゆる》しをこわないから、かれは許《ゆる》してくれない。

よ【夜】

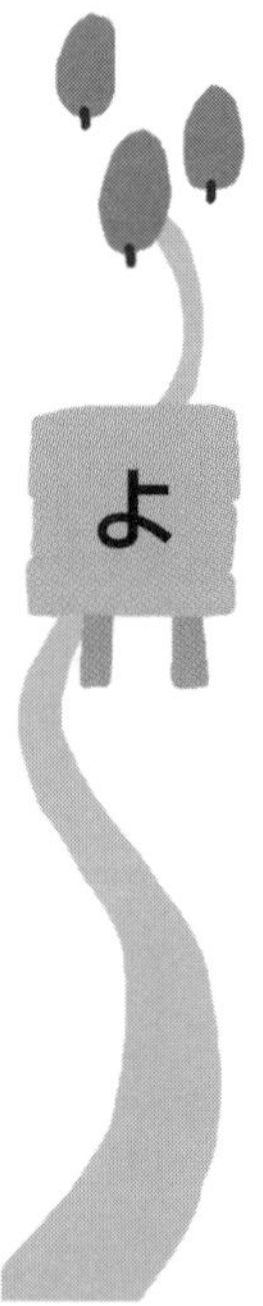

よ

夜《よ》を明《あ》かす
朝《あさ》までねむらずに過《す》ごす。てつ夜《や》をする。例ゲームに夢《む》中《ちゅう》になって夜《よ》を明《あ》かす。

夜《よ》をてっする
ねむらずに何《なに》かをやる。てつ夜《や》をして物《もの》事《ごと》に取《と》り組《く》む。例夜《よ》をてっして工《こう》事《じ》を進《すす》める。

夜《よ》を日《ひ》についで
昼《ひる》と夜《よる》との区《く》別《べつ》なく、休《やす》まず続《つづ》ける。例夜《よ》を日《ひ》についで、物《ぶつ》理《り》の研《けん》究《きゅう》にはげむ。

よ【世】

世《よ》に聞《き》こえる
世《よ》の中《なか》の評《ひょう》判《ばん》になる。有《ゆう》名《めい》になる。例すばらしい作《さっ》曲《きょく》家《か》として世《よ》に聞《き》こえる。

世《よ》に出《で》る
①世《せ》間《けん》に現《あらわ》れる。例まぼろしの名《めい》画《が》が世《よ》に出《で》る。②世《よ》の中《なか》に知《し》られるようになる。また、出《しゅっ》世《せ》する。例若《わか》くして世《よ》に出《で》た天《てん》才《さい》科《か》学《がく》者《しゃ》。

世《よ》を去《さ》る
死《し》ぬ。この世《よ》からいなくなる。例友《ゆう》人《じん》が若《わか》くして世《よ》を去《さ》る。

世《よ》をしのぶ
人《ひと》の目《め》をさけて生《せい》活《かつ》する。例かれは世《よ》をしのび、いなか町《まち》で暮《く》らしていた。

世《よ》を捨《す》てる
ぞく世《せ》間《けん》からはなれて暮《く》らす。また、出《しゅっ》家《け》する。例すべてがむなしくなって世《よ》を捨《す》てる。

世《よ》をわたる
暮《く》らしていく。生《せい》活《かつ》していく。例職《しょく》人《にん》として世《よ》をわたる。類世《よ》を送《おく》る

よい【酔い】

酔《よ》いがさめる
酔《よ》っぱらっていた状《じょう》態《たい》から、ふつうの状《じょう》態《たい》にもどる。例こわい思《おも》いをして、すっかり酔《よ》いがさめた。

酔《よ》いが回《まわ》る
すっかり酔《よ》う。酔《よ》っぱらう。例飲《の》みすぎて、どうやら酔《よ》いが回《まわ》ったらしい。

よう【用】

用《よう》が足《た》りる
役《やく》に立《た》つ。間《ま》に合《あ》う。例手《て》持《も》ちのお金《かね》で何《なん》とか用《よう》が足《た》りた。

用《よう》を足《た》す
①用《よう》事《じ》を済《す》ませる。例駅《えき》前《まえ》の店《みせ》で用《よう》を足《た》す。②トイレに行《い》く。例電《でん》車《しゃ》に乗《の》る前《まえ》に用《よう》を足《た》す。

問《もん》題《だい》：反《はん》こうする時《とき》に引《ひ》くものは？

用《よう》をなさない
役《やく》に立《た》たない。使《つか》い道《みち》がない。例 故障《こしょう》してパソコンが用《よう》をなさない。

ようそう【様相】

様相《ようそう》をていする
そのようなありさまになる。ある状態《じょうたい》を表《あらわ》す。例 病状《びょうじょう》が深刻《しんこく》な様相《ようそう》をていする。類 様相《ようそう》を帯《お》びる

ようりょう【要領】

要領《ようりょう》がいい
①物事《ものごと》をうまく処理《しょり》できる。②ごまかして、うまく立《た》ち回《まわ》る。例 あの人《ひと》は要領《ようりょう》がいいだけで、誠意《せいい》が感《かん》じられない。対 ①②要領《ようりょう》が悪《わる》い

要領《ようりょう》を得《え》ない
何《なに》を言《い》いたいのか、かんじんなところがよくわからない。例 窓口《まどぐち》でたずねても、一向《いっこう》に要領《ようりょう》を得《え》ない。

よく【欲】

欲《よく》が深《ふか》い
ほしがる気持《きも》ちがとても強《つよ》い。いくら得《え》てもあき足《た》りない。例 もらえるものなら何《なん》でもほしいなんて欲《よく》が深《ふか》い。

欲《よく》におぼれる
⬇欲《よく》に目《め》がくらむ

欲《よく》に目《め》がくらむ
何《なに》かをほしくて、正常《せいじょう》な心《こころ》を失《うしな》う。例 欲《よく》に目《め》がくらんでうそをつく。類 欲《よく》におぼれる

欲《よく》も得《とく》もなく
損得《そんとく》を考《かんが》えている余《よ》ゆうもないほどに。例 欲《よく》も得《とく》もなくにげ出《だ》した。

欲《よく》を言《い》えば
十分《じゅうぶん》ではあるが、さらに望《のぞ》むとすれば。例 欲《よく》を言《い》えば、もう少《すこ》しお小《こ》づかいを増《ふ》やしてほしい。

欲《よく》をかく
今《いま》ある以上《いじょう》にほしがったり、したがったりする。例 そんなに欲《よく》をかくと、今《いま》に損《そん》をするよ。類 欲《よく》を出《だ》す

欲《よく》を出《だ》す
⬇欲《よく》をかく

欲《よく》を張《は》る
もっとほしがったり、したがったりする。例 かれはもっといい賞品《しょうひん》がほしいなどと、欲《よく》を張《は》っている。

よこ【横】

よ

答《こた》え：弓《ゆみ》

横《よこ》になる からだを横《よこ》たえる。ねる。例つかれたので、しばらく横《よこ》になることにした。

横《よこ》の物《もの》を縦《たて》にもしない ものぐさで、何《なに》もしない。ひどく面《めん》どうである。例弟《おとうと》は横《よこ》の物《もの》を縦《たて》にもしない性格《せいかく》だ。類縦《たて》の物《もの》を横《よこ》にもしない

横《よこ》を向《む》く 反対《はんたい》したり、無視《むし》したりする。知《し》らん顔《かお》をする。例お使《つか》いをたのんだら、妹《いもうと》はぷいと横《よこ》を向《む》いた。

よこがみ【横紙】

すき目《め》を横《よこ》にした紙《かみ》。

横紙《よこがみ》をさく 無理《むり》をおし通《とお》す。例横紙《よこがみ》をさいて自分《じぶん》の意見《いけん》を通《とお》す。📖和紙《わし》はすいた目《め》が縦《たて》になっていて、横《よこ》に無理《むり》にさくと、きれいにさけないことから。類横紙《よこがみ》を破《やぶ》る・横車《よこぐるま》をおす

横紙《よこがみ》を破《やぶ》る ↓横紙《よこがみ》をさく

よこぐるま【横車】

横車《よこぐるま》をおす 無理《むり》におし通《とお》そうとする。例かれが横車《よこぐるま》をおしたので企画《きかく》がだめになった。📖車《くるま》を横《よこ》からおして無理《むり》に動《うご》かそうとすることから。類横《よこ》紙《がみ》をさく・横紙《よこがみ》を破《やぶ》る

よこやり【横やり】

横《よこ》やりを入《い》れる ほかから口《くち》を出《だ》して文句《もんく》をつける。関《かん》係《けい》のない人《ひと》がじゃまをする。例まとまった話《はなし》に横《よこ》やりを入《い》れる。

よさん【予算】

予算《よさん》を組《く》む あらかじめ必要《ひつよう》なお金《かね》を見積《みつ》もる。例来年《らいねん》の予算《よさん》を組《く》む。類予算《よさん》を立《た》てる

予算《よさん》を立《た》てる ↓予算《よさん》を組《く》む

よだん【予断】

予断《よだん》を許《ゆる》さない 前《まえ》もってこうなるであろうと、予測《よそく》することができない。例試合《しあい》の結果《けっか》は予《よ》断《だん》を許《ゆる》さない。

問題《もんだい》：すきがある人《ひと》は「◯があまい」。

よつ【四つ】

四《よ》つに組《く》む

①すもうで、たがいに両手《りょうて》でまわしをつかみ合《あ》う。②物事《ものごと》に正面《しょうめん》から堂々《どうどう》と対《たい》する。**類**格《かく》上《うえ》のチームを相手《あいて》に四《よ》つに組《く》む。**類**①②四《よ》つにわたる

よみ【読み】

読《よ》みが当《あ》たる

こうなると思《おも》った通《とお》りになる。**例**読《よ》みが当《あ》たって、相手《あいて》の裏《うら》をかくことができた。**対**読《よ》みが外《はず》れる

読《よ》みがあまい

見通《みとお》しが、楽観的《らっかんてき》すぎる。**例**十分間《じゅうぶんま》に合《あ》うと思《おも》ったが、読《よ》みがあまかった。**類**見通《みとお》しがあまい

読《よ》みが深《ふか》い

見通《みとお》す力《ちから》が十分《じゅうぶん》にある。**例**相手《あいて》チームの作戦《さくせん》を見《み》ぬいていたなんて、コーチは読《よ》みが深《ふか》い。**対**読《よ》みが浅《あさ》い

読《よ》みを誤《あやま》る

見通《みとお》しをまちがえる。**例**ブームの読《よ》みを誤《あやま》って、大量《たいりょう》の在庫《ざいこ》をかかえる。

より

糸《いと》などを数本《すうほん》、ねじり合《あ》わせた物《もの》。

よりをもどす

悪《わる》かった関係《かんけい》を元《もと》の状態《じょうたい》にもどす。とくに、別《わか》れた男女《だんじょ》が再《ふたた》び仲《なか》よくなる。**例**りこんしたふう婦《ふ》が、よりをもどす。**類**元《もと》のさやに収《おさ》まる

よる【寄る】

寄《よ》ってたかって

多《おお》くの人《ひと》がより集《あつ》まって。いっせいに。**例**みんなで寄《よ》ってたかって悪口《わるくち》を言《い》ったら、かわいそうだよ。

寄《よ》るとさわると

チャンスがあれば。何人《なんにん》かが集《あつ》まればいつも。**例**寄《よ》るとさわると人気《にんき》アイドルのうわさだ。

よわね【弱音】

弱音《よわね》をはく

気《き》の弱《よわ》い、いくじのないことを言《い》う。**例**仕事《しごと》が大変《たいへん》だと弱音《よわね》をはく。**類**音《ね》を上《あ》げる・悲鳴《ひめい》を上《あ》げる②

よわみ【弱み】

弱《よわ》みをにぎる

弱点《じゃくてん》をつかむ。**例**相手《あいて》の弱《よわ》みをにぎって話《はなし》を有利《ゆうり》に進《すす》める。

よ

弱《よわ》みを見《み》せる 自分《じぶん》の弱点《じゃくてん》を相手《あいて》にわからせる。例 人《ひと》に弱《よわ》みを見《み》せるとつけこまれる。

らくいん【らく印】
印《しるし》をつけるため焼《や》いておす道具《どうぐ》。

らく印《いん》をおされる 消《け》すことのできない汚名《おめい》を受《う》ける。例 みんなから、ひきょう者《もの》だというらく印《いん》をおされる。

らち
❶仕切《しき》り。囲《かこ》い。とくに、馬場《ばば》のさく。❷物事《ものごと》のはん囲《い》。

らちが明《あ》かない 決着《けっちゃく》がつかない。物事《ものごと》が進《すす》まない。例 電話《でんわ》でいくら話《はな》してもらちが明《あ》かない。

らちもない とりとめがない。ばかばかしい。例 らちもない話《はなし》にうんざりする。

らっぱ

らっぱをふく できもしないようなことを言《い》う。例 何《なん》でも持《も》ち上《あ》げられるとらっぱをふく。類 ほらをふく

り【理】

理《り》が通《とお》らない 理《り》くつに合《あ》わない。例 かれのほうが正《ただ》しいなんて理《り》が通《とお》らないよ。

理《り》に落《お》ちる 理《り》くつっぽくなる。例 この劇《げき》のストーリーは理《り》に落《お》ちてしまっていて、つまらない。

理《り》にかなう 物事《ものごと》の理《り》くつや道理《どうり》に合《あ》う。例 子《こ》どもたちの言《い》い分《ぶん》は、わたしから見《み》ても理《り》にかなっている。

リード

リードを保《たも》つ 相手《あいて》より先《さき》を行《い》ったり、多《おお》く得点《とくてん》したりする状態《じょうたい》である。例 ゴール近《ちか》くまでリードを保《たも》つ。

リードを許《ゆる》す 相手《あいて》に引《ひ》きはなされる。例 前半《ぜんはん》だけで、早《はや》くも三点《さんてん》のリードを許《ゆる》す。

り

問題《もんだい》：「手《て》を」「予算《よさん》を」「ペアを」。この三《みっ》つのことばに結《むす》びつくことばは何《なに》でしょう？

る

りくつ【理屈】

理屈《りくつ》をこねる

自分《じぶん》が正《ただ》しいとこじつけを言《い》う。もっともらしいことを言《い》う。**例** 弟《おとうと》を相手《あいて》に理屈《りくつ》をこねても仕様《しよう》がない。

リスク 危険《きけん》。

リスクが大《おお》きい

損害《そんがい》を受《う》ける可能《かのう》性《せい》が高《たか》い。**例** 株《かぶ》に手《て》を出《だ》すのはリスクが大《おお》きい。**類** リスクが高《たか》い **対** リスクが小《ちい》さい

リスクを負《お》う

⬇リスクをともなう

リスクをともなう

損害《そんがい》を受《う》ける危険《きけん》がある。**例** リスクをともなう仕事《しごと》だが、やってみる価値《かち》はある。**類** リスクを負《お》う

リズム

リズムに乗《の》る

音《おと》のひょう子《し》にうまく合《あ》う。**例** リズムに乗《の》って歌《うた》う。

リズムを取《と》る

音《おと》のひょう子《し》を取《と》る。**例** カスタネットでリズムを取《と》る。

りゅういん【りゅう飲】 胸焼《むねや》けなどがすること。

りゅう飲《いん》を下《さ》げる

不平《ふへい》や不満《ふまん》などをなくし、気分《きぶん》をすっきりさせる。**例** いつも負《ま》けている相手《あいて》に勝《か》ってりゅう飲《いん》を下《さ》げる。📖 胸焼《むねや》けなどが治《おさ》まり、すっきりすることから。「りゅう飲《いん》が下《さ》がる」の形《かたち》でも使《つか》う。

りょう【涼】

涼《りょう》を取《と》る

すずしい風《かぜ》に当《あ》たる。すずむ。**例** えん側《がわ》で涼《りょう》を取《と》る。

るい【類】

類《るい》がない

ほかに比《くら》べられるものがない。**例** その建物《たてもの》の美《うつく》しさは、世界《せかい》にも類《るい》がない。

類《るい》を見《み》ない

ほかに同《おな》じものがない。似《に》たものがない。**例** この製品《せいひん》には、他《た》に類《るい》を見《み》ない画期的《かっきてき》な機能《きのう》がとうさいされている。

るい【累】

答《こた》え：組《く》む

累《るい》をおよぼす 他人《たにん》を巻《ま》きこんで損害《そんがい》や悪《わる》いえいきょうをあたえる。例その事故《じこ》は、クラスのみんなに累《るい》をおよぼした。

るいせん【涙せん】 なみだを外《そと》に送《おく》り出《だ》す器官《きかん》。

涙《るい》せんがゆるむ なみだが出《で》てくる。なみだもろくなる。例このところ涙《るい》せんがゆるんで、何《なに》を読《よ》んでも泣《な》いてしまう。

るす【留守】

留《る》守《す》になる ほかのことに気《き》を取《と》られて、なすべきことに気《き》が回《まわ》らない。例テレビが気《き》になり、勉強《べんきょう》がお留《る》守《す》になる。📖多《おお》く、「お留《る》守《す》になる」の形《かたち》で使《つか》う。

留《る》守《す》を預《あず》かる ほかの人《ひと》がいない間《あいだ》、留《る》守《す》番《ばん》をする。例両親《りょうしん》の旅行中《りょこうちゅう》、留《る》守《す》を預《あず》かる。類留《る》守《す》を守《まも》る

留《る》守《す》を守《まも》る ほかの人《ひと》がいない間《あいだ》、家《いえ》などの責任《せきにん》を負《お》う。留《る》守《す》番《ばん》をする。例ご主人《しゅじん》が外出《がいしゅつ》したので、店《みせ》の留《る》守《す》を守《まも》る。類留《る》守《す》を預《あず》かる

れい【例】

例《れい》にとる 一《ひと》つのことを見本《みほん》としてあげる。例最《さい》近《きん》の事件《じけん》を例《れい》にとって説明《せつめい》する。

例《れい》にもれず ほかのものがそうであるように。例文《ぶん》学者《がくしゃ》の例《れい》にもれず、かれも子《こ》どものころから本《ほん》の虫《むし》だった。

例《れい》によって いつもと変《か》わらず。例例《れい》によって、最後《さいご》にいい手《て》を打《う》たれて碁《ご》に負《ま》けてしまった。

例《れい》を挙《あ》げる ほかの多《おお》くのことがらがわかりやすくなるように、同《おな》じようなことを示《しめ》す。例難《むずか》しいことは例《れい》を挙《あ》げて説明《せつめい》するとわかりやすい。

例《れい》を引《ひ》く より所《どころ》となることがらを、話《はなし》や文章《ぶんしょう》の中《なか》に使《つか》う。例具体的《ぐたいてき》な例《れい》を引《ひ》いて、ルールを解説《かいせつ》する。

問題《もんだい》：成功《せいこう》した人《ひと》が故郷《こきょう》にかざるものといえば？

レール

レールをしく 物事《ものごと》を進《すす》めるための準備《じゅんび》をととのえる。例 問題解決《もんだいかいけつ》へのレールをしく。

れきし【歴史】

歴史《れきし》に残《のこ》る 歴史《れきし》に、重要《じゅうよう》なことがら・人物《じんぶつ》として名《な》が残《のこ》る。例 この土地《とち》は古戦場《こせんじょう》として歴史《れきし》に残《のこ》っている。

れっきと

❶身分《みぶん》などが高《たか》いさま。❷明白《めいはく》なさま。

れっきとした ①家《いえ》がらや身分《みぶん》などがりっぱであるようす。例 かれはれっきとした貴族《きぞく》の生《う》まれだ。②出所《でどころ》が確《たし》かではっきりしているようす。例 この件《けん》についてはれっきとした根《こん》きょがある。

レッテル

商品名《しょうひんめい》などを書《か》いて商品《しょうひん》にはる紙《かみ》。ラベル。

レッテルをはる 一方的《いっぽうてき》な評価《ひょうか》をする。例 見《み》た目《め》だけであやしい男《おとこ》だというレッテルをはるのは考《かんが》えものだ。

多《おお》く、悪《わる》い意味《いみ》で使《つか》われる。

ろう【労】

労《ろう》をおしむ 苦労《くろう》するのをいやがる。例 労《ろう》をおしんでいては何事《なにごと》も身《み》につかない。

労《ろう》をねぎらう 人《ひと》があれこれとしてくれた骨折《ほねお》りに感《かん》謝《しゃ》していたわる。例 日《ひ》ごろの労《ろう》をねぎらってパーティーをもよおす。

ろうこつ【老骨】

老骨《ろうこつ》にむち打《う》つ 年《とし》を取《と》っているのに、がんばる。例 老《ろう》骨《こつ》にむち打《う》って、研究《けんきゅう》にはげむ。

老《ろう》人《じん》がへりくだって言《い》う時《とき》に使《つか》う。

ろとう【路頭】

路頭《ろとう》に迷《まよ》う 生活《せいかつ》できなくなる。暮《く》らしに困《こま》る。例 父《ちち》が失業《しつぎょう》して一家《いっか》四人《よにん》が路頭《ろとう》に迷《まよ》う。

ろれつ

ことばの調子《ちょうし》。

ろれつが回《まわ》らない 舌《した》がよく動《うご》かず、ことばがはっきりしない。例 父《ちち》は酒《さけ》にようとろれつが回《まわ》らなくなる。

ろん【論】

論《ろん》を戦《たたか》わせる

議論《ぎろん》をする。例 新《あたら》しい法律《ほうりつ》に対《たい》して、賛成派《さんせいは》と反対派《はんたいは》が激《はげ》しく論《ろん》を戦《たたか》わせる。

論《ろん》をまたない

わざわざ論《ろん》じる必要《ひつよう》もないほど明白《めいはく》である。例 かれが委員長《いいんちょう》にふさわしいということは論《ろん》をまたない。

ろんじん【論陣】

議論《ぎろん》するときの、論《ろん》の組《く》み立《た》て。

論陣《ろんじん》を張《は》る

論理《ろんり》を組《く》み立《た》て、弁論者《べんろんしゃ》をそろえて議《ぎ》論《ろん》を展開《てんかい》する。例 かん境問題《きょうもんだい》について論陣《ろんじん》を張《は》る。

わ【輪】

輪《わ》をかける

物事《ものごと》の程度《ていど》をさらに激《はげ》しくする。大《おお》げさにする。例 妹《いもうと》は母親《ははおや》に輪《わ》をかけた話好《はなしず》きだ。

わがい【我が意】

我《わ》が意《い》を得《え》る

自分《じぶん》の考《かんが》えに合《あ》う。例 兄《あに》は父《ちち》の話《はなし》に我《わ》が意《い》を得《え》たとばかりうなずいていた。

わかげ【若気】

若気《わかげ》の至《いた》り

年《とし》が若《わか》いことによる失《しっ》敗《ぱい》。例 若気《わかげ》の至《いた》りということで許《ゆる》してやろう。類 若気《わかげ》のあやまち

わき【脇】

脇《わき》があまい

①すもうで、脇《わき》がしまらず相手《あいて》に有利《ゆうり》に組《く》まれてしまう。②すきがあって、人《ひと》につけこまれやすい。例 初対面《しょたいめん》の人《ひと》のうまい話《はなし》に乗《の》せられるなんて、脇《わき》があまい。類 ②ガードがあまい

わきみち【脇道】

脇道《わきみち》にそれる

本筋《ほんすじ》から外《はず》れたほうに行《い》ってしまう。例 かの女《じょ》の話《はなし》はすぐ脇道《わきみち》にそれる。

わきめ【脇目】

脇目《わきめ》もふらず

そのことだけを熱心《ねっしん》にするようす。一《いっ》心不乱《しんふらん》に。例 脇目《わきめ》もふらずテストの勉《べん》強《きょう》をする。類 面《おもて》もふらず

わ

問題《もんだい》：これで終《お》わりということは、「幕《まく》に○○」。

わけ【訳】

訳《わけ》はない

簡単《かんたん》である。やさしい。例こんな計算《けいさん》なら訳《わけ》はないよ。

わだい【話題】

話題《わだい》がつきる

話《はな》すことがなくなってしまう。例君《きみ》とは同《おな》じしゅ味《み》だから話題《わだい》がつきることがないね。

話題《わだい》に上《のぼ》る

話《はなし》に出《で》る。例この前見《まえみ》た映画《えいが》が話題《わだい》に上《のぼ》る。類話題《わだい》になる

わたり【渡り】

渡《わた》りをつける

つながりをつける。話《はな》し合《あ》いのきっかけを作《つく》る。例先方《せんぽう》にはわたしが渡《わた》りをつけよう。類橋《はし》をかける②・橋《はし》をわたす②

わび

わびを入《い》れる

あやまる。自分《じぶん》のあやまちをわびる。例昨日《きのう》のミスについて、わびを入《い》れる。

わり【割】

割《わり》がいい

自分《じぶん》の得《とく》になる。例このアルバイトは割《わり》がいい。対割《わり》が悪《わる》い

割《わり》に合《あ》わない

損《そん》になる。一生《いっしょう》けんめいやっただけの利益《りえき》がない。例手間《てま》がかかりすぎて、この仕事《しごと》は割《わり》に合《あ》わない。

割《わり》を食《く》う

損《そん》をする。割《わり》に合《あ》わない目《め》にあう。例お礼《れい》がえん筆一本《ぴついっぽん》なんて、割《わり》を食《く》ってしまったよ。

われ【我】

我《われ》に返《かえ》る

正気《しょうき》にもどる。はっと気《き》がついて、いつもの状態《じょうたい》になる。例母《はは》に背中《せなか》をたたかれて、我《われ》に返《かえ》った。

我《われ》にもなく

自分《じぶん》らしくもなく。例我《われ》にもなくついかっとなってしまった。

我《われ》を忘《わす》れる

①心《こころ》をうばわれてぼんやりする。例あまりの美《うつく》しさに、我《われ》を忘《わす》れて見《み》とれる。②夢中《むちゅう》になる。理性《りせい》を失《うしな》う。例腹《はら》が立《た》ったので、我《われ》を忘《わす》れどなり散《ち》らしてしまった。

わ

答《こた》え：なる

わ

む

め

も

さくいん

に

ぬ

さくいん

さ

さくいん

く

き

さくいん

か

逆引《ぎゃくび》きさくいん

●本文《ほんぶん》で取《と》り上《あ》げた結《むす》びつくことばを、結《むす》びつきの後《あと》のことばからさがせます。
●配列《はいれつ》は本文《ほんぶん》と同《おな》じで、五十音順《ごじゅうおんじゅん》です。
●ほかのことばを参照《さんしょう》させている場合《ばあい》は、➡の後《あと》に参照先《さんしょうさき》のことばと、そのページを示《しめ》しました。

この本をつくった人

●監修

金田一秀穂

●装幀

IndyDesign 高橋進

●本文イラスト

有限会社チャダル 門司美恵子

●編集協力

倉本有加

●販売

和田裕之

●製作

松谷安恵

●編集

森川聡顕、 鈴木かおり、 田沢あかね

※この本は『小学生の新レインボーことばの結びつき辞典』を再編集し、カバーを変更して刊行したものです。

『小学生の新レインボーことばの結びつき辞典』をつくった人たち

監修：金田一秀穂

本文デザイン・DTP・編集協力：株式会社日本レキシコ

編集：岡部学、松橋研

フレーズで覚えることばの結びつき辞典
コロケーション・慣用句

2024年7月23日　第1刷発行

発行人　土屋　徹
編集人　代田雪絵
編集担当　田沢あかね
発行所　株式会社Gakken
〒141-8416　東京都品川区西五反田2-11-8
印刷所　共同印刷株式会社

●この本に関する各種お問い合わせ先
本の内容については、下記サイトのお問い合わせフォームよりお願いします。
https://www.corp-gakken.co.jp/contact/
在庫については　Tel 03-6431-1199（販売部）
不良品（落丁、乱丁）については　Tel 0570-000577
学研業務センター　〒354-0045 埼玉県入間郡三芳町上富279-1
上記以外のお問い合わせは　Tel 0570-056-710（学研グループ総合案内）

学研グループの書籍・雑誌についての新刊情報・詳細情報は、下記をご覧ください。
学研出版サイト　https://hon.gakken.jp/

7C00